D1488246

LETTRES

DE

MADAME DE SÉVIGNÉ

DE SA FAMILLE ET DE SES AMIS

TOME II

.Cette réimpression des *Lettres de Madame de Sévigné* est entiè-rement conforme pour le texte à la grande édition de M. Monmerqué publiée en 1862 par MM. L. Hachette et Cie, dans leur collection in-8 des *Grands écrivains de la France*.

Paris. — Imprimerie de Ch. Lahure et Cie, rue de Fleurus, 9.

LETTRES

DE

MADAME DE SÉVIGNÉ

DE SA FAMILLE ET DE SES AMIS

TOME DEUXIÈME

PARIS

LIBRAIRIE DE L. HACHETTE ET Cⁱᵉ

BOULEVARD SAINT-GERMAIN, Nº 77

—

1863

STYLE

(Underline proper word)

FULL BUCKRAM
FULL FABRIKOID
FULL CLOTH
FULL LEATHER

BACK & CORNERS

Morocco ½ ¾

SIDES

Buckram
Fabrikoid
Cloth
Paper

COLOR

Light brown   Dark blue
Dark Brown   Red
Black   Maroon
Green

OTHER DIRECTIONS

LETTERING FOR BACK

(Follow exactly wording and arrangement as given below.)

Author's surname

De Sévigné

Title

Lettres

Date
Series

Volume

2

Call number

Name of library

LETTRES

DE

MADAME DE SÉVIGNÉ,

DE SA FAMILLE ET DE SES AMIS.

1562

---

228. — DE MADAME DE SÉVIGNÉ
A MADAME DE GRIGNAN.

A Malicorne, dimanche 13ᵉ décembre.

Enfin, ma chère fille, me voilà par voie et par chemin,
par le plus beau temps du monde. Je fais fort bien une
lieue ou deux à pied aussi bien que Madame. Pour la
Mousse, il court comme un perdu; il est un peu embarrassé de ne pas bien dormir, car il ne sait point n'être
pas à son aise. Je partis donc mercredi, comme je vous
l'avois mandé. Je vins à Loresse, où l'on me donna deux
chevaux; je consentis à la violence qu'on me fit pour les
accepter. Nous avons quatre chevaux à chaque calèche:
cela va comme le vent. Vendredi j'arrive à Laval, j'arrête
à la poste; je vois arriver justement cet honnête homme,
cet homme si obligeant, crotté jusqu'au cul, qui m'appor-
toit votre lettre; je pensai l'embrasser. Vous jugez bien,
à m'entendre parler ainsi, que je ne suis point en colère
contre la poste. En effet, ce n'est point elle qui a eu tort.
C'est assurément, comme vous avez dit, des ennemis du
petit Dubois, qui le voyant se vanter de notre commerce,

et se panader dans les occupations qu'il lui donnoit, a
pris plaisir à lui donner le déplaisir de lui dérober mes
lettres. D'abord je ne m'en suis pas aperçue, parce que
je croyois que vous ne m'écriviez qu'une fois la semaine;
mais quand j'ai su que vous m'écriviez deux, il seroit mal-
aisé de vous exprimer les regrets et les douleurs que j'ai
eus de cette perte. Je reviens à la joie que j'eus de recevoir vos deux lettres dans un même paquet, de la main
crottée de ce postillon. Je vis défaire la petite malle devant moi; et en même temps, *frast, frast*, je démêle le
mien, et je trouve enfin, ma fille, que vous vous portez
bien. Vous m'écrivez dans la lettre d'Adhémar; et puis
vous m'écrivez de votre chef au coin de votre feu, le sei-
zième de votre couche. Rien n'est pareil à la joie sensible
que me donna cette assurance de votre santé. Je vous
conjure de n'en point abuser; ne m'écrivez point de
grandes lettres; restaurez-vous, et craignez de vous épui-
ser. Hélas! mon enfant, vous avez été cruellement malade; je serois morte de voir un si long travail. On vous
saigna enfin, on commençoit d'avoir peur : quand je
pense à cet état, j'en suis troublée, et j'en tremble, et je
ne puis encore me rendormir sur cette pensée, tant elle
m'effraye l'imagination.

J'ai mandé à Mme de la Fayette et à M. d'Hacqueville
ce que vous me mandez; j'eus la même pensée, et je trouvois que la Marans devoit être contente, ou plutôt malcontente, puisqu'elle n'avoit pas sujet d'exercer ses obligeantes et modestes pensées : je trouve plaisant que vous
ayez songé à elle. Mais la poste m'attend, comme si j'é-
tois gouvernante du Maine, et je prends plaisir de la faire
attendre, par grandeur.

Je veux parler de mon petit garçon. Ah! ma fille, qu'il
est joli! Ses grands yeux sont bien une marque de votre
honnêteté; mais c'est assez, je vous prie que le nez ne
demeure pas longtemps entre la crainte et l'espérance :

que cela est plaisamment dit! Cette incertitude est étrange ;
jamais un petit nez n'eut tant à craindre ni à espérer : il
y a bien des nez entre les deux, qu'il peut choisir. Puisqu'il a de grands yeux, qu'il songe à vous contenter.
Vous n'auriez que la bouche, puisqu'elle est petite ; ce ne
seroit pas assez. Ma fille, vous l'aimez follement ; mais
donnez-le bien à Dieu, afin qu'il vous le conserve. D'où
vient qu'il est si foible? N'est-ce point ce qui l'empêchoit
de s'aider pendant votre travail? car j'ai ouï dire aux
femmes qui ont eu des enfants, que c'est cette foiblesse
qui fait qu'on est bien malade. Enfin conservez bien ce
cher enfant ; mais donnez-le à Dieu, si vous voulez qu'il
vous le donne : cette répétition est d'une grand'mère
chrétienne. Mme Pernelle en diroit autant ; mais elle
diroit bien.

Adieu, ma très-chère enfant ; enfin la patience échappe
à mon ami le postillon, je ne veux pas abuser de son
honnêteté. Je ne recevrai de vos lettres qu'à Paris. Je
serai ravie d'embrasser ma pauvre petite ; vous ne la
regardez pas ; et moi je veux l'aimer, et prendre sa protection par excès de générosité.

---

229. — DE MADAME DE SÉVIGNÉ ET D'EMMANUEL
DE COULANGES A MADAME DE GRIGNAN.

A Paris, vendredi 18e décembre.

DE MADAME DE SÉVIGNÉ.

J'arrive tout présentement, ma très-chère bonne. Je
suis chez ma tante, entourée, embrassée, questionnée de
toute ma famille et de la sienne ; mais je quitte tout pour
vous dire bonjour, aussi bien qu'aux autres. M. de Coulanges m'attend pour m'amener chez lui, où il dit que je
loge, parce qu'un fils de Mme de Bonneuil a la petite
vérole chez moi. Elle avoit dessein très-obligeamment

d'en faire un secret, mais on a découvert le mystère ; on a mené ma petite chez M. de Coulanges ; je l'attends pour retourner avec elle, parce que ma tante veut voir mon entrevue. C'eût été une chose fâcheuse pour moi que d'exposer cet enfant, et d'être bannie, durant six semaines, du commerce de mes amis, parce que le fils de Mme de Bonneuil a la petite vérole.

Me voilà donc chez Mme de Sanzei et M. de Coulanges, que j'adore parce qu'il me parle de vous ; mais savez-vous ce qui m'arrive ? c'est que je pleure, et mon cœur se serre si étrangement, que je lui fais signe de se taire, et il se tait. J'ai les yeux rouges et on parle vitement d'autre chose, à condition pourtant qu'un jour je m'abandonnerai à parler de vous, tant que terre nous pourra porter, aux dépens de tout ce qui en pourra arriver. Il me conte que vous fermiez les yeux, que vous étiez dans ma chambre, et que.... certainement, vous étiez à Paris, parce que voilà M. de Coulanges. Il m'a joué cela très-plaisamment, et je suis ravie que vous soyez encore un peu folle ; je mourois de peur que vous ne fussiez toujours Madame la gouvernante. Mon Dieu, que je m'en vais causer avec M. de Coulanges ! Je vous conjure de vous conserver vous-même, c'est-à-dire d'être vous-même le plus que vous pourrez : que je ne vous trouve point changée. Songez aussi à votre beauté ; engraissez-vous, restaurez-vous, souvenez-vous de vos bonnes résolutions ; et si M. de Grignan vous aime, qu'il vous donne du temps pour vous remettre : autrement, c'en est fait pour jamais, vous serez toujours maigre comme Mme de Saint-Hérem. Je suis ravie de vous donner cette idée ; rien ne vous doit faire plus de peur ; je suis aise d'avoir trouvé cette ressemblance ; évitez-la donc, car vous savez que vous m'êtes chère en tout et partout, et votre personne tout entière. Pour votre petit fils, l'état où il a été ne raccommode pas le chocolat avec moi ; je suis persuadée

qu'il a été brûlé, et c'est un grand bonheur qu'il ait été
humecté et qu'il se porte bien : le voilà sauvé, je m'en
réjouis avec vous. Ne craignez point qu'il tette trop. Je
n'ai reçu qu'une lettre de vous cette semaine ; je crois que
j'en ai perdu une, car j'en dois avoir deux, aussi bien
qu'en Bretagne.

D'EMMANUEL DE COULANGES.

Je ferme les yeux, et quand je les ouvre, je vois cette
mère-beauté qui fait vos délices et les miens, et cela me
fait voir que je suis à Paris. Je m'en vais bien l'entretenir
de toutes vos perfections. Savez-vous bien que je suis
plus entêté de vous que jamais, et que je suis tout prêt
de prendre la place du chevalier de Breteuil ? Je sais que
cette place ne plaît point à M. de Grignan, et c'est ce
qui me retient dans une si grande entreprise. En vérité,
Madame la Comtesse, vous êtes un chef-d'œuvre de la
nature, et c'est de ce mot dont je me sers pour parler de
vous. Je fus hier chez M. de la Rochefoucauld ; je m'y
trouvai en tiers avec lui et M. de Longueville ; il y fut
beaucoup question de la Provence, et le tout pour parler
de vous. Adieu, ma belle Comtesse, je vous vois d'ici
dans votre lit : que vous y êtes belle ! je vois votre chambre, je vois cet homme dans votre tapisserie, qui découvre sa poitrine : croyez que si vous voyiez la mienne
à l'heure qu'il est, vous verriez mon cœur comme vous
voyez le sien : il est à vous, ce cœur ; il languit pour
vous ; mais ne le dites pas à M. de Grignan. Votre fille
est une petite beauté brune, fort jolie : la voilà, elle me
baise et me bave, mais elle ne crie jamais ; elle est belle ;
mais je l'aime assurément beaucoup moins que vous. Il
n'y a plus moyen de parler de vous à cette mère-beauté,
les grosses larmes lui tombent des yeux : mon Dieu,
quelle mère !

DE MADAME DE SÉVIGNÉ.

Quoi ! on ne connoît point les restringents en Provence ? Hélas ! que deviennent donc les pauvres maris, et
les pauvres.... je ne veux pas croire qu'il y en ait.

---

230. — DE MADAME DE SÉVIGNÉ A MADAME
ET A MONSIEUR DE GRIGNAN.

A Paris, mercredi 23ᵉ décembre.

Je vous écris par provision, ma bonne, parce que je
veux causer avec vous. Un moment après que j'eus envoyé mon paquet le jour que j'arrivai, le petit Dubois
m'apporta celui que je croyois égaré : vous pouvez penser
avec quelle joie je le reçus. Je n'y pus faire réponse,
parce que Mme de la Fayette, Mme de Saint-Géran,
Mme de Villars, me vinrent embrasser. Vous avez tous
les étonnements que doit donner un malheur comme
celui de M. de Lauzun ; toutes vos réflexions sont justes
et naturelles, tous ceux qui ont de l'esprit les ont faites ;
mais on commence à n'y plus penser : voici un bon pays
pour oublier les malheureux. On a su qu'il avoit fait son
voyage dans un si grand désespoir, qu'on ne le quittoit
pas d'un moment. On le voulut faire descendre de carrosse dans un endroit dangereux ; il répondit : « Ces
malheurs-là ne sont pas faits pour moi. » Il dit qu'il est
très-innocent à l'égard du Roi ; mais que son crime est
d'avoir des ennemis trop puissants. Le Roi n'a rien dit,
et ce silence déclare assez la qualité de son crime. Il crut
que l'on le laisseroit à Pierre-Encise, et commençoit à
Lyon à faire ses compliments à M. d'Artagnan ; mais
quand il sut qu'on le menoit à Pignerol, il soupira, et
dit : « Je suis perdu. » On avoit grand'pitié de sa disgrâce dans les villes où il passoit. Pour vous dire le vrai,
elle est extrême.

Le Roi envoya querir le lendemain M. de Marsillac, et lui dit : « Je vous donne le gouvernement de Berri qu'avoit Lauzun. » Marsillac répondit : « Sire, Votre Majesté, qui sait mieux les règles de l'honneur que personne du monde, se souvienne, s'il lui plaît, que je n'étois pas ami de M. de Lauzun ; qu'elle ait la bonté de se mettre un moment en ma place, et qu'elle juge si je dois accepter la grâce qu'elle me fait. » Le Roi lui dit : « Vous êtes trop scrupuleux, Monsieur le prince : j'en sais autant qu'un autre là-dessus ; mais vous n'en devez faire aucune difficulté. — Sire, puisque Votre Majesté l'approuve, je me jette à ses pieds pour la remercier. — Mais, dit le Roi, je vous ai donné une pension de douze mille francs, en attendant que vous eussiez quelque chose de mieux. — Oui, Sire, je la remets entre vos mains. — Et moi, dit le Roi, je vous la redonne encore une fois, et je m'en vais vous faire honneur de vos beaux sentiments. » En disant cela, il se tourna vers les ministres, leur conta les scrupules de M. de Marsillac, et dit : « J'admire la différence ; jamais Lauzun n'avoit daigné me remercier du gouvernement de Berri ; il n'en avoit pas pris les provisions ; et voilà un homme comblé de reconnoissance. » Tout ceci est extrèmement vrai ; M. de la Rochefoucauld me le vient de conter. J'ai cru que vous ne haïriez pas ces détails ; si je me trompois, ma bonne, mandez-le moi. Le pauvre homme est très-mal de sa goutte, et bien pis que les autres années : il m'a bien parlé de vous, et vous aime toujours comme sa fille. Le prince de Marsillac m'est venu voir, et l'on me parle toujours de ma chère enfant. J'ai enfin pris courage ; j'ai causé deux heures avec M. de Coulanges ; je ne le puis quitter : c'est un grand bonheur que le hasard m'ait fait loger chez lui.

Je ne sais si vous aurez su que Villarceaux, parlant au Roi d'une charge pour son fils, prit habilement l'occa-

sion de lui dire qu'il y avoit des gens qui se mêloient de
dire à sa nièce que Sa Majesté avoit quelque dessein
pour elle ; que si cela étoit, il le supplioit de se servir de
lui ; que l'affaire seroit mieux entre ses mains que dans
celles des autres, et qu'il s'y emploieroit avec succès. Le
Roi se mit à rire, et dit : « Villarceaux, nous sommes
trop vieux, vous et moi, pour attaquer des damoiselles
de quinze ans ; » et, comme un galant homme, se moque
de lui, et conta ce discours chez les dames. Ce sont des
vérités que tout ceci. Les *Anges* sont enragées, et ne
veulent plus voir leur oncle, qui, de son côté, est fort
honteux. Il n'y a nul chiffre à tout ceci ; mais je trouve
que le Roi fait partout un si bon personnage, qu'il n'est
point besoin de mystère quand on en parle.

On a trouvé, dit-on, mille belles merveilles dans les
cassettes de M. de Lauzun ; des portraits sans compte et
sans nombre, des nudités, une sans tête, une autre les
yeux crevés (c'est votre voisine) : des cheveux grands et
petits, des étiquettes pour éviter la confusion : à l'un
grison d'une telle, à l'autre *mousson* de la mère, à l'autre
blondin pris en bon lieu, ainsi mille gentillesses : mais
je n'en voudrois pas jurer, car vous savez comme on invente dans ces occasions.

J'ai vu M. de Mesmes, qui enfin a perdu sa chère
femme. Il a pleuré et sangloté en me voyant ; et moi, je
n'ai jamais pu retenir mes larmes. Toute la France a
visité cette maison ; je vous conseille d'y faire des compliments ; vous le devez par le souvenir de Livry que
vous aimez encore.

J'ai reçu votre lettre du 13e ; c'est au bout de sept jours
présentement. En vérité, je tremble de penser qu'un enfant de trois semaines ait eu la fièvre et la petite vérole.
C'est la chose du monde la plus extraordinaire. Mon
Dieu ! d'où vient cette chaleur extrême dans ce petit
corps ? Ne vous a-t-on rien dit du chocolat ? Je n'ai point

le cœur content là-dessus. Je suis en peine de ce petit dauphin ; je l'aime, et comme je sais que vous l'aimez, j'y suis fortement attachée. Vous sentez donc l'amour maternelle ; j'en suis fort aise. Eh bien ! moquez-vous présentement des craintes, des inquiétudes, des prévoyances, des tendresses, qui mettent le cœur en presse, du trouble que cela jette sur toute la vie ; vous ne serez plus étonnée de tous mes sentiments. J'ai cette obligation à cette petite créature. Je fais bien prier Dieu pour lui, et n'en suis pas moins en peine que vous. J'attends de ses nouvelles avec impatience ; je n'ai pas huit jours à attendre ici comme aux Rochers. Voilà le plus grand agrément que je trouve ici ; car enfin, ma bonne, de bonne foi, vous m'êtes toutes choses, et vos lettres que je reçois deux fois la semaine font mon unique et sensible consolation en votre absence. Elles sont agréables, elles me sont chères, elles me plaisent. Je les relis aussi bien que vous faites les miennes ; mais comme je suis une pleureuse, je ne puis pas seulement approcher des premières lignes sans pleurer du fond de mon cœur.

Est-il possible que les miennes vous soient agréables au point que vous me le dites ? Je ne les trouve point telles au sortir de mes mains ; je crois qu'elles deviennent ainsi quand elles ont passé par les vôtres : enfin, ma bonne, c'est un grand bonheur que vous les aimiez ; car, de la manière dont vous en êtes accablée, vous seriez fort à plaindre si cela étoit autrement. M. de Coulanges est bien en peine de savoir laquelle de vos *Madames* y prend goût : nous trouvons que c'est un bon signe pour elle ; car mon style est si négligé qu'il faut avoir un esprit naturel et du monde pour s'en pouvoir accommoder.

Je vous prie, ma bonne, ne vous fiez point aux deux lits ; c'est un sujet de tentation : faites coucher quelqu'un dans votre chambre. Sérieusement, ayez pitié de vous, de votre santé, et de la mienne.

Et vous, Monsieur le Comte, je verrai bien si vous me
voulez en Provence : ne faites point de méchantes plaisanteries là-dessus. Ma fille n'est point éveillée, je vous
réponds d'elle ; et pour vous, ne cherchez point noise.
Songez aux affaires de votre province, ou bien je serai
persuadée que je ne suis point *votre bonne*, et que vous
voulez avoir la fin de la mère et de la fille.

Je reviens à vos affaires. C'est une cruelle chose que
l'affaire du Roi soit si difficile à conclure. N'avez-vous
point envoyé ici? Si l'on vouloit vous remettre cinquante
mille francs, comme à nous cent mille écus, vous auriez
bientôt fini. Ce seroit un grand chagrin pour vous, si
vous étiez obligé de finir l'Assemblée sans rien conclure :
et vos propres affaires, je ne vois pas qu'il en soit
nulle question. J'ai envoyé prier l'abbé de Grignan de
me venir voir, parce que Monsieur d'Uzès est un peu
malade. Je voulois lui dire les dispositions où l'on est
ici touchant la Provence et les Provençaux : on ne peut
écrire tout ce que nous avons dit. Nous tâchons de ne pas
laisser ignorer de quelle manière vous vous appliquez à
servir le Roi dans la place où vous êtes; je voudrois bien
vous pouvoir servir dans celle où je suis. Donnez-m'en
les moyens, ou, pour mieux dire, souhaitez que j'aie
autant de pouvoir que de bonne volonté. Adieu, Monsieur le Comte.

Je reviens à vous, Madame la Comtesse, pour vous
dire que j'ai envoyé querir Pecquet pour discourir de la
petite vérole de ce petit enfant : il en est épouvanté ;
mais il admire sa force d'avoir pu chasser ce venin, et
croit qu'il vivra cent ans après avoir si bien commencé.

Enfin, j'ai parlé quinze ou seize heures à M. de Coulanges ! Je ne crois pas qu'on puisse parler à d'autres
qu'à lui :

Çà, courage ! mon cœur, point de foiblesse humaine ;

et en me fortifiant ainsi, j'ai passé par-dessus mes premières foiblesses. Mais Catau m'a mise encore une fois en déroute ; elle entra, il me sembla qu'elle me devoit dire : « Madame, Madame vous donne le bonjour, elle vous prie de la venir voir. » Elle me reparla de tout votre voyage ; que quelquefois vous vous souveniez de moi. Je fus une heure assez impertinente. Je m'amuse à votre fille ; vous n'en faites pas grand cas, mais croyez-moi, nous vous le rendons bien : on m'embrasse, on me connoît, on me rit, on m'appelle. Je suis *Maman* tout court ; et de celle de Provence, pas un mot.

J'ai reçu mille visites de tous vos amis et les miens, cela fait une assez grande troupe. L'abbé Têtu a du temps de reste, à cause de l'hôtel de Richelieu qu'il n'a plus ; de sorte que nous en profitons. Mme de Soubise est grosse de quatre enfants, à voir son ventre.

Je reçois votre lettre du 16ᵉ. Je ne me tairai pas des merveilles que fait M. de Grignan pour le service de Sa Majesté ; je l'avois déjà fait aux occasions, et le ferai encore. Je verrai demain M. le Camus ; il m'est venu chercher, le seul moment que je fus chez M. de Mesmes. A propos, ma bonne, il ne faut pas seulement lui écrire, mais à Mme d'Avaux pour elle et son mari, et à d'Irval, sous peine de la vie : les compliments ne suffisent pas en ces occasions. J'ai vu ce matin le Chevalier : Dieu sait de quoi nous avons parlé. J'attends Rippert avec impatience. Je serai ravie que les affaires de votre Assemblée soient finies ; mais où irez-vous achever l'hiver ? On dit que la petite vérole est partout : voilà de quoi me troubler. Vous faites un beau compliment à votre fille.

Au reste, le Roi part le 5ᵉ de janvier pour Châlons, et plusieurs autres tours, quelques revues en chemin faisant. Le voyage sera de douze jours ; mais les officiers et

les troupes iront plus loin. Pour moi, je soupçonne encore quelque expédition comme celle de la Franche-
Comté. Vous savez que le Roi *est un héros de toutes les
saisons.* Les pauvres courtisans sont désolés; ils n'ont pas
un sou. Brancas me demandoit hier sérieusement si je ne
voudrois point prêter sur gages, et m'assura qu'il n'en
parleroit point, et qu'il aimoit mieux avoir affaire à moi
qu'à un autre. La Trousse me prie de lui apprendre quelques-uns des secrets de Pomenars pour subsister honnêtement. Enfin, ils sont abîmés. Je la suis de la nouvelle que vous me mandez de M. Deville : quoi Deville!
quoi sa femme! Les cornes me viennent à la tête, et
pourtant je crois que vous avez raison. Voilà une lettre
de *Trochanire,* songez à la réponse.

Voilà Châtillon que j'exhorte de vous faire un im-
promptu sur-le-champ. Il me demande huit jours, et je
l'assure déjà qu'il ne sera que réchauffé, et qu'il le tirera
du fond de cette gibecière que vous connoissez. Adieu,
ma divine bonne, il y a raison partout; cette lettre est
devenue un juste volume. J'embrasse le laborieux Grignan, le seigneur Corbeau, le présomptueux Adhémar,
et le fortuné Louis de Provence, sur qui tous les astrolo-
gues disent que les fées ont soufflé. *E con questo mi rac-
comando.*

Et pour inscription : *Livre dédié à Madame la comtesse
de Grignan, mère de mon petit-fils.*

---

231. — DE MADAME DE SÉVIGNÉ
À MADAME DE GRIGNAN.

À Paris, le jour de Noël.

Le lendemain que j'eus reçu votre lettre, qui fut hier,
M. le Camus me vint voir. Je lui fis voir ce qu'il avoit

à dire sur les soins, le zèle et l'application de M. de Grignan pour faire réussir l'affaire de Sa Majesté. M. de
Lavardin vint aussi, qui m'assura qu'il en rendroit
compte en bon lieu avant la fin du jour. Je ne pouvois
trouver deux hommes plus propres à mon dessein : c'est
la basse et le dessus. Le soir, j'allai chez Monsieur
d'Uzès, qui est encore dans sa chambre ; nous parlâmes
fort de vos affaires. Nous avions appris les mêmes choses, et le dessein qu'on avoit d'envoyer un ordre pour
séparer l'Assemblée, et de leur faire sentir en quelque
autre occasion ce que c'est que de ne pas obéir. Ce seroit une chose fâcheuse, car Dieu sait comme on diroit :
« Voilà ce que c'est que de n'avoir plus le premier
président. » Nous attendons Rippert avec impatience.
Le voyage est toujours assuré, et même avancé d'un jour.

J'ai fort songé à M. et Mme Deville ; leur chute me
paroît étrange. On dit que votre maison est orageuse, et
qu'on aura conduit cette affaire avec adresse. Il est vrai
que les gens qui demandent leur congé serrent le cœur
et font voir peu d'affection ; mais c'est la scène du *Dépit
amoureux*, quand on ne la demande que par le désespoir de n'être plus bien avec la princesse ; et puis il se
fait une pelote de neige : le congé accordé est une douleur qui confirme la première. Peut-être que le grand
air de Deville vous a fait résoudre sur-le-champ. Il n'est
pas impossible que vous trouviez quelqu'un dans le pays
pour remplir sa place ; mais rien ne vous consolera de sa
femme. Elle est habile, elle s'entend aux enfants, et
même j'ai appris que vous aviez dessein d'en faire la
gouvernante de votre fils. C'étoit bien fait : elle est soi-
gneuse, elle est affectionnée, et elle a de l'amour et de la
conscience ; elle est ménagère et eût bien conservé tout
ce qui eût été sous sa charge. Enfin, je ne vous puis
dire le regret que j'ai que vous ne l'ayez plus. J'avois
l'esprit en repos de mille choses, en songeant qu'elle en

auroit soin. Mandez-moi un peu plus au long toute cette histoire.

Au reste, ma bonne, j'ai le cœur serré, et très-serré de ne point vous avoir ici. Je serois bien plus heureuse s'il y avoit quelqu'un que j'aimasse autant que vous, je serois consolée de votre absence; mais je n'ai pas encore trouvé cette égalité, ni rien qui en approche. Mille choses imprévues me font souvenir de vous par-dessus le souvenir ordinaire, et me mettent en déroute. Je suis en peine de savoir où vous irez après votre assemblée. Aix et Arles sont empestés de la petite vérole; Grignan est bien froid; Salon est bien seul. Venez dans ma chambre, ma chère enfant, vous y serez très-bien reçue.

Adieu, vous en voilà quitte pour cette fois : ce ne sera point ici un second tome, je ne sais plus rien. Si vous vouliez me faire des questions, on vous répondroit. J'ai été cette nuit aux Minimes; je m'en vais en Bourdaloue. On dit qu'il s'est mis à dépeindre les gens, et que l'autre jour il fit trois points de la retraite de Tréville; il n'y manquait que le nom; mais il n'en étoit pas besoin. Avec tout cela on dit qu'il passe toutes les merveilles passées, et que personne n'a prêché jusques ici. Mille compliments aux Grignans.

A onze heures du soir.

Je vous ai écrit ce matin; mais je reçois la lettre que vous m'avez écrite par Rippert : c'est Monsieur d'Uzès qui me l'envoie. Vous me rendez un très-bon compte des affaires de Provence. Dieu veuille que le Roi se contente de ce que les Provençaux ont résolu! La peinture de leur tête, et du procédé qu'il faut tenir avec eux, est admirable, et le radoucissement de l'Évêque est naturel. Voilà Mme Scarron qui a soupé avec nous : elle dit que de tous les millions de lettres que Mme de Richelieu a reçues, celle de M. de Grignan étoit la meilleure; qu'elle

l'a eue longtemps dans sa poche, qu'elle l'a montrée ;
qu'on ne sauroit mieux écrire, ni plus galamment, ni
plus noblement, ni plus tendrement pour feu Mme de
Montausier ; enfin elle en a été ravie. J'ai juré que je
vous le manderois. Je ferai part de votre lettre à d'Hacqueville et à M. le Camus. Je ne songe qu'à la Provence :
je me trouve présentement votre voisine,

> Et de Paris, je ne voi
> Tout au plus que vingt semaines
> Entre ma Philis et moi.

J'attendois votre frère : on le renvoie de la moitié du chemin à cause du voyage. J'ai été au sermon, mon cœur
n'en a point été ému ; ce Bourdaloue,

> Tant de fois éprouvé,
> L'a laissé comme il l'a trouvé.

C'est peut-être ma faute. Adieu, mon enfant.

----

232. — DE MADAME DE SÉVIGNÉ
A MADAME DE GRIGNAN.

A Paris, mercredi 30ᵉ décembre.

Une belle et sûre marque de la légère disposition que
j'ai à ne pas vous haïr, c'est que je voudrois pouvoir
vous écrire douze fois le jour. Cette pensée, ma fille, ne
vous fait-elle point comme l'offre que vous faisoit M. de
Coulanges, de passer sa vie avec vous ? En vérité, vous
n'auriez pas peu d'affaires, car je vous écris aussi pro-
lixement que j'écris laconiquement aux autres.

J'ai fort interrogé Rippert sur votre santé. Je ne suis
point contente de vous, il faut que je vous gronde : vous
avez traité votre accouchement comme celui de la femme
d'un colonel suisse ; vous ne prenez point assez de bouillons ; vous avez caqueté dès le troisième jour ; vous vous

êtes levée dès le dixième ; et vous vous étonnez après cela
si vous êtes maigre. J'espérois que vous vous amuseriez
à vous conserver, à vous restaurer, à vous rengraisser.
Où avez-vous pris la fantaisie d'imiter Mme de Crussol?
Je tàche toujours de vous corriger par les exemples :
cette conduite ne la change point, mais elle vous changera. Enfin, c'est me fàcher et m'offenser, que de défi-
gurer votre beau visage : vous savez comme je l'aime ;
ne devriez-vous pas le conserver pour l'amour de moi ?

Vous dites bien, quand vous dites que la Provence est
ma demeure fixe, puisque c'est la vôtre. Paris me suf-
foque, et je voudrois déjà être partie pour Grignan.
Mais, ma fille, quelle solitude, si vous allez dans votre
château ! Vous serez comme Psyché sur sa montagne. Je
ne puis être contente où vous n'êtes pas : c'est une vérité
que je sens à toute heure ! Vous me manquez partout, et
tout ce qui me fait souvenir de vous me traverse le cœur.
Le voyage du Roi devient incertain, quoique les troupes
marchent. Le pauvre la Trousse s'en va, et Sévigné
s'achemine déjà. Ils vont à Cologne : cette équipée les
désespère.

Adieu, mon ange. M. de Coulanges vous adore. Je me
trouve très-bien chez lui, et je pousserai l'air de la petite vérole fort loin. Cette grande maison, où je ne trouve
que Mme de Bonneuil, au lieu de vous, ne me donne
nulle envie d'y retourner. M. de Coulanges m'est délicieux ; nous parlons sans cesse de vous. Je donnerai votre
lettre à M. de la Rochefoucauld ; je suis assurée qu'il la
trouvera très-bonne. Je hais le dessus de vos lettres où il
y a : *à Madame la marquise de Sévigné* ; appelez-moi
Pierrot. Les autres sont aimables, et donnent une disposition tendre à lire le reste.

233. — DE MADAME DE SÉVIGNÉ
A MADAME DE GRIGNAN.

A Paris, le 1er jour de l'an.

J'étois hier au soir chez Monsieur d'Uzès : nous ré-
solûmes de vous envoyer un courrier. Il m'avoit promis
de me faire savoir aujourd'hui le succès de son audience
chez M. le Tellier, et même s'il vouloit que j'y menasse
Mme de Coulanges ; mais comme il est dix heures du
soir, et que je n'ai point de ses nouvelles, je vous écris
tout simplement : Monsieur d'Uzès aura soin de vous
instruire de ce qu'il a fait. Il faut tâcher d'adoucir les ordres rigoureux, en faisant voir que ce seroit ôter à M. de
Grignan le moyen de servir le Roi, que de le rendre
odieux à la province ; et quand on seroit obligé d'envoyer
les ordres, il y a des gens sages qui disent qu'il en faudroit suspendre l'exécution jusqu'à la réponse de Sa Majesté, à laquelle M. de Grignan écriroit une lettre d'un
homme qui est sur les lieux, et qui voit que pour le bien
de son service il faut tâcher d'obtenir un pardon de sa
bonté pour cette fois. Si vous saviez comme certaines
gens blâment M. de Grignan, pour avoir trop peu considéré son pays en comparaison de l'obéissance qu'il vouloit établir, vous verriez bien qu'il est difficile de contenter tout le monde ; et s'il avoit fait autrement, ce seroit
encore pis. Ceux qui admirent la beauté de la place où il
est n'en savent pas les difficultés. Par exemple, n'êtes-
vous pas à plaindre présentement ? Le voyage du Roi
est entièrement rompu ; mais les troupes marchent toujours à Metz. Sévigné y est déjà ; la Trousse s'en va : tous
deux plus chargés de bonnes intentions que d'argent
comptant.

Voilà l'archevêque de Reims qui commence par vous
faire mille compliments très-sincères. Il dit que Mon-

sieur d'Uzès n'a point vu son père aujourd'hui ; il m'assure encore que le Roi est très-content de votre mari ; qu'il reçoit le présent de votre province ; mais que pour n'avoir pas été obéi ponctuellement, il envoie des lettres de cachet pour exiler des consuls : on ne peut en dire davantage par la poste. Ce qu'il faut faire en général, c'est d'être toujours très-passionné pour le service de Sa Majesté ; mais il faut tâcher aussi de ménager un peu les cœurs des Provençaux, afin d'être plus en état de faire obéir le Roi dans ce pays-là.

M. de la Rochefoucaud vous mande, et moi avec lui, que si la lettre que vous lui avez écrite ne vous paroît pas bonne, c'est que vous ne vous y connoissez pas. Il a raison : cette lettre est très-agréable et très-spirituelle ; en voilà la réponse. Adieu, ma chère Comtesse ; je pense à vous jour et nuit. Donnez-moi des moyens de vous servir pour amuser ma tendresse.

---

234. — DE MADAME DE SÉVIGNÉ
A MADAME DE GRIGNAN.

A Paris, mardi 5ᵉ janvier.

Le Roi donna hier 4ᵉ janvier audience à l'ambassadeur de Hollande : il voulut que Monsieur le Prince, M. de Turenne, M. de Bouillon et M. de Créquy fussent témoins de ce qui se passeroit. L'ambassadeur présenta sa lettre au Roi, qui ne la lut pas, quoique le Hollandois proposa d'en faire la lecture. Le Roi lui dit qu'il savoit ce qu'il y avoit dans la lettre, et qu'il en avoit une copie dans sa poche. L'ambassadeur s'étendit fort au long sur les justifications qui étoient dans sa lettre, et que Messieurs les états s'étoient examinés scrupuleusement, pour voir ce qu'ils avoient pu faire qui déplût à Sa Majesté ; qu'ils n'avoient jamais manqué de respect, et que cepen-

dant ils entendoient dire que tout ce grand armement
n'étoit fait que pour fondre sur eux ; qu'ils étoient prêts
de satisfaire Sa Majesté dans tout ce qu'il lui plairoit or-
donner, et qu'ils la supplioient de se souvenir des bontés
que les Rois ses prédécesseurs avoient eues pour eux,
auxquelles ils devoient toute leur grandeur. Le Roi prit
la parole, et avec une majesté et une grâce merveilleuse,
dit « qu'il savoit qu'on excitoit ses ennemis contre lui;
qu'il avoit cru qu'il étoit de sa prudence de ne se pas
laisser surprendre, et que c'est ce qui l'avoit obligé de se
rendre si puissant sur la mer et sur la terre, afin qu'il
fût en état de se défendre ; qu'il lui restoit encore quelques ordres à donner, et qu'au printemps il feroit ce
qu'il trouveroit le plus avantageux pour sa gloire et pour
le bien de son État; » et fit un signe de tête à l'ambassadeur, qui lui fit comprendre qu'il ne vouloit pas de ré-
plique. La lettre s'est trouvée conforme au discours de
l'ambassadeur, hormis qu'elle finissoit par assurer Sa
Majesté qu'ils feroient tout ce qu'elle ordonneroit, pourvu
qu'il ne leur en coûtât point de se brouiller avec leurs
alliés.

Le même jour, M. de la Feuillade fut reçu à la tête
du régiment des gardes, et prêta le serment entre les
mains d'un maréchal de France (comme c'est la coutume), le Roi présent, qui dit lui-même au régiment
qu'il lui donnoit M. de la Feuillade pour mestre de
camp, et lui mit la pique à la main, chose qui ne se fait
jamais que par le commissaire de la part du Roi ; mais
Sa Majesté a voulu que nulle faveur ni nul agrément ne
manquât à cette cérémonie.

MM. Dangeau et Langlée ont eu de grosses paroles,
à la rue des Jacobins, sur un payement de l'argent de
jeu. Dangeau menaça, Langlée repoussa l'injure par lui
dire qu'il ne se souvenoit pas qu'il étoit Dangeau, et qu'il
n'étoit pas sur le pied dans le monde d'un homme redou-

table. On les accommoda ; ils ont tous deux tort. Les reproches furent violents et peu agréables pour l'un et
pour l'autre. Langlée est fier et familier au possible. Il
jouoit cet été avec le comte de Gramont ; en jouant au
brelan, le comte lui dit sur quelque manière un peu
libre : « Monsieur de Langlée, gardez ces familiarités-là
pour quand vous jouerez avec le Roi. »

Le maréchal de Bellefonds a demandé permission au
Roi de vendre sa charge. Jamais personne ne la fera si
bien que lui. Tout le monde croit, et moi plus que les
autres, que c'est pour payer ses dettes, pour se retirer et
songer uniquement à l'affaire de son salut.

Monsieur le procureur de la cour des aides est premier président de la même compagnie : ce changement
est grand pour lui ; ne manquez pas de lui écrire, l'un ou
l'autre, et que celui qui n'écrira pas écrive dans la lettre
de celui qui écrira. Le président de Nicolaï est remis
dans sa charge. Voilà donc ce qui s'appelle les nouvelles.

---

235. — DE MADAME DE SÉVIGNÉ
A MADAME DE GRIGNAN.

A Paris, mercredi 6ᵉ janvier.

Enfin, ma bonne, vous ne voulez pas que je pleure
de vous voir à mille lieues de moi ; vous ne sauriez pourtant empêcher que cet ordre de la Providence ne me soit
bien dur et bien sensible : je ne m'accoutumerai de
longtemps à cet éloignement. Je coupe court, parce que
je ne veux point m'embarquer à vous dire les sentiments
de mon cœur là-dessus : je ne veux point vous donner
un mauvais exemple, ni ébranler votre courage par le
récit de mes foiblesses ; conservez toute votre raison ; jouissez de la grandeur de votre âme, pendant que je m'aiderai,
comme je pourrai, de toute la tendresse de la mienne.

Je fus hier à Saint-Germain. La Reine m'attaqua la
première ; je fis ma cour à vos dépens, comme j'ai coutume. On traita à fond le chapitre de l'accouchement, à
propos du vôtre ; puis on parla de mon voyage de Provence, un mot sur celui de Bretagne, et sur le bonheur
de Mme de Chaulnes, de m'y avoir trouvée : nous étions
là toutes deux. Pour Monsieur, il me tira près d'une fenêtre pour me parler de vous, et m'ordonna très-sérieusement de vous faire ses compliments, et de vous dire la
joie qu'il avoit de votre joli accouchement. Il appuya sur
cela d'une telle sorte, qu'il ne tint qu'à moi d'entendre
qu'il vouloit s'attacher à votre service, étant las, comme
on dit, d'adorer l'*Ange*. Je fis de telles offres le cas que
je devois. Je trouvai Madame mieux que je ne pensois,
mais d'une sincérité charmante. Je ne pus voir M. de
Montausier ; il étoit enfermé avec Monseigneur. Je ne
finirois jamais de vous dire tous les compliments qu'on
me fit, et à vous aussi ; et de tout cela, autant en emporte le vent : on est ravi de revenir chez soi. Mme de
Richelieu me parut abattue. Elle fera réponse à M. de
Grignan. Les fatigues de la cour ont rabaissé son caquet ;
son moulin me parut en chômage. Mais qui pensez-vous
qu'on voit chez moi ? M. le président de Reauville, M. le
président de Gallifet ; ils m'ont *tartuffiée*. De quoi parle-
t-on ? de Mme de Grignan. Qui est-ce qui entre dans
ma chambre ? votre petite. Vous dites qu'elle me fait souvenir de vous, c'est bien dit ; vous voulez bien au moins
que je vous réponde qu'il n'est pas besoin de cela. Je
monte en carrosse, où vais-je ? chez Mme de Valavoire.
Pour quoi faire ? pour parler de Provence, de vos affaires et de vos commissions, que j'aime uniquement.
Enfin Coulanges disoit l'autre jour : « Voyez-vous bien
cette femme-là ? elle est toujours en présence de sa fille. »
Vous voilà en peine de moi, ma bonne : vous avez peur
que je ne sois ridicule. Non, ne craignez rien ; on ne peut

l'être avec une si agréable folie; et de plus, c'est que je me ménage selon les lieux, les temps, et les personnes avec qui je suis; et il y en a de tels que l'on jureroit que je ne songe guère à vous : ce n'est pas où je suis le plus en liberté.

Je reçois votre lettre du 2ᵉ. Vous me déplaisez, ma bonne, en parlant comme vous faites de vos aimables lettres. Quel plaisir prenez-vous à dire du mal de votre esprit, à vous comparer à la princesse d'Harcourt? Où pêchez-vous cette fausse et offensante humilité? Elle blesse mon cœur, elle offense la justice, elle choque la vérité. Quelles manières ! Ah ! ma bonne! changez-les, je vous en conjure, et voyez les choses comme elles sont. Si cela est, vous n'aurez plus qu'à vous défendre de la vanité, et ce sera une affaire à régler entre votre confesseur et vous.

Votre maigreur me tue. Hélas ! où est le temps que vous ne mangiez qu'une tête de bécasse par jour, et que vous mouriez de peur d'être trop grasse? Ma bonne, si vous devenez grosse sur ces entrefaites, soyez assurée que vous voilà perdue pour toute votre vie, sans en revenir jamais.

M. de Grignan a bien du caquet; il commence à gratter du pied, cela me fait grand'peur. S'il succombe à la tentation, ne croyez pas qu'il vous aime. Quand on aime bien, on aime tout, et la beauté qui ne donne aucun chagrin, comme la vôtre, n'est pas une chose à oublier. S'il détruit la vôtre, tenez-vous pour dit que sa tendresse n'est pas d'un bon aloi.

Il est vrai que Mme de Soubise vient encore d'accoucher; mais elle relève trop grasse, cela fait qu'on n'a nulle pitié d'elle. Je vous plains bien aussi de vos méchantes compagnies. La nouvelle qu'on y débite du gouvernement de Bretagne donné à M. de Rohan est très-

belle : cet homme parle comme du temps des ducs. Je
vous souhaite quelquefois un petit brin de ce que l'on a
ici de reste.

On étoit hier sur votre chapitre chez Mme de Coulanges ; et Mme Scarron se souvint avec combien d'esprit
vous aviez soutenu autrefois une mauvaise cause, à la
même place, et sur le même tapis où nous étions : il y
avoit Mme de la Fayette, Mme Scarron ; Segrais, Caderousse ; l'abbé Têtu, Guilleragues, Brancas. Vous n'êtes
jamais oubliée, ni tout ce que vous valez : tout est encore
vif ; mais quand on pense où vous êtes, quoique vous
soyez reine, nous soupirons. Nous soupirons aussi de la
vie qu'on fait ici et à Saint-Germain : tellement qu'on
soupire toujours. Vous savez bien que Lauzun, en entrant en prison dit : *In sæcula sæculorum*; et je crois
qu'on eût répondu ici en certain endroit, *amen*, et en
d'autres, *non*. Vraiment, quand il étoit jaloux de votre
voisine, il lui crevoit les yeux, il lui marchoit sur la
main : et que n'a-t-il pas fait à d'autres ? Ah ! quelle
folie de faire des péchés de cent dix lieues loin !

Votre enfant est jolie ; elle a un ton de voix qui m'entre
dans le cœur ; elle a de petites manières qui plaisent, je m'y
amuse et je l'aime ; mais je n'ai pas encore compris que
ce degré puisse jamais vous passer par-dessus la tête. Je
vous embrasse de toute la plus vive tendresse de mon
cœur.

----

236. — DE MADAME DE SÉVIGNÉ
A MADAME DE GRIGNAN.

A Paris, 8e janvier.

Devinez où je m'en vais tout à l'heure, ma chère
bonne : à Livry, et demain dîner à Pompone avec mon
bonhomme ! Il m'a priée si tendrement de lui faire cette
visite pendant qu'il fait beau, que je n'ai pas voulu le

refuser. Je lui parlerai d'un certain commis que vous avez recommandé à Mme de la Fayette et qui a été à M. de Lyonne.

Vous me paroissez tranquille sur le retour de vos courriers; nous ne sommes pas de même, nous craignons le dénouement de tout ceci, qui ne peut être que fâcheux. Nous en parlons, Monsieur d'Uzès et moi, et regardons les chagrins qui sont attachés à quelque résolution qu'on prenne.

Je veux aussi vous avertir d'une chose que je soutiendrai au milieu de votre mari et de vous. C'est que si, après être purgée, vous avez seulement la pensée (c'est bien peu) de coucher avec M. de Grignan, comptez que vous êtes grosse, et si quelqu'une de vos matrones dit le contraire, elle sera corrompue par votre époux. Après cet avis, je n'ai plus rien à dire.

Je n'oserois songer à vos affaires : c'est un labyrinthe plein d'amertumes, d'où je ne sors point. Je ne sais point de nouvelles aujourd'hui. Si j'avois juré de remplir ma feuille, je vous manderois des sottises, et tout ce que l'on fera dans six semaines; mais c'est un ennui. Ce que j'aime mieux vous dire, c'est qu'on est inhumain en ce pays pour recevoir les excuses de ceux qui n'écrivent pas dans les occasions. J'ai voulu en user ainsi en Bretagne; il a fallu en venir à y prendre part. Profitez de ce petit discours en l'air.

On parle de plusieurs mariages. Quand ils seront signés, je vous les manderai.

Adressez-moi désormais, ma bonne, les lettres de Mme de Vaudemont et toutes celles que vous voudrez : ce m'est un plaisir.

Adieu, ma mignonne : il y a une heure que je me joue avec votre fille; elle est aimable. Il est tard, et je vous quitte pour aller pleurer à Livry, et penser à vous tendrement.

Mille amitiés à ce Grignan et au prince son frère. Ma tante est malade à un point qui me trouble et qui me met en peine.

———————

237. — DE MADAME DE SÉVIGNÉ
A MADAME DE GRIGNAN.

A Paris, mercredi 13ᵉ janvier.

Eh, mon Dieu! ma bonne, que dites-vous? Quel plaisir prenez-vous à dire du mal de votre personne, de votre esprit; à rabaisser votre bonne conduite; à trouver qu'il faut avoir bien de la bonté pour songer à vous? Quoique assurément vous ne pensiez point tout cela, j'en suis blessée, vous me fâchez; et quoique je ne dusse peut-être pas répondre à des choses que vous dites en badinant, je ne puis m'empêcher de vous en gronder, préférablement à tout ce que j'ai à vous mander. Vous êtes bonne encore quand vous dites que vous avez peur des beaux esprits. Hélas! ma chère, si vous saviez qu'ils sont petits de près, et combien ils sont quelquefois empêchés de leur personne, vous les remettriez bientôt à hauteur d'appui. Vous souvient-il combien vous en étiez quelquefois lasse? Prenez garde que l'éloignement ne vous grossisse les objets: c'est son effet ordinaire.

Nous soupons tous les soirs avec Mme Scarron. Elle a l'esprit aimable et merveilleusement droit : c'est un plaisir que de l'entendre raisonner sur les horribles agitations d'un certain pays qu'elle connoît bien, et le désespoir qu'avoit cette d'Heudicourt dans le temps que sa place paroissoit si miraculeuse, les rages continuelles du petit Lauzun, le noir chagrin ou les tristes ennuis des dames de Saint-Germain; et peut-être que la plus enviée n'en est pas toujours exempte. C'est une plaisante chose que de l'entendre causer de tout cela. Ces discours nous mènent quelquefois bien loin, de moralité en moralité, tantôt chrétienne, et tantôt politique. Nous parlons très-souvent de vous : elle aime votre esprit et vos manières ; et quand vous vous retrouverez ici, ne craignez point, ma bonne, de n'être pas à la mode.

Je vous trouve un peu fatiguée de vos Provençaux. Voulez-vous que nous fassions une chanson contre eux ? Enfin, ils ont obéi ; mais ç'a été de mauvaise grâce. S'ils avoient cru d'abord M. de Grignan, il ne leur en auroit pas coûté davantage, et ils auraient contenté la cour. Ce sont des manières charmantes : à quoi vous avez raison de dire que ce n'est pas votre faute et que vous n'y sauriez que faire ; cet endroit est plaisant.

Mais écoutez la bonté du Roi, et le plaisir de servir un si aimable maître! Il a fait appeler le maréchal de Bellefonds dans son cabinet, et lui a dit : « Monsieur le maréchal, je veux savoir pourquoi vous me voulez quitter. Est-ce dévotion ? est-ce envie de vous retirer ? est-ce l'accablement de vos dettes ? Si c'est le dernier, j'y veux donner ordre, et entrer dans le détail de vos affaires. » Le maréchal fut sensiblement touché de cette bonté. « Sire, dit-il, ce sont mes dettes : je suis abîmé ; je ne puis voir souffrir quelques-uns de mes amis qui m'ont assisté, à qui je ne puis satisfaire. — Eh bien, dit le Roi, il faut assurer leur dette. Je vous donne cent mille francs de votre maison de Versailles, et un brevet de retenue de quatre cent mille francs, qui servira d'assurance, si vous veniez à mourir. Vous payerez les arrérages avec les cent mille francs ; cela étant, vous demeurerez à mon service. » En vérité, il faudroit avoir le cœur bien dur pour ne pas obéir à un maître qui entre dans les intérêts d'un de ses domestiques avec tant de bonté : aussi le maréchal ne résista pas ; et le voilà remis à sa place et surchargé d'obligations. Tout ce détail est vrai.

Il y a tous les soirs des bals, des comédies et des mascarades à Saint-Germain. Le Roi a une application à di-

vertir Madame, qu'il n'a jamais eue pour l'autre. Racine
a fait une comédie qui s'appelle *Bajazet*, et qui enlève la
paille ; vraiment elle ne va pas en *empirando* comme les
autres. M. de Tallard dit qu'elle est autant au-dessus de
celles de Corneille, que celles de Corneille sont au-dessus
de celles de Boyer : voilà ce qui s'appelle bien louer ; il
ne faut point tenir les vérités cachées. Nous en jugerons
par nos yeux et par nos oreilles.

    Du bruit de *Bajazet* mon âme importunée

fait que je veux aller à la comédie.

    J'ai été à Livry. Hélas ! ma bonne, que je vous ai bien
tenu parole, et que j'ai songé tendrement à vous ! Il y
faisoit très-beau, quoique très-froid ; mais le soleil
brilloit ; tous les arbres étoient parés de perles et de
cristaux : cette diversité ne déplaît point. Je me prome-
nai fort. Je fus le lendemain dîner à Pompone : quel
moyen de vous redire ce qui fut dit en cinq heures ? Je
ne m'y ennuyai point. M. de Pompone sera ici dans
quatre jours. Ce seroit un grand chagrin pour moi si
jamais j'étois obligée à lui aller parler pour vos affaires
de Provence. Tout de bon, il ne m'écouteroit pas ; vous
voyez que je fais un peu l'entendue. Mais, ma foi ! ma
bonne, rien n'est égal à Monsieur d'Uzès : c'est ce qui
s'appelle les grosses cordes. Je n'ai jamais vu un homme,
ni d'un meilleur esprit, ni d'un meilleur conseil : je l'attends pour vous parler de ce qu'il aura fait à Saint-
Germain.

    Vous me priez de vous écrire doublement de grandes
lettres ; je pense, ma bonne, que vous devez en être contente : je suis quelquefois épouvantée de leur immen-
sité. Ce sont toutes vos flatteries qui me donnent cette
confiance. Je vous prie, ma bonne, de vous bien conserver dans ce bienheureux état, et ne passez point d'une
extrémité à l'autre. De bonne foi, prenez du temps pour

vous rétablir, et ne tentez point Dieu par vos dialogues et par votre voisinage.

Mme de Brissac a une très-bonne provision pour son hiver, c'est-à-dire M. de Longueville et le comte de Guiche, mais en tout bien et en tout honneur; ce n'est seulement que pour le plaisir d'être adorée. On ne voit plus la Marans chez Mme de la Fayette, ni chez M. de la Rochefoucauld. Nous ne savons ce qu'elle fait; nous en jugeons quelquefois un peu témérairement. Elle avoit cet été la fantaisie d'être violée; elle vouloit être violée absolument : vous savez ces sortes de folies. Pour moi, je crois qu'elle ne la sera jamais : quelle folie, bon Dieu ! et qu'il y a longtemps que je la vois comme vous la voyez présentement !

Il ne tient pas à moi que je ne voie Mme de Vala-voire. Il est vrai qu'il n'est pas besoin de me dire : « Va la voir; » c'est assez qu'elle vous ait vue pour me la faire courir; mais elle court après quelque autre, car j'ai beau la prier de m'attendre, je ne puis parvenir à ce bonheur. C'est à Monsieur le Grand qu'il faudroit don-ner votre turlupinade : elle est des meilleures. Châtillon nous en donne tous les jours ici des plus méchantes du monde.

———————

238. — DE MADAME DE SÉVIGNÉ
A MADAME DE GRIGNAN.

A Paris, vendredi au soir, 15e janvier.

Je vous ai écrit ce matin, ma bonne, par le courrier qui vous porte toutes les douceurs et tous les agréments du monde pour vos affaires de Provence; mais je veux encore écrire ce soir, afin qu'il ne soit pas dit qu'une poste arrive sans vous apporter de mes lettres. Tout de bon, ma belle, je crois que vous les aimez; vous me le dites : pourquoi voudriez-vous me tromper en vous trompant vous-même? Car si par hasard cela n'étoit pas, vous seriez à plaindre de l'accablement où je vous mettrois par l'abondance des miennes : les vôtres font ma félicité. Je ne vous ai point répondu sur votre belle âme : c'est Langlade qui dit, *la belle âme*, pour badiner; mais, de bonne foi, vous l'avez fort belle; ce n'est peut-être pas de ces âmes du premier ordre, comme *chose*, ce Romain qui retourna chez les Carthaginois, pour tenir sa parole, où il fut pis que martyrisé; mais, au-dessous, ma bonne, vous pouvez vous vanter d'être du premier rang. Je vous trouve si parfaite et dans une si grande réputation, que je ne sais que vous dire, sinon de vous admirer, et de vous prier de soutenir toujours votre raison par votre courage, et votre courage par votre raison, et prendre du chocolat, afin que les plus méchantes compagnies vous paroissent bonnes.

La comédie de Racine m'a paru belle, nous y avons été. Ma belle-fille m'a paru la plus merveilleuse comédienne que j'aie jamais vue : elle surpasse la Desœillets de cent lieues loin; et moi, qu'on croit assez bonne pour le théâtre, je ne suis pas digne d'allumer les chandelles quand elle paroît. Elle est laide de près, et je ne m'étonne pas que mon fils ait été suffoqué par sa présence; mais quand elle dit des vers, elle est adorable. *Bajazet* est beau; j'y trouve quelque embarras sur la fin; il y a bien de la passion, et de la passion moins folle que celle de *Bérénice :* je trouve cependant, à mon petit sens, qu'elle ne surpasse pas *Andromaque;* et pour ce qui est des belles comédies de Corneille, elles sont autant au-dessus, que votre idée étoit au-dessus de.... Appliquez, et ressouvenez-vous de cette folie, et croyez que jamais rien n'approchera (je ne dis pas surpassera) des divins endroits de Corneille. Il nous lut l'autre jour une comédie chez M. de la Rochefoucauld, qui fait souvenir de la Reine mère. Cependant je voudrois, ma bonne, que vous

fussiez venue avec moi après dîner, vous ne vous seriez
point ennuyée ; vous auriez peut-être pleuré une petite
larme, puisque j'en ai pleuré plus de vingt ; vous auriez
admiré votre belle-sœur ; vous auriez vu les *Anges* devant
vous, et la Bourdeaux, qui étoit habillée en petite mignonne. Monsieur le Duc étoit derrière, Pomenars au-
dessus, avec les laquais, son manteau dans son nez,
parce que le comte de Créance le veut faire pendre, quelque résistance qu'il y fasse ; tout le bel air étoit sur le
théâtre. M. le marquis de Villeroi avoit un habit de
bal ; le comte de Guiche ceinturé comme son esprit ;
tout le reste en bandits. J'ai vu deux fois ce comte chez
M. de la Rochefoucauld ; il me parut avoir bien de l'esprit, et il étoit moins surnaturel qu'à l'ordinaire.

Voilà notre abbé, chez qui je suis, qui vous mande
qu'il a reçu le plan de Grignan, dont il est très-content :
il s'y promène déjà par avance ; il voudroit bien en avoir
le profil : pour moi, j'attends à le bien posséder que je
sois dedans. J'ai mille compliments à vous faire de tous
ceux qui ont entendu les agréables paroles du Roi pour
M. de Grignan. Mme de Verneuil me vint la première.
Elle a pensé mourir.

Adieu, ma divine bonne ; que vous dirai-je de mon
amitié et de tout l'intérêt que je prends à vous à vingt
lieues à la ronde, depuis les plus grandes jusques aux
plus petites choses ? M. d'Harouys est arrivé. J'ai donné
toutes vos réponses. J'embrasse l'admirable Grignan, le
prudent coadjuteur, et le présomptueux Adhémar : n'est-
ce pas là comme je les nommois l'autre jour ?

A Paris, mercredi 20ᵉ janvier.

Voilà les maximes de M. de la Rochefoucauld revues, corrigées et augmentées : c'est de sa part que je vous les envoie. Il y en a de divines ; et à ma honte, il y en a que je n'entends point : Dieu sait comme vous les entendrez.

Il y a un démêlé entre l'archevêque de Paris et l'archevêque de Reims : c'est pour une cérémonie. Paris veut que Reims demande permission d'officier ; Reims jure qu'il n'en fera rien. On dit que ces deux hommes ne s'accorderont jamais bien qu'ils ne soient à trente lieues l'un de l'autre. Ils seront donc toujours mal. Cette cérémonie est une canonisation d'un Borgia, jésuite ; toute la musique de l'Opéra y fait rage : il y a des lumières jusque dans la rue Saint-Antoine ; on s'y tue. Le vieux Mérinville est mort sans y aller.

Ne vous trompez-vous point, ma chère fille, dans l'opinion que vous avez de mes lettres ? L'autre jour un pendard d'homme, voyant ma lettre infinie, me demanda si je pensois qu'on pût lire cela : j'en tremblai, sans dessein toutefois de me corriger ; et me tenant à ce que vous m'en dites, je ne vous épargnerai aucune bagatelle, grande ou petite, qui vous puisse divertir. Pour moi, c'est ma vie et mon unique plaisir que le commerce que j'ai avec vous ; toutes choses sont ensuite bien loin après.

Je suis en peine de votre petit frère : il a bien froid, il campe, il marche vers Cologne pour un temps infini. J'espérois de le voir cet hiver, et le voilà. Enfin il se trouve que Mademoiselle d'Adhémar est la consolation de ma vieillesse : je voudrois aussi que vous vissiez

comme elle m'aime, comme elle m'appelle, comme elle
m'embrasse. Elle n'est point belle, mais elle est aimable; elle a un son de voix charmant; elle est blanche,
elle est nette : enfin, je l'aime. Vous me paroissez folle
de votre fils : j'en suis fort aise. On ne sauroit avoir
trop de fantaisies, musquées ou point musquées, il
n'importe.

Il y a demain un bal chez Madame. J'ai vu chez Mademoiselle l'agitation des pierreries : cela m'a fait souvenir de nos tribulations passées, et plût à Dieu y être
encore! Pouvois-je être malheureuse avec vous? Toute
ma vie est pleine de repentirs. Monsieur Nicole, ayez
pitié de moi, et me faites bien envisager les ordres de la
Providence. Adieu, ma chère fille, je n'oserois dire que
je vous adore, mais je ne puis concevoir qu'il y ait un
degré d'amitié au delà de la mienne. Vous m'adoucissez
et m'augmentez mes ennuis, par les aimables et douces
assurances de la vôtre.

---

240. — DE MADAME DE SÉVIGNÉ
A MADAME DE GRIGNAN.

A Paris, vendredi 22e janvier,
à dix heures du soir.

Enfin, ma fille, c'est tout ce que je puis faire que de
quitter le petit coucher de Mademoiselle d'Adhémar
pour vous écrire. Si vous ne voulez pas être jalouse, je
ne sais que vous dire : c'est la plus aimable enfant que
j'aie jamais vue : elle est vive, elle est gaie, elle a de
petits desseins et de petites façons qui plaisent tout à fait.

J'ai été aujourd'hui chez Mademoiselle, qui m'a envoyé dire d'y aller. Monsieur y est venu, il m'a parlé de
vous : il m'a assurée que rien ne pouvoit tenir votre
place au bal; il m'a dit que votre absence ne devoit pas

m'empêcher d'aller voir son bal : c'est justement de quoi
j'ai grande envie.

Il a été fort question de la guerre, qui est enfin très-
certaine. Nous attendons la résolution de la reine d'Espagne; et quoi qu'elle dise, nous voulons guerroyer.
Si elle est pour nous, nous fondrons sur les Hollandois;
si elle est contre nous, nous prendrons la Flandre; et
quand nous aurons commencé la noise, nous ne l'apai-
serons peut-être pas aisément. Cependant nos troupes
marchent vers Cologne. C'est M. de Luxembourg qui
doit ouvrir la scène. Il y a quelques mouvements en
Allemagne.

J'ai fort causé avec Monsieur d'Uzès. Notre abbé lui
a parlé de très-bonne grâce du dessein qu'il a pour
l'abbé de Grignan. Il faut tenir cette affaire très-secrète;
c'est sur la tête de Monsieur d'Uzès qu'elle roule; car
on ne peut obtenir de Sa Majesté les agréments nécessaires que par son moyen. On me dit en rentrant ici
que le chevalier de Grignan a la petite vérole chez Monsieur d'Uzès : ce seroit un grand malheur pour lui, un
grand chagrin pour ceux qui l'aiment, et un grand embarras pour Monsieur d'Uzès, qui seroit hors d'état d'a-
gir dans toutes les choses où l'on a besoin de lui : voilà
qui seroit digne de mon malheur ordinaire.

Vous me louez continuellement sur mes lettres, et je
n'ose plus vous parler des vôtres, de peur que cela n'ait
l'air de rendre louanges pour louanges; mais encore ne
faut-il pas se contraindre jusqu'à ne pas dire la vérité.
Vous avez des pensées et des tirades incomparables, il ne
manque rien à votre style. D'Hacqueville et moi, nous
étions ravis de lire certains endroits brillants; et même
dans vos narrations, l'endroit qui regarde le Roi, votre
colère contre Lauzun et contre l'Évêque, ce sont des traits
de maître. Quelquefois j'en donne aussi une petite part
à Mme de Villars; mais elle s'attache aux tendresses, et

les larmes lui en viennent fort bien aux yeux. Ne craignez point que je montre vos lettres mal à propos ; je sais parfaitement bien ceux qui en sont dignes, et ce qu'il en faut dire ou cacher.

Écoutez, ma fille, une bonté et une douceur charmante du Roi votre maître : cela redoublera bien votre zèle pour son service. Il m'est revenu de très-bon lieu que l'autre jour M. de Montausier demanda une petite abbaye à Sa Majesté pour un de ses amis ; il en fut refusé, et sortit fâché de chez le Roi en disant : « Il n'y a que les ministres et les maîtresses qui aient du pouvoir en ce pays. » Ces paroles n'étoient pas trop bien choisies ; le Roi les sut. Il fit appeler M. de Montausier, lui reprocha avec douceur son emportement, le fit souvenir du peu de sujet qu'il avoit à se plaindre de lui, et le lendemain il fit Mme de Crussol dame du palais. Je vous dis que voilà des conduites de Titus. Vous pouvez juger si le gouverneur a été confondu, aussi bien que l'Évêque, qui vous doit sa députation. Ces manières de se venger sont bien cruelles. Le Roi a raccommodé l'archevêque de Reims avec celui de Paris. Que vous dirai-je encore? Ma pauvre tante est accablée de mortelles douleurs : cela me fait une tristesse, et un devoir qui m'occupe.

———

241. — DE MADAME DE SÉVIGNÉ AU COMTE
DE BUSSY RABUTIN.

Je fus sept mois sans entendre parler de Mme de Sévigné, et puis j'en reçus cette lettre.

A Paris, ce 24e janvier 1672.

Je trouve fort plaisant, mon cousin, que ce soit précisément dans la chambre de notre petite sœur de Sainte-Marie que l'envie me prenne de vous écrire. Il sembleroit quasi que notre amitié fût fondée sur la sainteté de notre grand'mère. Le moyen d'en juger autrement, en voyant que d'autres lieux où je vous ai vu, me font moins souvenir de vous que celui-ci où je ne vous ai vu de ma vie ?

Vous avez ici une fille qui contribue à ce miracle. Elle n'est non plus sotte que si elle vous voyoit tous les jours, et elle est aussi sage que si elle ne partoit pas de Sainte-Marie. C'est une créature dont le fonds est d'un christianisme fort austère, chamarré de certains agréments de Rabutin qui lui donnent un charme extraordinaire. Je doute que tous vos autres enfants valent mieux que celle-ci. Mais en voilà assez pour lui donner de la vanité.

J'ai été huit mois en Bretagne, pendant lesquels je ne me suis jamais trouvé assez d'esprit pour vous écrire. J'ai eu dessein de ressusciter notre commerce à mon retour, et je commence ici. Bon jour, bonne œuvre.

Je ne vous dirai point de nouvelles, et je ne vous parlerai point du prochain. Vous savez tout ce qui se passe, au moins je veux le croire ; car je ne crois pas qu'il soit trop sûr d'écrire de certaines choses :

On sait de cent paquets les tristes aventures,
Et tous les grands chemins sont remplis de parjures.

Il y a des comédies nouvelles, dont j'ai la vanité de croire que vous jugerez comme moi. Adieu, mon cousin : vous ne sauriez croire combien je mérite l'honneur de votre amitié.

———

242. — DE MADAME DE SÉVIGNÉ
A MADAME DE GRIGNAN.

A Paris, mercredi 27e janvier.

Je n'ai jamais rien vu de si aimable que vos lettres. Vous êtes contente de mon amitié, et vous me le dites

d'une manière à pénétrer de tendresse un cœur comme
le mien. Vous voyez tout ce qui s'y passe : vous découvrez
que la plus grande partie de mes actions se fait en vue
de vous être bonne à quelque chose ; vous expliquez le
voyage de Pompone dans sa vraie signification ; les visites de M. le Camus sont de même ; et en vérité, ma
fille, vous ne vous trompez pas, et tant que votre péné-
tration me rendra de si bons offices, je ne crains pas que
votre amitié diminue. J'admirois votre humeur : elle est
au delà de tout ce que l'on peut vous souhaiter. Si vous
en avez une autre moins commode, il faut lui pardonner
en faveur de celle-là, et pardonner aussi à ceux à qui
vous vous découvriez assez peu, pour ne leur pas laisser
voir clairement toutes vos bonnes qualités. Comme elles
n'étoient pas exercées alors, on ne le pouvoit savoir que
par vos paroles.

Mais, ma chère enfant, cette grande paresse à ne vouloir pas seulement penser à sortir un moment d'où vous
êtes, me blesse le cœur. Je trouve les pensées de M. de
Grignan bien plus raisonnables. Celle qu'il avoit pour
la charge du maréchal de Bellefonds, au cas qu'il l'eût
quittée, étoit tout à fait de mon goût. Vous aurez vu
comme la chose a tourné. Mais j'aimerois assez que le
désir de vous rapprocher ne vous quittât point, quand
il arrive des occasions ; et Monsieur d'Uzès auroit fort
bonne grâce à témoigner au Roi qu'il est impossible de
le servir si loin de sa personne sans beaucoup de chagrin, surtout quand on a passé la plus grande partie de
sa vie auprès de lui.

L'autre jour, M. de Berni, à Versailles, passa par
une fenêtre, croyant passer par une porte, et tomba du
premier étage sur un petit garçon qui fut blessé, et qui
l'empêcha d'être tué. Il fut secouru ; il a la tête très-fra-
cassée, mais on ne croit pas qu'il meure. Voilà ce que
font les croisées coupées jusques en bas. On ne sauroit

jamais manquer à mettre partout des garde-fous. Cet accident fit grand bruit à Versailles.

Je vous prie, ma fille, dites-moi souvent dans vos lettres quelque petit mot de ma tante : ce lui est une consolation dans ses continuelles douleurs. J'ai envoyé vos
lettres : celle de Mme de la Fayette est extrêmement
jolie. Le commencement de votre dernière est étrange.
Vous me donnez à deviner ce que vous avez fait la nuit :
j'ai tremblé depuis les pieds jusqu'à la tête ; je croyois
que tout fût perdu. Il se trouve que vous avez attendu
votre courrier, et que vous avez bu joyeusement à la
santé du Roi votre maître. J'ai respiré et approuvé votre
zèle. En vérité, on ne sauroit trop le louer : il est encore
perfectionné depuis un an. Les poëtes ont commencé à
la cour ; mais j'aime bien autant la prose, depuis que
tout le monde en sait faire, pour conter et chanter ses
louanges.

Je viens d'écrire une grande lettre à M. de Pompone,
pour toutes les affaires de Provence, dont Monsieur
d'Uzès ne peut lui parler, à cause de la petite vérole du
pauvre Chevalier. Je n'ose parler de l'état où il est. Il
faut espérer à sa grande jeunesse. J'ai déjà bien soupiré
pour la crainte que j'ai de son mal.

Mme de Guerchi, fille de la comtesse de Fiesque, est
morte à la campagne pour avoir eu peur du feu. Elle
étoit grosse de huit mois ; elle est accouchée et morte
ensuite. Cette manière de mourir m'a blessé le cœur.
Le petit duc de Rohan est à l'extrémité d'avoir bu deux
verres d'eau-de-vie après avoir bien bu du vin ; il est
dans le sept d'une fièvre très-mortelle. Voilà une belle
espérance pour M. et Mme de Soubise. Pour moi, après
l'avoir vu aux états, et sachant comme il traitoit Mme de
Rohan, j'en suis toute consolée.

Le chancelier se meurt ; il a renvoyé les sceaux au
Roi par le duc de Coislin : voilà un joli présent à faire.

Mon Dieu, ma fille, que je voudrois bien voir M. de Grignan ici avec une belle charge, auprès de son maître, et envoyer promener tous vos Provençaux ! Adhémar me les fera bien haïr ; il est plaisant de leur faire confidence de ce qu'il pense d'eux.

Adieu, ma très-aimable, je ne songe qu'à vous aller voir. J'embrasse mon cher Grignan, et sa chère femme.

------

243. — DU COMTE DE BUSSY RABUTIN
A MADAME DE SÉVIGNÉ.

Le lendemain du jour que j'eus reçu cette lettre (*du 24 janvier*), j'y fis cette réponse.

A Chaseu, ce 28e janvier 1672.

Savez-vous bien, Madame, ce qui fait que vous m'écrivez de Sainte-Marie, où vous ne m'avez jamais vu, plutôt que de mille autres lieux où vous m'avez vu mille fois ? C'est que ma fille vous y fait ressouvenir de moi, et qu'étant bientôt lasse des matières qu'on traite en ces lieux-là, vous usez une partie du temps de votre visite à faire une lettre à son père. Ainsi, Madame, ce que j'en puis juger, c'est que vous aimez mieux parler au monde qu'à moi, mais que vous aimez mieux me parler qu'à Dieu. Vous en conviendrez, si vous êtes sincère.

Quand j'ai lu l'endroit où vous me mandez que ma fille n'est non plus sotte que si elle me voyoit tous les jours, et qu'elle est aussi sage que si elle ne partoit pas des Saintes-Maries, je croyois qu'il y eût « aussi sage que si elle ne m'avoit jamais vu. » Car effectivement une demoiselle peut devenir agréable à me pratiquer ; mais il est difficile qu'elle devienne par là bonne religieuse. Ma fille de Sainte-Marie en est une (à ce que j'ai appris par d'autres que par vous) ; et le témoignage que vous me donnez des agréments de son esprit est ce qu'on appelle l'approbation des docteurs.

Ses sœurs ont aussi leur mérite, et si ma disgrâce leur a fait perdre des avantages du côté de la fortune, elle leur en a donné du côté de la bonne nourriture et de l'esprit.

Vous me deviez écrire de Bretagne : nous y avons perdu tous deux. Vous vous moquez de me mander que vous ne vous êtes pas trouvé assez d'esprit pour cela. Songez-vous à faire de belles lettres pour moi? Il me paroît qu'elles ne le peuvent être dès qu'on y songe.

Il est vrai que je sais ce qui se passe; mais je ne le saurois point, si tous mes amis avoient sur cela autant de prudence que vous.

Avez-vous fait les deux vers que vous m'envoyez sur ce sujet? Les avez-vous retournés, ou seulement copiés? Ils sont capables de faire trembler tous les gazetiers de France. Il est vrai qu'en voici qui les rassurent :

> Qu'il se perde tant de paquets
> Qu'on dit tous les jours par la ville,
> Ce sont contes à plaisir ; mais
> Pour un perdu l'on en dit mille.

---

244. — DE MADAME DE SÉVIGNÉ
A MADAME DE GRIGNAN.

A Sainte-Marie du faubourg, vendredi 29e janvier, jour de saint François de Sales, et jour que vous fûtes mariée. Voilà ma première radoterie; c'est que je fais des bouts de l'an de tout.

Me voici dans un lieu, ma bonne, qui est le lieu du monde où j'ai pleuré, le jour de votre départ, le plus abondamment et le plus amèrement : la pensée m'en fait tressaillir. Il y a une bonne heure que je me promène toute seule dans le jardin : toutes nos sœurs sont à vêpres, embarrassées d'une méchante musique ; et moi, j'ai eu l'esprit de m'en dispenser. Ma bonne, je n'en puis plus ;

votre souvenir me tue en mille occasions : j'ai pensé
mourir dans ce jardin, où je vous ai vue mille fois. Je ne
veux point vous dire en quel état je suis : vous avez une
vertu sévère, qui n'entre point dans la foiblesse humaine. Il y a des jours, des heures, des moments où je
ne suis pas la maîtresse; je suis foible, et ne me pique
point de ne l'être pas : tant y a, je n'en puis plus, et pour
m'achever, voilà un homme que j'avois envoyé chez le
chevalier de Grignan, qui me dit qu'il est extraordinai-
rement mal. Cette pitoyable nouvelle n'a pas séché mes
yeux. Je crois qu'il dispose de ce qu'il a en votre faveur :
gardez-le, quoique ce soit peu, pour une marque de sa
tendresse, et ne le donnez point, comme votre cœur le
voudroit : il n'y a pas un de vos beaux-frères qui, à proportion, ne soit plus riche que vous. Je ne puis vous dire
le déplaisir que j'ai dans la crainte de cette perte. Hélas!
un petit aspic, comme M. de Rohan, revient de la mort;
et cet aimable garçon, bien né, bien fait, de bon naturel, d'un bon cœur, dont la perte ne fait de bien à personne, nous va périr entre les mains! Si j'étois libre, je
ne l'aurois pas abandonné, je ne crains point son mal;
mais je ne fais pas sur cela ma volonté. Vous recevrez
cet ordinaire des lettres écrites plus tard, qui vous parle-
ront plus précisément de ce malheur. Pour moi, je me
contente de le sentir.

Voilà une permission de vendre et de transporter vos
blés. M. le Camus l'a obtenue, et y a joint une lettre
de lui. Je n'ai jamais vu un si bon homme, ni plus vif
sur tout ce qui vous regarde. Écrivez-moi quelque chose
de lui, que je lui puisse lire.

Hier au soir, Mme du Fresnoy soupa chez nous. C'est
une nymphe, c'est une divinité; mais Mme Scarron,
Mme de la Fayette et moi, nous voulûmes la comparer à Mme de Grignan, et nous la trouvâmes cent
piques au-dessous, non pas pour l'air et pour le teint;

mais ses yeux sont étranges, son nez n'est pas comparable au vôtre, sa bouche n'est point finie, la vôtre est parfaite; et elle est tellement recueillie dans sa beauté, que je trouve qu'elle ne dit précisément que les paroles qui lui siéent bien : il est impossible de se la représenter parlant communément et d'affection sur quelque chose. C'est la résidence de l'abbé Têtu auprès de la plus belle; il ne la quitta pas. Et pour votre esprit, ces dames ne mirent aucun esprit au-dessus du vôtre; et votre conduite, votre sagesse, votre raison, tout fut célébré. Je n'ai jamais vu une personne si bien louée; je n'eus pas le courage de faire les honneurs de vous, ni de parler contre ma conscience.

On dit que le chancelier est mort : je ne sais point si on donnera les sceaux avant que cette poste parte. La Comtesse est très-affligée de la mort de sa fille; elle est au couvent de Sainte-Marie à Saint-Denis. Ma bonne, on ne peut assez se conserver, et grosse, et en couche, et on ne peut assez éviter d'être dans ces deux états : je ne parle pour personne.

Adieu, ma très-chère, cette lettre sera courte : je ne puis rien écrire dans l'état où je suis : vous n'avez pas besoin de ma tristesse; mais si quelquefois vous en recevez d'infinies, ne vous en prenez qu'à vous, et à vos flatteries sur le plaisir que vous donne leur longueur; vous n'oseriez plus vous en plaindre.

Je vous embrasse mille fois, et m'en retourne à mon jardin, et puis à un bout de salut, et puis chez des malades qui sont aussi chagrins que moi.

Voilà Madeleine-Agnès qui entre, et qui vous salue en Notre-Seigneur.

245. — DE MADAME DE SÉVIGNÉ
A MADAME DE GRIGNAN.

A Paris, mercredi 3e février.

J'ai eu une heure de conversation avec M. de Pompone. Il faudroit plus de papier qu'il n'y en a dans mon cabinet pour vous dire la joie que nous eûmes de nous revoir, et comme nous passions à la hâte sur mille chapitres que nous n'avions pas le temps de traiter à fond. Enfin je ne l'ai point trouvé changé : il est toujours parfait; il croit toujours que je vaux plus que je ne vaux effectivement. Son père lui a fait comprendre qu'il ne pouvoit l'obliger plus sensiblement qu'en m'obligeant en toutes choses. Mille autres raisons, à ce qu'il dit, lui donnent ce même desir; et surtout il se trouve que j'ai le gouvernement de Provence sur les bras; c'est un prétexte admirable pour avoir bien des affaires ensemble : voilà le seul chapitre qui ne fut point étranglé. Je lui parlai à loisir de l'Évêque. Il sait écouter aussi bien que répondre, et crut aisément tout le plan que je lui fis des manières du prélat; il ne me parut pas qu'il approuvât qu'un homme de sa profession voulût faire le gouverneur. Il me semble que je n'oubliai rien de ce qu'il falloit dire. Il me donne toujours de l'esprit; le sien est tellement aisé, qu'on prend sans y penser une confiance qui fait qu'on parle heureusement de tout ce qu'on pense : je connois mille gens qui font le contraire. Enfin, ma fille, sans vouloir m'attirer de nouvelles douceurs, dont vous êtes prodigue pour moi, je sortis avec une joie incroyable, dans la pensée que cette liaison avec lui vous seroit très-utile. Nous sommes demeurés d'accord de nous écrire; il aime mon style naturel et dérangé, quoique le sien soit comme celui de l'éloquence même.

Je vous mandai l'autre jour de tristes nouvelles du

pauvre Chevalier : on venoit de me les donner de même.
J'appris le soir qu'il n'étoit pas si mal ; et enfin il est encore en vie, quoiqu'il ait été au delà de l'extrême-onction,
et qu'il soit encore très-mal. Sa petite vérole sort et
sèche en même temps ; il me semble que c'est comme
celle de Mme de Saint-Simon. Rippert vous en écrira
plus sûrement que moi ; j'en sais pourtant tous les jours
des nouvelles, et j'en suis dans une très-véritable inquiétude ; je l'aime encore plus que je ne pensois.

Cette nuit, Mme la princesse de Conti est tombée
en apoplexie. Elle n'est pas encore morte, mais elle n'a
aucune connoissance ; elle est sans pouls et sans parole ;
on la martyrise pour la faire revenir. Il y a cent personnes dans sa chambre, trois cents dans sa maison : on
pleure, on crie ; voilà tout ce que j'en sais jusqu'à l'heure
qu'il est. Pour Monsieur le chancelier, il est mort très-
assurément, mais mort en grand homme. Son bel esprit,
sa prodigieuse mémoire, sa naturelle éloquence, sa haute
piété, se sont rassemblés aux derniers jours de sa vie. La
comparaison du flambeau qui redouble sa lumière en
finissant est juste pour lui. Le Mascaron l'assistoit, et se
trouvoit confondu par ses réponses et par ses citations.
Il paraphrasoit le *Miserere*, et faisoit pleurer tout le
monde ; il citoit la sainte Écriture et les Pères, mieux
que les évêques dont il étoit environné : enfin sa mort est
une des plus extraordinaires choses du monde. Ce qui
l'est encore plus, c'est qu'il n'a point laissé de grands
biens : il étoit aussi riche en entrant à la cour qu'il
l'étoit en mourant. Il est vrai qu'il a établi sa famille ;
mais si l'on prenoit chez lui, ce n'étoit pas lui. Enfin il
ne laisse que soixante et dix mille livres de rente : est-ce
du bien pour un homme qui a été quarante ans chancelier, et qui étoit riche naturellement ? La mort découvre
bien des choses : ce n'est point de sa famille que je tiens
tout ceci : on le voit. Nous avons fait aujourd'hui nos

stations, Mme de Coulanges et moi. Mme de Verneuil
est si mal qu'elle n'a pu voir le monde. On ne sait encore
qui aura les sceaux.

Je vous conjure d'écrire au Coadjuteur qu'il songe à
faire réponse sur l'affaire dont lui écrit Monsieur d'Agen;
j'en suis tourmentée : cela est mal d'être paresseux avec
un évêque de réputation. Je remets tous les jours à
écrire à ce Coadjuteur; son irrégularité me débauche; je
le condamne, et je l'imite.

J'embrasse M. de Grignan : ne vous adore-t-il pas toujours? est-il encore question des grives? Il y avoit l'autre
jour une dame qui confondoit ce qu'on dit d'une grive,
et au lieu de dire *elle est soûle comme une grive*, elle dit
que la première présidente *étoit sourde comme une grive* :
cela fit rire.

Adieu, ma chère enfant, je vous aime, ce me semble,
bien plus que moi-même. Votre fille est aimable; je
m'en amuse de bonne foi; elle embellit tous les jours;
ce petit ménage me donne la vie.

———

246. — DE MADAME DE SÉVIGNÉ
A MADAME DE GRIGNAN.

A Paris, vendredi 5e février.
Il y a aujourd'hui mille ans que je suis née.

Je suis ravie, ma chère bonne, que vous aimiez mes
lettres, je ne crois pas pourtant qu'elles soient aussi
agréables que vous dites, mais il est vrai que pour
figées, elles ne le sont pas. Notre bon Cardinal est dans
la solitude, son départ m'a donné de la tristesse; mais
croyez, ma très-chère, que rien ne peut être comparé aux
douleurs de votre départ.

On m'a assuré ce matin que le Chevalier se portoit un
peu mieux : j'espère en sa jeunesse; la jeunesse revient
de loin. Je prie Dieu de tout mon cœur qu'il nous le re-

donne. Pour Mme la princesse de Conti, elle mourut sept
ou huit heures après que j'eus fermé mon paquet; c'est-
à-dire jeudi, à quatre heures du matin, sans aucune connoissance, ni sans avoir jamais dit une seule parole de
bon sens. Elle appeloit quelquefois *Céphise*, une femme
de chambre, et disoit : « Mon Dieu ! » On croyoit que
son esprit allât revenir, mais elle ne disoit pas davantage.
Elle expira en faisant un grand cri, et au milieu d'une
convulsion qui lui fit imprimer ses doigts dans les bras
d'une femme qui la tenoit. La désolation qui fut dans sa
chambre ne se peut représenter. Monsieur le Duc, Messieurs les princes de Conti, Mme de Longueville, Mme de
Gamaches, pleuroient de tout leur cœur. La Gêvres avoit
pris le parti des évanouissements; la Brissac de crier les
hauts cris, et de se jeter par la place : il fallut la chasser,
parce qu'on ne savoit plus ce qu'on faisoit. Ces deux personnages n'ont pas réussi : qui prouve trop ne prouve
rien, dit un certain je ne sais qui. Enfin la douleur est
universelle. Le Roi a paru touché, et a fait son panégyrique, en disant qu'elle étoit considérable plus par sa vertu
que par la grandeur de sa fortune. Elle laisse par son
testament l'éducation de ses enfants à Mme de Longueville. Je disois qu'il n'y avoit que le diable qui gagnoit à
cette mort, et qui alloit reprendre de l'autorité dans l'esprit de ces deux petits princes ; mais afin qu'en nul lieu
on ne s'en réjouisse, les voilà retombés en main sûre et
chrétienne. Monsieur le Prince est tuteur. Il y a vingt
mille écus aux pauvres, autant aux domestiques. Elle veut
être enterrée en sa paroisse, simplement, comme la moindre femme. Je ne sais si ce détail est à propos : tant y a,
ma bonne, le voilà. Vous voulez et vous souffrez que mes
lettres soient longues : voilà le hasard que vous courez.
Je vis hier sur son lit cette sainte princesse : elle étoit dé-
figurée par les martyres qu'on lui avoit fait souffrir pour
tâcher de la faire revenir : on lui avoit rompu les dents,

et brûlé la tête; c'est-à-dire que si on ne mouroit point
de l'apoplexie, on seroit à plaindre dans l'état où l'on met
les pauvres patients. Il y a de belles réflexions sur cette
mort, cruelle pour sa famille et ses amis, mais très-
heureuse pour elle, qui ne l'a point sentie, et qui y étoit
toujours préparée. Brancas en est pénétré.

J'oubliai avant-hier de vous mander que j'avois rencontré Canaples, à Notre-Dame, qui me dit mille amitiés pour M. de Grignan; que le maréchal de Villeroi
avoit dit que les lettres de M. de Grignan étoient admirées
dans le conseil, qu'on les lisoit avec plaisir, et que le Roi
avoit dit qu'il n'en avoit jamais vu de mieux écrites : je
lui promis de vous le mander. Montaigu me pria fort
aussi de lui faire des compliments. Cette dame que je
ne vous nommai point dans ma dernière lettre, c'étoit
Mme de Louvois. A propos de cela, M. de Louvois est
entré et assis au conseil depuis quatre jours, en qualité
de ministre. Le Roi scellera demain avec dix conseillers
d'État et quatre maîtres des requêtes; on ne sait combien cela durera : voilà une belle charge dont Sa Majesté
s'acquittera fort bien. Il me vient des pensées folles sur
le chancelier; mais, hélas! où puis-je les avoir prises,
dans le chagrin où je suis depuis deux ou trois jours?
Cette veille, ce jour, ce lendemain, ce temps de votre
départ de l'année passée, m'a tellement touché le cœur
et l'esprit, que j'en avois sans cesse les larmes aux yeux
malgré moi; car rien n'est moins utile que les douleurs
d'une chose sur laquelle on n'a plus aucun pouvoir : on
se tue, on se dévore hors de propos, aussi bien qu'à faire
des souhaits et des châteaux en Espagne : vous êtes trop
sage pour les aimer; et moi je les aime.

Je vous envoie quatre rames de papier : vous savez à
quelle condition. J'espère en revoir la plus grande partie
entre ci et Pâques. Après cela j'aspirerai à d'autres plaisirs. Si vous avez quelque peau d'Espagne ou des gants,

mettez-les dans le même trésor. Je fournirai de poudre de calambau.

Voilà tout ce que je sais. Adieu, ma bonne, je vous embrasse avec la dernière tendresse. Il me semble que la vie ne m'est point plus chère et plus nécessaire que votre amitié. Que de baisemains j'ai à vous faire ! J'embrasse ce grand politique Grignan. M. de la Rochefoucauld vous mande qu'il a une souris blanche qui est aussi belle que vous : c'est la plus jolie bête qu'on ait jamais vue ; elle est dans une cage. Voilà Mme de Coulanges qui veut que je vous dise et ceci, et cela, et de l'amitié, mais je ne suis pas à ses gages.

---

247. — DE MADAME DE SÉVIGNÉ ET DE MONSIEUR ET MADAME DE COULANGES A MADAME DE GRIGNAN.

À Paris, mercredi 10e février.

DE MADAME DE SÉVIGNÉ.

Enfin, ma chère fille, après bien des alarmes et de fausses espérances, nous avons perdu le pauvre Chevalier. Je vous avoue que j'ai été sensiblement touchée de cette mort : elle arriva samedi 6 février, à quatre heures du matin. Si une fin véritablement chrétienne doit consoler des chrétiens, on le doit être par l'assurance de son salut : jamais plus de résignation, jamais plus d'amour de Dieu, jamais plus de grâces visibles. Il n'eût pas voulu accepter la vie, si on eût pu lui redonner, tant il avoit de confiance en la miséricorde de Dieu ; et il se sentoit dans des dispositions qu'il n'eût pas voulu remettre au hasard. Il a été rudement saigné ; il résista à la dernière fois, qui fut la onzième ; mais les médecins l'emportèrent : il leur dit qu'il s'abandonnoit donc, et qu'ils le vouloient tuer par les formes. La mort de M. de Guise, qu'on croit qui devoit être saigné, a bien fait mourir du monde

après lui. Il y a eu, de Saint-Germain, de la faute de ce
pauvre Grignan. Il étoit incommodé d'un dévoiement au
commencement de son service; il prit du lait sans préparation pour le faire cesser : il cessa en effet; mais au bout
de huit jours, la fièvre le prit en venant de Paris, et la
petite vérole, avec une telle corruption, qu'on ne pouvoit
durer dans sa chambre, et il faisoit des vers en quantité,
qui venoient de son lait corrompu. Enfin la Providence
avoit marqué la fin de sa vie dans les plus belles années
de son âge. Voilà des détails bien tristes; mais, quand on
en est touché, on ne cherche point, ce me semble, à
s'épargner par l'ignorance de ce qui s'est passé. Je ne
devrois point passer ni mêler d'autres discours dans cette
lecture; mais quand vous aurez essuyé vos premières
larmes, vous la pourrez reprendre, et vous y verrez ce
que nous avons résolu touchant vos affaires.

Nous n'avons reçu qu'hier la lettre que vous avez écrite
par le courrier : c'est justement celle dont j'étois en
peine; il n'y en a point eu de perdues. J'ai été une
heure avec Monsieur d'Uzès; mon oncle l'abbé y étoit
aussi. Nous avons fort discouru de toutes vos affaires : je
suis plus satisfaite que jamais de la prudence et du bon
esprit de ce prélat. Vous n'avez qu'à lui envoyer vos
pensées toutes crues : en deux heures de réflexion, il voit
tout ce qu'il faut faire, ou ne faire pas. Je lui ai montré une
lettre que j'ai reçue de M. de Pompone; il faut que je ménage une conversation entre Monsieur d'Uzès et lui. Le
nom de Monsieur d'Uzès est plein de mauvais air présentement, cela nous désespère; il n'ose aller à Saint-Germain; il ne peut parler à M. Colbert : cela nous coupe la
gorge. Il ne veut pas aller brusquement dans cette affaire,
parce que, si elle appartient aux députés, il ne faut pas
mettre la raison de leur côté, et le tort du nôtre; car,
comme un homme habile, l'Évêque ne prendroit que ce
petit endroit qu'il feroit valoir, et cacheroit tout le reste.

Quand les gens coupables tiennent une pauvre petite vérité pour eux, ils la retournent de cent façons, et sont insupportables.

Le marquis de Villeroi a eu ordre de se retirer de la cour pour sa mauvaise conduite : voilà tout ce qu'a dit Sa Majesté. On tire plusieurs conséquences, on s'en prend à des gens ; enfin, ce qui est sûr, c'est que Vardes en sera sensiblement aise. C'est à Lyon qu'il est exilé ; cette demeure n'est pas odieuse pour lui, pourvu qu'elle ne soit pas longue. Je suis persuadée que vous êtes si touchée du pauvre Chevalier, que je garde pour une autre fois mille bagatelles qui ne seroient pas de saison aujourd'hui.

Votre maxime est divine ; M. de la Rochefoucauld en est jaloux, il ne comprend pas qu'il ne l'ait pas faite ; l'arrangement des paroles en est heureux. Mais pourquoi n'entendez-vous pas la sienne ? Hélas ! le moyen de vivre sans folie, c'est-à-dire sans fantaisie ? et un homme n'est-il pas fou, qui croit être sage en ne s'amusant et ne se divertissant de rien ? Vous reviendrez à notre opinion.

L'abbé a rendu tous les devoirs au pauvre Chevalier ; j'en aurois fait autant, mais on m'auroit lapidée. Je me contentai d'aller pleurer, dès le jour même, avec Monsieur d'Uzès, qui étoit dans une autre maison. Adhémar n'est point encore arrivé.

Je suis en peine de vous savoir à Aix, à cause de la petite vérole qui y étoit. Mon Dieu, qu'on est à plaindre quand on aime beaucoup ! Je vois d'ici la tranquillité où vous étiez à Lambesc toute seule, pendant que votre cœur se reposoit avec le pain et l'eau de la paresse : vous revoilà dans les ragoûts. Votre comparaison n'est nullement ridicule : elle feroit rire, si on rioit ; mais on ne rit pas toujours. Hélas ! ma chère enfant, il y a plus d'un an que je ne vous ai vue ; je sens vivement cette absence ; et vous, ma fille, n'y pensez-vous point quelquefois un petit moment ?

D'EMMANUEL DE COULANGES.

Je ne m'amuserai point, ma belle Comtesse, à vous
faire un méchant compliment; mais je vous assurerai seulement que j'ai été très-affligé de la mort de notre pauvre
Chevalier. Je m'en étois si bien trouvé en Provence, et
j'espérois m'en si bien trouver partout, que sa perte me
touche sensiblement. Hélas! il vous souvient de notre
mariage : qui eût cru qu'il eût été de si peu de durée?
Voilà un beau sujet de méditation pour les jeunes gens,
et pour tous nous autres gens plus avancés en âge. Il ne
se faut point fier à l'âge ni à la bonne santé : nous sommes
tous mortels, et l'heure et le moment sont fort incertains.
Je finis par cette moralité un peu triviale, et vous embrasse, s'il vous plaît, ma belle Comtesse, avec le dernier
respect et la dernière tendresse.

DE MADAME DE COULANGES.

Je suis très-fâchée de la mort de M. le chevalier de
Grignan, madame; mais je ne veux point ajouter à votre
affliction celle de lire une méchante lettre. Trouvez donc
bon, s'il vous plaît, que je vous assure ici que je suis
très-sensible à tout ce qui vous arrive, et que je me sais
faire un fort grand plaisir d'espérer que j'aurai l'honneur
de vous voir cet été. J'irai assurément à Grignan, quand
il m'en coûteroit de quitter le marquis de Villeroi à
Lyon. Comprenez mon procédé. Adieu, madame : c'est
une chose délicieuse que de demeurer avec Mme de
Sévigné.

---

248. — DE MADAME DE SÉVIGNÉ
A MADAME DE GRIGNAN.

A Paris, vendredi 12e février.

Je ne puis, ma bonne, que je ne sois en peine de vous,
quand je songe au déplaisir que vous aurez de la mort

du pauvre Chevalier. Vous l'avez vu depuis peu : c'étoit assez pour l'aimer beaucoup, et connoître encore plus toutes les bonnes qualités que Dieu avoit mises en lui. Il est vrai que jamais un homme n'a été mieux né, ni avec des sentiments plus droits et plus souhaitables; avec une très-belle physionomie, et une très-grande tendresse pour vous. Tout cela le rendoit aimable, et pour vous, et pour tout le monde. Je comprends aisément votre douleur, puisque je la sens en moi; cependant, ma bonne, j'entreprends de vous amuser un quart d'heure, et par des choses où vous avez intérêt, et par le récit de ce qui se passe dans le monde.

Monsieur d'Uzès a écrit un mémoire admirable de tout ce qu'il trouve à propos de faire savoir à M. Colbert, auquel il n'ose parler, à cause de la vision que son nom porte la petite vérole. Il n'y a qu'à admirer tout ce que fait Monsieur d'Uzès, et vous ne pouvez mettre vos intérêts en de meilleures mains. Il augmente, il diminue, il rectifie toutes vos pensées, et fait si bien qu'on ne peut rien souhaiter au delà de ce qu'il fait. Je lui dis l'autre jour le petit embarras où vous met l'affaire des secrétaires : il trouve comme moi que c'est une chose entièrement ridicule que vous donniez cent écus pour contenter la fantaisie de M. Danonneau; ce n'est pas pour l'argent, mais c'est que cela est mal et tire à conséquence. Il a oublié qu'il eut toute l'année passée, et c'est bien contraindre M. de Grignan de dire qu'il ne puisse pas l'année d'après faire une civilité à M. de Vendôme, et que M. Danonneau ayant tant de petits secours d'ailleurs et témoignant de l'attachement pour son maître, veuille tirer à la rigueur la disposition de l'Assemblée contre celle de M. de Grignan, et lui laisse tirer de sa bourse ce qu'il faut pour le contenter. Ce procédé ne me paroît ni juste, ni honnête; je vous le dis franchement. Vous êtes obligés à de si grandes dépenses que je trouve de la dureté à vouloir que vous fassiez ce que vous ne devez point faire, et j'admire votre docilité d'y consentir, comme un mouton. Et si vous prenez le chemin de dire : « Qu'est-ce que cent écus plus ou moins ? » ce style fait bien voir du pays. Je ne fais pas ma cour à M. Danonneau, mais vos intérêts me sont chers, et je crois que j'ai raison. Monsieur d'Uzès au moins n'est pas plus doux que moi là-dessus. Voilà qui est fait, je n'en dirai plus rien; mais j'ai cru vous pouvoir dire mon avis.

J'ai eu une grande conversation avec M. le Camus; il vous aime et vous honore; il est instruit à la perfection. L'Évêque n'a qu'à s'y frotter. Il entre si parfaitement dans nos sentiments, qu'il me donne des conseils; et je saurai par lui ses manières; il est piqué des conduites malhonnêtes; et comme il en a de fort contraires, il n'a pas de peine à entrer dans nos intérêts, où la droiture et la sincérité sont en usage. C'est dont il ne faut point se départir, quoi qu'il arrive : cette mode revient toujours. On ne trompe guère longtemps le monde, et les fourbes sont enfin découverts; j'en suis persuadée. M. de Pompone n'est pas moins opposé à ce qui lui est si contraire; et je vous puis assurer que si j'étois aussi habile sur toutes choses que je le suis pour discourir là-dessus, il ne manqueroit rien à ma capacité. Dites-moi quelquefois quelque chose d'agréable pour M. le Camus : ce sont des faveurs précieuses pour lui, et d'autant plus qu'il n'est obligé à aucune réponse.

Voilà une lettre pour MM. de Maillanes et de Vence, qui répare assez bien, ce me semble, la faute que fit autrefois l'abbé de Grignan. Mandez-moi si elle sera reçue agréablement. Rippert a son ordonnance de voyage. Monsieur d'Uzès vous dira le reste; il ne songe qu'à vous, et plût à Dieu que je pusse par mon affection vous être de mon côté aussi utile que lui !

Voici des nouvelles. Le marquis de Villeroi est parti

pour Lyon comme je vous l'ai mandé ; le Roi lui fit dire par le maréchal de Créquy qu'il s'éloignât : on croit que c'est pour quelques discours chez Madame la Comtesse ; enfin,

L'on parle d'eaux, de Tibre, et l'on se tait du reste.

Le Roi demanda à Monsieur, qui revenoit de Paris : « Eh bien, mon frère, que dit-on à Paris ? » Monsieur lui dit : « Monsieur, on parle fort de ce pauvre marquis. — Et qu'en dit-on ? — On dit, Monsieur, que c'est qu'il a voulu parler pour un autre malheureux. — Et quel malheureux ? dit le Roi. — Pour le chevalier de Lorraine, dit Monsieur. — Mais, dit le Roi, y songez-vous encore, à ce chevalier de Lorraine ? vous en souciez-vous ? aimeriez-vous bien quelqu'un qui vous le rendroit ? — En vérité, Monsieur, répondit Monsieur, ce seroit le plus sensible plaisir que je pusse recevoir en ma vie. — Eh bien, dit le Roi, je veux vous faire ce présent. Il y a deux jours que le courrier est parti : il reviendra ; je vous le redonne, et veux que vous m'ayez toute votre vie cette obligation, et que vous l'aimiez pour l'amour de moi. Je fais plus, car je le fais maréchal de camp dans mon armée. » Là-dessus, Monsieur se jeta aux pieds du Roi, lui embrassa longtemps les genoux, et lui baisa une main avec une joie sans égale. Le Roi le releva et lui dit : « Mon frère, ce n'est pas ainsi que des frères se doivent embrasser, » et l'embrassa fraternellement. Tout ce détail vient de très-bon lieu, et rien n'est plus vrai. Vous pouvez là-dessus faire vos réflexions, tirer vos conséquences, et redoubler vos belles passions pour le service du Roi votre maître. On dit que Madame fera le voyage, et que plusieurs dames l'accompagneront. Les sentiments sont divers chez Monsieur : les uns ont le visage allongé d'un demi-pied, d'autres l'ont raccourci d'autant. On dit que celui du chevalier de Beuvron est infini. M. de Navailles revient aussi, et servira de lieutenant général dans l'armée de Monsieur avec M. de Schomberg.

Le Roi a dit au maréchal de Villeroi : « Il falloit cette petite pénitence à votre fils; mais les peines de ce monde ne sont pas infinies. » Vous pouvez vous assurer que tout ceci est vrai. C'est mon aversion que les faux détails, mais j'aime les vrais : si vous n'êtes de mon goût, vous êtes perdue ; car en voici d'infinis.

La Marans étoit l'autre jour seule en mante chez Mme de Longueville ; on siffloit dessus. Langlade vous mande qu'une autre fois, en vue de vous plaire, il la releva bien de sentinelle sur des sottises qu'elle lui disoit, et qu'il vous eût bien souhaitée derrière la porte : plût à Dieu que vous y eussiez été! Mme de Brissac étoit inconsolable chez Mme de Longueville ; mais par malheur le comte de Guiche se mit à causer avec elle, et elle oublia son rôle, aussi bien que celui du désespoir le jour de la mort ; car il falloit en un certain endroit qu'elle eût perdu connoissance ; elle l'oublia, et reconnut fort bien des gens qui entroient.

Adieu, ma très-chère, ma très-aimable: ne trouvez-vous pas qu'il y a bien longtemps que nous sommes séparées? Je suis frappée de cette douleur, d'une manière tellement importune, qu'elle me seroit insupportable, si je n'aimois à vous aimer autant que je fais, quelques peines qui y soient attachées.

La Troche arriva hier; elle vous adore. Notre abbé est tout à vous et la Mousse. Ma tante est consolée par votre souvenir ; les douleurs sont toujours extrêmes, et la crainte de ma cousine et son désespoir font pitié.

Adieu : je suis toute à vous, sans qu'il y ait à ce compliment aucune chose à rabattre. Barrillon est ici qui vous dit mille choses. Mme de la Fayette vous a écrit : elle vouloit me donner sa lettre; on la porte à la poste étourdiment ; il n'y a qu'à *Madame de Grignan* dessus : elle a peur qu'elle n'ait été perdue. J'embrasse mille fois mon cher Grignan.

---

249. — DE MADAME DE SÉVIGNÉ ET D'EMMANUEL
DE COULANGES A MADAME DE GRIGNAN.

A Paris, mercredi 17e février.

DE MADAME DE SÉVIGNÉ.

M. de Coulanges et moi, nous avons donné un très-bon dîner à M. le président de Bouc. M. et Mme de Valavoire, Monsieur d'Uzès et Adhémar en étoient ; mais écoutez le malheur : le président, après nous avoir promis, vint s'excuser ; il avoit une affaire à Saint-Germain ; nous pensâmes nous pendre ; enfin il fallut prendre courage : Mme de Valavoire amena la Buzanval ; mais le président étoit le véritable objet de nos desirs. Ce dîner étoit bon, délicat, magnifique ; enfin, tel qu'il étoit, il est irréparable. Le Bouc reviendra peut-être, mais le dîner ne reviendra pas. Adhémar étoit pénétré de douleur d'avoir appris en arrivant la mort de son pauvre frère. J'avois le cœur bien serré en l'embrassant. Il alla coucher à Saint-Germain, et m'a promis de me voir à son retour, et que nous parlerions de vous : j'espère cette conversation.

Vous me dites que je pleure, et que je suis la maîtresse. Il est vrai, ma fille, que je ne puis m'empêcher de pleurer quelquefois ; mais ne croyez pas que je sois tout à fait là maîtresse de partir quand je le voudrai. Je voudrois que ce fût demain, par exemple ; et mon fils a des besoins de moi très-pressants présentement. J'ai d'autres affaires pour moi. Enfin il me faut jusqu'à Pâques. Ainsi, mon enfant, on est la maîtresse, et l'on ne l'est point, et l'on pleure.

J'ai vu tantôt notre Cardinal : il ne se peut consoler de ne vous avoir point trouvée ici ; il vous en écrit, et m'a paru touché de bonne foi d'être à Paris, sans avoir le plaisir de vous voir et de causer avec sa chère nièce; vous lui faites souhaiter la mort du pape. Vous verrez le chevalier de Lorraine plus tôt que nous. M. de Boufflers, gendre de Mme du Plessis, est mort en passant d'une chambre à l'autre, sans autre forme de procès. J'ai vu tantôt sa petite veuve, qui, je crois, se consolera. M. Isarn, un bel esprit, est mort de la même sorte.

Je ne suis point sans inquiétude de vous savoir à Aix, avec tant d'air de petite vérole. Au moins évitez les lieux publics, et les presses : c'est un horrible mal que celui-là. Votre fille a le teint comme l'avoit Mlle de Villeroi, un blanc et un rouge séparés, des yeux d'un bleu merveilleux, des cheveux noirs, un tour de visage et un menton à peindre; sa lèvre se rabaisse tous les jours : du reste elle est faite au tour; elle ne crie jamais; elle est douce et caressante; elle appelle; elle dit cinq ou six mots; elle est vive; enfin elle est aimable, et je l'aime. Adhémar m'a dit des merveilles de votre fils. Mme de Guénégaud m'a extrêmement priée de vous faire des compliments sur la mort du Chevalier, et à M. le coadjuteur d'Arles : tenez-la quitte de ce côté-là.

Je viens d'apprendre qu'Adhémar a eu une conversation divine avec M. Colbert : il vous en rendra compte. L'autre jour, on parloit devant le Roi de Languedoc, et puis de Provence, et puis enfin de M. de Grignan : on en dit beaucoup de bien. M. de Janson en dit aussi, et puis parla de sa paresse naturelle. Là-dessus le marquis de Charost le releva de sentinelle d'un très-bon ton, et lui dit: « Monsieur, M. de Grignan n'est point paresseux quand il est question du service du Roi, et personne ne peut jamais mieux faire qu'il a fait dans cette dernière Assemblée : j'en suis fort bien instruit. » Voilà de ces gens que je trouve toujours qu'il faut aimer et instruire. Tout le monde fut de son avis.

Je parlerai de l'*Adone* au bonhomme Chapelain, en le

comblant d'honneur par votre souvenir. Je fais toujours
vos compliments ; on vous les rend avec mille tendresses.
Ma tante est toujours bien mal. Votre pauvre frère m'é-
crit souvent, et moi à lui : je suis au désespoir de la
guerre, à cause des périls qu'il essuiera des premiers. La
vie est cruellement mêlée d'absinthe. Ma chère enfant,
je suis toute à vous.

D'EMMANUEL DE COULANGES.

Je ne vous dis rien, mais je n'en pense pas moins. Nous
serons à Pâques à Lyon. Nous y allons, Mme de Coulanges et moi, pour le mariage de Mlle du Gué, qui, sans
aller chercher plus loin, épouse M. de Bagnols, que vous
connoissez, son cousin issu de germain. Pour la naissance,
ils n'ont rien à se reprocher ; et pour le bien, Bagnols a
vingt-cinq bonnes mille livres de rente par devers lui.
N'est-ce pas là une très-bonne affaire ? J'espère que nous
ferons les honneurs de Lyon à Madame votre mère, quand
elle y passera. Adieu, Madame la Comtesse, je vous aime
toujours avec la même passion. M. Adhémar m'a dit
qu'il avoit apporté le portrait de M. de Grignan ; mais je
ne l'ai point encore vu.

———

250. — DE MADAME DE SÉVIGNÉ
A MADAME DE GRIGNAN.

A Paris, vendredi 19e février.

Je m'en vais dimanche à Saint-Germain avec Mme de
Coulanges, pour discourir un peu avec M. de Pompone :
je crois cette conversation nécessaire. Je vous en rendrai
compte, afin que M. de Grignan m'appelle plus que jamais son petit ministre. Adhémar a fait des miracles de
son côté ; Monsieur d'Uzès du sien : enfin il me semble
que nous ne serons point surpris, et que nous avons assez
bien pris nos précautions. Mais que vous dirai-je de l'ai-

mable portrait que M. de Grignan a donné à M. de Coulanges? Il est beau et très-ressemblant; celui du Fèvre
est un misérable auprès de celui-ci. Je fais vœu de ne
revenir jamais de Provence que je n'en aie un pareil, et
un de vous : il n'y a point de dépense qui me soit si
agréable; mais prenez garde, ma chère fille, de n'être
point changée. Enfin Mme de Guerchi n'est morte que
pour avoir le corps usé à force d'accoucher. J'honore bien
les maris qui se défont de leurs femmes sous prétexte d'en
être amoureux.

Nous avons fort causé, Guitaut et moi, de notre ami,
qui est si sage, et qu'il craint tant. Il n'ose vous mander
un accident qu'on croit qui lui est arrivé : c'est d'être
passionnément amoureux de la borgnesse, fille du maréchal : c'est amour, fureur, à ce qu'on dit. Il s'en défend comme d'un meurtre; mais ses actions le trahis-
sent; il sent le ridicule d'être amoureux d'une personne
ridicule; il est honteux, embarrassé; mais ce bel œil l'a
charmé :

> Cet œil charmant qui n'eut jamais
> Son pareil en divins attraits.

Voilà ce que Guitaut n'osoit écrire; je vous confie ce
secret, et je vous conjure de le garder très-fidèlement,
mais le moyen de ne point faire admirer en cette occasion
la puissance de l'orviétan?

J'ai vu depuis deux heures Adhémar, M. de Gordes,
Monsieur d'Uzès : je suis en Provence. J'ai causé avec
Adhémar; il m'assure que vous m'aimez : c'est tout ce
qu'il y a pour moi d'agréable dans le monde. J'admire
votre humeur, votre courage, votre raison, votre conduite.
Je lui ai dit :

> De grâce, montrez moins à mes sens désolés
> La grandeur de ma perte et ce que vous valez.

Nous ne finissons point sur votre chapitre.

Votre amie, Mme de Vaudemont, sera bientôt heureuse; je le sais du même endroit qu'Adhémar. C'est encore un secret; mais il y a des gens obligeants qui avancent le plaisir de savoir les secrets deux jours plus tôt, et c'est tout; il y en a d'autres dont la sécheresse fait mourir. Que peut faire une amitié sous cet amas d'épines? Où en sont les douceurs? Elle est écrasée, elle est étouffée. Nous eussions fait hier un livre là-dessus, Guitaut et moi; et je renouvelai mon vœu de ne la jamais connoître sous un visage si déguisé. Adieu, ma très-aimable : je m'en vais souper chez M. de la Rochefoucauld; c'est ce qui fait ma lettre si courte.

―――

251. — DE MADAME DE SÉVIGNÉ
A MADAME DE GRIGNAN.

A Paris, mercredi 24e février.

J'ai reçu tout à la fois vos deux lettres. Je n'ai pu voir votre douleur sans renouveler la mienne. Je vous trouve véritablement affligée, et c'est avec tant de raison qu'il n'y a pas un mot à vous répondre : j'ai senti tout ce que vous sentez, et je n'avois point attendu la mort de ce pauvre Chevalier, pour en dire tous les biens qui se trouvoient en lui. Je vous plains de l'avoir vu cette automne : c'est une circonstance à votre douleur. Monsieur d'Uzès vous mandera ce que le Roi lui a dit là-dessus, à quoi toute la famille doit prendre part. On l'a fort regretté dans ce pays-là, et la Reine m'en parla avec bonté. Enfin tout cela ne nous rend point cet aimable garçon. Vous aimez si chèrement toute la famille de M. de Grignan, que je vous crois aussi affligée que lui.

J'ai dîné aujourd'hui avec plusieurs Provençaux chez M. de Valavoire. Le mari et la femme sont les meilleures gens du monde. Je vous plains de n'avoir point

la femme, vous n'avez rien de si bon : elle est raisonnable et naturelle ; elle me plaît fort. Nous avions
MM. de Bouc, d'Oppède, de Gordes et de Souliers,
Mme de Buzanval, Monsieur d'Uzès, M. et Mme de Coulanges. Votre santé a été célébrée au plus beau repas
que j'aie jamais vu ; nous avons été bien heureux de
commencer les premiers.

On a fort conté ici la bonne réception que vous avez
faite à M. le duc d'Estrées : il en a écrit des merveilles à
ses enfants. Mme de Rochefort n'a qu'un cri, depuis que
vous avez écrit à ses cousines, sans lui dire un mot. Pour
moi, je vous conseille de lui écrire, et de tâcher de l'a-
paiser à quelque prix que ce soit.

Ce que vous me mandez de votre séjour infini me
brise le cœur : ma raison n'est pas si forte que la vôtre,
et je me perds dans les réflexions que cela me fait faire.
Adieu, ma chère fille : il faut finir tout court en cet endroit.

Mme de Villars vous fait ses compliments, et à M. de
Grignan, et au Coadjuteur. M. Chapelain a reçu votre
souvenir avec enthousiasme. Il dit que l'*Adone* est délicieux en certains endroits, mais d'une longueur assom-
mante. Le chant de la comédie est admirable ; il y a
aussi un petit rossignol qui s'égosille pour surmonter un
homme qui joue du luth. Il se vient percher sur sa tête,
et enfin il meurt ; on l'enterre dans le corps du luth. Cette
peinture est charmante. M. et Mme de Coulanges vous
disent mille amitiés ; ils sont occupés de leur mariage ;
ils s'en vont à Pâques ; ils me recevront à Lyon, et moi
je les recevrai à Grignan. Ma tante est toujours très-mal ;
elle vous remercie de vos bontés, et l'abbé vous est toujours tout dévoué.

252. — DE MADAME DE SÉVIGNÉ .
A MADAME DE GRIGNAN.

A Paris, vendredi au soir, 26ᵉ février.

J'ai reçu la lettre que vous m'avez écrite pour M. de la Valette. Tout m'est cher de ce qui vient de vous : je lui veux faire avoir Pellisson pour rapporteur, afin de voir s'il sait bien faire le maître des requêtes; je ne le puis croire, si je ne le vois.

Cette pauvre Madame est toujours à l'agonie ; c'est une chose étrange que l'état où elle est. Mais tout est en émotion dans Paris. Le courrier d'Espagne est revenu : il dit que non-seulement la reine d'Espagne se tient au traité des Pyrénées, qui est de ne point accabler ses alliés; mais qu'elle défendra les Hollandois de toute sa puissance : voilà donc la plus grande guerre du monde allumée ; et pourquoi ? C'est bien proprement *les petits soufflets:* vous en souvient-il ? Nous allons attaquer la Flandre; les Hollandois se joindront aux Espagnols ; Dieu nous garde des Suédois, des Anglois, des Allemands ! Je suis assommée de cette nouvelle. Je voudrois bien que quelque ange voulût descendre du ciel pour calmer tous les esprits, et faire la paix.

Notre Cardinal est toujours malade; je lui rends de grands soins. Il vous aime toujours; il compte que vous l'aimez aussi. L'affaire de Mme de Courcelles réjouit fort le parterre. Les charges de la Tournelle sont enchéries depuis qu'elle doit être sur la sellette; elle est plus belle que jamais. Elle boit, et mange, et rit, et ne se plaint que de n'avoir point encore trouvé d'amant à la Conciergerie.

Je vous éclaircirai un peu mieux l'affaire dont vous me parlâtes l'autre jour; mais M. le comte de Guiche ni M. de Longueville n'en sont point, ce me semble : enfin je vous en instruirai. M. de Boufflers a tué un homme, après sa mort. Il étoit dans sa bière et en carrosse, on le menoit à une lieue de Boufflers pour l'enterrer, son curé étoit avec le corps. On verse; la bière coupe le cou au pauvre curé. Hier un homme versa en revenant de Saint-Germain; il se creva le cœur, et mourut dans le carrosse.

Mme Scarron, qui soupe ici tous les soirs, et dont la compagnie est délicieuse, s'amuse et se joue avec votre fille. Elle la trouve jolie, et point du tout laide. Cette petite appeloit hier l'abbé Têtu *son papa :* il s'en défendit par de très-bonnes raisons, et nous le crûmes. Je vous embrasse, ma très-aimable. Je vous mandai tant de choses en dernier lieu, qu'il me semble que je n'ai rien à dire aujourd'hui; je vous assure pourtant que je ne demeurerois pas court, si je voulois vous dire tous les sentiments que j'ai pour vous.

———————

253. — DE MADAME DE SÉVIGNÉ
A MADAME DE GRIGNAN.

A Livry, mardi 1er mars.

Je commence ma lettre aujourd'hui, ma fille, jour de mardi gras; je l'achèverai demain. Si vous êtes à Sainte-Marie, je suis chez notre abbé, qui a depuis deux jours un petit dérèglement qui lui donne de l'émotion. Je n'en suis pas encore en peine; mais j'aimerois mieux qu'il se portât tout à fait bien. Mme de Coulanges et Mme Scarron me vouloient mener à Vincennes; M. de la Rochefoucauld vouloit que j'allasse chez lui entendre lire une comédie de Molière; mais en vérité, j'ai tout refusé avec plaisir; et me voilà à mon devoir, avec la joie et la tristesse de vous écrire : il y a longtemps en vérité que je vous écris. Vous êtes donc à Sainte-Marie, ne voulant pas laisser échapper un moment de la douleur que vous

avez de la mort du pauvre Chevalier. Vous la voulez
sentir à longs traits, sans en rien rabattre, sans aucune
distraction. Cette application à faire valoir et à vouloir
sentir toute votre tristesse, me paraît d'une personne
triste, qui n'est pas si embarrassée qu'une autre d'avoir
des occasions de s'affliger; j'en prends à témoin votre
cœur.

Voilà donc votre carnaval échappé de la fureur des
réjouissances publiques. Sauvez-vous aussi de l'air de la
petite vérole : je la crains pour vous beaucoup plus que
vous. Nous avons ici Mme de la Troche. Il est vrai
qu'elle sait arriver à Paris : son arrivée de l'année passée
fut bien abîmée à mon égard, dans l'extrême douleur de
vous perdre. Depuis ce temps, ma chère enfant, vous
êtes arrivée partout, comme vous dites; mais point du
tout à Paris. Vos réflexions sur l'espérance sont divines.
Si Bourdelot les avoit faites, tout l'univers le sauroit;
vous ne faites pas tant de bruit pour faire des merveilles :
le malheur du bonheur est tellement bien dit, qu'on ne
peut trop aimer une plume qui dit ces choses-là. Vous
dites tout sur l'espérance, et je suis si fort de votre avis,
que je ne sais si je dois aller en Provence, tant j'ai de
crainte d'en repartir. Je vois déjà comme le temps galo-
pera; je connois ses manières; mais ensuite de cette belle
réflexion, mon cœur décide comme le vôtre, et je ne
souhaite rien que de partir. Je veux même espérer qu'il
peut arriver de telles choses, que je vous ramènerai avec
moi. C'est là-dessus qu'il est difficile de parler de si loin.
Du moins, ma fille, il ne tiendra pas à une maison et à
des meubles. Je ne songe qu'à vous : les pas que je fais
pour vous sont les premiers; les autres viennent après
comme ils peuvent.

J'ai donné vos lettres au faubourg. Elles sont bien
faites; on y trouve la réflexion de M. de Grignan admirable : on l'a pensée quelquefois; mais vous l'avez ha-

billée pour paroître devant le monde. Je n'ai pas dit ce
que vous avez trouvé de la maxime qui ressemble à la
chanson. Pour moi, je suis de votre avis : je saurai s'ils
ont eu un autre dessein que de vouloir louer les fantaisies, c'est-à-dire, les passions. Si cela est, l'exacte philosophie s'en offense; si cela n'est pas, il faut qu'ils s'expliquent mieux.

Je soupai hier chez Gourville avec les la Rochefoucauld,
les Plessis, les Fayette, les Tournai. Nous attendions le
grand Pompone; mais le service de ce cher maître que
vous honorez tant l'empêcha de se retrouver avec la fleur
de ses amis. Il a bien des affaires, à cause des dépêches
qu'il faut écrire partout, et à cause de la guerre.

L'archevêque de Toulouse a été fait cardinal à Rome;
et la nouvelle en est venue ici dans le temps qu'on attendoit celle de Monsieur de Laon. C'est une grande douleur pour tous ses amis. On tient que Monsieur de Laon
s'est sacrifié pour le service du Roi, et qu'afin de ne point
trahir les intérêts de la France, il n'a point ménagé le
cardinal Altieri, qui lui a fait ce tour. On espère que
son rang pourra revenir, mais cela est long, et c'est toujours ici un dégoût.

Benserade a dit plaisamment à mon gré que le retour
du chevalier de Lorraine réjouissoit ses amis, et affligeoit
ses créatures; car il n'y en a point qui lui ait gardé fidélité.

J'ai su, sans en pouvoir douter, qu'il ne tiendra encore
qu'à nous d'avoir la paix. La reine d'Espagne n'a point
précisément répondu comme on le disoit : elle a dit simplement qu'elle se tenoit au traité de paix, qui permet
d'assister ses alliés. Nous avons pris la même liberté
pour le Portugal. Elle promet même présentement de ne
point assister les Hollandois. Elle ne le veut pas signer :
voilà le procès. Si on s'opiniâtre à vouloir qu'elle signe,
tout est perdu; sinon, la paix sera bientôt faite, quand

nous n'aurons pas l'Espagne contre nous. Le temps nous
en apprendra davantage. Adieu, ma très-chère et très-
aimable : je crains bien qu'aimant la solitude comme
vous faites, vous ne vous creusiez les yeux et l'esprit à
force de rêver.

---

254. — DE MADAME DE SÉVIGNÉ
A MADAME DE GRIGNAN.

A Paris, vendredi 4ᵉ mars.

Vous dites donc, ma fille, que vous ne sauriez haïr vivement si longtemps ; c'est fort bien fait : je suis assez
comme vous ; mais devinez ce que je fais bien en récompense, c'est d'aimer vivement qui vous savez, sans que
l'absence puisse rien diminuer de ma tendresse. Vous
me paroissez dans une négligence qui m'afflige : il est
vrai que vous ne demandez que des prétextes ; c'est votre
goût naturel ; mais moi, qui vous ai toujours grondée là-
dessus, je vous gronde encore. De vous et de Mme du
Fresnoi, on en pétriroit une personne dans le juste milieu : vous êtes aux deux extrémités, et assurément la
vôtre est moins insupportable ; mais c'est toujours une
extrémité. J'admire quelquefois les riens que ma plume
veut dire ; je ne la contrains point : je suis bien heureuse
que de tels fagotages vous plaisent. Il y a des gens qui
ne s'en accommoderoient pas ; mais je vous prie au
moins de ne les point regretter, quand je serai avec vous.
Me voilà jalouse de mes lettres.

Le dîner de M. de Valavoire effaça entièrement le
nôtre, non pas par la quantité des viandes, mais par
l'extrême délicatesse, qui a surpassé celle de tous *les
Coteaux*.

Hé ! ma fille, comme vous voilà faite ! Mme de la
Fayette vous grondera comme un chien. Coiffez-vous
demain pour l'amour de moi : l'excès de la négligence

étouffe la beauté; vous poussez la tristesse au delà de toutes les mesures.

J'ai fait tous vos compliments; tous ceux que l'on vous fait surpassent le nombre des étoiles. A propos d'étoiles, la Gouville étoit l'autre jour chez la Saint-Loup, qui a perdu son vieux Page. La Gouville discouroit et parloit de son étoile; enfin que c'étoit son étoile qui avoit fait ceci, qui avoit fait cela. Segrais se réveilla comme d'un sommeil, et lui dit: « Mais, Madame, pensez-vous avoir une étoile à vous toute seule? Je n'entends que des gens qui parlent de leur étoile; il semble qu'ils ne disent rien. Savez-vous bien qu'il n'y en a que mille vingt-deux? voyez s'il peut y en avoir pour tout le monde. » Il dit cela si plaisamment et si sérieusement, que l'affliction en fut déconcertée.

C'est d'Hacqueville qui fait tenir vos lettres à Mme de Vaudemont : je ne le vois quasi plus en vérité; les gros poissons mangent les petits.

Adieu, ma très-chère et très-aimable; je vous prépare *Bajazet* et les *Contes* de la Fontaine pour vous divertir. M. de la Rochefoucauld entend sa maxime dans le sens relâché que votre philosophe condamne. Épictète n'auroit pas été de son avis.

---

255. DE MADAME DE SÉVIGNÉ
A MADAME DE GRIGNAN.

A Paris, mercredi au soir, 9ᵉ mars.

Ma bonne, ne me parlez plus de mes lettres. Je viens d'en recevoir une de vous, qui enlève, tout aimable, toute brillante, toute pleine de pensées, toute pleine de tendresse : un style juste et court, qui chemine et qui plaît au souverain degré, je dis même sans vous aimer comme je fais. Je vous le dirois plus souvent, ma bonne, sans que je crains d'être fade en vous renvoyant les louanges que

vous me donnez quelquefois avec profusion ; mais je suis
toujours charmée de vos lettres sans vous le dire. Mme de
Coulanges l'est aussi toujours des endroits que je lui fais
voir, et qu'il est impossible de lire toute seule. Il y a un
petit air de dimanche gras répandu sur votre dernière
lettre, qui la rend d'un goût nonpareil.

Il y a longtemps que le jeu vous abîmoit : j'en étois
toute triste ; mais celui de l'oie vous a renouvelée, comme
il l'a été par les Grecs : je voudrois bien que vous n'eussiez joué qu'à ce jeu-là, et que vous n'eussiez pas perdu
tant d'argent. Un malheur continuel pique et offense ; on
est honteux d'être houspillé par la fortune ; cet avantage
que les autres ont sur vous blesse et déplaît, quoique ce
ne soit point dans les occasions d'importance. Nicole
dit si bien cela, ma bonne. J'en hais la fortune : me
voilà bien persuadée qu'elle est aveugle de vous traiter
comme elle fait ; si elle n'étoit que borgne, vous ne seriez pas si malheureuse.

Vous me demandez les symptômes de cet amour : c'est
premièrement une négative vive et prévenante ; c'est un
air outré d'indifférence qui prouve le contraire ; c'est le
témoignage des gens qui voient de près, soutenu de la
voix publique ; c'est une suspension de tout le mouvement
de la machine ronde ; c'est un relâchement de tous les
soins ordinaires, pour vaquer à un seul ; c'est une satire
perpétuelle contre les vieilles gens amoureux : « Vraiment
il faudroit être bien fou, bien insensé : quoi, une jeune
femme ! voilà une bonne pratique pour moi ! cela me con-
viendroit fort ! j'aimerois mieux m'être rompu les deux
bras. » A cela on répond intérieurement : « Eh oui, tout
cela est vrai ; mais vous ne laissez pas d'être amoureux.
Vous nous dites vos réflexions ; elles sont justes, elles
sont vraies, elles font votre tourment ; mais vous ne laissez pas d'être amoureux. Vous êtes tout plein de raisons ;
mais l'amour est plus fort que toutes les raisons. Vous

êtes malade, vous pleurez, vous enragez, et vous êtes
amoureux. » Si vous conduisez à cette extrémité Monsieur de Vence, je vous prie, ma bonne, que j'en sois
confidente. En attendant, vous ne sauriez avoir un plus
agréable commerce : c'est un prélat d'un esprit et d'un
mérite distingué ; c'est le plus bel esprit de son temps ;
vous avez admiré ses vers, jouissez de sa prose ; il ex-
celle en tout ; il mérite que vous en fassiez votre ami.
Vous citez plaisamment cette dame qui aimoit à faire
tourner la tête à des moines : ce seroit une bien plus
grande merveille de la faire tourner à Monsieur de Vence,
lui dont la tête est si bonne, si bien faite, si bien orga-
nisée : c'est un trésor que vous avez en Provence, pro-
fitez-en. Je vous prie qu'il soit excepté de la fureur de
mes manches, et qu'il demeure seul avec M. de Grignan et vous : du reste, sauve qui peut !

　　Je vous défends, ma bonne, de m'envoyer votre portrait. Si vous êtes belle, faites-vous peindre ; mais gardez-moi cet aimable présent pour quand j'arriverai : je
serois fâchée de le laisser ici. Suivez mon conseil, et recevez en attendant un présent passant tous les présents
passés et les présents ; car ce n'est pas trop dire : c'est,
ma bonne, un tour de perles de douze mille écus ; cela
est un peu fort, mais il ne l'est pas plus que ma bonne
volonté : enfin regardez-le, pesez-le, voyez comme il est
enfilé, et puis m'en dites votre avis : c'est le plus beau
que j'aie jamais vu ; on l'a admiré ici. Si vous l'ap-
prouvez, et qu'il ne vous tienne point au cou, il sera
suivi de quelques autres ; car pour moi, je ne suis point
libérale à demi. Sérieusement, rien n'est plus beau ; il
vient de l'ambassadeur de Venise, notre défunt voisin,
qui en donnoit par rareté. Voilà aussi des pincettes pour
cette barbe incomparable ; ce sont les plus parfaites de
Paris. Voilà aussi un livre que mon oncle de Sévigné me
prie de vous envoyer ; je m'imagine que ce n'est pas un

roman : je ne lui laisserai pas le soin de vous envoyer
des *Contes* de la Fontaine, qui sont.... Vous en jugerez.

Vous êtes une jolie femme de n'être point grosse; mais
vous avez sur cela des pensées qui me font trembler.
Votre beauté vous jette dans des extrémités, parce qu'elle
vous est inutile. Vous trouvez qu'il vaut autant être
grosse; c'est un amusement. Voilà une belle raison :
songez, ma bonne, que c'est vous détruire entièrement
et votre santé et votre vie. Continuez donc cette bonne
coutume de coucher séparément, et vous remettez un
peu, afin que je vous trouve belle.

Mme de Vaudemont n'est pas prête de revenir ici; je
ne sais qui m'avoit donné cette espérance. Si elle y étoit,
j'irois assurément l'embrasser pour vous et pour moi.
C'est une aimable amie, qui vous aime tendrement et
que j'estime au dernier point.

D'Hacqueville a fait tenir vos lettres par Mme de Louvigny, qui dit qu'elle les a toutes envoyées : je saurai son
adresse, et désormais elles ne passeront plus par ses
mains. Si cet homme à qui Rippert avoit coutume de
donner vos lettres n'étoit point disparu de la rue qu'il
habitoit, on ne se seroit pas servi de Mme de Louvigny;
mais il faut changer et prendre son adresse.

Nous tâchons d'amuser notre cher Cardinal. Corneille
lui a lu une comédie qui sera jouée dans quelque temps,
et qui fait souvenir des anciennes. Molière lui lira samedi *Trissotin*, qui est une fort plaisante pièce. Despréaux lui donnera son *Lutrin* et sa *Poétique* : voilà tout
ce qu'on peut faire pour son service. Il vous aime de
tout son cœur, ce pauvre Cardinal; il parle souvent de
vous, et vos louanges ne finissent pas si aisément qu'elles
commencent. Mais, hélas! quand nous songeons qu'on
nous a enlevé notre chère enfant, rien n'est capable de
nous consoler. Pour moi, je serois très-fâchée de l'être;
je ne me pique pas de fermeté, ni de philosophie; mon

cœur me mène et me conduit. On disoit l'autre jour, je
ne sais si je vous l'ai mandé, que la vraie mesure du mérite du cœur, c'étoit la capacité d'aimer. Je me trouvai
d'une grande élévation par cette règle; elle me donneroit
trop de vanité, si je n'avois mille autres sujets de me remettre à ma place.

Adhémar m'aime assez, mais il hait trop l'Évêque, et
vous le haïssez trop aussi. L'oisiveté vous jette dans cet
amusement; vous n'en auriez pas le loisir, si vous étiez
ici. Monsieur d'Uzès m'a fait voir un mémoire qu'il a tiré
et corrigé du vôtre, dont il fera des merveilles : fiez-vous
en lui; vous n'avez qu'à lui envoyer tout ce que vous
voudrez, sans crainte que rien sorte de ses mains, que
dans le juste point de la perfection. Il y a dans tout ce
qui vient de vous autres un petit brin d'impétuosité, qui
est la vraie marque de l'ouvrière : c'est le chien du Bas-
san. On vous mandera le dénoûment que Monsieur d'Uzès
fera à toute cette comédie. J'irai me faire nommer à la
porte de l'Évêque, dont je vois tous les jours le nom à la
mienne. Ne craignez pas pour cela que nous trahissions
vos intérêts. Il y a plusieurs prélats qui se tourmentent
de cette paix; elle ne sera faite qu'à bonnes enseignes. Si
vous voulez faire plaisir à cet évêque, perdez bien de
l'argent, mettez, mettez-vous dans une grande presse :
c'est là qu'il vous attend.

Voici une nouvelle : écoutez-moi. Le Roi a fait entendre à MM. de Charost qu'il vouloit leur donner des
lettres de duc et pair, c'est-à-dire qu'ils auront dès à
présent les honneurs du Louvre tous deux, et une assurance d'être passés en parlement la première fois qu'on
en passera. On donne au fils la lieutenance générale de
Picardie, qui n'avoit point été remplie depuis très-longtemps, avec le gouvernement de Calais, et vingt mille
francs de pension, et deux cent mille francs de M. de
Duras, à qui moyennant tout cela ils cèdent leur charge

de capitaine des gardes du corps. Raisonnez sur tout cela, et voyez si M. de Duras ne vous paroît pas plus heureux que M. de Charost. Cette place est d'une telle beauté, par la confiance qu'elle marque et l'honneur d'être proche de Sa Majesté, qu'elle n'a point de prix. Il ira à l'armée pendant son quartier avec Sa Majesté, commandera toute la maison du Roi. Il n'y a point de dignité qui console de cette perte. Cependant on entre dans le sentiment du maître, et l'on trouve que MM. de Charost doivent être contents. Que notre ami Noailles prenne garde à lui, on dit qu'il lui en pend autant à l'œil, car il n'en a qu'un aussi bien que les autres.

On parle toujours de la guerre : vous pouvez penser combien j'en suis fâchée. Il y a des gens qui veulent encore faire des almanachs ; mais pour cette campagne ils sont trompés. Toute mon espérance, c'est que la cavalerie ne sera pas exposée aux siéges que l'on fera en Hollande. Vivons pour voir démêler ces fusées. J'ai vu M. le marquis de Vence ; je le trouvai si jeune, que je lui demandai comment se portoit Madame sa mère ; M. de Coulanges me redressa. Je reçus de lui votre lettre dont les avis me paroissent très-bons, et je les ai suivis très-fidèlement. Le cardinal de Retz interrompit notre conversation ; mais ce ne fut que pour parler de vous. Je souhaite toujours Adhémar, pour me redire encore mille fois que vous m'aimez : vous me dites, ma bonne, que c'est avec une tendresse digne de la mienne ; si je ne suis contente de cette ressemblance, je suis bien difficile à contenter.

Je viens de recevoir votre lettre du jour des Cendres. En vérité, ma fille, vous vous moquez avec vos louanges et vos remercîments : cela me fait souvenir de tout ce que je voudrois faire pour les mériter, et j'en soupire, parce que je ne suis pas sur cela contente de moi-même. Vous me faites un plaisir extrême de me donner quelque

chose à faire, à dire, à vous envoyer. Pour mes intentions, elles méritent ce que vous me dites, mais les effets
n'y répondent pas ; et plût à Dieu qu'enfin vous fussiez
si pressée de mes bienfaits, que vous fussiez contrainte
de vous jeter dans l'ingratitude ! C'est la vraie porte
pour en sortir honnêtement, quand on ne sait plus où
donner de la tête ; mais je ne suis pas assez heureuse
pour vous réduire à cette extrémité : votre reconnoissance suffit et au delà. Que vous êtes aimable ! et que vous
dites plaisamment sur cela tout ce qui se peut dire ! Vous
êtes touchée de l'amitié que j'ai pour vous ; il est vrai
qu'elle est grande, mais rien ne vous échappe, et si vous
dites des injures à l'Évêque pour plus de vingt mille écus,
vous me dites des tendresses pour plus de cent mille.

Mais à propos d'écus, quelle folie d'en perdre deux
cents à ce chien d'hoca ! un coupe-gorge qu'on a banni
de ce pays-ci, parce qu'on y fait de furieux voyages. Vous
jouez d'un malheur insurmontable, vous perdez toujours.
Voilà bien de l'argent qui vous épuise ; je ne puis croire
que vous en ayez assez pour ne vous point sentir de ces
pertes continuelles. Croyez-moi, ne vous opiniâtrez
point ; je suis plus sensible que vous à ce continuel guignon. Souvenez-vous que vous avez perdu tout cet argent sans vous divertir : au contraire, vous avez donné
cinq ou six mille francs pour vous ennuyer et pour être
houspillée de la fortune. Ma bonne, je m'emporte ; il
faut dire comme Tartuffe : « C'est un excès de zèle. »

A propos de comédie, voilà *Bajazet*. Si je pouvois
vous envoyer la Champmeslé, vous trouveriez cette comédie belle ; mais sans elle, elle perd la moitié de ses
attraits. Je suis folle de Corneille ; il nous redonnera
encore *Pulchérie*, où l'on verra encore

La main qui crayonna
La mort du grand Pompée et l'amour de Cinna.

Il faut que tout cède à son génie.

Voilà une petite fable de la Fontaine, qu'il a faite sur l'aventure du curé de M. de Boufflers, qui fut tué tout roide en carrosse auprès de lui : cette aventure est bizarre; la fable est jolie, mais ce n'est rien au prix de celles qui suivront. Je ne sais ce que c'est que ce *Pot au lait.*

Je ne vous ai rien dit de notre abbé. Le Roi ne permet plus aucune résignation; mais Monsieur d'Uzès ne laissera pas de lui en parler, afin que s'il arrivoit malheur, il fût marqué, et souvent le Roi suit cette première vue. Voilà tout ce qu'on y peut faire; vous lui en parlerez en Provence.

Je partirois avec M de Coulanges, n'ayant nulle autre affaire au monde, sans que nous n'osons laisser ma tante sans quelqu'un de la famille. Il faut donc attendre le retour de M. de Coulanges; mais l'ennui que j'en ai est une chose qu'on ne peut expliquer.

Je sollicite votre ordonnance comme celle de mon fils : c'est le payement qui en est difficile; c'est un mal commun, et une chose assez extraordinaire de supprimer cette subsistance quand on part pour la guerre. Nous verrons.

J'ai souvent des nouvelles de mon pauvre enfant. La guerre me déplaît fort, pour lui premièrement, et puis pour les autres que j'aime. Mme de Vaudemont est à Anvers, nullement disposée à revenir; son mari est employé contre nous. Mme de Courcelles sera bientôt sur la sellette; je ne sais si elle touchera *il petto adamantino* de M. d'Avaux; mais jusqu'ici il a été aussi rude à la Tournelle que dans sa réponse. Priez-moi de faire des compliments aux Charost et à Duras. La Marbeuf a perdu la Quincé; sa douleur est respectable. Ma bonne, j'écris sans mesure; encore faut-il finir : en écrivant aux autres, on est aise d'avoir écrit; et moi, j'aime à vous écrire au-dessus de toutes choses. J'ai mille amitiés à vous faire de M. de la Rochefoucauld, de Mme de la Fayette, de Son Éminence, des Barrillons, et surtout de Mme Scarron, qui vous sait louer à ma fantaisie : vous êtes bien selon son goût. Pour M. et Mme de Coulanges, Monsieur l'abbé, ma tante, ma cousine, la Mousse, c'est un cri pour me prier de parler d'eux; mais je ne suis pas toujours en humeur de faire des litanies; j'en oublie encore : en voilà pour longtemps. J'estime toujours ma petite-enfant, malgré les divines beautés de son frère. Le pauvre Rippert est toujours au lit : il me vient des pensées sur son mal; que diantre a-t-il? Adieu, mon aimable, ma chère enfant : peut-on aimer autant que je vous aime? J'embrasse votre Comte. Je l'aime encore mieux dans son appartement que dans le vôtre. Hélas! quelle joie de vous voir belle, de belle taille, en santé, en état d'aller et de trotter comme une autre! Donnez-moi la joie de vous voir ainsi.

Suscription : Pour mon vrai cœur.

---

256. — DE MADAME DE SÉVIGNÉ
A MADAME DE GRIGNAN.

A Paris, vendredi, 11ᵉ mars.

J'ai entrepris de vous écrire aujourd'hui la plus petite lettre du monde : nous verrons. Ce qui rend celles du mercredi un peu infinies, c'est que je reçois le lundi une de vos lettres; j'y fais un commencement de réponse à la chaude; le mardi, s'il y a quelque affaire ou quelque nouvelle, je reprends ma lettre, et je vous mande ce que j'en sais; le mercredi, je reçois encore une lettre de vous; j'y fais réponse, et je finis par là : vous voyez bien que cela compose un volume. Quelquefois même il arrive une singulière chose : c'est qu'oubliant ce que je vous ai mandé au commencement de ma lettre, j'y reviens encore à la fin, parce que je ne relis ma lettre qu'après qu'elle est faite; et quand je m'aperçois de ces répétitions, je fais une grimace épouvantable; mais il n'en est autre chose, car il est tard : je ne sais point raccommoder, et je fais mon paquet. Je vous mande cela une fois pour toutes, afin que vous excusiez cette radoterie.

Mlle de Méri vous envoie les plus jolis souliers du monde; j'en ai remarqué surtout une paire qui me paroît si mignonne, que je la crois propre à garder le lit : vous souvient-il combien cette folie vous fit rire un soir? Au reste, ma fille, ne vous avisez point de me remercier pour toutes mes bonnes intentions, pour tous les riens que je vous donne. Songez au principe qui me fait agir : on ne remercie point d'être aimée passionnément; votre cœur vous apprendra d'autres sortes de reconnoissances. J'ai vu le chevalier et l'abbé de Valbelle. Je suis Provençale, je l'avoue; les Bretons en sont jaloux. Adieu, ma très-aimable; il me semble que vous savez combien je suis à vous : c'est pourquoi je ne vous en dirai rien; aussi bien j'ai résolu de ne pas faire une grande lettre : si pourtant je savois quelque chose de réjouissant, je vous le manderois assurément; car je ne m'amuserois pas à soutenir cette sotte gageure.

----

257. — DE MADAME DE SÉVIGNÉ
A MADAME DE GRIGNAN.

A Paris, mercredi, 11e mars.

Vous me parlez de mon départ : ah! ma chère fille! je languis dans cet espoir charmant. Rien ne m'arrête que ma tante, qui se meurt de douleur et d'hydropisie. Elle me brise le cœur par l'état où elle est, et par tout ce qu'elle dit de tendre et de bon sens. Son courage, sa patience, sa résignation, tout cela est admirable. M. d'Hac-

queville et moi, nous suivons son mal jour à jour : il voit
mon cœur, et la douleur que j'ai de n'être pas libre tout
présentement. Je me conduis par ses avis; nous verrons
entre ci et Pâques. Si son mal augmente, comme il a
fait depuis que je suis ici, elle mourra entre nos bras: si
elle reçoit quelque soulagement, et qu'elle prenne le
train de languir, je partirai dès que M. de Coulanges
sera revenu. Notre pauvre abbé est au désespoir, aussi
bien que moi; nous verrons donc comme cet excès de
mal se tournera dans le mois d'avril. Je n'ai que cela
dans la tête : vous ne sauriez avoir tant d'envie de me
voir que j'en ai de vous embrasser; bornez votre ambition, et ne croyez pas me pouvoir jamais égaler là-
dessus.

Mon fils me mande qu'ils sont misérables en Allemagne, et ne savent ce qu'ils font. Il a été très-affligé de la
mort du chevalier de Grignan.

Vous me demandez, ma chère enfant, si j'aime toujours bien la vie. Je vous avoue que j'y trouve des chagrins cuisants; mais je suis encore plus dégoûtée de la
mort : je me trouve si malheureuse d'avoir à finir tout
ceci par elle, que si je pouvois retourner en arrière, je
ne demanderois pas mieux. Je me trouve dans un enga-
gement qui m'embarrasse : je suis embarquée dans la
vie sans mon consentement; il faut que j'en sorte, cela
m'assomme; et comment en sortirai-je? Par où? par
quelle porte? quand sera-ce? en quelle disposition? Souf-
frirai-je mille et mille douleurs, qui me feront mourir
désespérée? aurai-je un transport au cerveau? mourrai-
je d'un accident? Comment serai-je avec Dieu? qu'aurai-
je à lui présenter? la crainte, la nécessité, feront-elles
mon retour vers lui? N'aurai-je aucun autre sentiment
que celui de la peur? Que puis-je espérer? suis-je digne
du paradis? suis-je digne de l'enfer? Quelle alternative!
Quel embarras! Rien n'est si fou que de mettre son salut

dans l'incertitude; mais rien n'est si naturel, et la sotte vie que je mène est la chose du monde la plus aisée à comprendre. Je m'abîme dans ces pensées, et je trouve la mort si terrible, que je hais plus la vie parce qu'elle m'y mène, que par les épines qui s'y rencontrent. Vous me direz que je veux vivre éternellement. Point du tout; mais si on m'avoit demandé mon avis, j'aurois bien aimé à mourir entre les bras de ma nourrice : cela m'auroit ôté bien des ennuis, et m'auroit donné le ciel bien sûrement et bien äisément; mais parlons d'autre chose.

Je suis au désespoir que vous ayiez eu *Bajazet* par d'autres que par moi. C'est ce chien de Barbin qui me hait, parce que je ne fais pas des *Princesses de Clèves* et *de Montpensier*. Vous en avez jugé très-juste et très-bien, et vous aurez vu que je suis de votre avis. Je voulois vous envoyer la Champmeslé pour vous réchauffer la pièce. Le personnage de Bajazet est glacé; les mœurs des Turcs y sont mal observées; ils ne font point tant de façons pour se marier; le dénouement n'est point bien préparé : on n'entre point dans les raisons de cette grande tuerie. Il y a pourtant des choses agréables, et rien de parfaitement beau, rien qui enlève, point de ces tirades de Corneille qui font frissonner. Ma fille, gardons-nous bien de lui comparer Racine, sentons-en la différence. Il y a des endroits froids et foibles, et jamais il n'ira plus loin qu'*Alexandre* et qu'*Andromaque*. *Bajazet* est au-dessous, au sentiment de bien des gens, et au mien, si j'ose me citer. Racine fait des comédies pour la Champmeslé : ce n'est pas pour les siècles à venir. Si jamais il n'est plus jeune, et qu'il cesse d'être amoureux, ce ne sera plus la même chose. Vive donc notre vieil ami Corneille! Pardonnons-lui de méchants vers, en faveur des divines et sublimes beautés qui nous transportent : ce sont des traits de maître qui sont inimitables. Despréaux en dit encore plus que moi; et, en un mot, c'est le bon goût : tenez-vous-y.

Voici un bon mot de Mme Cornuel, qui a fort réjoui le parterre. M. Tambonneau le fils a quitté la robe, et a mis une sangle autour de son ventre et de son derrière. Avec ce bel air, il veut aller sur la mer : je ne sais ce que lui a fait la terre. On disoit donc à Mme Cornuel qu'il s'en alloit à la mer : « Hélas! dit-elle, est-ce qu'il a été mordu d'un chien enragé? » Cela fut dit sans malice, c'est ce qui a fait rire extrêmement.

Mme de Courcelles est fort embarrassée : on lui refuse toutes ses requêtes; mais elle dit qu'elle espère qu'on aura pitié d'elle, puisque ce sont des hommes qui sont ses juges. Notre Coadjuteur ne lui feroit point de grâce présentement; vous me le représentez dans les occupations de saint Ambroise.

Il me semble que vous deviez vous contenter que votre fille fût faite à son image et semblance : votre fils veut aussi lui ressembler; mais, sans offenser la beauté du Coadjuteur, où est donc la belle bouche de ce petit garçon? où sont ses agréments? il ressemble donc à sa sœur : vous m'embarrassez fort par cette ressemblance. Je vous aime bien, ma chère fille, de n'être point grosse : consolez-vous d'être belle *inutilement*, par le plaisir de n'être pas toujours mourante.

Je ne saurois vous plaindre de n'avoir point de beurre en Provence, puisque vous avez de l'huile admirable et d'excellent poisson. Ah! ma fille, que je comprends bien ce que peuvent faire et penser des gens comme vous, au milieu de votre Provence! Je la trouverai comme vous, et je vous plaindrai toute ma vie d'y passer de si belles années de la vôtre. Je suis si peu desireuse de briller dans votre cour de Provence, et j'en juge si bien par celle de Bretagne, que par la même raison qu'au bout de trois jours à Vitré, je ne respirois que les Rochers,

je vous jure devant Dieu que l'objet de mes désirs, c'est
de passer l'été à Grignan avec vous : voilà où je vise, et
rien au delà. Mon vin de Saint-Laurent est chez Adhémar, je l'aurai demain matin; il y a longtemps que je
vous en ai remerciée *in petto* : cela est bien obligeant.
Monsieur de Laon aime bien cette manière d'être cardinal. On assure que l'autre jour M. de Montausier, parlant à Monsieur le Dauphin de la dignité des cardinaux,
lui dit que cela dépendoit du pape, et que s'il vouloit
faire cardinal un palefrenier, il le pourroit. Là-dessus le
cardinal de Bonzi arrive; Monsieur le Dauphin lui dit :
« Monsieur, est-il vrai que si le pape vouloit, il feroit
cardinal un palefrenier? » M. de Bonzi fut surpris; et,
devinant l'affaire, il lui répondit : « Il est vrai, Monsieur, que le pape choisit qui il lui plaît; mais nous
n'avons pas vu jusqu'ici qu'il ait pris des cardinaux dans
son écurie. » C'est le cardinal de Bouillon qui m'a conté
ce détail.

J'ai fort entretenu Monsieur d'Uzès. Il vous mandera
la conférence qu'il a eue : elle est admirable. Il a un esprit posé et des paroles mesurées, qui sont d'un grand
poids dans ces occasions : il fait et dit toujours très-bien
partout. On disoit de Jarzé ce qu'on vous a dit; mais
cela est incertain. On prétend que la joie de la dame
n'est pas médiocre pour le retour du chevalier de Lorraine. On dit aussi que le comte de Guiche et Mme de
Brissac sont tellement sophistiqués, qu'ils auroient besoin d'un truchement pour s'entendre eux-mêmes. Écrivez un peu à notre Cardinal, il vous aime; le faubourg
vous aime; Mme Scarron vous aime; elle passe ici le
carême, et céans presque tous les soirs. Barrillon y est
encore, et plût à Dieu, ma belle, que vous y fussiez aussi!
Adieu, mon enfant; je ne finis point. Je vous défie de
pouvoir comprendre combien je vous aime.

258. — DU COMTE DE BUSSY RABUTIN
A MADAME DE SÉVIGNÉ.

Deux mois après, (voyez *les lettres du 24 et du 28 janvier précédent*, p. 477 et 482), j'écrivis cette lettre à Mme de Sévigné.

A Chaseu, ce 19e mars 1672.

Un honnête marchand de Semur, parent des la Maison, vos fermiers, qui me fait crédit quelquefois, et qui ne me presse pas trop, a une affaire à Paris, qu'il vous dira, Madame. Je vous supplie de l'y servir; vous me ferez un fort grand plaisir. Il s'appelle Versy.

J'espère que vous me ferez réponse, encore que vous ne soyez pas dans la cellule de notre petite sœur Jacqueline-Thérèse. Vous ne commencez de m'écrire que des Saintes-Maries; mais vous me faites réponse de pàrtout.

Enfin voici la guerre. Si ce n'est que pour une campagne, cela ne vaut pas la peine de me faire sortir de chez moi. Si elle dure davantage, peut-être me verra-t-on encore sur les rangs. J'ai écrit au Roi pour lui offrir mes services, comme j'ai fait cinq fois depuis que je suis en Bourgogne. Je suis content de sa réponse. Que ceci soit entre nous, ma belle cousine; car vous savez que rien ne réussit que par le secret. Je ne vous le cacherois pas si j'en avois de plus grande conséquence.

———

259. — DE MADAME DE SÉVIGNÉ
A MADAME DE GRIGNAN.

A Paris, mercredi 23e mars.

Madame de Villars, M. Chapelain, et quelques autres encore, sont ravis de votre lettre de l'ingratitude. Il ne faut pas que vous croyiez que je sois ridicule : je sais à qui je montre ces petits morceaux de vos grandes lettres;

je connois mes gens; je ne le fais point mal à propos;
je sais le temps et le lieu; mais enfin c'est une chose
charmante que la manière dont vous dites quelquefois de
certaines choses : fiez-vous à moi, je m'y connois. Je
veux vous relire quelque jour des endroits qui vous
plairont, et entre autres celui de l'ingratitude : de sorte,
me dites-vous, qu'après tant de bontés, je ne songe
plus qu'à vous refuser la première petite chose que vous
me demanderez : je ne finirois point, car tout est de ce
style.

J'aime fort votre petite histoire du peintre; mais il
faudroit, ce me semble, qu'il mourût. Vos cheveux fri-
sés *naturellement* avec le fer, poudrés *naturellement* avec
une livre de poudre, du rouge *naturel :* cela est plaisant; mais vous étiez belle comme un ange. Je suis toute
réjouie que vous soyez en état de vous faire peindre, et
que vous conserviez sous votre négligence une beauté si
merveilleuse.

Mme Scarron a reçu votre embrassade; il n'y a sorte
de louange qu'elle ne vous donne, ni sorte d'estime particulière qu'elle ne fasse paroître pour vous.

Le chancelier n'aura point un enterrement magnifique, comme on le prétendoit. Ils vouloient un prince du
sang pour conduire le deuil. Monsieur le Prince a dit
qu'il étoit incommodé; Monsieur le Duc, que cela étoit
bon le temps passé, et que les princes du sang de ce
siècle-ci sont plus grands seigneurs qu'ils n'étoient.
Messieurs les princes de Conti ont dit qu'ils ne pouvoient faire ce que Monsieur le Duc refusoit. En un
mot, la famille du chancelier est désolée. L'exemple du
chancelier de Bellièvre, qu'un prince de Conti honora
de sa présence au convoi, n'a été de nulle considération.

Le comte de Guiche disoit l'autre jour des merveilles
des esprits de vos pays chauds : il ne s'y est pas ennuyé
un moment. Je songeai que vous ne m'aviez jamais parlé

d'une seule personne dont l'esprit fût digne d'être distingué. Croyez, ma fille, que ce n'est pas sans une douleur profonde que je vois votre retour dans ces idées de
Platon, et que je sens une telle séparation jusque dans
la moelle de mes os, sans pouvoir jamais m'en consoler.
Pour mon voyage, il tient à ma tante; mais dans un
mois on verra ce qu'on doit espérer. Cela seul me retient; sans cela j'irois avec M. et Mme de Coulanges.
L'abbé et moi, nous ne faisons plus que languir après
notre départ. J'admire les choses qui m'arrivent pour
me désespérer. Je fais présentement l'équipage de mon
fils, sans préjudice des lettres de change qui vont leur
train. Tout le monde est abîmé et tout le monde partira. On dit que la petite vérole est à Grignan : est-il
vrai? Cela me consoleroit de mon retardement. Enfin,
ma chère enfant, soyez très-persuadée que nous ne songeons qu'à partir, et qu'il n'y a rien devant cette envie ni
devant ce voyage : le chaud même ne m'arrêtera point.

Vous me demandez le mal de ma tante : c'est une hydropisie de vent et d'eau; elle est très-enflée; elle n'a
plus de place pour se nourrir; le lait, qui est l'unique
remède, ne peut pas réparer tant de sécheresse. Elle est
usée; son foie est gâté; elle a soixante-six ans : voilà son
mal. Le mois d'avril nous décidera sur sa mort ou sur sa
vie. J'y passe bien des heures, et je suis très-affligée de
son état : vous savez comme je l'ai toujours aimée, et si
je le lui ai témoigné.

Ce que vous dites sur le cœur *adamantino* est admirable : ce seroit une grande commodité de l'avoir ainsi;
non pas comme celui que nous entendons, mais *ada-*
mantino au pied de la lettre : sans cela, on souffre mille
sortes de tourments. Il est vrai que l'amour doit être
bien glorieux : il l'est bien aussi; mais que M. de Grignan est heureux d'être si chrétien! j'espère qu'il me
convertira.

On ne donne point la charge de M. de Lauzun. Vous pouvez raisonner là-dessus, et sur son embrasement; mais c'eût été une belle aventure, s'il eût brûlé ce pauvre M. Foucquet, qui supporte sa prison héroïquement, et qui n'est nullement désespéré.

On ne parle que de la guerre. Le Roi a deux cent mille hommes sur pied; toute l'Europe est en émotion; on voit bien, comme vous dites, que la pauvre machine ronde est abandonnée.

Nous parlons souvent de vous, le Cardinal et moi : il vous aime fort; et moi, que fais-je, à votre avis?

Ma pauvre tante vous remercie de votre aimable souvenir. La Mousse tremble pour sa philosophie. Parlez un peu au Cardinal de vos machines, des machines qui aiment, des machines qui ont une élection pour quelqu'un, des machines qui sont jalouses, des machines qui craignent. Allez, allez, vous vous moquez de nous; jamais Descartes n'a prétendu nous le faire croire.

---

260. — DE MADAME DE SÉVIGNÉ
A MADAME DE GRIGNAN.

A Paris, mercredi 30e mars.

N'êtes-vous point trop aimable? Enfin, ma chère enfant, vous aimez mes lettres; vous voulez qu'elles soient grandes, et vous me flattez de la pensée que vous les aimez moins quand elles sont petites; mais ce pauvre Grignan a bien affaire d'avoir la complaisance pour vous de lire de tels volumes. Je me souviens toujours de l'avoir vu admirer qu'on pût lire de longues lettres; il a bien changé d'avis : je me fie à vous du moins pour ne lui pas montrer ce qui le pourroit ennuyer.

Je vous fais une réparation : je croyois que vous n'eussiez point fait réponse au Cardinal; vous l'avez faite

très-bonne. Il faut aussi que je vous avoue que j'ai sup-
primé méchamment les compliments de Mme de Villars; je vous ai parlé d'elle dans mes lettres, et me suis
bien gardée de vous dire tout ce qu'elle m'a dit. Ne
soyez pas fâchée contre elle : elle vous aime et vous, admire; je la vois assez souvent; elle aime à parler de vous,
et à lire des morceaux de vos lettres : cela me donne
pour elle un attachement très-naturel. Elle partira à Pâques, malgré la guerre; elle en sera quitte pour revenir,
si les Espagnols font les méchants. Comme ils ont beaucoup d'argent, ces Villars, aller et venir, et faire un
grand équipage, n'est pas une chose qui mérite leur
attention. On dit que les Anglois ont battu cinq vaisseaux
hollandois, et que l'ambassadeur a dit au Roi que le roi
son maître avoit commencé la guerre sur la mer, et qu'il
le supplioit de lui tenir sa parole, et de la commencer
sur la terre.

Vous savez, ma fille, ce que m'est le nom de Roquesante, et quelle vénération j'ai pour sa vertu. Vous pouvez croire que sa recommandation et la vôtre me sont
fort considérables; mais mon crédit ne répond pas à
mes bonnes intentions. Vous m'avez dit tant de bien
du président dont il est question, qu'on se feroit honneur de le servir, si on avoit quelque voix en chapitre :
j'en parlerai au hasard; mais en vérité tout est si caché à Versailles, qu'il faut attendre en paix les oracles
qui en sortent. Pour M. de Roquesante, si vous ne lui
faites mes compliments en particulier, vous êtes brouillée
avec moi.

Vous avez frissonné de la fièvre de notre abbé, je vous
en remercie; mais comme vous étiez seule à frissonner,
et que l'abbé ne frissonnoit point du tout, vous sentez
bien que je n'ai point frissonné. Son mal étoit une émotion continuelle sans aucun accident; il s'est gouverné
sagement, et je suis persuadée que c'est de la santé pour

vingt ans. Dieu le veuille! Je lui ai fait toutes vos amitiés : il en est très-touché.

Ma tante ne parle que pour vous remercier. Son état
touche le cœur des plus indifférents : elle enfle tous les
jours, les remèdes ne font point d'effet. Elle me disoit
tantôt : « Enfin, ma chère, voilà ce qui s'appelle une
femme abandonnée. » Elle se dispose à mourir, et en
parle sans frayeur; elle est seulement étonnée qu'il
faille tant de douleurs pour faire mourir une personne si
foible. Il y a des manières de mourir bien rudes et bien
cruelles; la sienne est des plus pitoyables qu'on puisse
voir. Elle reçoit mes soins avec une grande tendresse; je
lui en rends de la même façon, et suis si extrêmement
touchée de ses douleurs et de l'horrible désespoir de ma
cousine, qu'il m'est impossible de n'en pas pleurer.

Voici une réflexion qui me vient sur les pertes que
vous faites au jeu, et sur celles de M. de Grignan. Pre-
nez-y garde, ma fille, il n'est pas agréable d'être la dupe.
Soyez persuadée qu'un continuel malheur et un continuel bonheur n'est pas une chose naturelle. Il n'y a pas
longtemps qu'on m'avoua le fredon de l'hôtel de la
Vieuville : vous souvient-il de cette volerie? Il ne faut pas
croire que tout le monde joue comme vous. Voilà ce que
l'intérêt que je prends à vous me fait dire : comme il
vient d'un cœur qui est à vous, je suis assurée que vous
le trouverez bon. Ne trouverez-vous point bon aussi de
savoir que Kéroual, dont l'étoile avoit été devinée avant
qu'elle partît, l'a suivie très-fidèlement? Le roi d'Angleterre l'a aimée; elle s'est trouvée avec une légère disposition à ne le pas haïr : enfin elle se trouve grosse de huit
mois : voilà qui est étrange. La Castelmaine est disgra-
ciée : voilà comme l'on fait dans ce royaume-là. Pendant
que nous sommes sur ce ton-là, je vous dirai, avec la
permission de la sagesse de M. de Grignan, que le petit
fils de F*** et du chevalier de Lorraine (je ne sais si je

me fais bien entendre) est élevé pêle-mêle avec les enfants de Mme d'Armagnac, à la vue du public; et l'on
fit un grand jeu, au retour du Chevalier, d'éprouver la
force du sang : il confirma tout ce qu'on dit là-dessus, et
le trouva si joli, et s'y attacha d'une telle sorte, qu'enfin
on lui dit la vérité. Il en fut ravi, et Mme d'Armagnac
continue sa bonté, et le nourrit sous le nom du chevalier
de Lorraine. Si vous le savez déjà, voilà qui vous ennuiera beaucoup. Adhémar est tout propre à vous conter ces bagatelles : je me sens aussi du relâchement pour
les nouvelles, sachant qu'il est en lieu de vous les mander
beaucoup mieux que moi.

Je reçois votre lettre du 23e, écrite sur la plume des
vents, aussi bien que la mienne du vendredi. Ah! ma
fille, qu'elle est aimable! quoiqu'elle ne soit point une
réponse; elle en vaut mille fois mieux. C'est donc là ce
que vous m'écrivez, quand vous n'avez rien à me dire.
Voilà qui me ravit : vous me dites mille tendresses, et
je vous avoue que je me laisse doucement flatter à cette
aimable vérité. Qui est donc ce Breton que vous servez
pour l'amour de moi? Il est vrai que tous les Provençaux
me sont de quelque chose.

C'est aujourd'hni l'acte du pauvre abbé. Quelle folie!
on s'en va disputer contre lui, le tourmenter, le poin-
tiller : il faut qu'il réponde à tout. Pour moi, je suis
persuadée que rien n'est plus injuste que ces sortes de
choses, et que cela rend l'esprit d'une rudesse et d'une
contrariété insupportable.

Vous me parlez du temps; notre hiver a été admirable : trois mois d'une belle gelée; voilà qui est fait; le
printemps commence; rien n'est plus sage que nous :
pourquoi êtes-vous si extravagants?

J'ai horreur de l'inconstance de M. de Vardes : il l'a
trouvée dans la fin de sa passion, sans aucun sujet que
de n'avoir plus d'amour. Cela désespère; mais j'aimerois

encore mieux cette douleur, que d'être quittée pour une
autre : voilà notre vieille querelle. Il y a bien d'autres
sujets sur quoi je n'approuve pas M. de Vardes. Si Corbinelli me souhaite en Provence, il fait ce que je fais tous
les jours de ma vie.

M. et Mme de Coulanges sont trop honorés de toutes
vos douceurs ; ils vous écriront. Je les vois partir avec
un grand chagrin : M. de Coulanges prétend bien revoir
Jacquemart et Marguerite avant que de mourir. Pour
Mme de Coulanges, elle ira à Grignan ; nous l'y recevrons, quand elle nous aura fait les honneurs de Lyon.

Je ne vois pas d'Hacqueville en huit jours : je l'excuse
et ne l'en aime pas moins. Pour vous, ma chère fille,
comptez que je suis à vous, et que votre amitié fait la
véritable joie de ma vie, et votre absence la véritable
douleur.

Mon cher Grignan, hélas ! faut-il passer sa vie sans
voir les gens du monde que l'on aime le plus ? On m'a
dit ce soir que l'abbé de Grignan avoit fait des merveilles
en Sorbonne. Notre Cardinal en est ravi.

---

261. — DE MADAME DE SÉVIGNÉ
A MADAME DE GRIGNAN.

A Paris, vendredi 1er avril.

Vous avez écrit, ma chère fille, des choses à Guitaut,
sur l'espérance que vous avez de me voir en Provence,
qui me transportent de joie : vous pouvez penser quel
plaisir c'est de les apprendre indirectement, quoiqu'on
les sache déjà. Il est vrai néanmoins que cela ne peut
augmenter l'extrême envie que j'ai de partir ; elle est au
dernier degré. Ma tante seule fait mon retardement ;
elle est si mal, que je ne comprends pas qu'elle puisse
être longtemps dans cet état. Je vous en dirai des nou-

velles, comme de la seule grande affaire que j'aie présentement.

Je vis hier Mme de Verneuil, qui est revenue de Verneuil et de la mort : le lait l'a rétablie, elle est belle ; elle est de belle taille, il n'y a plus de dispute entre son corps de jupe et le mien ; elle n'est plus rouge, ni crevée, comme elle étoit. Cet état la rend aimable ; elle aime, elle oblige, elle loue, elle me chargea de mille douceurs pour vous.

Le matin d'hier on fit un service au chancelier à Sainte-Élisabeth. Je n'y fus point, parce qu'on oublia de m'apporter mon billet : tout le reste de la terre habitable y étoit. Mme Fieubet entendit ceci : la Choiseul passa devant la Bonnelle : « Ah ! dit la Bonnelle, voilà une mijaurée qui a eu plus de cent mille écus de nos hardes. » La Choiseul se retourne, et comme Arlequin : « Hi, hi, hi, hi, hi, lui fit-elle en lui riant au nez : voilà comme on répond aux folles ; » et passe son chemin. Quand cela est aussi vrai qu'il l'est, cela fait extrêmement rire.

Mme de Coulanges et M. de Barrillon jouèrent hier la scène de Vardes et de Mlle de Toiras ; nous avions tous envie de pleurer ; ils se surpassèrent eux-mêmes. Mais la Champmeslé est quelque chose de si extraordinaire, qu'en votre vie vous n'avez rien vu de pareil ; c'est la comédienne que l'on cherche et non pas la comédie ; j'ai vu *Ariane* pour elle seule : cette comédie est fade ; les comédiens sont maudits ; mais quand la Champmeslé arrive, on entend un murmure ; tout le monde est ravi ; et l'on pleure de son désespoir.

M. le chevalier de Lorraine alla voir l'autre jour la Fiennes. Elle voulut jouer la délaissée, elle parut embarrassée. Le chevalier, avec cette belle physionomie ouverte que j'aime, et que vous n'aimez point, la voulut tirer de toutes sortes d'embarras, et lui dit : « Mademoiselle, qu'avez-vous ? pourquoi êtes-vous triste ? qu'y

a-t-il d'extraordinaire à tout ce qui nous est arrivé ?
Nous nous sommes aimés, nous ne nous aimons plus ; la
fidélité n'est pas une vertu des gens de notre âge ; il vaut
bien mieux que nous oubliions le passé, et que nous
reprenions le ton et les manières ordinaires. Voilà un joli
petit chien ; qui vous l'a donné ? » Et voilà le dénouement de cette belle passion.

Que lisez-vous, ma bonne ? Pour moi, je lis la décou-
verte des Indes par Christophe Colomb, qui me divertit
au dernier point ; mais votre fille me réjouit encore
plus : je l'aime, et je ne vois pas bien que je puisse m'en
dédire ; elle caresse votre portrait, et le flatte d'une
façon si plaisante, qu'il faut vitement la baiser. J'admire
que vous vous coiffiez, dès ce temps-là, à la mode de
celui-ci : vos doigts vouloient tout relever, tout boucler ;
enfin c'étoit une prophétie. Adieu, ma très-chère enfant,
je ne croirai jamais qu'on puisse aimer plus passionnément que je vous aime.

----

262. — DE MADAME DE SÉVIGNÉ
A MADAME DE GRIGNAN.

A Paris, ce mercredi 6e avril.

Voilà le plus beau des éventails que Bagnols destinoit
à sa Chimène ; je l'ai gagné avec plaisir, et j'ai aimé la
fortune de cette petite complaisance qu'elle a eue pour
moi, à point nommé. Divertissez-vous à le regarder avec
attention ; recevez la visite du Pont-Neuf, votre ancien
ami ; puisque vous ne voulez pas le venir voir, il va vous
rendre ses devoirs : enfin je n'ai jamais rien vu de si joli.
Mais si je suis contente de cette petite faveur de la fortune, je la hais bien d'ailleurs de me brouiller et de me
déranger tous mes desseins. Je ne sais où j'en suis, par
la maladie de ma tante. L'abbé et moi nous petillons ; et
nous sommes résolus, si son mal se tourne en langueur,

de nous en aller en Provence; car enfin où sont les bornes
du bon naturel? Pour moi, je ne sais que vous, et j'ai
une telle impatience de vous aller voir, que mes sentiments pour les autres n'en ont pas bien toute leur étendue. Vous pouvez toujours être certaine et compter que
j'ai plus d'envie de partir que vous n'en avez que je
parte : vous croyez que c'est beaucoup dire, et je le crois
aussi, mais je ne puis exagérer sur les sentiments que j'ai
pour vous. Je ne manque pas de dire à ma tante tous vos
aimables souvenirs : elle croit mourir bientôt, et suivant
son humeur complaisante, elle se contraint jusqu'à la
mort, et fait semblant d'espérer à des remèdes qui ne
font plus rien, afin de ne pas désespérer ma cousine;
mais quand elle peut dire un mot sans être entendue, on
voit ce qu'elle pense, et c'est la mort qu'elle envisage à
loisir, avec beaucoup de vertu et de fermeté.

Elle est par le visage comme les enfants en chartre, et
par le ventre comme une femme grosse de neuf mois;
elle se lève encore, parce qu'elle étouffe au lit. Pour
ma cousine, nous ne voyons rien à sa destinée; nous
croyons nous donner à des vues que nous n'avons pas
présentement. Nous entrevoyons un couvent à bon
marché, une augmentation de pension que son frère
voudra peut-être bien donner, enfin nous sommes fort
embarrassés.

Pour M. de la Mousse, je l'ai fort prévenu de l'envie
que vous avez de le voir. Il ne craint que les incommodités du voyage. Écrivez-lui, comme vous en avez le dessein, et de notre côté nous serons fort aises d'ajouter
cette compagnie à la nôtre, et nous lui donnerons du
courage par la joie qu'il vous donnera. Je vous assure
que je souhaite plus d'être dans ce cabinet frais que vous
me faites bâtir que dans tous les lieux du monde, mais
ensuite je souhaiterois fort de vous voir dans un appartement que je vais vous faire faire. J'attends les tubé-

reuses; c'est un présent délicieux; mon oncle de Sévigné nous en donnera.

M. de Grignan demande un très-beau justaucorps; c'est une affaire de sept ou huit cents francs; qu'est devenu un très-beau qu'il avoit? Souffrez, ma fille, que je vous avertisse que l'on ne donne guère de ces sortes de guenilles et que les morceaux en sont bons. Au nom de Dieu, sauvez au moins quelque chose de l'excessive dépense; sans savoir précisément ce que cela fera, ayez une vue générale de ne rien laisser périr et de ne vous relâcher sur rien. Ne jetez point ce qui s'appelle le manche après la cognée. Ayez une vue du Canada comme d'un bien qui n'est plus à portée; M. de Frontenac en est le possesseur. On n'a pas toujours de pareilles ressources; mais quoi que votre philosophie vous fasse imaginer, c'est une triste chose que d'habiter un nouveau monde, et de quitter celui qu'on connoît et que l'on aime, pour aller vivre dans un autre climat, avec gens qu'on seroit fâché de connoître en celui-ci. « On est de tout pays : » ceci est de Montaigne; mais en disant cela, il étoit bien à son aise dans sa maison. Je vous conjure de pardonner ces tirades de réflexions à l'extrême tendresse que j'ai pour vous; il faut m'arracher le cœur qui vous aime, ou souffrir que je prenne un grand et présent intérêt à vous; cela ne se peut séparer.

Je suis effrayée des maux de Provence. Voilà donc votre enfant sauvé de la petite vérole par la mort de l'autre; mais la peste, qu'en dites-vous? J'en suis très-effrayée : c'est un mal à nul autre semblable, dont votre soleil saura mal garantir ceux qu'il éclaire. Je prie Monsieur le gouverneur de donner sur cela tous les meilleurs ordres du monde.

Je suis étonnée du mal de ce gentilhomme de M. de Grignan. Comment? rêver sans fièvre! cela fait peur. Mais j'ai été quasi aussi étonnée d'entendre dire *un gen-*

tilhomme de M. de Grignan qui n'est point la Porte.
Eh! bon Dieu, qu'en voulez-vous faire? N'y a-t-il qu'à
se jeter dans une maison? Faut-il avoir la foiblesse
de recevoir ce qui veut être à nous par force? C'est à
M. de Grignan à qui je parle; mais pour vous, soyez-en
la maîtresse, et ne croyez pas que ces augmentations
ne soient rien. Mettez votre esprit et votre grandeur
même, Monsieur le Comte, à sauver votre maison, votre
femme, vos enfants, et acquitter vos dettes (voilà les
sentiments que vous devez avoir), et non pas à vous
laisser sucer par des gens qui vous quitteront quand
vous ne leur serez plus bon à rien. Je consens que
M. de Grignan me boude, pourvu qu'enfin il entre dans
mes sentiments, et qu'il trouve bon que vous aimant
tous deux au point que je fais, je vous donne les conseils d'une vraie amie; et ceux qui vous parlent autrement n'en sont point. Mandez-moi pourtant si cela ne
vous déplaît point à tous deux, car si cela vous déplai-
soit, cela étant inutile, je ne serois pas fort pressée de
vous dire ces choses déplaisantes. Répondez-moi sincèrement là-dessus.

Je suis ravie que vous ne soyez point grosse: hélas!
ma fille, ayez du moins le plaisir d'être en santé et de
reposer votre vie. Eh mon Dieu, ne joignez point cet
embarras à tant d'autres qu'on trouve en son chemin.

La vieille Madame est morte d'une vieille apoplexie
qui la tenoit depuis un an. Voilà Luxembourg à Mademoiselle, et nous y entrerons. Elle avoit fait abattre
tous les arbres du jardin de son côté, rien que par contradiction: ce beau jardin étoit devenu ridicule; la
Providence y a pourvu. Il faudra le faire raser des deux
côtés, et y mettre le Nôtre pour y faire comme aux
Tuileries. Mademoiselle n'a point voulu voir sa belle-
mère mourante; cela n'est ni chrétien, ni héroïque.

Le traité de M. de Lorraine est rompu, après avoir

été assez avancé : voilà votre pauvre amie assez reculée.
M. de Bàville se marie à une Mlle de Chalucet de Nantes;
on lui donne quatre cent mille francs ; M. d'Harouys y
fait le principal personnage. J'ai fait vos compliments aux
Duras et aux Charost. Le marquis de Villeroi ne partira
pas de Lyon cette campagne : le maréchal s'est attiré
cette assurance, en demandant la grâce de revenir à
l'armée : on ne comprend point ce qui cause son malheur.

Monsieur le Duc donna samedi une chasse aux Anges
et un souper à Saint-Maur, des plus beaux poissons de
la mer. Ils revinrent à une petite maison près de l'hôtel
de Condé, où après minuit, plus scrupuleusement que
nous ne faisons en Bretagne, on servit le plus grand mé-
dianoche du monde en viandes très-exquises : cette petite
licence n'a pas été bien reçue, et a fait admirer la charmante bonté de la maréchale de Grancey. Il y avoit la
comtesse de Soissons, la Coetquen et la Bourdeaux, plusieurs hommes, et le chevalier de Lorraine ; des haut-
bois, des musettes, des violons; et de Madame la Duchesse, ni du carême, pas un mot ; l'une étoit dans son
appartement, et l'autre dans les cloîtres. Toutes ces
dames sont brunes ; mais nous trouvons qu'il falloit bien
du jaune pour les parer.

M. de Coulanges est au désespoir de la mort du peintre. Ne l'avois-je pas bien dit qu'il mourroit? Cela donne
une grande beauté au commencement de l'histoire ; mais
ce dénouement est triste et fâcheux pour moi, qui pré-
tendois bien à cette belle *Madeleine si bien frisée naturellement.*

M. de Morangis est mort ; voilà les Barrillons bien
affligés et bien riches : cela fait taire les sentiments de la
nature. L'aîné a demandé la place du conseil pour lui et
sa charge pour son frère ; écrivez-moi des compliments
pour eux.

Je ne vous dirai plus rien de Monsieur de Marseille ; je prends Monsieur d'Uzès pour témoin de tous mes sentiments, ni si je me suis séparée un seul moment de vos intérêts, ni s'il m'a imposé en la moindre chose, ni si ses manières et sa duplicité ne m'ont point toujours paru au travers de ses discours, ni si j'ai manqué de réponse aux endroits principaux, ni si tous mes amis n'ont point fait leur devoir, ni si je doute de la sincérité de votre conduite et de la ganelonnerie de la sienne. Enfin j'ai déposé mon cœur à Monsieur d'Uzès et ne me suis démentie en rien. J'ai de bons témoins, et un certain ministre ne m'a pas trouvée corrompue contre vos intérêts. L'Évêque lui-même est assez embarrassé de moi, car vous savez qu'il aime à ménager la chèvre et les choux. Il a mal ménagé la chèvre, et ne mangera pas même les choux. Voilà tout ce que je vous en dirai, vous en croirez après cela tout ce que vous voudrez. Monsieur d'Uzès vous dira le reste, et je me reposerai sur ma conscience et sur mon cœur qui ne peut jamais me laisser faillir sur ce qui vous regarde. Cependant nous voyons un gaillard qui a fait des visites avant que l'on soit éveillé à Paris, nous voyons un archevêque d'Aix, nous voyons un homme dont nous avons besoin pour l'abbé de Grignan, et nous concluons que si Monsieur d'Uzès peut dans le pays faire une bonne et solide paix, ce sera l'avantage de tous les deux partis. Il n'en est nulle question ici. Plût à Dieu que vous y fussiez pour voir les choses comme nous les voyons !

Vous me dépeignez fort bien ce bel esprit guindé : je ne l'aimerois pas mieux que vous, mais je ne serois point étonnée que le comte de Guiche s'en accommodât; vous avez tous deux raison.

A propos d'esprit désagréable, M. de la Rochefoucauld est retombé dans une si terrible goutte, dans une si terrible fièvre, que jamais vous ne l'avez vu si mal : il vous prie d'avoir pitié de lui : je vous défierois bien de le voir sans avoir envie de pleurer.

Ma très-chère enfant, je vous quitte, et après avoir souhaité un cœur *adamantino*, je m'en repens : je serois très-fâchée de ne pas vous aimer autant que je vous aime, quelque douleur qu'il m'en puisse arriver : ne le souhaitez plus aussi; gardons nos cœurs tels qu'ils sont; vous savez bien ce qui seul peut toucher le mien. J'embrasse M. de Grignan, je le remercie de ses jolis remerciements et de ses exclamations.

Il peut s'assurer que je ne quitterai jamais le service de son royaume de Micomicona. Je vous prie, ne me remerciez plus des bagatelles que je vous donne, plaignez-moi de ne vous donner pas plus, et venez que je vous embrasse : quelle joie quand ce sera tout de bon, ma mignonne! Je ne vous envoie plus le Pont-Neuf, c'est à vous à le venir voir; je vous envoie cent mille petits Amours qui sont cent fois plus beaux. Vous y trouverez vos petits enfants; je crois que vous les trouverez jolis.

Suscription : Pour la Belle.

---

263. — DE MADAME DE SÉVIGNÉ
A MADAME DE GRIGNAN.

A Paris, vendredi 8ᵉ avril.

La guerre est déclarée, ma bonne, on ne parle que de partir. Canaples a demandé permission au Roi d'aller servir dans l'armée du roi d'Angleterre; et en effet il est parti mal content de n'avoir point eu de l'emploi en France. Le maréchal du Plessis ne quittera point Paris : il est bourgeois et chanoine; il met à couvert tous ses lauriers, et jugera des coups : je ne trouve pas son personnage mauvais, ayant une si belle et si grande réputation. Il dit au Roi, qu'il portoit envie à ses enfants qui avoient l'honneur de servir Sa Majesté; que pour lui il souhaitoit la mort, puisqu'il n'étoit plus bon à rien. Le Roi l'embrassa, et lui dit : « Monsieur le maréchal, on ne travaille que pour approcher de la réputation que vous avez acquise; il est agréable de se reposer après tant de victoires. » En effet, je le trouve heureux de ne point remettre au caprice de la fortune ce qu'il a acquis pendant toute sa vie.

Le maréchal de Bellefonds est à la Trappe pour la semaine sainte; mais, avant que de partir, il parla fort fièrement à M. de Louvois, qui vouloit faire quelque retranchement sur sa charge de général sous Monsieur le Prince : il fit juger l'affaire par Sa Majesté, et l'emporta comme un galant homme.

M. et Mme de Chaulnes s'en vont en Bretagne : les gouverneurs n'ont point d'autre place présentement que leur gouvernement.

Nous allons voir une rude guerre; j'en suis dans une inquiétude épouvantable. Votre frère me tient au cœur; nous sommes très-bien ensemble; il m'aime, et ne songe qu'à me plaire : je suis aussi une vraie marâtre pour lui, et ne suis occupée que de ses affaires. J'aurois grand tort si je me plaignois de vous deux : vous êtes en vérité trop jolis, chacun en votre espèce. Voilà, ma très-belle, tout ce que vous aurez de moi aujourd'hui. J'avois ce matin un Provençal, un Breton, un Bourguignon à ma toilette.

La Reine m'attaque toujours sur vos enfants, et sur mon voyage de Provence, et trouve mauvais que votre fils vous ressemble, et votre fille à son père; je lui réponds toujours la même chose. Mme Colbert me parle souvent de votre beauté; mais qui ne m'en parle point? Ma fille, savez-vous bien qu'il faut un peu revenir voir tout ceci? Je vous en faciliterai les moyens d'une manière qui vous ôtera de toutes sortes d'embarras. J'ai parlé d'un premier président à M. de Pompone; il n'y voit encore goutte; il croit pourtant que ce sera un étranger; j'y ai consenti.

Ma tante est si mal que je ne crois pas qu'elle retarde mon voyage. Elle étouffe, elle enfle, il n'y a pas moyen de la voir sans être fortement touchée : je le suis, et le serai beaucoup de la perdre. Vous savez comme je l'ai toujours aimée : ce m'eût été une grande joie de la laisser dans l'espérance d'une guérison qui nous l'auroit rendue encore pour quelque temps. Je vous manderai la suite de cette triste et douloureuse maladie.

---

264. — DE MADAME DE SÉVIGNÉ
A MADAME DE GRIGNAN.

A Paris, mercredi 13e avril.

Je vous l'avoue, ma fille, je suis très-fâchée que mes lettres soient perdues; mais savez-vous de quoi je serois encore plus fâchée? ce seroit de perdre les vôtres : j'ai passé par là, c'est une des plus cruelles choses du monde. Mais, mon enfant, je vous admire : vous écrivez l'italien comme le cardinal Ottobon; et même vous y mêlez de l'espagnol : *manera* n'est pas des nôtres; et pour vos phrases, il me seroit impossible d'en faire autant. Amusez-vous aussi à le parler, c'est une très-jolie chose; vous le prononcez bien; vous avez du loisir; continuez, je serai tout étonnée de vous trouver si habile.

Vous m'obéissez pour n'être point grosse; je vous en remercie de tout mon cœur. Ayez le même soin de me plaire pour éviter la petite vérole. Votre soleil me fait peur. Comment? les têtes tournent! on a des apoplexies, comme on a des vapeurs ici, et votre tête tourne comme les autres! Mme de Coulanges espère conserver la sienne à Lyon, et fait des préparatifs pour faire une belle défense contre le gouverneur. Si elle va à Grignan, ce sera pour vous conter ses victoires, et non pas sa défaite. Je

ne crois pas même que le marquis prenne le personnage
d'amant; il est observé par des gens qui ont bon nez, et
qui n'entendroient pas raillerie. Il est désolé de ne point
aller à la guerre; je suis très-désolée aussi de ne point
partir avec M. et Mme de Coulanges : c'étoit une chose
résolue, sans le pitoyable état où se trouve ma tante;
mais il faut encore avoir patience; rien ne m'arrêtera,
dès que je serai libre de partir. Je viens d'acheter un
carrosse de campagne; je fais faire des habits : enfin
je partirai du jour au lendemain; jamais je n'ai rien
souhaité avec tant de passion; fiez-vous à moi pour n'y
pas perdre un moment : c'est mon malheur qui me fait
trouver des retardements où les autres n'en trouvent
point.

Je voudrois bien vous pouvoir envoyer notre cardinal;
ce seroit un grand amusement de causer avec lui : je
ne vous trouve rien qui puisse vous divertir; mais, au
lieu de prendre le chemin de Provence, il s'en va à
Commerci.

On dit que le Roi a quelque regret du départ de Canaples : il avoit un régiment, il a été cassé; il a demandé dix abbayes, on les lui a toutes refusées; il a
demandé cette campagne d'être aide de camp, on lui
refuse. Sur cela il écrit à son frère aîné une lettre pleine
de désespoir et de respect tout ensemble pour Sa Majesté; il s'en va sur le vaisseau du duc d'York, qui l'aime
et l'estime : voilà l'histoire un peu plus en détail.

L'abbé est très-content de votre lettre, et la Mousse
aussi. On ne parle plus que de guerre et de partir : tout
le monde est triste, tout le monde est ému. Je ne saurois
que faire aux nouvelles que vous avez perdues, en perdant ma pauvre lettre.

Le maréchal de Gramont étoit l'autre jour si transporté de la beauté d'un sermon de Bourdaloue, qu'il
s'écria tout haut en un endroit : « Mordieu, il a rai-

son ! » Madame s'éclata de rire, et le sermon en fut
tellement interrompu, qu'on ne savoit ce qui en arriveroit. Je ne crois pas, de la façon dont vous me dépeignez vos prédicateurs, que si vous les interrompez, ce
soit pour les admirations.

Adieu, ma très-chère et très-aimable ; quand je pense
au pays qui nous sépare, je perds la raison, et je n'ai
plus de repos. Je blâme Adhémar d'avoir changé de
nom : c'est le petit dénaturé.

---

265. — DE MADAME DE SÉVIGNÉ
A MADAME DE GRIGNAN.

A Paris, vendredi saint, 15e avril.

Vous voyez ma vie ces jours-ci, ma chère fille. J'ai
de plus la douleur de ne vous avoir point, et de ne pas
partir tout à l'heure. L'envie que j'en ai me fait craindre
que Dieu ne permette pas que j'aie jamais une si grande
joie ; cependant je me prépare toujours. Mais n'est-ce
pas une chose cruelle et barbare que de regarder la
mort d'une personne qu'on aime beaucoup, comme le
commencement d'un voyage qu'on souhaite avec une
véritable passion ? Que dites-vous des arrangements des
choses de ce monde ? Pour moi, je les admire ; il faut
profiter de ceux qui nous déplaisent, pour en faire une
pénitence. Celle que M. de Coulanges dit qu'on fait à
Aix présentement me paroît bien folle : je ne saurois
m'accoutumer à ce qu'il me conte là-dessus.

Mme de Coulanges a été à Saint-Germain. Elle m'a
dit mille bagatelles qui ne s'écrivent point, et qui me
font bien entrer dans votre sentiment sur ce que vous
me disiez l'autre jour de l'horreur de voir une infidélité :
cet endroit me parut très-plaisant et de fort bon sens ;
vous voyez que l'on n'est pas partout de notre sentiment.

Ma fille, quand vous voulez rompre du fer, trouvant

les porcelaines indignes de votre colère, il me semble
que vous êtes bien fâchée. Quand je songe qu'il n'y a
personne pour en rire et pour se moquer de vous, je
vous plains; car cette humeur rentrée me paroît plus
dangereuse que la petite vérole. Mais à propos, comment
vous en accommodez-vous? Votre pauvre enfant s'en sau-
vera-t-il? Il l'a eue si tôt qu'il devroit bien en être quitte.

Notre cardinal m'a dit ce soir mille tendresses pour
vous. Il s'en va à Saint-Denis faire la cérémonie de Pâques. Il reviendra encore un moment, et puis adieu.

Mme de la Fayette s'en va demain à une petite maison auprès de Meudon, où elle a déjà été. Elle y passera
quinze jours, pour être comme suspendue entre le ciel
et la terre : elle ne veut pas penser, ni parler, ni répondre, ni écouter ; elle est fatiguée de dire bonjour et
bonsoir ; elle a tous les jours la fièvre, et le repos la
guérit; il lui faut donc du repos : je l'irai voir quelquefois.

M. de la Rochefoucauld est dans cette chaise que vous
connoissez : il est dans une tristesse incroyable, et l'on
comprend bien aisément ce qu'il a.

Je ne sais aucune nouvelle aujourd'hui. La musique
de Saint-Germain est divine ; le chant des Minimes n'est
pas divin : ma petite-enfant y étoit tantôt ; elle a trouvé
beaucoup de gens de sa connoissance : je crains de l'aimer un peu trop, mais je ne saurois tant mesurer toutes
choses.

J'étois bien serviteur de Monsieur votre père :

ne trouvez-vous point que j'ai des raisons de l'aimer à
peu près de la même sorte ?

Je ne vous parle guère de Mme de la Troche : c'est
que les flots de la mer ne sont pas plus agités que son
procédé avec moi. Elle est contente et malcontente dix
fois par semaine, et cette diversité compose un désagré-

ment incroyable dans la société. Cette préférence du faubourg est un point à quoi il est difficile de remédier : on
m'y aime autant qu'on y peut aimer ; la compagnie y est
sûrement bonne ; je ne suis de contrebande à rien ; ce
qu'on y est une fois, on l'est toujours ; de plus, notre
cardinal m'y donne souvent des rendez-vous : que faire
à tout cela ? En un mot, je renonce à plaire à Mme de
la Troche, sans renoncer à l'aimer ; car elle me trouvera
toujours quand elle voudra se faire justice : j'ai de bons
témoins de ma conduite avec elle, qui sont persuadés
que j'ai raison, et qui admirent quelquefois ma patience.
Ne me répondez qu'un mot sur tout cela ; car si la fantaisie lui prenoit de voir une de vos lettres, tout seroit
perdu d'y trouver votre improbation. Elle n'a point encore vu de vos lettres ; il faut bien des choses pour en
être digne à mon égard. Mme de Villars est ma favorite
là-dessus : si j'étois reine de France ou d'Espagne, je
croirois qu'elle me veut faire sa cour ; mais ne l'étant
pas, je vois que c'est de l'amitié pour vous et pour moi.
Elle est ravie de votre souvenir. Elle ne partira point
sitôt, par une petite raison que vous devinerez, quand
je vous dirai qu'elle ne peut aller qu'aux dépens du Roi
son maître, et que ses assignations sont retardées. Cependant nous disons fort que nous n'avons rien contre
l'Espagne ; ils sont dans les règles du traité. L'ambassadeur est ici, remplissant tous nos Minimes de sa belle
livrée.

   Ma chère enfant, je m'en vais prier Dieu, et me dis-
poser à faire demain mes pâques : il faut au moins
tâcher de sauver cette action de l'imperfection des autres.
Je vous aime et vous embrasse, et voudrois bien que
mon cœur fût pour Dieu comme il est pour vous.

266. — DE MADAME DE SÉVIGNÉ
A MADAME DE GRIGNAN.

A Paris, mercredi 20e avril.

Vous me promettez donc de m'envoyer les chansons que l'on fera en Barbarie; votre conscience sera bien moins chargée de me faire part des médisances de Tunis et d'Alger, que la mienne ne l'est de celles que je vous ai mandées. Ma fille, quand je songe que votre plus proche voisine est la mer Méditerranée, j'ai le cœur tout troublé et tout affligé : il y a de certaines choses qui font peur; elles n'apprennent rien de nouveau; mais c'est un point de vue qui surprend.

Je vis hier vos trois Provençaux : le Spinola en est un. Il m'a donné votre lettre du 21e mars; si je le puis servir, je le ferai de mon mieux : j'honore son nom. Il y a un Spinola qui a perdu romanesquement une de ses mains; c'est un Artaban. Celui-ci m'a montré une lettre italienne qui n'est pleine que de vous ; je vous l'envoie : l'exclamation au roi de France me plaît fort. Il dit que vous parlez très-bien italien; je vous en loue, rien n'est plus joli : si j'avois été en lieu de m'y pouvoir accoutumer, je l'aurois fait; ne vous en lassez point.

Je crois que Monsieur d'Uzès vous aura conté sa conversation avec le Roi, à laquelle on ne peut rien ajouter : je lui trouve une justesse dans l'esprit, que j'aime à observer; mais ce prélat s'en va bientôt, et vous perdez beaucoup de ne l'avoir plus ici.

Mme de Brissac voit très-facilement le comte de Guiche chez elle : il n'y a point d'autre façon; on ne les voit guère ailleurs. Elle ne va point souvent chez M. de la Rochefoucauld; Mme de la Fayette est à sa petite campagne : je ne vois aucune liaison entre eux et cette duchesse. Cette dernière contemple son essence comme un

coq en pâte : vous souvient-il de cette folie? On soupçonne la maréchale d'Estrées des chansons, mais ce n'est
qu'une vision.

Je vous ai parlé de Mme de la Troche dans le temps
que vous m'en parlez; vous en êtes instruite présentement; mais comme il ne lui est pas facile de se passer de
moi, insensiblement les glaces se fondent, sa belle humeur revient; et moi, je le veux bien : je prends le temps
tout comme il vient; si j'avois un degré de chaleur davantage, je serois beaucoup plus offensée. C'est donc
ainsi que vous voulez que l'on soit, c'est-à-dire dans
une profonde tranquillité : ô l'heureux état! mais que
je suis loin d'en sentir les douceurs! Vous me faites
peur de le souhaiter : il me semble que vous faites
tout ce que vous voulez; et tout d'un coup, lorsque je
vous aimerai le plus tendrement, je vous trouverai toute
froide et toute reposée. Ah! ne venez pas me donner
de cette léthargie à mon arrivée en Provence : j'aurois
grand regret à mon voyage, si j'y trouvois de telles
glaces.

Je touche enfin mon départ du bout du doigt; mais ce
qui me donne congé me coûtera bien des larmes. C'est
quelque chose de pitoyable que l'état de ma pauvre tante;
son enflure augmente tous les jours; c'est un excès de
douleur qui serre le cœur des plus indifférents. Mme de
Coulanges pleura hier en lui disant adieu. Ce ne fut
pourtant pas un adieu en forme; mais comme elle et
son mari pensoient que c'étoit pour jamais, ils étoient
très-affligés. Pour moi, qui passe une grande partie de
mes jours à soupirer auprès d'elle, je suis accablée de
tristesse. Elle me fait des caresses qui me tuent; elle
parle de sa mort comme d'un voyage; elle a toujours eu
un très-bon esprit; elle le conserve jusqu'au bout. Elle
a reçu ce matin Notre-Seigneur en forme de viatique,
et pour ses pâques; mais elle croit le recevoir encore

une fois. Sa dévotion étoit admirable ; nous fondions tous
en larmes. Elle étoit assise ; elle ne peut durer au lit ;
elle s'est mise à genoux : c'étoit un spectacle triste et
dévot tout ensemble.

J'ai quitté M. et Mme de Coulanges avec déplaisir ;
ils ont beaucoup d'amitié pour moi ; je compte les retrouver à Lyon. Je m'en vais m'établir et me ranger
dans mon petit logis, en attendant le plaisir de vous y
voir avec moi. On dit que la brune a repris le fil de son
discours avec le chevalier de Lorraine, et qu'ils causè-
rent fort à cette fête que donna Monsieur le Duc, où
pour manger de la viande, ils attendirent si scrupuleusement que minuit fût sonné le dimanche de la Passion.
On passe sa vie à dire des adieux ; tout le monde s'en
va, tout le monde est ému. La comtesse du Lude est venue en poste dire adieu à son mari ; elle s'en retournera
dans six jours, après lui avoir tenu l'étrier pour monter
à cheval et s'en aller à l'armée comme les autres. Je vous
assure que l'on tremble pour ses amis.

J'ai passé le dimanche des Rameaux à Sainte-Marie
dans mes considérations ordinaires. Barrillon a fait ici un
grand séjour ; il s'en va, puisque vous lui commandez
d'être à son devoir : votre exemple le confond ; son emploi est admirable cette année : il mangera cinquante
mille francs ; mais il sait bien où les prendre. Mme de C***
est folle ; on la trouve telle en ce pays : la belle pensée
d'aller en Italie comme une princesse infortunée, au lieu
de revenir paisiblement à Paris chez sa mère qui l'adore,
et qui met au rang de tous les malheurs de sa maison
l'extravagance de sa fille ! Elle a raison ; je n'en ai jamais
vu une plus ridicule.

Nous ne savons si la Marans travaille sur terre ou
sous terre : elle voit peu *son fils* et Mme de la Fayette,
et ce n'est que des moments ; tout aussitôt Mme de
Schomberg la vient reprendre : cela est bien incommode

de n'être plus remenée par Mme de Sévigné ; elle n'aime guère à me rencontrer.

Mais comment votre fils est-il devenu brun? Je le croyois blondin, et vous me l'aviez vanté comme tel ! Quoi ? sérieusement il est brun ! ne vous moquez-vous point ? J'ai envie de vous mander que votre fille est devenue blonde. Quoi qu'il en soit, il y a toujours à tous vos enfants la marque de l'ouvrier. Je suis assurée que quand Mme de Senneterre aura fait ses affaires et ses couches, elle ne fera point comme Mme de C***.

Le petit Dubois est parti pour suivre M. de Louvois, et je m'aperçois déjà de son absence. Je passai hier à la poste pour tâcher d'y refaire des amis, et voir si Dubois ne m'avoit recommandée à personne. Je trouvai des visages nouveaux, qui ne furent pas fort touchés de mon mérite. Je les priai de mettre mes lettres à part, afin de les envoyer prendre ce matin, à quoi je n'ai pas manqué ; ils m'ont mandé qu'assurément il n'y en avoit pas pour moi. Me voilà tombée des nues : je ne saurois vivre sans vos lettres ; peut-être que vous les aurez adressées à quelqu'un, et qu'elles me viendront demain ; je le souhaite fort, et de pouvoir remettre en train mon commerce de la poste.

----

267. — DE MADAME DE SÉVIGNÉ
A MADAME DE GRIGNAN.

A Paris, vendredi 22ᵉ avril.

Je reçus votre lettre du 13ᵉ justement quand on ne pouvoit plus y faire réponse : quelque soin que j'eusse pris à la poste, elle avoit été abandonnée à la paresse des facteurs ; et voilà précisément ce que je crains. Je ferai mon possible pour retrouver quelque nouvel ami, ou plutôt je vous avoue que je voudrois bien m'en aller, et que ma pauvre tante eût pris un parti : cela est bar-

bare à dire; mais il est bien barbare aussi de trouver ce
devoir sur mon chemin, lorsque je suis prête à vous aller
voir. L'état où je suis n'est pas aimable. Je vous envoie
une petite cravate, tout comme on les porte; vous verrez
par là que depuis votre départ le monde ne s'est pas
subtilisé : vous voyez comme nous sommes simples en
ce pays-ci.

J'ai une grande impatience de savoir ce qui se sera
passé à votre voyage de la Sainte-Baume. C'est donc
votre Notre-Dame des Anges. M. le marquis de Vence,
qui me rend des soins très-obligeants, m'a fait grand'-
peur du chemin. Il a perdu son fils aîné : il me fait pitié;
il voudroit bien pleurer, et il se contraint : il me paroît
extrêmement attaché à tous vos intérêts.

J'ai été voir Mme de la Fayette avec le cardinal; nous
la trouvâmes mieux qu'à Paris; nous parlâmes fort de
vous. Il s'en va lundi; il vous dira adieu comme il vous a
dit bonjour; il vous aime tendrement, et vous fera réponse sur la proposition d'être archevêque d'Aix. Nous
composâmes la vie qu'il feroit, toujours déchiré entre
l'envie de vous voir et la crainte d'être ridicule; nous
réglâmes les heures, et nous inventâmes des supplices
pour le premier qui mettroit le nez sur l'attachement
qu'il auroit pour vous. Cette conversation nous eût
menés plus loin que Fleury. D'Hacqueville et l'abbé de
Pontcarré étoient avec nous; j'étois insolemment avec
ces trois hommes. Je m'en vais tout présentement me
promener trois ou quatre heures à Livry. J'étouffe, je
suis triste; il faut que le vert naissant et les rossignols
me redonnent quelque douceur dans l'esprit. On ne voit
ici que des adieux, des équipages qui nous empêchent de
passer dans les rues. Je reviens demain matin pour faire
partir celui de mon fils; mais il ne fera point d'embarras; ce sont des coffres qui vont par des messagers : il a
acheté ses chevaux en Allemagne. J'ai donné de l'argent

à Barrillon pour lui donner pendant la campagne : je suis
une marâtre. Je dis hier adieu au petit dénaturé ; je
pensai pleurer. Cette campagne sera rude, et je ne me
fie guère à lui pour se conserver. *Poco duri, pur che
s' inalzi*. Il en est revenu là : c'est sa vraie devise.
Adieu, je ne vous en dirai pas davantage aujourd'hui.
Je m'en vais à la Sainte-Baume ; je m'en vais dans un
lieu où je penserai à vous sans cesse, et peut-être trop
tendrement. Il est bien difficile que je revoie ce lieu, ce
jardin, ces allées, ce petit pont, cette avenue, cette prairie, ce moulin, cette petite vue, cette forêt, sans penser
à ma très-chère enfant.

Le petit Daquin est premier médecin :

La faveur l'a pu faire autant que le mérite.

---

268. — DE MADAME DE SÉVIGNÉ
AU COMTE DE BUSSY RABUTIN.

Cinq semaines après que j'eus écrit cette lettre (n° 258, p. 80),
j'en reçus cette réponse.

A Paris, ce 24ᵉ avril 1672.

Savez-vous bien que je reçus hier seulement votre
lettre du 19ᵉ mars par cet honnête marchand qui fait crédit, et qui ne presse pas trop? Plût à Dieu qu'il s'en
trouvât ici présentement d'aussi bonne composition ! Ils
sont devenus chagrins depuis quelque temps. Chacun
sait si je ne dis pas vrai. On est au désespoir, on n'a
pas un sou, on ne trouve rien à emprunter, les fermiers
ne payent point, on n'ose faire de la fausse monnoie, on
ne voudroit pas se donner au diable, et cependant tout
le monde s'en va à l'armée avec un équipage. De vous
dire comment cela se fait, il n'est pas aisé. Le miracle
des cinq pains n'est pas plus incompréhensible.

Mais revenons à notre marchand (j'admire où m'a

transportée la chaleur du discours) : je vous assure que je lui rendrai tout le service que je pourrai.

Vous avez dû croire que je ne faisois réponse qu'à Sainte-Marie, par la longueur du temps que vous avez été à recevoir celle-ci, mais ce n'est pas ma faute.

Je vous trouve fort heureux (dans votre malheur) de ne point aller à la guerre. Je serois fâchée que depuis longtemps vous n'eussiez obtenu d'autre grâce que celle d'y aller. C'est assez que le Roi sache vos bonnes intentions. Quand il aura besoin de vous, il saura bien où vous prendre; et comme il n'oublie rien, il n'aura peut-être pas oublié ce que vous valez. En attendant, jouissez du plaisir d'être présentement le seul homme de votre volée qui puisse se vanter d'avoir du pain.

J'ai vu au collége de Clermont un jeune gentilhomme qui est fort digne d'en avoir. Je lui ai fait une petite visite, je l'enverrai querir l'un de ces jours pour dîner avec moi. Je soupai l'autre jour avec Manicamp et avec sa sœur la maréchale d'Estrées. Elle me dit qu'elle iroit voir notre Rabutin au collége. Nous parlâmes fort de vous, elle et moi. Pour Manicamp et moi, nous ne finissons pas en quelque endroit que nous soyons, mais d'un souvenir agréable, vous regrettant, ne trouvant rien qui vous vaille, chacun de nous redisant quelque morceau de votre esprit; enfin vous devez être fort content de nous.

Adieu, mon cher cousin, mille compliments, je vous prie, à Madame votre femme. Elle m'a écrit une très-honnête lettre, mais j'ai passé le temps de lui faire réponse. Me voilà dans l'impénitence finale; j'ai tort, je ne saurois plus y revenir; faites ma paix.

Je ne sais si vous savez que les maréchaux d'Humières et de Bellefonds sont exilés pour ne vouloir pas obéir à M. de Turenne, quand les armées seront jointes.

269. — DE MADAME DE SÉVIGNÉ
A MADAME DE GRIGNAN.

A Paris, ce mercredi 27ᵉ avril.

Je m'en vais, ma bonne, faire réponse à vos deux lettres, et puis je vous parlerai de ce pays-ci. M. de Pompone a vu la première, et verra assurément une grande
partie de la seconde. Il est parti; ce fut en lui disant
adieu que je la lui montrai, ne pouvant jamais mieux
dire que ce que vous écrivez sur vos affaires. Il vous
trouve admirable; je n'ose vous dire à qui il compare
votre style, ni les louanges qu'il lui donne. Enfin, il m'a
fort priée de vous assurer de son estime et du soin qu'il
aura toujours de faire tout ce qui vous la pourra témoigner. Il a été ravi de votre description de la Sainte-
Baume; il le sera encore de votre seconde lettre. On ne
peut pas mieux écrire sur une affaire, ni plus nettement;
je suis très-assurée que votre lettre obtiendra tout ce
que vous souhaitez; vous en verrez la réponse; je n'écrirai qu'un mot, car en vérité, ma bonne, vous n'avez pas
besoin d'être secourue dans cette occasion; je trouve
toute la raison de votre côté; je n'ai jamais su cette affaire
par vous; ce fut M. de Pompone qui me l'apprit comme
on lui avoit apprise; mais il n'y a rien à répondre à ce
que vous m'en écrivez, il aura le plaisir de le lire. L'Évêque témoigne en toute rencontre qu'il a fort envie de se
raccommoder avec vous : il a trouvé ici toutes choses si
bien disposées en votre faveur, que cela lui fait souhaiter une réconciliation, dont il se fait honneur, comme
d'un sentiment convenable à sa profession. On croit que
nous aurons, entre ci et demain, un premier président
de Provence.

Je vous remercie de votre relation de la Sainte-Baume
et de votre jolie bague; je vois bien que le sang n'a pas

bien bouilli à votre gré. Madame la Palatine eut une fois
la même curiosité que vous; elle n'en fut pas plus satisfaite; vous ne m'ôterez pas l'envie de voir cette affreuse
grotte; plus on y a de peine, et plus il faut y aller; et, au
bout du compte, je ne m'en soucie point du tout. Je ne
cherche que vous en Provence; ma pauvre bonne, quand
je vous aurai, j'aurai tout ce que je cherche.

Je suis en peine de votre fils; je voudrois que vous
eussiez une nourrice comme celle que j'ai; c'est une
créature achevée : Rippert vous le dira. Il m'a parlé
d'un justaucorps en broderie que veut M. de Grignan;
c'est une affaire de mille francs qui ne me paroît pas
bien nécessaire, devant venir ici cet hiver; mais je ne
veux point le fâcher : après lui avoir dit ces raisons, je
lui mets la bride sur le cou.

Ma tante est toujours très-mal. Laissez-nous le soin
de partir, nous ne souhaitons autre chose; et même, s'il
y avoit quelque espérance de langueur, nous prendrions
notre parti; je lui dis mille tendresses de votre part,
qu'elle reçoit très-bien. M. de la Trousse lui en écrit
d'excessives : ce sont des amitiés de l'agonie, dont je ne
fais pas grand cas; j'en quitte ceux qui ne commence-
ront que là à m'aimer. Ma bonne, il faut aimer pendant
la vie, comme vous faites si bien, la rendre douce et
agréable, ne point noyer d'amertume ni combler de douleur ceux qui nous aiment; c'est trop tard de changer
quand on expire. Vous savez ce que j'ai toujours dit des
bons fonds : je n'en connois que d'une sorte, et le vôtre
doit contenter les plus difficiles. Je vois les choses comme
elles sont; croyez-moi, je ne suis point folle; et pour vous
le montrer, c'est qu'on ne peut être plus contente d'une
personne que je la suis de vous. J'envoie à Mme de Coulanges ce qui lui appartient de ma lettre; elle sera mise
en pièces : il m'en restera encore quelques centaines pour
m'en consoler; tout aimables qu'elles sont, ma bonne,

je souhaite extrêmement de n'en plus recevoir. Venons
aux nouvelles.

Le Roi part demain. Il y aura cent mille hommes
hors de Paris; on a fait ce calcul dans les quartiers à
peu près. Il y a quatre jours que je ne dis que des adieux.
Je fus hier à l'Arsenal; je voulus dire adieu au grand
maître qui m'étoit venu chercher; je ne le trouvai pas.
Je trouvai la Troche, qui pleuroit son fils; la Comtesse,
qui pleuroit son mari. Elle avoit un chapeau gris, qu'elle
enfonça, dans l'excès de ses déplaisirs; c'étoit une chose
plaisante; je crois que jamais un chapeau ne s'est trouvé
à une pareille fête : j'aurois voulu ce jour-là mettre une
coiffe ou une cornette. Enfin ils sont partis tous deux ce
matin, l'un pour Lude, et l'autre pour la guerre; mais
quelle guerre! la plus cruelle, la plus périlleuse, depuis
le passage de Charles VIII en Italie. On l'a dit au Roi.
L'Yssel est défendu, et bordé de deux cents pièces de canon, de soixante mille hommes de pied, de trois grosses
villes, d'une large rivière qui est encore au devant. Le
comte de Guiche, qui sait le pays, nous montra l'autre
jour une carte chez Mme de Verneuil : c'est une chose
étonnante. Monsieur le Prince est fort occupé de cette
grande affaire. Il lui vint l'autre jour une manière de
fou assez plaisant, qui lui dit qu'il savoit fort bien faire
de la monnoie. « Mon ami, lui dit Monsieur le Prince,
je te remercie; mais si tu savois une invention pour
nous faire passer le Rhin sans être assommés, tu me ferois un grand plaisir, car je n'en sais point. » Il avoit
pour lieutenants généraux MM. les maréchaux d'Humières et de Bellefonds. Voici un détail qu'on est bien
aise de savoir. Les deux armées se doivent joindre : alors
le Roi commandera à Monsieur; Monsieur, à Monsieur le Prince; Monsieur le Prince, à M. de Turenne;
M. de Turenne, aux deux maréchaux, et même à l'armée du maréchal de Créquy. Le Roi en parla à M. de

Bellefonds, et lui dit qu'il vouloit qu'il obéît à M. de
Turenne, sans conséquence. Le maréchal, sans demander du temps (voilà sa faute), repartit qu'il ne seroit pas
digne de l'honneur que Sa Majesté lui avoit fait, s'il se
déshonoroit par une obéissance sans exemple. Le Roi le
pressa fort bonnement de faire réflexion à ce qu'il lui
répondoit, qu'il souhaitoit cette preuve de son amitié,
qu'il y alloit de sa disgrâce. Le maréchal répondit au
Roi qu'il voyoit bien à quoi il s'exposoit, qu'il perdroit
les bonnes grâces de Sa Majesté, et sa fortune; mais
qu'il y étoit résolu plutôt que de perdre son estime; et
enfin qu'il ne pouvoit obéir à M. de Turenne, sans dés-
honorer la dignité où il l'avoit élevé. Le Roi lui dit :
« Monsieur le maréchal, il nous faut donc séparer. » Le
maréchal fit une profonde révérence, et partit. M. de
Louvois, qui ne l'aime pas, lui eut bientôt expédié un
ordre pour aller à Tours. Il a été rayé de dessus l'état
de la maison du Roi; il a cinquante mille écus de dettes
au delà de son bien : il est abîmé; mais il est content,
et l'on ne doute pas qu'il n'aille à la Trappe. Il a offert
son équipage, qui étoit fait aux dépens du Roi, à Sa
Majesté, pour en faire ce qui lui plairoit; on a pris cela
comme s'il eût voulu braver le Roi; jamais rien ne fut si
innocent. Tous ses gens, ses parents, le petit Villars, et
tout ce qui étoit attaché à lui est inconsolable. Mme de
Villars l'est aussi; ne manquez pas de lui écrire et au
pauvre maréchal. Cependant le maréchal d'Humières,
soutenu par M. de Louvois, n'avoit point paru, et attendoit que le maréchal de Créquy eût répondu. Celui-ci est
venu de son armée en poste répondre lui-même. Il arriva avant-hier; il a eu une conversation d'une heure
avec le Roi. Le maréchal de Gramont fut appelé, qui
soutint le droit des maréchaux de France, et fit le Roi
juge de ceux qui faisoient le plus de cas de ses dignités,
ou ceux qui, pour en soutenir la grandeur, s'exposoient

au malheur d'être mal avec lui, ou celui qui étoit honteux d'en porter le titre, qui l'avoit effacé de tous les
endroits où il étoit, qui tenoit le nom de maréchal pour
une injure , et qui vouloit commander en qualité de
prince. Enfin, la conclusion fut que le maréchal de Créquy est allé à la campagne, dans sa maison, planter des
choux, aussi bien que le maréchal d'Humières. Voilà de
quoi l'on parle uniquement : l'un dit qu'ils ont bien fait,
d'autres qu'ils ont mal fait; la Comtesse s'égosille; le
comte de Guiche prend son fausset; il les faut séparer,
c'est une comédie. Ce qui est vrai, c'est que voilà trois
hommes d'une grande importance pour la guerre, et
qu'on aura bien de la peine à remplacer. Monsieur le
Prince les regrette fort pour l'intérêt du Roi. M. de
Schomberg ne veut pas obéir aussi à M. de Turenne,
ayant commandé des armées en chef. Enfin, la France,
qui est pleine de grands capitaines , n'en trouvera pas
assez par ce malheureux contre-temps.

M. d'Aligre a les sceaux; il a quatre-vingts ans : c'est
un dépôt; c'est un pape.

Je viens de faire un tour de ville : j'ai été chez M. de
la Rochefoucauld. Il est comblé de douleur d'avoir dit
adieu à tous ses enfants : au travers de tout cela, il m'a
priée de vous dire mille tendresses de sa part; nous
avons fort causé. Tout le monde pleure son fils, son
frère, son mari, son amant : il faudroit être bien misérable pour ne se pas trouver intéressé au départ de la
France tout entière. Dangeau et le comte de Sault me
sont venus dire adieu : ils nous ont appris que le Roi,
au lieu de partir demain , comme tout le monde le
croyoit, afin d'éviter les larmes est parti à dix heures du
matin, sans que personne l'ait su. Il est parti lui dou-
zième; tout le reste courra après. Au lieu d'aller à Villers-Cotterets, il est allé à Nanteuil, où l'on croit que
d'autres gens se trouveront, qui sont disparus aussi. De-

main il ira à Soissons, et tout de suite, comme il l'avoit
résolu. Si vous ne trouvez cela galant, vous n'avez qu'à
le dire. La tristesse où tout le monde se trouve est une
chose qu'on ne sauroit imaginer au point qu'elle est. La
Reine est demeurée régente : toutes les compagnies sou-
veraines l'ont été reconnoître et saluer. Voici une étrange
guerre, et qui commence bien tristement.

En revenant chez moi, j'ai trouvé notre pauvre cardinal de Retz qui me venoit dire adieu : nous avons causé
une heure; il vous a écrit un petit mot, et part demain
matin; Monsieur d'Uzès part aussi : qui est-ce qui ne
part point? Hélas! c'est moi; mais j'aurai mon tour
comme les autres. Il est vrai que c'est une chose cruelle
que de faire deux cents lieues pour se retrouver à Aix.
J'approuve fort votre promenade et le voyage de Monaco : il s'accordera fort bien avec mon retardement. Je
crois que j'arriverai à Grignan un peu après vous. Je
vous conjure, ma bonne, de m'écrire toujours soigneusement; je suis désolée quand je n'ai point de vos lettres. J'ai été chercher quatre fois le président de Gallifet, et même je l'avois prié une fois de m'attendre, ce
n'est pas ma faute si je ne l'ai pas vu. Je suis ravie, ma
bonne, que vous ne soyez point grosse; j'en aime M. de
Grignan de tout mon cœur. Mandez-moi si on doit ce
bonheur à sa tempérance ou à sa véritable tendresse
pour vous, et si vous n'êtes point ravie de pouvoir un
peu trotter, et vous promener dans cette Provence, à travers des allées d'orangers, et de me recevoir sans crainte
de tomber et d'accoucher. Adieu, ma très-aimable enfant, il me semble que vous savez assez combien je vous
aime, sans qu'il soit besoin de vous le dire davantage.
Si Pommier vous donne la main, la Porte n'est donc
plus que pour la décoration.

270. — DE MADAME DE SÉVIGNÉ
A MADAME DE GRIGNAN.

A Paris, vendredi 29ᵉ avril.

Vous êtes, ma bonne, dans votre grand voyage; vous ne sauriez mieux faire présentement : on n'est pas toujours en état et en humeur de se promener. Si vous étiez moins hasardeuse, j'aurois plus de repos; mais vous voudrez faire des chefs-d'œuvre, et passer où jamais carrosse n'a passé : cela me trouble. Ma bonne, croyez-moi, ne faites point le Pont-Neuf, ne forcez point la nature; allez à cheval et en litière comme les autres; songez ce que c'est que d'avoir des bras, des jambes et des têtes cassés. Écrivez-moi le plus que vous pourrez, et surtout de Monaco. Je suis fort bien avec le comte de Guiche; je l'ai vu plusieurs fois chez M. de la Rochefoucauld et à l'hôtel de Sully; il m'attaque toujours; il s'imagine que j'ai de l'esprit; nous avons fort causé. Il m'a conté à quel point sa sœur est estropiée de cette saignée : cela fait peur et pitié. Je ne l'ai jamais vu avec sa Chimène; ils sont tellement sophistiqués tous deux, qu'on ne croit rien de grossier à leur amour; et l'on croit qu'ils ont chacun leur raison d'être honnêtes.

Il y a deux mois que la Marans n'a vu son fils; il n'a pas si bonne opinion d'elle; voici ce qu'elle disoit l'autre jour; vous savez que ses dits sont remarquables : « Que pour elle, elle aimeroit mieux mourir que de faire des faveurs à un homme qu'elle aimeroit; mais que si jamais elle en trouvoit un qui l'aimât et qui ne fût point haïssable, pourvu qu'elle ne l'aimât point, elle, elle se mettroit en œuvre. » Son fils a recueilli cet honnête discours, et en fait bien son profit pour juger de ses occupations. Il lui disoit : « Ma mère, je vous approuve d'autant plus que cette distinction est délicate et nouvelle.

Jusques ici je n'avois trouvé que des âmes grossières, qui ne faisoient qu'une personne de ces deux, et qui confondoient l'aimé et le favorisé; mais, ma mère, il vous appartenoit de changer ces vieilles maximes, qui n'ont rien de précieux en comparaison de celles que vous allez introduire. » Il fait bon l'entendre là-dessus. Depuis ce jour-là il l'a perdue de vue, et tire ses conséquences sans aucune difficulté.

J'ai vu Mme du Plessis Bellière depuis deux heures. Elle m'a conté la conversation du Roi et du maréchal de Créquy; elle est longue, forte, raisonnable et touchante. Si on lui avoit parlé le premier, la chose auroit été accommodée. Il proposa cinq ou six tempéraments qui auroient été reçus, si le Roi ne s'étoit fait une loi de ne les point recevoir. Le maréchal de Bellefonds a gâté cette affaire. M. de la Rochefoucauld dit que c'est qu'il n'a point de jointures dans l'esprit. Le maréchal de Créquy parut désespéré, et dit au Roi : « Sire, ôtez-moi le bâton : n'êtes-vous pas le maître ? Laissez-moi servir cette campagne comme le marquis de Créquy; peut-être que je mériterai que Votre Majesté me le rende à la fin de la guerre. » Le Roi fut touché de l'état où il le voyoit; et comme il sortit du cabinet tout transporté, ne connoissant personne, le Roi dit au maréchal de Villeroi : « Suivez le maréchal de Créquy; il est hors de lui. » Il en a parlé avec estime et sans aigreur, et fait servir dans l'armée la compagnie de ses gardes. Il est allé à Marines, chez lui, près Pontoise, avec sa femme et ses enfants. Le maréchal d'Humières est allé à Angers. Voilà, ma bonne, de quoi il a été question depuis quatre jours. Il n'y a plus personne à Paris.

> Voici votre tour,
> Venez, Messieurs de la ville,
> Parlez-nous d'amour,
> Mais jusqu'à leur retour.

Ma tante n'est plus si excessivement mal ; nous sommes résolus de partir dans le mois de mai. Je vous écrirai soigneusement. Je déménage présentement ; ma petite maison est bien jolie : vous y trouverez votre logement bien à souhait, pourvu que vous m'aimiez toujours ; car nous ne serons pas à cent lieues l'une de l'autre. Je prends plaisir de m'y ranger dans l'espérance de vous y voir. Adieu, ma très-aimable bonne, je suis à vous sans aucune distinction ni restriction.

Vendredi au soir.

Enfin Monsieur d'Uzès est parti ce matin : je lui dis hier adieu, avec douleur de perdre ici pour vous le plus habile et le meilleur ami du monde. Je suis fort touchée de son mérite ; je l'aime et l'honore beaucoup ; j'espère le revoir en Provence, où vous devez suivre tous ses conseils aveuglément. Il sait l'air de ce pays-ci, et n'oubliera pas de soutenir dans l'occasion l'honneur des Grignans. J'ai écrit à M. de Pompone, et n'ai pas manqué de lui envoyer deux feuilles de votre lettre : on ne sauroit mieux dire que vous ; si je l'avois copié, cela auroit été réchauffé, ou pour mieux dire refroidi, et auroit perdu la moitié de sa force. J'ai soutenu votre lettre d'une des miennes, où je le prie de remarquer le tour qu'on avoit donné à cette affaire, et que voilà comme on cache, sous des manières douces et adroites, un desir perpétuel de choquer. Je suis assurée que cela touchera M. de Pompone ; car c'est ce qui est directement opposé aux gens sincères et honnêtes. Quand je tiens une chose, comme celle-là, par exemple, je sais assez bien la mettre en son jour, et la faire valoir. J'attends sa réponse avec impatience.

Notre cardinal partit hier. Il n'y a pas un homme de qualité à Paris : tout est avec le Roi, ou dans ses gouvernements, ou chez soi ; mais il y en a peu de ces der-

niers. Je trouve que M. de S*** a plus de courage que
ceux qui passeront l'Yssel. Il a soutenu ici de voir partir
tout le monde, lui jeune, riche, en santé, sans avoir été
non plus ébranlé de suivre les autres, que s'il avoit vu
faire une partie d'aller ramasser des coquilles, je n'ai
pas dit une partie de chasse, car il y seroit allé. Il s'en
va paisiblement à S*** : taïaut! le voilà pour son été; il
est plus sage que les autres qui sont soumis à l'*opinione
regina del mondo*. Il vaut bien mieux être philosophe.
Tout le monde est triste et affligé : on voit partir tous
ses proches, tous ses amis, pour s'exposer à de grands
périls; cela presse le cœur. Le Roi même ne fut pas
exempt de tendresse dans son départ précipité : on tient
toujours pour assuré qu'il y eut des gens qui le reçurent
à Nanteuil; ces gens-là ne retourneront pas sitôt à Saint-
Germain, parce qu'ils ont une affaire entre ci et trois
mois, qu'ils feront à quelque maison de campagne. Il y a
moins d'aigreur contre le maréchal de Créquy que contre les deux autres : c'est qu'il a parfaitement bien dit
ses raisons. Le maréchal de Bellefonds a été trop sec et
trop d'une pièce. N'oubliez point de faire ce qui convient
sur tout cela.

----

271. — DU COMTE DE BUSSY RABUTIN
A MADAME DE SÉVIGNÉ.

Deux jours après que j'eus reçu cette lettre (n° 268, p. 107), j'y
fis cette réponse.

A Chaseu, ce 1ᵉʳ mai 1672.

Vous me remettez en goût de vos lettres, Madame. Je
n'ai pas encore bien démêlé si c'est parce que vous ne
m'offensez plus, ou parce que vous me flattez, ou parce
qu'il y a toujours un petit air naturel et brillant qui me
réjouit. En attendant cette décision, je crois pouvoir vous
dire qu'il y entre un peu de tout cela.

Pour vous parler des pas que je fais pour me relever

de ma chute, je vous dirai qu'on demande quelquefois
des choses qu'on est bien aise de ne pas obtenir. Je suis
aujourd'hui en cet état sur la permission que j'ai demandée au Roi d'aller à l'armée. Mais voici des maréchaux
exilés qui en augmentent la bonne compagnie. Ce sont
ces gens-là qui sont heureux d'être exilés quand leur
fortune est faite; car enfin ils ont des établissements que
vraisemblablement on ne leur ôtera pas, et au pis aller
des titres et des honneurs qu'on ne leur sauroit ôter. Le
Roi a grand'raison d'être mal satisfait d'eux, et ils re-
connoissent bien mal l'obligation infinie qu'ils lui ont de
les avoir faits ce qu'ils eussent eu peine à mériter d'être
après dix ans encore de grands services à la guerre de
plus qu'ils n'avoient rendus. Ce seroit une question de
savoir si, étant aussi redevables au Roi qu'ils l'étoient,
ils eussent été excusables de refuser de lui obéir aux
choses qui eussent effectivement intéressé l'honneur de
leurs charges; mais désobéir à leur bon maître en chose
où ils ont tout à fait tort, c'est une tache dont leur ignorance ne sauroit se laver. Je leur apprends que les maréchaux de camp généraux ont été faits pour faire la
fonction de connétable. Lesdiguières, n'étant encore que
maréchal de camp général, commanda le maréchal de
Saint-Géran au siége de Clérac, qui venoit d'être son
camarade. A plus forte raison, M. de Turenne, qui com-
mandoit des armées quand ces Messieurs étoient au collége, et qui leur a appris ce peu qu'ils savent.

Il faut qu'on me croie quand je parle ainsi; du moins
ne sauroit-on penser que ce soit une amitié aveugle qui
me fasse parler en faveur du parti que je tiens : c'est la
seule vérité qui m'y oblige; et il y a dix ans que j'ai appris ce que je viens de vous dire, Madame, au maréchal
de Clérembaut, qui me disoit déjà que la charge de maréchal de camp général de M. de Turenne n'avoit que
des prétentions chimériques.

Ce qu'il y a de plus surprenant en cette rencontre, c'est qu'il y a un de ces Messieurs qui doit son bâton aux seuls bons offices de M. de Turenne. Le voilà bien payé.

J'ai cru que vous ne seriez pas fâchée de savoir ceci, Madame, tant parce que vous aimez de savoir la vérité, que parce que celle-ci, à mon avis, ne vous sera pas désagréable.

Je vous sais bon gré des amitiés que vous faites à notre petit Rabutin. Je souhaite qu'il soit heureux, mais je souhaite qu'il soit honnête homme, préférablement à toutes choses; car je fais bien plus de cas d'un particulier de mérite (quand il seroit exilé) que d'un indigne maréchal de France à la tête d'une armée.

Je viens d'écrire à Humières et sa femme sur leur disgrâce; ils sont mes parents et mes amis.

Vous avez raison, vous et Manicamp, de m'aimer. Je vous aime, et je vous estime fort tous deux; tout ce que je vois de gens vous répondroient bien pour moi de ma tendresse pour vous. J'en parle avec Jeannin, avec votre tante de Toulongeon, avec sa belle-fille, qui a de l'esprit, et que j'aime parce qu'elle vous admire, avec mes filles. Enfin je suis si empressé d'en parler que j'en parlerois volontiers *aux rochers* (je vous prie de remarquer ma turlupinade).

Je passai dernièrement une après-dînée avec la marquise de Saint-Martin. Nous passâmes légèrement sur le chapitre de toute la cour; mais nous nous arrêtâmes sur le vôtre, que nous rebattîmes à plusieurs reprises. Vous savez quel torrent d'éloquence c'est que le sien. Je vous assure que ce qu'elle dit de vous, en y ajoutant quelques passages de l'Écriture sainte et des Pères, on en feroit bien un jour votre oraison funèbre. Pour moi, qui ne lui cédois en rien quant à l'intention, je prenois mon temps entre deux périodes pour y fourrer un trait de ma façon ; car, il faut dire la vérité, elle avoit tellement pris le dessus sur moi, que j'étois comme Scaramouche quand Trivelin ne le vouloit pas laisser parler. Conclusion, Madame : nous fîmes bien notre devoir de vous louer, et cependant nous ne pûmes jamais aller jusqu'à la flatterie.

<hr/>

272. — DE MADAME DE SÉVIGNÉ
A MADAME DE GRIGNAN.

Achevée à Paris, ce mercredi 4e mai.

Je commence un peu plus tôt que de raison, afin de causer un peu avec vous. Je ne vous puis dire combien je vous plains, ma fille, combien je vous loue, combien je vous admire : voilà mon discours divisé en trois points. *Je vous plains* d'être sujette à des humeurs noires qui vous font assurément beaucoup de mal ; *je vous loue* d'en être la maîtresse quand il faut, et principalement pour M. de Grignan, qui en seroit pénétré : c'est une marque de l'amitié et de la complaisance que vous avez pour lui ; *et je vous admire* de vous contraindre pour paroître ce que vous n'êtes pas : voilà qui est héroïque et le fruit de votre philosophie ; vous avez en vous de quoi l'exercer. Nous trouvions l'autre jour qu'il n'y avoit de véritable mal dans la vie que les grandes douleurs : tout le reste est dans l'imagination, et dépend de la manière dont on conçoit les choses. Tous les autres maux trouvent leur remède, ou dans le temps, ou dans la modération, ou dans la force de l'esprit ; les réflexions les peuvent adoucir, la dévotion, la philosophie. Pour les douleurs, elles tiennent l'âme et le corps ; la vue de Dieu les fait souffrir avec patience, elle fait qu'on en profite ; mais elle ne les adoucit pas.

Voilà un discours qui auroit tout l'air d'avoir été rapporté tout entier du faubourg Saint-Germain ; cependant

il est de chez ma pauvre tante, où j'étois l'aigle de la
conversation : elle nous en donnoit le sujet par ses extrêmes souffrances, qu'elle ne souffre pas qu'on mette en
comparaison avec nul autre mal de la vie. M. de la Rochefoucauld est bien de cet avis : il est toujours accablé
de goutte ; il a perdu sa vraie mère, dont il est véritablement affligé ; je l'en ai vu pleurer avec une tendresse
qui me le faisoit adorer. C'étoit une femme d'un extrême
mérite ; et enfin, dit-il, c'étoit la seule qui n'a jamais
cessé de m'aimer. Ne manquez pas de lui écrire, et
M. de Grignan aussi. Le cœur de M. de la Rochefoucauld pour sa famille est une chose incomparable ; il dit
que c'est une des chaînes qui nous attachent l'un à l'autre. Nous avons bien découvert, et rapporté et rajusté
des choses de sa folle de *mère*, qui nous font bien entendre ce que vous disiez quelquefois, que ce n'étoit
point ce qu'on pensoit, que c'étoit autre chose. Vraiment
oui, c'étoit autre chose, ou pour mieux dire, c'étoit tout
ensemble ; l'un étoit sans préjudice de l'autre ; elle ma-
rioit le luth avec la voix, et le spirituel avec les gros-
sièretés qui font horreur. Ma fille, nous avons trouvé
une bonne veine, et qui nous explique bien une querelle
que vous eûtes une fois dans la grand'chambre de
Mme de la Fayette : je vous dirai le reste en Provence.

Ma tante est dans un état qui tirera dans une grande
longueur. Votre voyage est parfaitement bien placé ;
peut-être que le nôtre s'y rapportera. Nous mourons
d'envie de passer la Pentecôte en chemin, ou à Moulins,
ou à Lyon ; l'abbé le souhaite comme moi.

Il n'y a pas un homme de qualité, d'épée s'entend, à
Paris. Je fus dimanche à la messe aux Minimes ; je dis à
Mlle de la Trousse : « Nous allons trouver nos pauvres
Minimes bien déserts, il n'y doit avoir que le marquis
d'Alluye. » Nous entrons dans l'église : le premier homme
que je trouve, et l'unique, c'est le marquis d'Alluye.

Mon enfant, cette sottise me fit rire aux larmes : enfin il est demeuré, et s'en va à son gouvernement d'Orléans, sur le bord de la mer; il faut garder les côtes, comme vous savez. L'amant de celle que vous avez nommée l'incomparable ne la trouva point à la première couchée, mais sur le chemin, dans une maison de Sanguin, au delà de celle que vous connoissez. Il y fut deux heures : on croit qu'il y vit ses enfants pour la première fois. La belle y est demeurée avec des gardes et une de ses amies; elle y sera trois ou quatre mois sans en partir. Mme de la Vallière est à Saint-Germain; Mme de Thianges ici chez son père : je vis l'autre jour sa fille, elle est au-dessus de tout ce qu'on peut imaginer de plus beau. Il y a des gens qui disent que le Roi fut droit à Nanteuil; mais ce qui est de fait, c'est que la belle est à cette maison qui s'appelle le Genitoy. Je ne vous mande rien que de vrai : je hais et méprise les fausses nouvelles. C'est pour Mme de Renti.

Vous voilà donc partie, ma fille; j'espère bien que vous m'écrirez de partout; je vous écris toujours. J'ai si bien fait que j'ai retrouvé un petit ami à la poste, qui prend soin de nos lettres. J'ai été ces jours-ci fort occupée à parer ma petite maison; Saint-Aubin y a fait des merveilles; j'y coucherai demain. Je vous jure que je ne l'aime que parce qu'elle est faite pour vous; vous serez très-bien logée dans mon appartement, et moi très-bien aussi. Je vous conterai comme tout cela est tourné joliment. J'ai des inquiétudes extrêmes de votre pauvre frère : on croit cette guerre si terrible, qu'on ne peut assez craindre pour ceux que l'on aime; et puis tout d'un coup j'espère que ce ne sera point tout ce que l'on pense, parce que je n'ai jamais vu arriver les choses comme on les imagine.

Mandez-moi, je vous prie, ce qu'il y a entre la princesse d'Harcourt et vous; Brancas est désespéré de penser

que vous n'aimez point sa fille : Monsieur d'Uzès a promis de remettre la paix partout ; je serai bien aise de
savoir de vous ce qui vous a mis en froideur.

J'ai été chez M. de Bertillac pour votre pension. Il
faudra que je parle à M. Colbert : c'est une affaire présentement : on détourne tous les fonds ; il faut solliciter
ce qui n'étoit pas une affaire autrefois. Voici un brave
homme.

Vous me dites que la beauté de votre fils diminue, et
que son mérite augmente. J'ai regret à sa beauté, et me
réjouis qu'il aime le vin : voilà un petit brin de Bretagne
et de Bourgogne, qui fera un fort bel effet, avec la sagesse des Grignans. Votre fille est tout au contraire : sa
beauté augmente, et son mérite diminue. Je vous assure qu'elle est fort jolie, et qu'elle est opiniâtre comme
un petit démon ; elle a ses petites volontés et ses petits
desseins ; elle me divertit extrêmement ; son teint est admirable, son corps est comme celui du petit Jésus de ma
chambre, ses yeux sont jolis et bleus, ses cheveux noirs,
son nez ni beau ni laid ; son menton, ses joues, son tour
de visage, très-parfaits ; je ne dis rien de sa bouche,
elle s'accommodera ; elle a un joli ton de voix. Mme de
Coulanges trouvoit qu'il pouvoit fort bien passer par sa
bouche.

Je pense, ma fille, qu'à la fin je serai de votre avis ;
je trouve des chagrins dans la vie qui sont insupportables ; et malgré le beau raisonnement du commencement de ma lettre, il y a bien d'autres maux que les
douleurs, qui pour être moindres, n'en sont pas plus
supportables. Pour moi, je suis toujours traversée dans
ce que je souhaite le plus : la vie assurément est fort
désobligeante.

Quand le chevalier de Lorraine partit, il faisoit l'a-
moureux de l'*Ange*, et Monsieur le vouloit bien. La
Coetquen n'a osé, dit-on, reprendre le fil de son dis-

cours. Mme de Rohan a quitté la Place ; elle est logée à l'hôtel de Vitry, et toute sa famille. J'attends des réponses de M. de Pompone. Nous n'avons point encore de premier président.

---

273. — DE MADAME DE SÉVIGNÉ
A MADAME DE GRIGNAN.

A Paris, vendredi 6e mai.

Ma bonne, il faut que je vous conte une radoterie que je ne puis éviter. Je fus hier à un service de Monsieur le chancelier à l'Oratoire. Ce sont les peintres, les sculpteurs, les musiciens et les orateurs qui en ont fait la dépense : en un mot, les quatre arts libéraux. C'étoit la plus belle décoration qu'on puisse imaginer : le Brun avoit fait le dessin. Le mausolée touchoit à la voûte, orné de mille lumières et de plusieurs figures convenables à celui qu'on vouloit louer. Quatre squelettes en bas étoient chargés des marques de sa dignité, comme lui ôtant les honneurs avec la vie. L'un portoit son mortier, l'autre sa couronne de duc, l'autre son ordre, l'autre ses masses de chancelier. Les quatre Arts étoient éplorés et désolés d'avoir perdu leur protecteur : la Peinture, la Musique, l'Éloquence et la Sculpture. Quatre Vertus soutenoient la première représentation : la Force, la Justice, la Tempérance et la Religion. Quatre anges ou quatre génies recevoient au-dessus cette belle âme. Le mausolée étoit encore orné de plusieurs anges qui soutenoient une chapelle ardente, qui tenoit à la voûte. Jamais il ne s'est rien vu de si magnifique, ni de si bien imaginé : c'est le chef-d'œuvre de le Brun. Toute l'église étoit parée de tableaux, de devises, d'emblèmes qui avoient rapport à la vie ou aux armes du chancelier. Plusieurs actions principales y étoient peintes. Mme de Verneuil vouloit acheter toute cette décoration un prix

excessif. Ils ont tous, en corps, résolu d'en parer une
galerie, et de laisser cette marque de leur reconnoissance et de leur magnificence à l'éternité. L'assemblée
étoit grande et belle, mais sans confusion. J'étois auprès de Monsieur de Tulle, de Colbert, de M. de Mon-
mouth, beau comme du temps du Palais-Royal, qui, par
parenthèse, s'en va à l'armée trouver le Roi. Il est venu
un jeune Père de l'Oratoire pour faire l'oraison funèbre.
J'ai dit à Monsieur de Tulle de le faire descendre, et de
monter à sa place, et que rien ne pouvoit soutenir la
beauté du spectale et la perfection de la musique, que la
force de son éloquence. Ma bonne, ce jeune homme a
commencé en tremblant; tout le monde trembloit aussi.
Il a débuté par un accent provençal ; il est de Marseille ;
il s'appelle Laisné ; mais en sortant de son trouble, il est
entré dans un chemin lumineux. Il a si bien établi son
discours ; il a donné au défunt des louanges si mesurées ;
il a passé par tous les endroits délicats avec tant d'a-
dresse ; il a si bien mis dans son jour tout ce qui pouvoit
être admiré ; il a fait des traits d'éloquence et des coups
de maître si à propos et de si bonne grâce, que tout le
monde, je dis tout le monde, sans exception, s'en est
écrié, et chacun étoit charmé d'une action si parfaite et
si achevée. C'est un homme de vingt-huit ans, intime
ami de Monsieur de Tulle, qui s'en va avec lui. Nous
le voulions nommer le chevalier Mascaron ; mais je crois
qu'il surpassera son aîné.

Pour la musique, c'est une chose qu'on ne peut expliquer. Baptiste avoit fait un dernier effort de toute la musique du Roi. Ce beau *Miserere* y étoit encore augmenté ;
il y a eu un *Libera* où tous les yeux étoient pleins de
larmes. Je ne crois point qu'il y ait une autre musique
dans le ciel.

Il y avoit beaucoup de prélats ; j'ai dit à Guitaut :
« Cherchons un peu notre ami Marseille ; » nous ne l'a-

vons point vu. Je lui ai dit tout bas : « Si c'étoit l'oraison
funèbre de quelqu'un qui fût vivant, il n'y manqueroit
pas. » Cette folie l'a fait rire, sans aucun respect de la
pompe funèbre.

Ma bonne, quelle espèce de lettre est-ce ici ? Je pense
que je suis folle. A quoi peut servir une si grande nar-
ration ? Vraiment, j'ai bien contenté le desir que j'avois
de conter.

Le Roi est à Charleroi, et y fera un assez long séjour.
Il n'y a point encore de fourrages, les équipages portent
la famine avec eux : on est assez embarrassé dès le premier pas de cette campagne.

Guitaut m'a montré votre lettre, et à l'abbé : *Envoyez-
moi ma mère.* Ma bonne, que vous êtes aimable, et que
vous justifiez agréablement l'excessive tendresse qu'on
voit que j'ai pour vous ! Hélas ! je ne songe qu'à partir,
laissez-m'en le soin ; je conduis des yeux toutes choses ;
et si ma tante prenoit le chemin de traîner, en vérité je
partirois. Vous seule au monde me pouvez faire résoudre
à la quitter dans un si pitoyable état ; nous verrons : je
vis au jour la journée, et n'ai pas le courage de rien décider. Un jour je pars, le lendemain je n'ose ; enfin, ma
bonne, vous dites vrai, il y a des choses bien désobli-
geantes dans la vie.

Vous me priez de ne point songer à vous en changeant
de maison ; et moi, je vous prie de croire que je ne songe
qu'à vous, et que vous m'êtes si extrêmement chère, que
vous faites toute l'occupation de mon cœur. J'irai demain
coucher dans ce joli appartement où vous serez placée
sans me déplacer. Demandez au marquis d'Oppède, il
l'a vu ; il dit qu'il s'en va vous trouver. Hélas ! qu'il est
heureux ! J'attends des lettres de Pompone. Nous n'a-
vons point de premier président. Adieu, ma belle petite ;
vous êtes par le monde ; vous voyagez ; je crains votre
humeur hasardeuse : je ne me fie ni à vous, ni à M. de

Grignan. Il est vrai que c'est une chose étrange, comme
vous le dites, de se trouver à Aix après avoir fait cent
lieues, et au Saint-Pilon après avoir grimpé si haut. Il y
a quelquefois des endroits dans vos lettres qui sont fort
plaisants, mais il vous échappe des périodes comme à
Tacite; j'ai trouvé cette comparaison : il n'y a rien de
plus vrai. J'embrasse Grignan et le baise à la joue droite,
au-dessous de sa *touffe ébouriffée*.

---

274. — DE MADAME DE SÉVIGNÉ
A MADAME DE GRIGNAN.

A Paris, vendredi 13e mai.

Il est vrai, ma fille, que l'extrême beauté de Livry
seroit bien capable de donner de la joie à mon pauvre
esprit, si je n'étois accablée de la triste vue de ma tante,
de la véritable envie que j'ai de partir, et de la langueur
de Mme de la Fayette. Après avoir été un mois à la campagne à se reposer, à se purger, à se rafraîchir, elle
revient comme un gardon : la première chose qui lui
arrive, c'est la fièvre tierce avec des accès qui la font
rêver, qui la dévorent, et qui ne peuvent faire autre
chose que la consumer; car elle est extrêmement maigre,
et n'a rien dans le corps; mais quoique je sois touchée
de cette maladie, elle ne m'effraye point; celle de ma
tante est ce qui m'embarrasse. Cependant fiez-vous à
nous, laissez-nous faire : nous n'irions de longtemps en
Provence, si nous n'y allions cette année. Quoique vous
soyez en état de revenir avec moi, laissez-nous partir; et
si la présence de l'abbé vous paroît nécessaire à donner
quelque ordre dans vos affaires, profitez de sa bonne
intention : on fait bien des affaires en peu de temps.
Ayez pitié de notre impatience, aidez-nous à la soutenir,
et ne croyez pas que nous perdions un moment à partir,
quand même il en devroit coûter quelque petite chose à

la bienséance. Parmi tant de devoirs, vous jugez bien
que je péris; ce que je fais m'accable, et ce que je ne
fais pas m'inquiète. Ainsi le printemps qui me redon-
neroit la vie n'est pas pour moi :

Ah! ce n'est pas pour moi que sont faits les beaux jours.

Voilà ma chanson. Je fais pourtant de petites équipées
de temps en temps, qui me soutiennent l'âme dans le
corps.

Je comprends fort bien l'envie que vous avez quelquefois de voir Livry; j'espère, ma chère fille, que vous en
jouirez à votre tour. Ce n'est pas que Monsieur d'Uzès ne
vous dise comme le Roi s'est fait une loi de n'accorder
aucune grâce là-dessus; il vous dira ce qu'il lui dit; vous
entendez bien ce que je veux dire; mais vous en jouirez,
s'il plaît à Dieu, pendant la vie de notre abbé. Je me
faisois conter l'autre jour ce que c'est que votre printemps, et où se mettent vos rossignols pour chanter. Je
ne vois que des pierres, des rochers affreux, ou des
orangers et des oliviers dont l'amertume ne leur plaît
pas. Remettez-moi votre pays en honneur. J'approuve
fort le voyage que vous faites; je le crois divertissant;
le bruit du canon me paroît d'une dignité de convenance;
il y a quelque chose de romanesque à recevoir partout
sa princesse avec cette sorte de magnificence. Pour des
étrangers et des princes Thrasybules qui arrivent à point
nommé, je ne crois pas que vous en ayez beaucoup :
voilà ce qui manque à votre roman; cette petite circonstance n'est pas considérable. Vous deviez bien me
mander qui vous accompagne dans cette promenade.
M. de Martel a mandé ici qu'il vous recevroit comme
la reine de France. Je trouve fort plaisante la belle passion du général des galères. Quand il voudra jouer
l'homme saisi et suffoqué, il n'aura guère de peine : de
la façon dont vous le représentez, il crèvera au pied de

sa maîtresse. Il me semble que vous êtes mieux ensemble que vous n'étiez : je comprends qu'à Marseille il m'aime fort tendrement.

Vos lettres sont envoyées fidèlement : vous pourriez m'en adresser davantage, sans crainte de m'incommoder. Mais pourquoi ne m'avez-vous point mandé le sujet de votre chagrin de l'autre jour? J'ai pensé à tout ce qui peut en donner dans la vie. Depuis votre dernière lettre, je me renferme à comprendre qu'on vous fait des méchancetés; je ne puis les deviner, et ne vois point d'où elles peuvent venir. La Marans a d'autres affaires; vous êtes loin, vous ne l'incommodez sur rien; sa sorte de malice ne va point à ces choses-là, où il faut du soin et de l'application. Vous devriez bien m'éclaircir là-dessus. Mais, bon Dieu! que peut-on dire de vous? Je ne puis en être en peine, étant persuadée, comme je le suis, que ce qui est faux ne dure point. Quand vous voudrez, ma chère enfant, vous m'instruirez mieux que vous n'avez fait.

M. de Turenne est parti de Charleroi avec vingt mille hommes : on ne sait encore quel dessein il a. Mon fils est toujours en Allemagne; il est vrai que désormais on sera bien triste en apprenant des nouvelles de la guerre. On craint que Ruyter, qui, comme vous savez, est le plus grand capitaine de la mer, n'ait combattu et battu le comte d'Estrées dans la Manche. On sait très-peu de nouvelles ici; on dit que le Roi ne veut pas qu'on en écrive. Il faut espérer au moins qu'il ne nous cachera pas ses victoires.

Je donnai hier à dîner à la Troche, à l'abbé Arnaud, à M. de Varennes, dans ma petite maison, que je n'aime que parce qu'il semble qu'elle n'ait été faite que pour me donner la joie de vous y recevoir tous deux.

Depuis que j'ai commencé cette lettre, j'ai vu le Marseille. Il m'a paru doux comme un mouton ; nous ne sommes entrés dans aucune controverse ; nous avons parlé des merveilles que nous ferons, Monsieur d'Uzès et moi, pour cimenter une bonne paix. Je ne souffrirois pas aisément le retour de Mme de Monaco, sans l'espérance de vous ramener aussi : mon bon naturel n'est point changé. Je sais, à n'en pouvoir douter, que la Marans craint votre retour au delà de tout ce qu'on craint le plus. Soyez persuadée qu'elle l'empêcheroit, si elle pouvoit ; elle ne sauroit soutenir votre présence. Si vous vouliez me dire un petit mot de plus sur les méchancetés qu'on vous a faites, peut-être vous pourrois-je donner de grandes lumières pour découvrir d'où elles viennent. Vous avez de l'obligation à Langlade ; ce n'est point un *écriveux*; mais il paroît votre ami en toute occasion. Il a dit des merveilles à Monsieur de Marseille, et l'a plus embarrassé que tous les autres. M. d'Irval est parti pour Lyon, et puis à Venise : l'équipage de Jean de Paris n'étoit qu'un peigne dans un chausson au prix du sien. Il dit de vous : *Tanto t'odierò quanto t'amai;* il prétend que vous l'avez méprisé. M. de Marsillac mande qu'ils sont partis le 10 pour une grande expédition : M. de Turenne a marché le premier avec vingt mille hommes.

---

275. — DE MADAME DE SÉVIGNÉ ET DE CORBINELLI
AU COMTE DE BUSSY RABUTIN.

Quinze jours après que j'eus écrit cette lettre (n° 271, p. 118), je reçus celle-ci de Mme de Sévigné.

A Paris, ce 16e mai 1672.

DE MADAME DE SÉVIGNÉ.

Il faudrait que je fusse bien changée pour ne pas entendre vos turlupinades, et tous les bons endroits de vos lettres. Vous savez bien, Monsieur le Comte, qu'autrefois

nous avions le don de nous entendre avant que d'avoir
parlé. L'un de nous répondoit fort bien à ce que l'autre
avoit envie de dire ; et si nous n'eussions point voulu
nous donner le plaisir de prononcer assez facilement des
paroles, notre intelligence auroit quasi fait tous les frais
de la conversation. Quand on s'est si bien entendu, on ne
peut jamais devenir pesants. C'est une jolie chose à mon
gré que d'entendre vite : cela fait voir une vivacité qui
plaît, et dont l'amour-propre sait un gré nompareil.
M. de la Rochefoucauld dit vrai dans ses *Maximes :*
Nous aimons mieux ceux qui nous entendent bien, que
ceux qui se font écouter.

Nous devons nous aimer à la pareille, pour nous être
toujours si bien entendus.

Vous dites des merveilles sur l'affaire des maréchaux
de France ; je ne saurois entrer dans ce procès : je suis
toujours de l'avis de celui que j'entends le dernier. Les
uns disent oui, les autres disent non, et moi je dis oui et
non : vous souvenez-vous que cela nous a fait rire à une
comédie italienne?

Je vous prie de parler toujours de moi à tous venants,
et de ne pas perdre le temps de donner quelques petits
traits de votre façon au panégyrique que fait de moi la
marquise de Saint-Martin. Soyez alerte, et vous placez
entre deux périodes avec autant d'habileté qu'elle a de
facilité à parler.

Nous ne savons ici aucunes nouvelles. Le Roi marche
on ne sait où. Les desseins de Sa Majesté sont cachés,
comme il le souhaite. Un officier d'armée mandoit l'autre
jour à un de ses amis qui est ici : « Je vous prie de me
mander si nous allons assiéger Maestricht, ou si nous
allons passer l'Yssel. »

Je vous assure que cette campagne me fait peur. Ceux
qui ne sont point à la guerre, par leur malheur plutôt que
par leur volonté, ne me paroissent point malheureux.

Adieu, Comte, je suis fort aise que vous aimiez mes lettres : c'est signe que vous ne me haïssez pas. Je vous laisse avec notre ami.

DE CORBINELLI.

J'ai bien dans la tête de refaire encore un voyage en Bourgogne, Monsieur. Je meurs d'envie de discourir de toutes sortes de choses avec vous; car ce que j'ai fait en passant a été trop précipité. Je n'ai pas laissé de bien profiter de la lecture de ces endroits que vous m'avez montrés. J'en ai l'esprit rempli; car personne à mon gré ne dit de si bonnes choses, ni si bien que vous. Vous savez que je ne suis point flatteur. Gardez toujours bien cette divine manière que vous avez au suprême degré, qui est celle d'un homme de qualité, et qui plaît au dernier point : je veux dire, d'avoir toujours plus de choses que de paroles, et de ne pas dire un mot superflu. Ce n'est pas pour faire tomber à propos le précepte d'Horace que je vous dis cela; car je suis homme à dire un précepte hors de propos, et seulement pour montrer que je le sais, si la fantaisie m'en prenoit : il y a longtemps que vous me connoissez sur ce pied-là. Voici donc le précepte que vous suivez mieux que personne, à mon gré. Horace parle du genre d'écrire appelé *satire*, sous lequel il entend un certain discours agréable, et des réflexions utiles et douces sur les mœurs, tant bonnes que mauvaises : et voici comment il dit qu'il les faut faire.

Ce n'est pas assez, dit-il, de faire rire, quoique ce soit un très-grand talent :

> *Ergo non satis est risu diducere rictum*
> *Auditoris; et est quædam hæc quoque virtus.*

Il faut encore, dit-il, écrire ou parler bref, et ne pas dire plus de paroles que de choses, afin que nos pensées

se voient tout d'un coup, et qu'elles ne soient point en-
veloppées dans un tas de paroles qui les offusquent :

> *Est brevitate opus, ut currat sententia, nec se*
> *Impediat verbis lassas onerantibus aures.*

De plus, il ne faut pas être ni toujours grave et sévère,
ni toujours plaisant dans nos discours :

> *Et sermone opus est modo tristi, sæpe jocoso.*

Il ne faut pas même ni toujours argumenter les preuves en main, comme un orateur, ni aussi n'être que dans
les agréments de l'éloquence des poëtes, qui ne songent
qu'à divertir et à plaire, et non pas à profiter :

> *Defendente vicem modo rhetoris atque poetæ.*

De plus, il faut quelquefois n'être rien de tout cela,
mais simplement un galant homme, qui parle sans trop
d'ordre ni de règle, et qui ne laisse pas de charmer par
sa négligence, qui ne pousse jamais trop avant tout son
esprit, qui supprime souvent mille belles choses qui lui
viennent en foule sur son sujet, parce qu'il ne veut
point paroître bel esprit :

> *Interdum.... parcentis viribus, atque*
> *Extenuantis eas consulto.*

Voilà, Monsieur, sur mon Dieu et sur mon honneur,
ce qu'il me paroît que vous observez mieux que personne
que je connoisse. Je le dis incessamment parmi nos sa-
vants. Si je vais à Bussy, je veux lire avec vous les sa-
tires et les épîtres d'Horace, et vous demeurerez d'accord
qu'il n'y a que lui dans l'antiquité, et qu'il n'y aura que
lui dans les siècles à venir qui soit incomparable. Voici
le caractère qu'en fait Perse :

> *Omne vafer vitium ridenti Flaccus amico*
> *Tangit, et admissus circum præcordia ludit.*

276. — DE MADAME DE SÉVIGNÉ
A MADAME DE GRIGNAN.

A Paris, ce lundi 16e mai.

Votre relation est admirable, ma très-chère bonne :
je crois lire un joli roman, dont l'héroïne m'est extrêmement chère. Je prends intérêt à toutes ces aventures; je
ne puis croire que cette promenade dans les plus beaux
lieux du monde, dans les délices de tous vos admirables
parfums, reçue partout comme la Reine.... ce morceau
de votre vie est si extraordinaire et si nouveau, et si loin
de pouvoir être ennuyeux, que je ne puis croire que vous
n'y trouviez du plaisir; et quoique votre cœur me souhaite quelquefois, je suis assurée, ma bonne, que vous
vous êtes laissé divertir, et j'en ai une véritable joie. Si
vous avez eu cette année le même dessein que l'autre, de
vous éloigner de moi, vous avez encore mieux réussi.
Pour moi je n'ai pas fait de mon côté les mêmes pas, et
j'ai dessein d'en faire de bien opposés à ceux que je fis;
soyez sûre, ma bonne, que vous me verrez à Grignan;
laissez-moi conduire cette résolution. Il y a bien de la
témérité à répondre ainsi de ses actions; mais comme il
est toujours sous-entendu que la Providence est la maîtresse, en attendant qu'elle se déclare, on peut prendre
la liberté de dire au moins ses volontés.

J'ai lu votre lettre à ceux qui l'ont demandée. Il y a
des choses qui ne sont point bonnes à écrire plusieurs
fois. Je vous remercie de m'instruire si bien de votre
marche. Quand vous voudrez m'instruire sur d'autres
choses, vous ne vous en repentirez pas.

Je verrai Mme de Martel : la réception que son mari
vous a faite mérite bien cette civilité. J'en ai reçu beaucoup de votre prévôt de Laurens. Il m'assura par deux
fois qu'il seroit toujours dans les intérêts de Grignan *de*

cul et de tête : cela me persuade. Je reçois avec plaisir toutes vos petites lettres; il y a toujours la marque de l'ouvrière, qui ne peut jamais ne me pas plaire. Ce prêtre de M. de Roque Martine est bien content de moi; il a eu une audience à souhait de M. le Camus. Vous verrez par la lettre de M. de Pompone que l'affaire de Marseille prendra le tour que vous lui donnerez. Il est bien persuadé que je ne me soucie guère de vous. Je puis bien vous répondre que vous serez toujours contente de lui. Je le sais d'ailleurs que de ses lettres.

Je reçois des nouvelles de mon fils : j'ai le cœur affligé de la guerre, ils vont joindre l'armée du Roi. On croit que l'on va assiéger Maestricht; cela est un peu moins épouvantable que le passage de l'Yssel. En vérité, on tremble en recevant des lettres; et ce sera bien pis dans quinze jours. M. de la Rochefoucauld et moi nous nous consolons et nous affligeons ensemble. Il a trois ou quatre fils où son cœur s'intéresse bien tendrement. Mme de Marans vint hier chez Mme de la Fayette. Elle nous parut d'une noirceur, comme quand on a fait un pacte avec le diable, et que le jour approche de se livrer : il y a bien quelque douleur profonde pour un guerrier qui ne la regrette pas. Je ne finirois pas de vous dire les amitiés de M. de la Rochefoucauld, combien il aime à parler de vous, à me faire lire quelquefois des endroits de vos lettres : c'est l'homme le plus aimable que j'aie jamais vu. Mme de la Fayette me prie fort aussi de vous parler d'elle; sa santé n'est jamais bonne, et cependant elle vous mande qu'elle n'en aime pas mieux la mort, au contraire. Pour moi, j'avoue qu'il y a des choses désagréables dans la vie; mais je n'en suis encore si dégoûtée que votre philosophie pourroit le souhaiter; vous aurez bien de la peine à m'ôter cette fantaisie de la tête.

Hélas! ma petite, je ne vous ai point envoyé de jupe;

je voulois avoir d'une certaine étoffe ; je n'en trouve plus,
et je me contenterai de vous en porter une autre avec
une indienne, des petites étoffes de cette année, qui ne
sont point du tout chères, et qui sont extrêmement jolies.
Voilà, par exemple, de ces petites choses que vous ne
m'empêcherez de faire et sur quoi vous me donneriez
beaucoup de chagrin si vous les refusiez durement. Pro-
posez-vous à ne me point fâcher.

Vous aurez su des nouvelles de M. de Coulanges par
lui-même, et comme ils ont vu M. de Vivonne en passant, et passent doucement leur vie avec le marquis de
Villeroi.

Mandez-moi si vous avez une gouvernante pour votre
fils, et si vous voudriez que je vous en cherchasse une ; si
vous ne la trouviez à votre fantaisie, nous serions quittes
pour la ramener. J'ai cru d'abord qu'il eût été meilleur
d'en avoir une du pays, mais si vous n'en avez point
trouvé qui vous plaise, il faut bien en avoir une qui veille
sur tout.

Ma pauvre tante est toujours très-mal ; c'est un objet
de tristesse qui fait fendre le cœur. Notre abbé vous
embrasse, et la Mousse vous honore ; ils prétendent bien
voir votre Provence. Pour moi, je ne demande qu'à vous
voir ; et quoi encore ? à vous voir, et toujours à vous voir.
Valcroissant a mandé ici qu'il avoit eu cet honneur à
Marseille, et que vous y étiez beaucoup plus belle qu'un
ange : gardez-moi bien toute cette beauté. Votre fille est
aimable, je crois que je vous la mènerai ; mais j'observe-
rai tout ce qui sera nécessaire pour ne la point hasarder :
on ne me fera jamais croire qu'on n'aime point sa fille,
quand elle est jolie.

Je ne sais point de nouvelles, ma bonne ; mes lettres
sont bien ennuyeuses auprès des vôtres. Je ne pouvois
jamais mieux faire que d'envoyer à M. de Pompone ce
que vous m'écrivez de si bon sens sur l'affaire de Mar-

seille. Votre président de Bouc me voit quelquefois; mais je ne crois pas que ce soit lui qui ait inventé la poudre à canon et l'imprimerie. Je ne sais quand vous aurez un premier président; hors les Provençaux, on trouve peu de gens qui désirent cette place.

Si nous avions tenu nos premières résolutions contre la Provence, le pauvre Grignan n'auroit pas une si aimable femme. Je le prie de ne pas douter de mon amitié et de me continuer la sienne. Vous ne voudriez pas me dire un mot sur son justaucorps? au moins je saurai si vous le trouvez beau.

Mme de Coetquen a eu la rougeole; Mme de Sully s'en va à Sully avec son brave époux; Mme de Rosny Verneuil est à Rosny avec le sien; la Castelnau est chez la Louvigny; la maréchale est seule, comme une tourterelle. D'Hacqueville s'en va en Bretagne. Si vous avez envie de savoir autre chose, mandez-lui; car pour nous, notre vie est très-triste et très-languissante. On croit que Maestricht est investi; rien n'est encore assuré. Adieu, mon ange, je vous baise, et vous embrasse d'une tendresse qui ne peut recevoir de comparaison.

J'ai vu Gauthier: il est un peu malcontent que vous ne lui faites pas seulement un mot de réponse. Plût à Dieu qu'il eût une partie de ce que vous avez perdu au jeu!

Croyez que vous ne sauriez être aimée de personne, tout aimable que vous êtes, si véritablement que vous l'êtes de moi.

----

277. — DE MADAME DE SÉVIGNÉ
A MADAME DE GRIGNAN.

A Paris, vendredi 20e mai.

Je comprends fort bien, ma fille, et l'agrément, et la magnificence, et la dépense de votre voyage: je l'avois dit à notre abbé comme une chose pesante pour vous;

mais ce sont des nécessités. Il faut cependant examiner
si l'on veut bien courir le hasard de l'abîme où conduit
la grande dépense; nous en parlerons; il n'importe guère,
ma chère fille, d'avoir du repos pour soi-même, quand
on aime, et qu'on entre dans les intérêts de ceux qui
nous sont chers; c'est le moyen de n'avoir guère de plaisirs dans la vie, et il faut être bien enragée pour l'aimer
autant qu'on fait. Je dis la même chose de la santé; j'en
ai beaucoup; mais à quoi me sert-elle? à garder ceux qui
n'en ont point. La fièvre a repris traîtreusement à Mme de
la Fayette. Ma tante est bien plus mal que jamais; elle
s'en va tous les jours. Que fais-je? Je sors de chez ma
tante, et je vais chez cette pauvre Fayette; et puis je sors
de chez la Fayette pour revenir chez ma tante. Ni Livry,
ni promenades, ni ma jolie maison : tout cela ne m'est
de rien; il faut pourtant que je coure à Livry un moment, car je n'en puis plus. Voilà comme la Providence
partage les chagrins et les maux. Après tout, les miens
ne sont rien en comparaison de l'état où est ma pauvre
tante. Ah! noble indifférence, où êtes-vous? Il ne faut
que vous pour être heureux, et sans vous tout est inutile;
mais puisqu'il faut souffrir de quelque façon que ce soit,
il vaut encore mieux souffrir par là que par les autres
endroits.

J'ai vu Mme de Martel chez elle, et je lui ai dit tout ce
que vous pouvez penser. Son mari lui a écrit des ravisse-
ments de votre beauté; il est comblé de vos politesses; il
vous loue et vous admire. Sa femme m'étoit venue chercher pour me montrer cette lettre; je la trouvai enfin, et
je vous acquittai de tout. Rien n'est plus romanesque que
vos fêtes sur la mer, et vos festins dans le *Royal-Louis*,
ce vaisseau d'une si grande réputation.

Le véritable Louis est en chemin avec toute son armée; les lettres ne disent rien de positif, parce qu'on ne
sait rien. Il n'est plus question de Maestricht; on dit

qu'on va prendre trois places, l'une sur le Rhin, l'autre sur l'Yssel, et la troisième tout auprès : je vous manderai leurs noms, quand je les saurai. Rien n'est plus confus que toutes les nouvelles de l'armée : ce n'est pas faire sa cour que d'en mander, ni de se mêler de deviner et de raisonner. Les lettres sont plaisantes à voir. Vous jugez bien que je passe ma vie avec des gens qui ont des fils assez bien instruits; mais il est vrai que le secret est grand sur les intentions de Sa Majesté. L'autre jour un homme de très-bonne maison écrivoit à un de ses amis ici : « Je vous prie, mandez-moi où nous allons, si nous passerons l'Yssel, ou si nous assiégerons Maestricht. » Vous pouvez juger par là des lumières que nous avons ici. Je vous assure que le cœur est en presse. Vous êtes heureuse d'avoir votre cher mari en sûreté, qui n'a d'autre fatigue que de voir toujours votre chien de visage dans une litière vis-à-vis de lui : *le pauvre homme!* Il avoit raison de monter à cheval pour l'éviter : le moyen de le regarder si longtemps? Hélas! il me souvient qu'une fois, en revenant de Bretagne, vous étiez vis-à-vis de moi. Quel plaisir ne sentois-je point de voir toujours cet aimable visage? Il est vrai que c'étoit dans un carrosse : il faut donc qu'il y ait quelque malédiction sur la litière.

Mme du Puy-du-Fou ne veut pas que je mène la petite enfant. Elle dit que c'est la hasarder, et là-dessus je rends les armes : je ne voudrois pas mettre en péril sa petite personne; je l'aime tout à fait. Je lui ai fait couper les cheveux; elle est coiffée hurlubrelu : cette coiffure est faite pour elle. Son teint, sa gorge, tout son petit corps est admirable; elle fait cent petites choses, elle parle, elle caresse, elle bat, elle fait le signe de la croix, elle demande pardon, elle fait la révérence, elle baise la main, elle hausse les épaules, elle danse, elle flatte, elle prend le menton : enfin elle est jolie de tout point. Je m'y amuse les heures entières. Je ne veux point que cela meure. Je

vous le disois l'autre jour, je ne sais point comme l'on
fait pour ne pas aimer sa fille.

---

278. — DU COMTE DE BUSSY RABUTIN
A MADAME DE SÉVIGNÉ ET A CORBINELLI.

Quatre jours après que j'eus reçu cette lettre (n° 275, p. 131),
je répondis celle-ci à Mme de Sévigné.

Chaseu, ce 23e mai 1672.

A MADAME DE SÉVIGNÉ.

Je vois bien, ma belle cousine, que vous avez cela de
commun avec les honnêtes gens, qu'il vous faut louer
pour avoir du plaisir de vous. Parce que je vous assurai,
il y a quelque temps, de l'agrément que j'avois trouvé
dans une de vos lettres, vous venez d'en remplir toute
celle-ci.

Je sais bien qu'il faut avoir de l'esprit pour bien écrire,
qu'il faut être en bonne humeur, et que les matières
soient heureuses; mais il faut surtout que l'on croie que
les agréments qu'on aura ne soient pas perdus; et sans
cela, l'on se néglige.

En vérité, rien n'est plus beau ni plus joli que votre
lettre; car il y a bien des choses du meilleur sens du
monde, écrites le plus agréablement. Je demeure d'accord avec vous que nous nous devons aimer. Personne ne
sait si bien que moi ce que vous valez; ni ce que je vaux,
que vous. Nous nous aimons aussi, à ce qu'il me semble,
et cela durera toujours, pourvu que nous n'ayons pas plus
de confiance en autrui qu'en nous-mêmes. Pour moi, je
vous réponds de résister aux tentations de vos ennemis
plus qu'à celles du diable.

Nous ne savons aucunes nouvelles, parce que non-seulement les desseins sont fort cachés, mais après même
qu'ils sont découverts, on ne veut pas qu'on les mande.

Passe pour le premier, il est juste, les secrets éventés réussissent rarement; pour le second, il est inutile et malin.

Vous avez raison de dire que cette campagne fait peur. Elle sera terrible; et voilà comme je les aime; si j'y étois, j'y prétendrois acquérir de la gloire ou mourir; n'y étant pas, la fortune me détrapera de bien des gens que je n'aime point.

Vous savez que les spectateurs sont cruels; et je vous apprends que les spectateurs malheureux sont mille fois plus cruels que les autres. Je ne demande à Dieu que la conservation du Roi, de Monsieur, de Monsieur le Prince, de Monsieur le Duc, et d'un petit nombre d'amis. Après cela, je ne trouverai pas mauvais que les Hollandois se défendent en gens d'honneur; mais je veux à la fin que le Roi prenne leurs places; car j'ai soin de la réputation de mon maître aussi bien que de sa vie.

Adieu, ma belle cousine, je vous assure que je vous trouve fort aimable, et je vous aime fort aussi.

A CORBINELLI.

Vous me réjouissez fort, Monsieur, de me dire que j'ai de l'air d'Horace. Si cela est, c'est à la nature à qui j'en ai l'obligation, car je ne l'ai jamais lu. Je ne sais pas si c'est à cause de la ressemblance, que ce qu'il dit me touche extrêmement; mais rien ne me touche davantage. Ma modestie m'empêchera pourtant désormais de lui donner beaucoup de louanges, de peur que vous ne croyiez que je me loue sous son nom, comme on fait quelquefois quand on estime un homme contre qui l'on s'est battu. Cependant il faut encore que je vous dise, pour la dernière fois, qu'Horace me charme; mais que s'il voyoit le commentaire que vous faites de lui, il en seroit charmé. Mon Dieu, que vous l'entendez bien, et que vous l'expliquez agréablement! Si le Roi pensoit sur

cela ce que je pense de vous, je suis assuré qu'il vous feroit lire Horace à Monsieur le Dauphin, et peut-être à
lui-même.

---

279. — DE MADAME DE SÉVIGNÉ
A MADAME DE GRIGNAN.

A Paris, ce lundi 23e mai.

Mon petit ami de la poste ne se trouva point hier à
l'arrivée du courrier, de sorte que mon laquais ne rap-
porta point mes lettres; elles sont par la ville; je les attends à tous les moments, et j'espère que je les aurai
avant que de faire mon paquet. Ce retardement me déplaît
beaucoup : mon petit ami m'en demande excuse, mais je
ne lui donne point; en attendant, ma bonne, je m'en vais
causer avec vous.

J'ai vu ce matin M. de Marignanes; je l'ai pris pour
M. de Maillanes : je me suis embarrassée; enfin, pour
avoir plus tôt fait, je l'ai prié de me démêler ces deux
noms. Il l'a fait en galant homme; il a compris qu'il étoit
très-possible que je les confondisse; il m'a remise; il est
fort content de moi, et moi fort contente de lui. Il a vu
et baisé votre fille; il dit que son frère est beau comme
un ange, et vous comme deux. Il admire votre esprit,
votre personne, il adore M. de Grignan. Voilà qui est
fait.

Je dînai hier chez la Troche avec l'abbé Arnauld et
Mme de Valentiné. Après dîner nous eûmes le Camus,
son fils et Ytier : cela fit une petite symphonie très-
parfaite.

Après cela Mlle de Grignan arrive avec son écuyer,
c'étoit Beaulieu; sa gouvernante, c'étoit Hélène; sa
femme de chambre, c'étoit Marie; son petit laquais,
c'étoit Jacquot, fils de la nourrice; et sa nourrice, c'étoit
mère Jeanne avec ses habits de dimanches : c'est la plus

aimable femme de village que j'aie jamais vue. Tout cela
parut beaucoup. On les envoya au jardin, on les regarda
fort : j'aime trop ce petit ménage-là. Mme du Puy-du-
Fou m'a brouillé la tête, en ne voulant pas que je mène
ma petite enfant; car, après tout, les enfants de la nourrice ne me plaisent point auprès d'elle dans son village,
et jamais cette femme n'aura le courage de passer ici l'été
sans y mourir d'ennui. Mais, ma bonne, il est question de
partir. Un jour nous disons, l'abbé et moi : « Allons-nous-
en, ma tante ira jusqu'à l'automne; » voilà qui est résolu.
Le jour d'après nous la trouvons si extrêmement bas, que
nous disons : « Il ne faut pas songer à partir, ce seroit
une barbarie, la lune de mai l'emportera; » et ainsi nous
passons d'un jour à l'autre, avec le désespoir dans le
cœur. Vous comprenez bien cet état; il est cruel; et ce
qui me fait souhaiter d'être en Provence, ce seroit afin
d'être sincèrement affligée de la perte d'une personne qui
m'a toujours été si chère; et je sens que si je suis ici, la
liberté que sa mort me donnera m'ôtera une partie de ma
tendresse et de mon bon naturel. N'admirez-vous point
la bizarre disposition des choses de ce monde, et de quelle
manière elles viennent croiser notre chemin? Ce qu'il y a
de certain, c'est que, de quelque manière que ce puisse être,
nous irons cette année à Grignan. Laissez-nous démêler toute cette triste aventure, et soyez assez assurée que
l'abbé et moi nous sommes plus près d'offenser la bienséance, en partant trop tôt, que l'amitié que nous avons
pour vous, en demeurant sans nécessité.

Voilà un billet de l'abbé Arnauld, qui vous apprendra
les nouvelles. Son frère, en partant, le pria de me faire
part de celles qu'il manderoit. La première page est un
ravaudage de rien pour choisir un jour, afin de dîner chez
M. d'Harouys. On fait du mieux qu'on peut à cet abbé;
il n'est pas souvent à Paris, et l'on est bien aise d'obliger
les gens de ce nom-là. Il me pria l'autre jour de lui mon-

trer un morceau de votre style : son frère lui en dit du
bien. En lui montrant, je fus surprise moi-même de la
justesse de vos périodes, elles sont quelquefois harmo-
nieuses; votre style est devenu comme on le peut souhaiter, il est fait et parfait, vous n'avez qu'à continuer, et
vous bien garder de vouloir le rendre meilleur.

Voilà dix heures, il faut faire mon paquet. Je n'ai
point reçu votre lettre : j'ai passé à la poste, mon petit
homme m'a renouvelé ses excuses; mais je n'en suis
pas mieux. Ma lettre est entre les mains de ces maudits
facteurs, c'est-à-dire la mer à boire. Je la recevrai demain, et n'y ferai réponse que vendredi. Adieu, ma chère
bonne; vous dirai-je que je vous aime? Il me semble que
c'est une chose inutile : vous le croyez assurément.
Croyez-le donc, ma chère enfant, et ne craignez point
d'en croire trop.

Si je n'avois point le cœur triste, je vous enverrois de
jolies chansons. M. de Grignan les chanteroit comme un
ange. Je l'embrasse très-tendrement, et vous encore plus
mille fois.

---

280. — DE MADAME DE SÉVIGNÉ
A MADAME DE GRIGNAN.

A Paris, ce vendredi 27ᵉ mai.

Vous ne devez souhaiter personne pour faire des relations : on ne peut les faire plus agréablement que vous.
Je crois de votre Provence toutes les merveilles que vous
m'en dites; mais vous savez très-bien les mettre dans
leur jour; et si le beau pays que vous aurez vu pouvoit
vous témoigner les obligations qu'il vous a, je suis assurée
qu'il n'y manqueroit pas. Je crois qu'il vous diroit aussi
l'étonnement où il doit être de votre dégoût pour ses divines senteurs : jamais il n'a vu personne s'en restaurer
sur un panier de fumier. Rien n'est plus extraordinaire

II   9

que l'état où vous avez été ; et cependant, ma bonne, je
le comprends, la chose du monde la plus malsaine, c'est
de dormir parmi les odeurs. Enfin trop est trop ; les
meilleures choses sont dégoûtantes quand elles sont jetées
à la tête. Ah ! le beau sujet de faire des réflexions ! Votre
oncle de Sévigné craindra bien pour votre salut, jusqu'à
ce qu'il ait compris cette vérité. Vous me disiez l'autre
jour un mot admirable là-dessus, qu'il n'y avoit point de
délices qui ne perdent ce nom, quand l'abondance et
la facilité les accompagnent. Je vous avoue que j'ai une
extrême envie de faire cette épreuve ; comment ferez-
vous pour me faire voir un petit morceau de vos pays
enchantés ?

Je comprends la joie que vous aurez eue de voir
Mme de Monaco, et la sienne aussi. Hélas ! vous aurez
bien causé ; elle ouvre assez son cœur sur les chapitres
même les plus délicats. Je serois fort aise si vous me
mandiez quelque chose des sujets de votre conversation.
Notre d'Hacqueville est ravi que vous ayez fait cette jolie
course. Il s'en va en Bretagne ; il a vu votre lettre, et
Guitaut, et M. de la Rochefoucauld. Ils sont tous très-
contents de votre relation, mais surtout de l'histoire tragique. Elle est contée avec perfection : nous avons peur
que vous n'ayez tué cette pauvre Diane pour faire un
beau dénouement. Nous voulons pourtant vous en croire,
et vous remercier d'avoir fait chasser l'amant de votre
chambre ; si vous l'eussiez fait jeter dans la mer, vous
auriez encore mieux fait : sa barbarie est fort haïssable,
et le mauvais goût de Diane nous console quasi de sa
mort ; son âme devroit bien revenir à l'exemple de celle
de M. de Bourdeville. Je vous ai mandé sa mort : il ne
voulut point se confesser, et envoya tout au diable, et
lui après : son corps est en dépôt à Saint-Nicolas ; le
peuple s'est mis dans la tête que son âme revient la nuit
tout en feu dans l'église ; qu'il crie, qu'il jure, qu'il me-

nace; et là-dessus ils veulent jeter le corps à la voirie, et assassiner le curé qui l'a reçu. Cette folie est venue à tel point, qu'il a fallu ôter le corps habilement de la chapelle, et faire venir la justice pour défendre de faire insulte au curé. Voilà qui est tout neuf d'hier au matin, mais cela n'est point digne de déchausser votre histoire amoureuse.

Nous attendons demain notre petit Coulanges. Je fus hier lever pour bien de l'argent d'étoffes chez Gautier, pour me faire belle en Provence. Je ne vous ferai nulle honte : vous verrez un peu quels habits je porterai. Je trouvai la plus jolie jupe du monde, à la mode, avec un petit joli manteau; tout l'univers ne m'empêcheroit pas de vous faire ce petit présent; et si vous ne voulez point me déplaire au dernier excès, vous me direz que vous en êtes fort aise, et que je suis une bonne femme : voilà le ton qui m'est uniquement agréable.

Je suis très-ennuyée de n'avoir point de lettres de mon fils; il y a un tel dérangement au commerce de l'armée, qu'on n'en reçoit quasi que par des courriers extraordinaires. Je ne sais nulle nouvelle aujourd'hui; je hais tant de dire des faussetés, que j'aime mieux ne vous rien dire. Ce que je vous mande est toujours vrai, et vient de bon lieu. Je m'en vais présentement à Livry; j'y mène ma petite-enfant, et sa nourrice, et tout le petit ménage. Je veux qu'ils respirent cet air de printemps. Je reviens demain, ne pouvant quitter ma tante plus longtemps; et pour la petite, je l'y laisserai pour quatre ou cinq jours; je ne puis m'en passer ici : elle me réjouit tous les matins. Il y a si longtemps que je n'ai respiré et marché, qu'il faut que j'aie pitié de moi un moment aussi bien que des autres. Je me prépare tous les jours; mes habits se font; mon carrosse est prêt il y a huit jours; enfin, ma bonne, j'ai un pied en l'air; et si Dieu nous conserve notre pauvre tante plus longtemps qu'on ne croit, je ferai ce que vous m'avez conseillé, c'est-à-dire je partirai dans l'espérance de la revoir. La Troche et la d'Escars m'ont aidé à tout choisir, et Gautier sur le tout, qui étoit en ses bonnes humeurs. Faites-lui écrire quelque honnêteté ; il ne faut pas joindre le silence avec le long retardement. Si nous pouvons lui donner quelque chose sur votre pension, nous le ferons ; mais vous devez beaucoup, sans rien compter, parce que je compte moi-même ; c'est pour vous dire que nous aurons peine d'aller jusqu'à lui. Nous verrons ; ne vous mettez en peine de rien.

Écrivez seulement à Monsieur de Laon, qui enfin est cardinal ; vous pouvez comprendre sa joie, n'ayant jamais souhaité que cette dignité. Je viens de lui écrire. Je lui mande que vous lui témoignerez votre joie, et que je crois que vous et moi nous l'irons voir à Rome, ou que nous le recevrons en Provence, quand il reviendra, ou que, pour mieux dire, nous nous reverrons tous ici. Adieu, n'espérez pas que je puisse jamais vous aimer plus parfaitement que je fais. Je crains bien qu'étant hors de la portée de toutes les postes, je ne reçoive point de vos lettres dimanche. Ce n'est pas un léger chagrin pour moi.

M. d'Harouys s'en va en Bretagne ; il emmène d'Hacqueville et votre ami Chésières, qui désormais sera plus Breton que Parisien. M. de Coulanges revient demain. Le comte des Chapelles m'a écrit de l'armée : il me prie de vous faire cinq cent mille compliments ; il dit qu'hier, je ne sais quel jour c'étoit que son hier, il s'étoit trouvé dans une compagnie de grande conséquence, où votre mérite, votre sagesse, votre beauté, avoient été élevés jusqu'au-dessus des nues, et que même on y avoit compris le goût et l'amitié que vous avez pour moi. Si cette fin est une flatterie, elle m'est si agréable que je la reçois à bras ouverts.

281. — DE MADAME DE SÉVIGNÉ
A MADAME DE GRIGNAN.

A Paris, lundi 30ᵉ mai.

Je ne reçus point hier de vos lettres, ma pauvre enfant. Votre voyage de Monaco vous avoit mise hors de
toute mesure : je me doutois que ce petit malheur m'arriveroit. Je vous envoie les nouvelles de M. de Pompone.
Voilà déjà la mode d'être blessé qui commence ; j'ai le
cœur fort triste dans la crainte de cette campagne. Mon
fils m'écrit fort souvent ; il se porte bien jusqu'à présent.
Ma tante est toujours dans un état déplorable ; et cependant, ma chère bonne, nous avons le courage d'envisager
un jour pour partir, en jouant une espérance que de
bonne foi nous n'avons point. Je suis toujours à trouver
certaines choses fort mal arrangées parmi les événements
de notre vie : ce sont de grosses pierres dans le chemin,
trop lourdes pour les déranger ; je crois que nous passerons par-dessus ; ce n'est pas sans peine : la comparaison
est juste.

Je ne mènerai point ma petite-enfant ; elle se porte
très-bien à Livry ; elle y passera tout l'été. La beauté de
Livry est au-dessus de tout ce que vous avez vu : les arbres sont plus beaux et plus verts, tout est plein de ces
aimables chèvrefeuilles : cette odeur ne m'a point encore
dégoûtée ; mais vous méprisez bien nos petits buissons,
auprès de vos forêts d'orangers. Voici une histoire très-
tragique de Livry. Vous vous souvenez bien de ce prétendu très-dévot, qui n'osoit tourner la tête ; je disois
qu'il sembloit qu'il y portât un verre d'eau. La dévotion
l'a rendu fou : une belle nuit il s'est donné cinq ou six
coups de couteau ; et tout nu, et tout en sang, il se mit à
genoux au milieu de la chambre. On entre, on le trouve
en cet état : « Eh mon Dieu ! mon frère, que faites-vous ?

et qui vous a accommodé ainsi? — Mon père, dit-il froi-
dement, c'est que je fais pénitence. » Il tombe évanoui,
on le couche, on le panse, on le trouve très-blessé; on
le guérit après trois mois de soins, et puis ils l'ont renvoyé à Lyon à ses parents. Si vous ne trouvez pas cette
tête-là assez renversée, vous n'avez qu'à le dire, et je vous
donnerai celle de Mme Paul, qui est devenue éperdue,
et s'est amourachée d'un grand benêt de vingt-cinq ou
vingt-six ans, qu'elle avoit pris pour faire le jardin. Vraiment il a fait un beau ménage. Cette femme l'épouse. Ce
garçon est brutal, il est fou; il la battra bientôt; il l'a
déjà menacée. N'importe, elle en veut passer par là; je
n'ai jamais vu tant de passion : ce sont tous les plus
beaux violents sentiments qu'on puisse imaginer; mais
ils sont croqués comme de grosses peintures; toutes les
couleurs y sont, il n'y aura qu'à les étaler. Je me suis
extrêmement divertie sur ces caprices de l'amour; je me
suis effrayée moi-même voyant de tels attentats. Quelle
insolence! s'attaquer à Mme Paul, c'est-à-dire à l'austère,
l'antique et grossière vertu! Où trouvera-t-on quelque
sûreté? Voilà de belles nouvelles, ma pauvre bonne, au
lieu de vos aimables relations.

Mme de la Fayette est toujours languissante; M. de
la Rochefoucauld toujours éclopé; nous faisons quelquefois des conversations d'une tristesse qu'il semble
qu'il n'y ait plus qu'à nous enterrer. Le jardin de Mme de
la Fayette est la plus jolie chose du monde : tout est fleuri,
tout est parfumé; nous y passons bien des soirées, car
la pauvre femme n'ose pas aller en carrosse. Nous vous
souhaiterions bien quelquefois derrière une palissade
pour entendre certains discours de certaines terres in-
connues que nous croyons avoir découvertes. Enfin, ma
fille, en attendant ce jour heureux de mon départ, je
passe du faubourg au coin du feu de ma tante, et du coin
du feu de ma tante à ce pauvre faubourg.

Je vous prie, ma chère, n'oubliez pas tout à fait
M. d'Harouys, dont le cœur est un chef-d'œuvre de perfection, et qui vous adore.

Adieu, ma très-aimable enfant: j'ai bien envie de savoir de vos nouvelles, et de votre fils. Il fait bien chaud
chez vous autres; je crains cette saison pour lui, et pour
vous beaucoup plus, car je n'ai pas encore pensé qu'on
pût aimer quelque chose plus que vous.

J'embrasse mon cher Grignan. Vous aime-t-il toujours
bien? Je le prie de m'aimer aussi.

---

282. — DE MADAME DE SÉVIGNÉ
A MADAME DE GRIGNAN.

A Livry, jeudi 2e juin.

Je l'ai reçu cet aimable volume: jamais je n'en ai vu
un si divertissant, ni si bien écrit, ni où je prisse tant
d'intérêt. Je ne puis assez vous dire l'obligation que je
vous en ai, aussi bien que de l'application que vous avez
aux dates: c'est une marque assurée du plaisir et de l'intérêt qu'on prend à un commerce. Au contraire, quand
les commerces pèsent, nous nous moquons bien de tant
compter, nous voudrions que tout se perdît; mais vous
êtes bien sur ce point comme je le puis souhaiter; et ce
ne m'est pas une médiocre joie, à moi qui mets au premier rang le commerce que j'ai avec vous.

Il est donc vrai, ma fille, qu'il y a eu une de mes lettres de perdue; mais je ne jette les yeux sur personne.
Celui seul qui pourroit s'en soucier n'a pas détourné
celles qui lui devoient donner le plus de curiosité; elles
ont toujours été jusqu'à vous; des autres, il ne s'en soucie guère. Vous êtes contente de ce ministre, et vous le
serez toujours très-assurément; vous entendez bien que
c'est du grand Pompone dont je parle, et c'est de lui que
je croyois qu'on voudroit voir ce que j'en disois. Je ne

sais donc qui peut faire ce misérable larcin ; il n'y a pas
un grand goût à prendre des lettres, au degré de parenté
où nous sommes : si elles sont agréables, c'est un miracle ; ordinairement elles ne le sont pas. Enfin, voilà qui
est fait, sans que je puisse imaginer à qui je m'en dois
prendre. Dieu vous garde d'une plus grande perte !

Nous ne savons point la vie cachée de la Marans ;
mais Mme de la Fayette doit vous écrire ses visions passées, dès qu'elle aura une tête pour cela. Nous croyons
avoir entrevu un épisode d'un jeune prince, au milieu de
l'enivrement qui la rendoit si troublée ; et toutes ses paroles ramassées nous confirmoient cette vision. Je vous
fais entendre notre folie : elle vous sera expliquée plus
nettement.

Vous ne m'expliquez que trop bien les périls de votre
voyage. Je ne les comprends pas, c'est-à-dire je ne
comprends pas comment on s'y peut exposer. J'aimerois
mieux aller à l'occasion : j'affronterois plus aisément la
mort dans la chaleur du combat, avec l'émulation des
autres, et le bruit des trompettes, que de voir de grosses
vagues me marchander, et me mettre à loisir à deux
doigts de ma perte ; et d'un autre côté, vos Alpes, dont
les chemins sont plus étroits que vos litières, en sorte
que votre vie dépend de la fermeté du pied de vos mulets. Ma fille, cette pensée me fait transir depuis les
pieds jusqu'à la tête. Je suis servante de ces pays-là, je
n'irai de ma vie ; et je tremble quand je songe que vous
en venez. Jamais les amants de Mme de Monaco n'en
ont tant fait pour elle. Ce que vous dites du premier et
du dernier est admirable : c'est cela qui est une épi-
gramme. Ne parlâtes-vous point un peu de Madame ?
En est-elle consolée ? Est-elle bien estropiée ? Est-elle
bien désespérée de se voir au delà des Alpes ? Est-elle
dans l'attente de venir à Paris ? Je comprends la grande
joie qu'elle a eue de vous voir. Vos conversations doivent

avoir été infinies, et l'obligation d'une telle visite ne se
doit jamais oublier. Elle vous l'a rendue promptement;
mais ce n'est pas avec les mêmes circonstances.

Vous me parlez très-plaisamment de la princesse
d'Harcourt. Brancas s'est inquiété, je ne sais pourquoi;
il est à l'armée, volontaire, désespéré de mille choses,
qui n'évitera pas trop de rêver ou de s'endormir vis-à-
vis d'un canon : il ne voit guère d'autre porte pour
sortir de tous ses embarras. Il écrivoit l'autre jour à
Mme de Villars et à moi, et le dessus de la lettre étoit :
A Monsieur de Villars, à Madrid. Mme de Villars le
connoît, elle devina la vérité; elle ouvre la lettre, et y
trouve d'abord : *Mes très-chères*. Nous n'avons point encore fait réponse.

Vous dites que je ne vous dis rien de votre frère. Je
ne sais pourquoi; j'y pense à tout moment, et j'en suis
dans des inquiétudes extrêmes. Je l'aime fort, et il vit
avec moi d'une manière charmante. Ses lettres sont
aussi d'une manière, que si on les trouve jamais dans
ma cassette, on croira qu'elles sont du plus honnête
homme de mon temps : je ne crois pas qu'il y ait un air
de politesse et d'agrément pareil à celui qu'il a pour
moi. Cette guerre me touche donc au dernier point; il
est présentement dans l'armée du Roi, c'est-à-dire, à la
gueule au loup, comme les autres.

On ne sera pas longtemps sans apprendre de grandes
nouvelles : le cœur bat en attendant. Le marquis de
Castelnau a la petite vérole. On disoit hier que des
Marests, le fils du grand fauconnier, et Bouligneux,
étoient morts de maladie : si je ne vous mande point le
contraire avant que de fermer demain ma lettre à Paris,
c'est signe que cela est vrai. Je suis venue ici ce matin
toute seule dans une calèche, afin de remener ma petite; il faut qu'elle essaye un bonnet et une robe; je m'en
jouerai jusqu'à ce que je parte, et je ne la ramènerai

ici que trois jours devant. Elle se porte très-bien; elle
est aimable sans être belle; elle fait cent petites sottises
qui plaisent.

Mais la veuve de maître Paul est outrée : il s'est trouvé
une anicroche à son mariage. Son grand benêt d'amant
ne l'aime guère; il trouve Marie bien jolie, bien douce.
Ma fille, cela ne vaut rien, je vous le dis franchement :
je vous aurois fait cacher, si j'avois voulu être aimée. Ce
qui se passe ici est ce qui fait tous les romans, toutes les
comédies, toutes les tragédies,

> *In rozzi petti*
> *Tutte le fiamme, le furie d'amor.*

Il me semble que je vois un de ces petits Amours, qui
sont si bien dépeints dans le prologue de l'*Aminte*, qui
se cachent et qui demeurent dans les forêts. Je crois,
pour son honneur, que celui-là visoit à Marie; mais le
plus juste s'abuse : il a tiré sur la jardinière, et le mal
est incurable. Si vous étiez ici, cet original grossier vous
divertiroit extrêmement. Pour moi, j'en suis occupée, et
j'emmène Marie, pour l'empêcher de couper l'herbe sous
le pied de sa mère. Ces pauvres mères !

Je ne laisse pas de me promener avec plaisir; les chèvrefeuilles ne m'entêtent point. M. de Coulanges a une
belle passion pour le marquis de Villeroi. Il arriva hier
au soir. Sa femme, comme vous dites, a donné tout au
travers des louanges et des approbations. Cela est naturel; il faut avoir trop d'application pour ne le pas faire;
je me suis mirée dans sa lettre, mais je l'excuse mieux
qu'on ne m'excusoit.

Ne croyez point, ma fille, que la maladie de Mme de
la Fayette puisse m'arrêter : elle n'est pas en état de
faire peur; et puisque j'envisage bien de partir dans
l'état où est ma tante, il faut croire que rien ne peut
m'en empêcher. M. de Coulanges ne croyoit plus la re-

voir : il l'a trouvée méconnoissable. Elle ne prend plus
de plaisir à rien ; elle est à demi dans le ciel : c'est une
véritable sainte ; elle ne songe plus qu'à son grand
voyage, et comprend fort bien celui que je vais faire :
elle me donne congé d'un cœur déjà tout détaché de la
terre, entrant dans mes raisons. Cela touche sensiblement ; et j'admire le contre-poids que Dieu veut mettre
à la joie sensible que j'aurai de vous aller voir. Je laisserai ma tante à demi morte : cette idée blesse le cœur ;
et j'emporterai une inquiétude continuelle de mon fils.
Ah! que voilà bien le monde ! Vous dites qu'il faut se
désaccoutumer de souhaiter quelque chose ; ajoutez-y,
et de croire être parfaitement contente. Cet état n'est
pas réservé pour les mortels.

Vous êtes donc à Grignan? Eh bien, ma chère enfant,
tenez-vous-y jusqu'à ce que je vous en ôte. Notre cher
abbé pense comme moi, et la Mousse : vous ne vîtes jamais une petite troupe aller de si bon cœur à vous. Adieu,
ma très-aimable, jusqu'à demain à Paris. Je m'en vais
me promener et penser à vous très-assurément dans
toutes ces belles allées, où je vous ai vue mille fois.

Vous me flattez trop, mon cher Comte : je ne prends
qu'une partie de vos douceurs, qui est le remerciement
que vous me faites de vous avoir donné une femme qui
fait tout l'agrément de votre vie. Pour celui-là, je crois
que j'y ai un peu contribué. Pour votre autorité dans la
province, vous l'avez par vous-même, par votre mérite,
votre naissance, votre conduite : tout cela ne vient pas
de moi. Ah ! que vous perdez que je n'aie pas le cœur
content! Le Camus m'a prise en amitié; il dit que je
chante bien ses airs : il en a fait de divins; mais je suis
triste, et je n'apprends rien ; vous les chanteriez comme
un ange ; le Camus estime fort votre voix et votre science.
J'ai regret à ces sortes de petits agréments que nous né-

gligeons ; pourquoi les perdre ? Je dis toujours qu'il ne
faut point s'en défaire, et que ce n'est pas trop de tout.
Mais que faire quand on a un nœud à la gorge ? Vous
avez fait faire à ma fille le plus beau voyage du monde :
elle en est ravie ; mais vous l'avez bien menée par monts
et par vaux, et bien exposée sur vos Alpes, et aux flots
de votre Méditerranée. J'ai quasi envie de vous gronder,
après vous avoir embrassé tendrement.

Vendredi 3e juin.

Me voici à Paris, où je trouve que ces deux Messieurs ne sont pas si morts qu'ils l'étoient hier. La maréchale de Villeroi est à l'extrémité. Je ne sais rien de
l'armée. Adieu.

------

283. — DE MADAME DE SÉVIGNÉ
A MADAME DE GRIGNAN.

A Paris, lundi 6e juin.

Ma bonne, je ne reçus point hier de vos lettres : c'est
un grand chagrin pour moi. Je me suis imaginé que vous
aviez été occupée à recevoir Mme de Monaco. Ce qui me
console, c'est que vous êtes en lieu de planter choux, et
que vos Alpes, ni votre mer Méditerranée ne sauroient
plus vous faire périr. J'ai bien sué en pensant aux périls
de votre voyage.

Ma tante a reçu encore aujourd'hui le viatique dans
la pensée de faire le sien, où elle est appliquée avec une
dévotion angélique. Sa préparation, sa patience, sa résignation, sont des choses si peu naturelles, qu'il faut les
considérer comme autant de miracles qui persuadent la
religion. Elle est entièrement détachée de la terre ; son
état, quoique infiniment douloureux, est la chose du
monde la plus souhaitable à ceux qui sont véritablement
chrétiens. Elle nous chasse tous, comme je vous ai déjà

dit: et quoique nous ayons dessein de lui obéir, nous
croyons quelquefois qu'elle s'en ira plus tôt encore que
nous. Enfin nous voyons un jour; et si je n'étois accoutumée depuis quelque temps à ne point faire ce que je
desire, je vous manderois dès aujourd'hui de ne me plus
écrire. Mais non, j'aime mieux recevoir quelqu'une de
vos lettres à Grignan, que d'en manquer ici.

Voilà les nouvelles de M. de Pompone : voilà déjà un
nom de connoissance qui afflige. Dieu nous fasse la grâce
de n'en voir point d'autres! M. de la Rochefoucauld ne
sait encore rien : il sera sensiblement touché; car il est
patriarche, et connoît quasi aussi bien que moi la tendresse maternelle; il me pria fort hier de vous faire
mille amitiés pour lui. Mme de la Fayette me pria fort
aussi de vous dire l'état où elle est, afin que vous ne
soyez point surprise de ne point voir de ses lettres : la
fièvre tierce l'a reprise. Elle vous prie de croire que ce
n'est ni un prêtre ni un conseiller qui cause l'ennui de la
Marans : c'est un des mieux chaussés, dont nous ne savons pas le nom ni la devise, ni les couleurs, mais que
nous jugeons bien qui est à la guerre, à voir les sombres
horreurs dont elle est accablée. Si elle aimoit un conseiller, elle seroit gaillarde.

Dans ma lettre qui a été perdue, je crois que je répon-
dois à quelque chagrin que vous aviez d'une méchanceté
qu'on vous avoit faite : je vous mandois que si peut-être
vous en aviez dit davantage, on auroit bien pu deviner
d'où cette malice pouvoit venir. J'ai appris quelque chose
depuis de ce qui vous fâchoit : il y a des gens fort aler-
tes pour s'éclaircir des soupçons qu'ils ont sur certaines
gens. J'ai fait tous vos compliments à Langlade; il vous
y répondra. Nous sommes en peine aussi pour un premier président, que nous croyons que Monsieur de Marseille fera faire à Saint-Germain, au conseil de la Reine,
en l'absence du roi et de M. de Pompone, avec M. Col-

bert et M. le Tellier. Je mis hier Langlade en campagne pour parler à des gens qui nous doivent instruire,
et que nous voulons instruire à notre tour : il trouve que
l'amitié me donne de l'esprit et des vues ; je n'exécute
rien qu'avec de bons conseils. J'ai vu une lettre de vous
à Sainte-Marie, dont je vous loue fort et vous remercie
mille fois ; je n'ai jamais rien vu de si honnête et de si
politique : vous faites mieux que moi. M. de Coulanges,
M. de Guitaut m'en ont montré d'autres, dont vous êtes
louable d'une autre façon.

Vous savez bien que le marquis de Villeroi a quitté
Lyon et Mme de Coulanges, pour s'en aller, comme le
chevalier des armes noires, dans l'armée de l'électeur de
Cologne, voulant servir le Roi au moins dans l'armée de
ses alliés. Il y a plusieurs avis pour savoir s'il a bien ou
mal fait. Le Roi n'aime pas qu'on lui désobéisse ; peut-
être aussi qu'il aimera cette ardeur martiale : le succès
fera voir ce que l'on en doit juger. Voilà, ma bonne,
tout ce que je vous puis dire, et que je suis plus à vous
qu'à moi.

Je reçois tout présentement, ma bonne, votre lettre
du 27e, d'Aix et de Lambesc. Mon petit ami me fait
quelquefois de ces traits-là : je passe moi-même à la
poste ; il me dit qu'il n'y a rien pour moi : c'est qu'il
n'y a pas bien pris garde. N'importe, puisqu'enfin les
voilà. Ma bonne, vous aurez vu comme je croyois même
que vous ne m'écririez point du tout, à cause de votre
princesse. C'est la plus raisonnable excuse que vous me
puissiez donner ; je la comprends très-bien. Hélas ! vous
n'avez pas tous les jours de telles compagnies ; il faut
bien profiter de ces occasions que le bonheur et le hasard
vous envoient. Parlez-moi des déplaisirs qu'elle a eus de
la mort de Madame, et des espérances qu'elle a pour
Paris.

Vous avez donc eu des comédiens. Je vous réponds que de quelque façon que votre théâtre fût garni, il l'étoit toujours mieux que celui de Paris. J'en parlois l'autre jour en m'amusant avec Beaulieu. Il me disoit : « Madame, il n'y a plus que des garçons de boutique à la comédie ; il n'y a pas seulement des filous, ni des pages, ni des grands laquais : tout est à l'armée. » Quand on voit un homme dans les rues avec une épée, les petits enfants crient sur lui. Voilà quel est Paris présentement, mais il changera de face dans quelques mois.

Vous faites bien, ma bonne, de me demander pardon de dire que vous me laissez reposer de vos grandes lettres ; vous avez réparé cette faute très-promptement. Hélas ! ma bonne, c'est des petites dont il faut que je me repose. Vous êtes d'un très-bon commerce. Je n'eusse jamais cru que les miennes vous eussent été si agréables : je m'en estime plus que je ne faisois.

Vous me dites plaisamment que vous croiriez m'ôter quelque chose, en polissant vos lettres : gardez-vous bien d'y toucher, vous en feriez des pièces d'éloquence. Cette pure nature dont vous parlez est précisément ce qui est bon, ce qui plaît uniquement. Gardez bien votre aimable esprit : il a les yeux plus grands que ceux de votre tête, qui sont pourtant fort jolis, pour ce qu'ils contiennent !

Votre comparaison est plaisante, d'une femme grosse de neuf, dix, onze ou douze mois ; non, ma bonne, vous accoucherez heureusement ; votre enfant ne sera pas pétrifié.

Ne m'envoyez point vos eaux ni vos gants, vous me les donnerez à Grignan ; je ne ferai point d'autre provision que celle-là. Je vous manderai que je pars à l'heure que vous y penserez le moins. La maréchale de Villeroi se porte mieux. Il n'y a point de meilleures nouvelles que celles que je vous envoie ; j'en demande tou-

jours, et l'on prend plaisir à m'en dire, parce qu'on sait
bien que ce n'est pas pour moi. Ma bonne, je suis en
peine de vos jambes : pourquoi sont-elles enflées ? pourquoi la fièvre n'aura-t-elle pas de suite ? Il m'est impossible de ne pas souhaiter au moins d'être à demain, afin
d'avoir encore de vos nouvelles, et de cette fièvre que
vous dites qui n'aura point de suite. Je vous embrasse
avec une tendresse extrême.

---

284. — DE MADAME DE SÉVIGNÉ
A MADAME DE GRIGNAN.

A Paris, lundi 13ᵉ juin.

Ma petite, hélas ! vous avez été bien malade ; je comprends ce mal, et le crains comme un de ceux qui donnent le plus de frayeur. Sans la bonté qu'a eue M. de
Grignan de m'écrire, je vous avoue que j'aurois été dans
une inquiétude mortelle ; mais il vous aime si passionnément, que je le tiendrois peu en état de songer à soula-
ger mes inquiétudes, si vous aviez été un moment en
péril. J'attends demain avec impatience ; j'espère que
vous me direz vous-même comme vous vous portez, et
pourquoi vous vous êtes mise en colère ; j'y suis beaucoup contre ceux qui vous en ont donné sujet.

Voilà une lettre de mon fils qui vous divertira : ce sont
des détails qui font plaisir. Vous verrez que le Roi est si
parfaitement heureux, que désormais il n'aura qu'à dire
ce qu'il desire dans l'Europe, sans prendre la peine d'aller lui-même à la tête de son armée : on se trouvera
heureux de lui donner. Je suis assurée qu'il passera
l'Yssel comme la Seine. La terreur prépare partout une
victoire aisée : la joie de tous les courtisans est un bon
augure. Brancas me mande qu'on ne cesse de rire depuis le matin jusqu'au soir ; il m'écrit aussi une petite
histoire qu'il faut que je vous fasse savoir.

Dès que le vieux Bourdeille fut mort, M. de Montausier écrivit au Roi pour lui demander la charge de sénéchal de Poitou pour M. de Laurière son beau-frère. Le Roi lui accorda. Un peu après le jeune Matha la demanda, et dit au Roi qu'il y avoit très-longtemps que cette charge étoit dans leur maison. Le Roi écrivit à M. de Montausier, et le pria de la lui rendre, qu'il donneroit autre chose à M. de Laurière. M. de Montausier écrivit que pour lui il seroit ravi de le pouvoir faire ; mais que son beau-frère en ayant reçu les compliments dans la province, il étoit impossible, et qu'il pouvoit faire d'autres biens au petit Matha. Le Roi fut piqué, et se mordant les lèvres : « Eh bien ! dit-il, je la lui laisse pour trois ans ; mais je la donne ensuite pour toujours au petit Matha. » Ce contre-temps a été fâcheux pour M. de Montausier. C'étoit à M. de Grignan que je devois mander ceci ; il n'importe : ces deux lettres sont à tous deux, et n'en valent pas une bonne.

Vous n'aurez point de Provençal pour premier président, on m'en a fort assurée. Monsieur de Marseille me vint voir hier avec le marquis de Vence et deux députés ; je crus que c'étoit une harangue.

J'ai vu aussi M. de Tourrette, et j'ai dit adieu à M. de Laurens, qui vous va bien aimer à ce qu'il dit.

Adieu, ma très-chère bonne : je vous prie, soyez aise de me voir en quelque temps que ce soit. Songez à bannir les chiennes de punaises de ma chambre ; la pensée m'en fait mourir ; j'en suis accablée ici ; je ne sais où me mettre : ce doit être bien pis en Provence. Ma bonne, voilà une petite sotte bête de lettre, je ferois bien de dormir.

285. — DE MADAME DE SÉVIGNÉ
A MADAME DE GRIGNAN.

A Paris, vendredi 17e juin, à 11 heures du soir.

Aussitôt que j'ai eu envoyé mon paquet, j'ai appris, ma bonne, une triste nouvelle, dont je ne vous dirai pas le détail, parce que je ne le sais pas; mais je sais qu'au passage de l'Yssel, sous les ordres de Monsieur le Prince, M. de Longueville a été tué : cette nouvelle accable. Nous étions chez Mme de la Fayette avec M. de la Rochefoucauld, quand on nous l'a apprise, et en même temps la blessure de M. de Marsillac et la mort du chevalier de Marsillac, qui est mort de sa blessure. Enfin cette grêle est tombée sur lui en ma présence. Il a été très-vivement affligé. Ses larmes ont coulé du fond du cœur, et sa fermeté l'a empêché d'éclater.

Après ces nouvelles, je ne me suis pas donné la patience de rien demander. J'ai couru chez Mme de Pompone, qui m'a fait souvenir que mon fils est dans l'armée du Roi, laquelle n'a eu nulle part à l'action. Elle étoit réservée à Monsieur le Prince : on dit qu'il est blessé; on dit qu'il a passé la rivière dans un petit bateau; on dit que Nogent a été noyé; on dit que Guitry est tué; on dit que M. de Roquelaure et M. de la Feuillade sont blessés, qu'il y en a une infinité qui ont péri en cette rude occasion. Quand je saurai le détail de cette nouvelle, je vous le manderai.

Voilà Guitaut qui m'envoie un gentilhomme qui vient de l'hôtel de Condé : il me dit que Monsieur le Prince a été blessé à la main. M. de Longueville avoit forcé la barrière, où il s'étoit présenté le premier; il a été aussi le premier tué sur-le-champ; tout le reste est assez pareil : M. de Guitry noyé, et M. de Nogent aussi; M. de Marsillac blessé, comme j'ai dit, et une grande quantité d'autres qu'on ne sait pas encore. Mais enfin l'Yssel est passé. Monsieur le Prince l'a passé trois ou quatre fois en bateau, tout paisiblement, donnant ses ordres partout avec ce sang-froid et cette valeur divine que vous connoissez. On assure qu'après cette première difficulté on ne trouve plus d'ennemis : ils sont retirés dans leurs places. La blessure de M. de Marsillac est un coup de mousquet dans l'épaule, et dans la mâchoire, qui n'offense pas l'os. Adieu, ma chère enfant : j'ai l'esprit un peu hors de sa place, quoique mon fils soit dans l'armée du Roi ; il y aura tant d'occasions que cela fait mourir.

---

286. — DE MADAME DE SÉVIGNÉ AU COMTE
DE BUSSY RABUTIN.

Un mois après que j'eus écrit ces lettres (n° 278, p. 141), je reçus celle-ci de Mme de Sévigné.

A Paris, ce 19ᵉ juin 1672.

J'ai présentement dans ma chambre votre grand garçon. Je l'ai envoyé querir dans mon carrosse pour venir dîner avec moi. Mon oncle l'abbé, qui y étoit aussi, a présenté d'abord à mon neveu un grand papier plié, et l'ayant ouvert, il a trouvé que c'étoit une généalogie de Rabutin. Il en a été tout réjoui ; et il s'amuse présentement à regarder d'où il vient. Si tout d'un train il s'amuse à méditer où il va, nous ne dînerons pas sitôt ; mais je lui épargnerai la peine de faire cette méditation, en l'assurant qu'il va droit à la mort, et à une mort assez prompte, s'il fait votre métier (comme il y a beaucoup d'apparence). Je suis certaine que cette pensée ne l'empêchera pas de dîner : il est d'une trop bonne race pour être surpris d'une si triste nouvelle. Mais enfin je ne comprends pas qu'on puisse s'exposer mille fois (comme vous avez fait), et qu'on ne soit pas tué mille fois aussi. Je suis aujourd'hui bien remplie de cette réflexion. La

mort de M. de Longueville, celle de Guitry, de Nogent,
et de plusieurs autres ; les blessures de Monsieur le
Prince, de Marsillac, de Vivonne, de Montrevel, de Re-
vel, du comte de Sault, de Termes, et de mille gens inconnus, me donnent une idée bien funeste de la guerre.
Je ne comprends point le passage du Rhin à nage. Se
jeter dedans à cheval, comme des chiens après un cerf,
et n'être ni noyé, ni assommé en abordant, tout cela
passe tellement mon imagination que la tête m'en
tourne. Dieu a conservé mon fils jusques ici ; mais peut-
on compter sur ceux qui sont à la guerre?

Adieu, mon cher cousin, je m'en vais dîner. Je trouve
votre fils bien fait et aimable. Je suis fort aise que vous
aimiez mes lettres. On ne peut être à votre goût sans
beaucoup de vanité.

---

287. — DE MADAME DE SÉVIGNÉ
A MADAME DE GRIGNAN.

A Paris, 20ᵉ juin.

Il m'est impossible de me représenter l'état où vous
avez été, ma bonne, sans une extrême émotion, et quoique je sache que vous en êtes quitte. Dieu merci, je ne
puis tourner les yeux sur le passé sans une horreur qui
me trouble. Hélas ! que j'étois mal instruite d'une santé
qui m'est si chère ! Qui m'eût dit en ce temps-là : « Votre
fille est plus en danger que si elle étoit à l'armée ? »
Hélas ! j'étois bien loin de le croire, ma pauvre bonne.
Faut-il donc que je trouve cette tristesse avec tant d'autres qui se trouvent présentement dans mon cœur ! Le
péril extrême où se trouve mon fils, la guerre qui s'é-
chauffe tous les jours, les courriers qui n'apportent plus
que la mort de quelqu'un de nos amis ou de nos connois-
sances et qui peuvent apporter pis, la crainte qu'on a des
mauvaises nouvelles et la curiosité qu'on a de les ap-

prendre, la désolation de ceux qui sont outrés de douleur, avec qui je passe une partie de ma vie ; l'inconce-
vable état de ma tante, et l'envie que j'ai de vous voir :
tout cela me déchire et me tue, et me fait mener une vie
si contraire à mon humeur et à mon tempérament,
qu'en vérité il faut que j'aie une bonne santé pour y
résister.

Vous n'avez jamais vu Paris comme il est. Tout le
monde pleure, ou craint de pleurer. L'esprit tourne à la
pauvre Mme de Nogent. Mme de Longueville fait fendre
le cœur, à ce qu'on dit : je ne l'ai point vue, mais voici
ce que je sais. Mlle de Vertus étoit retournée depuis
deux jours au Port-Royal, où elle est presque toujours.
On est allé la quérir, avec M. Arnauld, pour dire cette
terrible nouvelle. Mlle de Vertus n'avoit qu'à se montrer : ce retour si précipité marquoit bien quelque chose
de funeste. En effet, dès qu'elle parut : « Ah ! Mademoiselle, comme se porte Monsieur mon frère ? » Sa
pensée n'osa aller plus loin. « Madame, il se porte bien
de sa blessure. — Il y a eu un combat. Et mon fils ? »
On ne lui répondit rien. « Ah ! Mademoiselle, mon fils,
mon cher enfant, répondez-moi, est-il mort ? — Madame, je n'ai point de paroles pour vous répondre. —
Ah ! mon cher fils ! est-il mort sur-le-champ ? N'a-t-il
pas eu un seul moment ? Ah ! mon Dieu ! quel sacrifice ! »
Et là-dessus elle tombe sur son lit, et tout ce que la plus
vive douleur put faire, et par des convulsions, et par des
évanouissements, et par un silence mortel, et par des
cris étouffés, et par des larmes amères, et par des élans
vers le ciel, et par des plaintes tendres et pitoyables, elle
a tout éprouvé. Elle voit certaines gens. Elle prend des
bouillons, parce que Dieu le veut. Elle n'a aucun repos.
Sa santé, déjà très-mauvaise, est visiblement altérée.
Pour moi, je lui souhaite la mort, ne comprenant pas
qu'elle puisse vivre après une telle perte.

Il y a un homme dans le monde qui n'est guère moins touché; j'ai dans la tête que s'ils s'étoient rencontrés tous deux dans ces premiers moments, et qu'il n'y eût eu que le chat avec eux, je crois que tous les autres sentiments auroient fait place à des cris et à des larmes, qu'on auroit redoublés de bon cœur : c'est une vision. Mais enfin quelle affliction ne montre point notre grosse marquise d'Uxelles sur le pied de la bonne amitié! Ses maîtresses ne s'en contraignent pas. Toute sa pauvre maison revient; et son écuyer, qui vint hier, ne paroît pas un homme raisonnable. Cette mort efface les autres.

Un courrier d'hier au soir apporte la mort du comte du Plessis, qui faisoit faire un pont. Un coup de canon l'a emporté. On assiége Arnheim : on n'a pas attaqué le fort de Schenk, parce qu'il y a huit mille hommes dedans. Ah! que ces beaux commencements seront suivis d'une fin tragique pour bien des gens! Dieu conserve mon pauvre fils! Il n'a pas été de ce passage. S'il y avoit quelque chose de bon à un tel métier, ce seroit d'être attaché à une charge, comme il est. Mais la campagne n'est point finie.

Au milieu de nos chagrins, la description que vous me faites de Mme Colonne et de sa sœur est une chose divine; elle réveille malgré qu'on en ait; c'est une peinture admirable. La comtesse de Soissons et Mme de Bouillon sont en furie contre ces folles, et disent qu'il les faut enfermer; elles se déclarent fort contre cette extravagante folie. On ne croit pas aussi que le Roi veuille fâcher Monsieur le Connétable, qui est assurément le plus grand seigneur de Rome. En attendant, nous les verrons arriver comme Mlle de l'Étoile : la comparaison est admirable.

Voilà des relations; il n'y en a pas de meilleures. Vous verrez dans toutes que M. de Longueville est cause de sa mort et de celle des autres, et que Monsieur le

Prince a été père uniquement dans cette occasion, et point du tout général d'armée. Je disois hier, et l'on m'approuva, que si la guerre continue, Monsieur le Duc sera la cause de la mort de Monsieur le Prince; son amour pour lui passe toutes ses autres passions. La Marans est abîmée; elle dit qu'elle voit bien qu'on lui cache les nouvelles, et qu'avec M. de Longueville, Monsieur le Prince et Monsieur le Duc sont morts aussi; et qu'on lui dise, et qu'au nom de Dieu on ne l'épargne point; qu'aussi bien elle est dans un état qu'il est inutile de ménager. Si on pouvoit rire, on riroit. Hélas! si elle savoit combien on songe peu à lui cacher quelque chose, et combien chacun est occupé de ses douleurs et de ses craintes, elle ne croiroit pas qu'on eût tant d'application à la tromper.

Mon Dieu, ma bonne, j'ai oublié de vous dire que votre M. de Laurens vous porte un petit paquet que je vous donne; mais c'est de si bon cœur, et il me semble qu'il est si bien choisi, que si vous pensez me venir faire des prônes et des discours et des refus, vous me fâcherez et vous me décontenancerez au dernier point.

Les nouvelles que je vous mande sont d'original : c'est de Gourville qui étoit avec Mme de Longueville, quand elle a reçu la nouvelle. Tous les courriers viennent droit à lui. M. de Longueville avoit fait son testament avant que de partir. Il laisse une grande partie de son bien à un fils qu'il a, qui, à mon avis, paroîtra sous le nom de chevalier d'Orléans, sans rien coûter à ses parents, quoiqu'ils ne soient pas gueux. Savez-vous où l'on mit le corps de M. de Longueville? dans le même bateau où il avoit passé tout vivant. Deux heures après, Monsieur le Prince le fit mettre près de lui, couvert d'un manteau, dans une douleur sensible. Il étoit blessé aussi, et plusieurs autres, de sorte que ce retour est la plus triste chose du monde. Ils sont dans une ville au deçà du

Rhin, qu'ils ont passé pour se faire panser. On dit que le chevalier de Montchevreuil, qui étoit à M. de Longueville, ne veut pas qu'on le panse d'une blessure qu'il a eue auprès de lui.

J'ai reçu une lettre de mon fils. Il n'étoit pas à cette première expédition; mais il sera d'une autre : peut-on trouver quelque sûreté dans un tel métier? Il est sensiblement touché de M. de Longueville. Je vous conseille d'écrire à M. de la Rochefoucauld sur la mort de son chevalier et sur la blessure de M. de Marsillac. J'ai vu son cœur à découvert dans cette cruelle aventure; il est au premier rang de ce que j'ai jamais vu de courage, de mérite, de tendresse et de raison. Je compte pour rien son esprit et son agrément. Je ne m'amuserai point aujourd'hui à vous dire combien je vous aime. J'embrasse M. de Grignan et le Coadjuteur.

A dix heures du soir.

Il y a deux heures que j'ai fait mon paquet, et en revenant de la ville je trouve la paix faite, selon une lettre qu'on m'a envoyée. Il est aisé de croire que toute la Hollande est en alarme et soumise : le bonheur du Roi est au-dessus de tout ce qu'on a jamais vu. On va commencer à respirer; mais quel redoublement de douleur à Mme de Longueville, et à ceux qui ont perdu leurs chers enfants! J'ai vu le maréchal du Plessis, il est très-affligé, mais en grand capitaine. La maréchale pleure amèrement, et la Comtesse est fâchée de n'être point duchesse; et puis c'est tout. Ah! ma fille, sans l'emportement de M. de Longueville, songez que nous aurions la Hollande, sans qu'il nous en eût rien coûté.

288. — DE MADAME DE SÉVIGNÉ
A MADAME DE GRIGNAN.

A Paris, vendredi 24e juin.

Je suis présentement dans la chambre de ma tante. Si vous la pouviez voir en l'état où elle est, vous ne douteriez pas que je ne partisse demain matin. Elle a reçu tantôt le viatique pour la dernière fois; mais comme son mal est d'être entièrement consumée, cette dernière goutte d'huile ne se trouve pas sitôt. Elle est debout, c'est-à-dire dans sa chaise, avec sa robe de chambre, sa cornette, une coiffe noire par-dessus, et ses gants. Nulle senteur, nulle malpropreté dans sa chambre; mais son visage est plus changé que si elle étoit morte depuis huit jours. Les os lui percent la peau; elle est entièrement étique et desséchée; elle n'avale qu'avec des difficultés extrêmes; elle a perdu la parole. Vesou lui a signifié son arrêt : elle ne prend plus de remèdes; la nature ne retient plus rien; elle n'est quasi plus enflée, parce que l'hydropisie a causé le desséchement; elle n'a plus de douleurs, parce qu'il n'y a plus rien à consumer. Elle est fort assoupie, mais elle respire encore; et voilà à quoi elle tient. Elle a eu des froids et des foiblesses qui nous ont fait croire qu'elle étoit passée; on a voulu une fois lui donner l'extrême-onction. Je ne quitte plus ce quartier, de peur d'accident. Je vous assure que, quoi que je voie au delà, cette dernière scène me coûtera bien des larmes. C'est un spectacle difficile à soutenir, quand on est tendre comme moi. Voilà, ma chère fille, où nous en sommes. Il y a trois semaines qu'elle nous donna à tous congé, parce qu'elle avoit encore un reste de cérémonie; mais présentement que le masque est ôté, elle nous a fait entendre, à l'abbé et à moi, en nous tendant la main, qu'elle recevoit une extrême con-

solation de nous avoir tous deux dans ces derniers moments. Cela nous creva le cœur, et nous fit voir qu'on
joue longtemps la comédie, et qu'à la mort on dit la vérité. Je ne vous dis plus, ma fille, le jour de mon départ :

> Comment vous le pourrois-je dire ?
> Rien n'est plus incertain que l'heure de la mort.

Mais enfin, pourvu que vous vouliez bien ne nous point
mander de ne pas partir, il est très-certain que nous
partirons. Laissez-nous donc faire. Vous savez comme je
hais les remords : ce m'eût été un dragon perpétuel que
de n'avoir pas rendu les derniers devoirs à ma pauvre
tante. Je n'oublie rien de ce que je crois lui devoir dans
cette triste occasion.

Je n'ai point vu Mme de Longueville : on ne la voit
point; elle est malade. Il y a eu des personnes distin-
guées, mais je n'en ai pas été, et n'ai point de titre pour
cela. Il ne paroît pas que la paix soit si proche comme
je vous l'avois mandé; mais il paroît un air d'intelligence partout, et une si grande promptitude à se rendre, qu'il semble que le Roi n'ait qu'à s'approcher d'une
ville pour qu'on se rende à lui. Sans l'excès de bravoure de M. de Longueville, qui lui a causé la mort et à
beaucoup d'autres, tout auroit été à souhait; mais, en
vérité, toute la Hollande ne vaut pas un tel prince. N'oubliez pas d'écrire à M. de la Rochefoucauld sur la mort
de son chevalier, et la blessure de M. de Marsillac; n'allez pas vous fourvoyer : voilà ce qui l'afflige. Hélas! je
mens : entre nous, ma fille, il n'a pas senti la perte du
chevalier, et il est inconsolable de celui que tout le monde
regrette. Il faut écrire aussi au maréchal du Plessis. Tous
nos pauvres amis sont encore en santé. Le petit la Troche a passé des premiers à la nage; on l'a distingué.
Dites-en un mot à sa mère, si je suis encore ici : cela
lui fera plaisir.

Ma pauvre tante me pria l'autre jour par signes de vous faire mille amitiés, et de vous dire adieu; elle nous fit pleurer. Elle a été en peine de la pensée de votre maladie. Notre abbé vous en fait mille compliments; il ne vous a point écrit : il faut que vous lui disiez toujours quelque petite douceur, pour lui soutenir l'extrême envie qu'il a de vous aller voir. Vous êtes présentement à Grignan; j'espère que j'y serai à mon tour aussi bien que les autres : hélas! je suis toute prête. Admirez mon malheur; c'est assez que je desire quelque chose, pour y trouver de l'embarras. Je suis très-contente des soins et de l'amitié du Coadjuteur. Je ne lui écrirai point, il m'en aimera mieux : je serai ravie de le voir et de causer avec lui.

Le marquis de Villeroi est renvoyé à Lyon; le Roi n'a pas voulu qu'il soit demeuré. Jarzé étoit avec Monsieur de Munster; il a eu permission de se faire assommer, et il y a bien réussi. Vous savez que Jarzé étoit aussi exilé.

---

289. — DU COMTE DE BUSSY RABUTIN
A MADAME DE SÉVIGNÉ.

Le lendemain du jour que je reçu cette lettre (n° 286, p. 163), j'y fis cette réponse.

A Chaseu, ce 26e juin.

Ne diroit-on pas, comme vous en parlez, Madame, qu'il n'y a que les gens de guerre qui meurent? Cependant la vérité est que la guerre ne fait que hâter la mort de quelques-uns qui auroient vécu davantage s'ils n'y étoient point allés. Pour moi, je me suis trouvé en plusieurs occasions assez périlleuses sans avoir seulement été blessé. Mon malheur a roulé sur d'autres choses; et pour parler franchement, j'aime mieux vivre moins heureux que d'être mort jeune. Il y a cent mille gens

qui ont été tués à la première occasion où ils se sont
trouvés, et cent mille autre à la seconde : *Così l'a voluto
il fato.*

Cependant je vous vois dans de grandes alarmes; mais
il faut que je vous rassure, Madame, en vous apprenant
qu'on fait quelquefois dix campagnes sans tirer une fois
l'épée, et qu'on se trouve souvent en des batailles sans
voir l'ennemi : par exemple, quand on est à la seconde
ligne, ou à l'arrière-garde, et que la première ligne a décidé du combat, comme il arriva à la bataille des Dunes
en 1658.

Dans une guerre de campagne, les officiers de cavalerie courent plus de hasard que les autres. Dans une
guerre de siége, les officiers d'infanterie sont mille fois
plus exposés. Et sur cela, Madame, il faut que je vous
dise ce que M. de Turenne m'a conté avoir ouï dire au
feu prince d'Orange Guillaume : que les jeunes filles
croyoient que les hommes étoient toujours en état; et que
les moines croyoient que les gens de guerre avoient toujours, à l'armée, l'épée à la main.

L'intérêt que vous avez à cette campagne, vous fait
faire des réflexions que vous n'aviez jamais faites. Si
Monsieur votre fils n'étoit pas là, vous regarderiez cette
action comme cent autres dont vous avez ouï parler sans
être émue, et vous trouveriez seulement de la hardiesse
au passage du Rhin, où vous trouvez aujourd'hui de la
témérité. Croyez-moi, ma chère cousine, la plupart des
choses ne sont grandes ou petites, qu'autant que notre
esprit les fait ainsi.

Le passage du Rhin à nage est une belle action, mais
elle n'est pas si téméraire que vous pensez. Deux mille
chevaux passent pour en aller attaquer quatre ou cinq
cents. Les deux mille sont soutenus d'une grande armée,
où le Roi est en personne, et les quatre ou cinq cents
sont des troupes épouvantées par la manière brusque et

vigoureuse dont on a commencé la campagne. Quand
les Hollandois auroient eu plus de fermeté en cette
rencontre, ils n'auroient tué qu'un peu plus de gens,
et enfin ils auroient été accablés par le nombre. Si le
prince d'Orange avoit été à l'autre bord du Rhin avec
son armée, je ne pense pas que l'on eût essayé de passer à nage devant lui, et c'est ce qui auroit été téméraire, si on l'avoit hasardé. Cependant c'est ce que fit
Alexandre au passage du Granique. Il passa avec quarante mille hommes cette rivière à nage, malgré cent
mille qui s'y opposoient. Il est vrai que s'il eût été battu,
on auroit dit que c'eût été un fou; et ce ne fut que parce
qu'il réussit, que l'on dit qu'il avoit fait la plus belle
action du monde.

Je suis fort aise, ma chère cousine, que votre déchaîne-
ment contre la guerre n'ait d'autre raison que la crainte
de l'avenir, et que M. de Sévigné se soit tiré heureusement d'affaires. Il faut espérer qu'il sera toujours aussi
heureux. Ce n'est pas que le maréchal de la Ferté ne
dise que la guerre dit : *Attends-moi, je t'aurai.* Mandez-
moi si Monsieur votre fils étoit commandé de passer. Si
mon fils vous plaît, Madame, il peut bien plaire à d'autres : vous avez le goût bon.

------

290. — DE MADAME DE SÉVIGNÉ
A MADAME DE GRIGNAN.

A Paris, lundi 27ᵉ juin.

Ma pauvre tante reçut hier l'extrême-onction. Vous
ne vîtes jamais un spectacle plus triste. Elle respire encore, voilà tout ce que je vous puis dire; vous saurez le
reste dans son temps; mais enfin il est impossible de
n'être pas sensiblement touchée de voir finir si cruellement une personne qu'on a toujours aimée et fort hono-

..

rée. Vous dites là-dessus tout ce qui se peut dire de
plus honnête et de plus raisonnable. J'en userai selon
vos avis, et après avoir décidé, je vous ferai part de la
victoire, et partirai sans avoir les remords et les inquiétudes que je prévoyois : tant il est impossible de ne se
pas tromper dans tout ce que l'on pense! J'avois imaginé
que je serois déchirée entre le déplaisir de quitter ma
tante et les craintes de la guerre pour mon fils. Dieu a
mis ordre à l'un, je rendrai tous mes derniers devoirs ;
et le bonheur du Roi a pourvu à l'autre, puisque toute
la Hollande se rend sans résistance, et que les députés
sont à la cour, comme je vous l'avois mandé l'autre jour.
Ainsi, ma fille, défaisons-nous de croire que nous puissions rien penser de juste sur l'avenir; et considérons
seulement le malheur de Mme de Longueville, puisque
c'est une chose passée : voilà sur quoi nous pouvons
parler. Enfin la guerre n'a été faite que pour tuer son
pauvre enfant. Le moment d'après tout se tourne à la
paix; et enfin le Roi n'est plus occupé qu'à recevoir les
députés des villes qui se rendent. Il reviendra comte de
Hollande. Cette victoire est admirable, et fait voir que
rien ne peut résister aux forces et à la conduite de Sa
Majesté. Le plus sûr, c'est de l'honorer et de le craindre,
et de n'en parler qu'avec admiration.

J'ai vu enfin Mme de Longueville. Le hasard me plaça
près de son lit : elle m'en fit approcher encore davantage,
et me parla la première; car pour moi, je ne sais point
de paroles dans une telle occasion. Elle me dit qu'elle ne
doutoit pas qu'elle ne m'eût fait pitié, que rien ne manquoit à son malheur. Elle me parla de Mme de la
Fayette, de M. d'Hacqueville, comme de ceux qui la
plaindroient le plus. Elle me parla de mon fils, et de
l'amitié que son fils avoit pour lui. Je ne vous dis point
mes réponses : elles furent comme elles devoient être;
et, de bonne foi, j'étois si touchée que je ne pouvois pas

mal dire; la foule me chassa. Mais enfin la circonstance
de la paix est une sorte d'amertume qui me blesse jusqu'au cœur quand je me mets à sa place. Quand je me
tiens à la mienne, j'en loue Dieu, puisqu'elle conserve
mon pauvre Sévigné et tous nos amis.

Vous êtes présentement à Grignan. Vous me voulez
effrayer de la pensée de ne me point promener, et de
n'avoir ni poires, ni pêches; mais, ma très-aimable,
vous y serez peut-être. Et quand je serai lasse de compter vos solives, ne pourrai-je point aller sur vos belles
terrasses? et ne me voulez-vous point donner des figues
et des muscats? Vous avez beau dire que je m'exposerai
à la sécheresse du pays; espérant bien de n'en trouver
que là, je prévois seulement une brouillerie entre nous :
c'est que vous voudrez que j'aime votre fils plus que
votre fille, et je ne crois pas que cela puisse être; je me
suis tellement engagée d'amitié avec cette petite, que je
sens un véritable chagrin de ne la pouvoir mener.

M. de la Rochefoucauld est fort en peine de la blessure
de M. de Marsillac : il craint que son malheur ne lui
donne la gangrène. Je ne sais si vous devez écrire à
Mme de Longueville; je crois qu'oui.

On a fait une assez plaisante folie de la Hollande : c'est
une comtesse âgée d'environ cent ans; elle est bien malade; elle a autour d'elle quatre médecins : ce sont les
rois d'Angleterre, d'Espagne, de France et de Suède. Le
roi d'Angleterre lui dit : « Montrez la langue : ah! la
mauvaise langue! » Le roi de France tient le pouls et dit :
« Il faut une grande saignée. » Je ne sais ce que disent
les deux autres, car je suis abîmée dans la mort; mais
enfin cela est assez juste et assez plaisant.

Je suis fort aise que vous ne soyez point grosse. Vous
serez bientôt remise de tous vos autres maux. Je n'ai pas
de foi à votre laideur. J'ai vu deux ou trois Provençaux :
j'ai oublié leurs noms; mais enfin la Provence m'est de-

venue fort chère; elle m'a effacé la Bretagne et la Bourgogne : je les méprise.

---

291. — DE MADAME DE SÉVIGNÉ
A MADAME DE GRIGNAN.

.... La proposition de m'envoyer un billet de votre main est une belle chose : il ne tiendroit qu'à moi, ma bonne, de m'en offenser. Vous le feriez bien, si vous étiez en ma place. Je vous prie aussi de ne point monter aux nues ni me contraindre sur certaines choses. Laissez-moi la liberté de faire quelquefois ce que je veux; je souffre assez toute ma vie en ne vous donnant pas ce que je voudrois. Quand j'ai rangé de certaines choses, c'est me blesser le cœur que de s'y opposer si vivement; il y a sur cela une hauteur qui déplaît et qui n'est point tendre. Je ne vous donne pas souvent sujet de vous fâcher; mais laissez-moi du moins la liberté de croire que je pourrois contenter mes desirs là-dessus, si j'étois assez heureuse pour le pouvoir faire.

Vous ne me faites point connoître si les avis que je vous donne quelquefois sur votre dépense vous déplaisent ou non; vous deviez m'en dire un mot. En attendant je vous dirai, ma bonne, que j'admire que, M. de Grignan et vous n'aimant point la Porte, lui vous servant très-mal, il ait reçu une fois cinquante louis, qu'il ait été sur le point de s'en aller et que vous n'ayez pas été ravie de vous en défaire. Quel bizarre raccommodement! A quoi vous sert-il? Quelle foiblesse! Vous avez Pommier qui vous donne la main, et l'autre vous morgue et gagne votre argent au jeu : où aviez-vous mis votre bon esprit?

Je crois, ma bonne, que l'amitié que j'ai pour vous et l'intérêt que je prends à tout ce qui vous touche, vous

doit faire recevoir agréablement ce que je vous dis. Mandez-moi si je me trompe.

———

292. — DE MADAME DE SÉVIGNÉ
A MADAME DE GRIGNAN.

A Paris, vendredi 1er juillet.

Enfin, ma fille, notre chère tante a fini sa malheureuse vie. La pauvre femme nous a bien fait pleurer dans
cette triste occasion ; et pour moi, qui suis tendre aux
larmes, j'en ai beaucoup répandu. Elle mourut hier matin à quatre heures, sans que personne s'en aperçût : on
la trouva morte dans son lit. La veille, elle étoit extraor-
dinairement mal, et par inquiétude elle voulut se lever ;
elle étoit si foible, qu'elle ne pouvoit se tenir dans sa
chaise, et s'affaissoit et couloit jusqu'à terre ; on la re-
levoit. Mlle de la Trousse se flattoit, et trouvoit que
c'étoit qu'elle avoit besoin de nourriture. Elle avoit des
convulsions à la bouche : elle disoit que c'étoit un embarras que le lait avoit fait dans sa bouche et dans ses
dents. Pour moi, je la trouvois très-mal. A onze heures,
elle me fit signe de m'en aller ; je lui baisai la main, elle
me donna sa bénédiction, et je partis. Ensuite elle prit
son lait par complaisance pour Mlle de la Trousse ; mais
en vérité, elle ne put rien avaler, et lui dit qu'elle n'en
pouvoit plus. On la recoucha, elle chassa tout le monde,
et dit qu'elle s'en alloit dormir. A trois heures, elle eut
besoin de quelque chose, et fit encore signe qu'on la
laissât en repos. A quatre heures, on dit à Mlle de la
Trousse que sa mère dormoit ; elle dit qu'il ne falloit pas
l'éveiller pour prendre son lait. A cinq heures, elle dit
qu'il falloit voir si elle dormoit. On approche de son lit,
on la trouve morte. On crie, on ouvre les rideaux ; ma
cousine se jette sur cette pauvre femme, elle la veut
réchauffer, ressusciter : elle l'appelle, elle crie, elle se

désespère; enfin on l'arrache, et on la met par force dans
une autre chambre. On me vient avertir; je cours tout
émue; je trouve cette pauvre tante toute froide, et couchée si à son aise, que je ne crois pas que depuis six
mois elle ait eu un moment si doux que celui de sa mort.
Elle n'étoit quasi point changée, à force de l'avoir été
auparavant. Je me mis à genoux, et vous pouvez penser
si je pleurai abondamment en voyant ce triste spectacle.
J'allai ensuite voir Mlle de la Trousse, dont la douleur
fend les pierres; je les amenai toutes deux ici : le soir,
Mme de la Trousse vint prendre ma cousine pour la
mener chez elle, et à la Trousse dans trois jours, en
attendant le retour de M. de la Trousse. Mlle de Méri a
couché ici : nous avons été ce matin au service; elle retourne ce soir chez elle, parce qu'elle le veut; et me voilà
prête à partir. Ne m'écrivez donc plus, ma belle. Pour
moi, je vous écrirai encore; car quelque diligence que je
puisse faire, je ne puis quitter encore de quelques jours,
mais je ne puis plus recevoir de vos lettres ici.

Vous ne m'avez point écrit le dernier ordinaire; vous
deviez m'en avertir pour m'y préparer. Je ne vous puis
dire quel chagrin cet oubli m'a donné, et de quelle longueur m'a paru cette semaine : c'est la première fois que
cela vous est arrivé. J'aime encore mieux en avoir été
plus touchée par n'y être pas accoutumée. J'en espère
dimanche. Adieu donc, ma chère enfant.

On m'a promis une relation, je l'attends. Il me semble
que le Roi continue toujours ses conquêtes. Vous ne
m'avez pas dit un mot sur la mort de M. de Longueville,
ni sur tout le soin que j'ai eu de vous instruire, ni sur
toutes mes lettres : je parle à une sourde ou à une muette.
Je vois bien qu'il faut que j'aille à Grignan : vos soins
sont usés, on voit la corde. Adieu donc jusqu'au revoir.
Notre abbé vous fait mille amitiés; il est adorable du
bon courage qu'il a de vouloir venir en Provence.

293. — DE MADAME DE SÉVIGNÉ
A MADAME DE GRIGNAN.

A Paris, dimanche 3e juillet.

Je m'en vais à Livry mener ma petite-enfant. Ne vous
mettez nullement en peine d'elle : j'en ai des soins extrêmes, et je l'aime assurément beaucoup plus que vous
ne l'aimez. J'irai demain dire adieu à M. d'Andilly, et
reviendrai mardi, pour achever quelques bagatelles, et
partir ce qui s'appelle incessamment. Je laisse cette lettre
à ma belle Troche, qui se charge de vous mander toutes
les nouvelles. Elle s'en acquittera mieux que moi : l'intérêt qu'elle a dans l'armée la rend mieux instruite qu'une
autre, et principalement qu'une autre qui depuis quatre
jours n'a vu que des larmes, du deuil, des services, des
enterrements, et la mort enfin.

Je vous avoue que j'ai été fort accablée de chagrin,
quand mon laquais est venu me dire qu'il n'y avoit point
de lettres pour moi à la poste. Voici la deuxième fois que
je n'ai pas un mot de vous. Je crois que ce pourroit être
la faute de la poste, ou de votre voyage; mais cela ne
laisse pas de déplaire beaucoup. Comme je ne suis point
accoutumée à la peine que je souffre dans cette occasion,
je la soutiens d'assez mauvaise grâce. Vous avez été si
malade, qu'il me semble toujours qu'il vous arrivera
quelque malheur; et vous en avez été si entourée depuis
que vous n'êtes plus avec moi, que j'ai raison de les
craindre tous, puisque vous n'en craignez pas un. Adieu,
ma très-chère, je vous en dirois davantage si j'avois reçu
de vos nouvelles.

294. — DE MADAME DE SÉVIGNÉ
A MADAME DE GRIGNAN.

A Livry, ce dimanche au soir 3e juillet.

Hélas! ma bonne, j'ai bien des excuses à vous faire
de la lettre que je vous ai écrite tantôt en partant pour
venir ici. Je n'avois point reçu votre lettre; mon ami de
la poste m'avoit mandé que je n'en avois point; j'étois
au désespoir. J'ai laissé le soin à Mme de la Troche
de vous mander toutes les nouvelles, et je suis partie
là-dessus.

Il est dix heures du soir; et M. de Coulanges que
j'aime comme ma vie, et qui est le plus joli homme du
monde, m'envoie votre lettre qu'il a reçue dans son
paquet; et pour me donner cette joie, il ne craint point
d'envoyer son laquais au clair de la lune : il est vrai, ma
bonne, qu'il ne s'est pas trompé dans l'opinion de m'a-
voir fait un grand plaisir; il est très-sensible, je vous
l'avoue; et je crois même que vous n'en doutez pas.

Je suis fâchée que vous ayez perdu un de mes paquets;
comme ils sont pleins de nouvelles, cela vous dérange,
et vous ôte du train de ce qui se passe.

Vous devez avoir reçu des relations fort exactes, qui
vous auront fait voir que le Rhin étoit mal défendu; le
grand miracle, c'est de l'avoir passé à la nage. Monsieur
le Prince et ses Argonautes étaient dans un bateau, et
l'escadron qu'ils attaquèrent demandoit quartier, lorsque le malheur voulut que M. de Longueville, qui sans
doute ne l'entendit pas, poussé d'une bouillante ardeur,
monté sur son cheval qu'il avoit traîné après lui, et
voulant être le premier, ouvre la barricade derrière quoi
ils étoient retranchés, et tue le premier qui se trouve
sous sa main : en même temps on le perce de cinq ou
six coups. Monsieur le Duc le suit, Monsieur le Prince

suit son fils, et tous les autres suivent Monsieur le Prince : voilà où se fit la tuerie, qu'on auroit, comme vous voyez, très-bien évitée, si l'on eût su l'envie que ces gens-là avoient de se rendre ; mais tout est marqué dans l'ordre de la Providence.

M. le comte de Guiche a fait une action dont le succès le couvre de gloire ; car, si elle eût tourné autrement, il eût été criminel. On l'envoie reconnoître si la rivière est guéable ; il dit qu'oui : elle ne l'est pas ; des escadrons entiers passent à la nage sans se déranger ; il est vrai qu'il est le premier : cela ne s'est jamais hasardé ; cela réussit, il enveloppe des escadrons, et les force à se rendre : vous voyez bien que son bonheur et sa valeur ne se sont point séparés ; mais vous devez avoir de grandes relations de tout cela.

Un chevalier de Nantouillet étoit tombé de cheval : il va au fond de l'eau, il revient, il retourne, il revient encore : enfin il trouve la queue d'un cheval, s'y attache ; ce cheval le mène à bord, il monte sur le cheval, se trouve à la mêlée, reçoit deux coups dans son chapeau, et revient gaillard : voilà qui est d'un sang-froid qui me fait souvenir d'Oronte, prince des Massagètes.

Au reste, il n'est rien de plus vrai que M. de Longueville avoit été à confesse avant que de partir. Comme il ne se vantoit jamais de rien, il n'en avoit pas même fait sa cour à Madame sa mère ; mais ce fut une confession conduite par nos amis, dont l'absolution fut différée plus de deux mois. Cela s'est trouvé si vrai, que Mme de Longueville n'en peut pas douter : vous pouvez penser quelle consolation. Il faisoit une infinité de libéralités et de charités que personne ne savoit, et qu'il ne faisoit qu'à condition qu'on n'en parlât point. Jamais un homme n'a eu tant de solides vertus ; il ne lui manquoit que des vices, c'est-à-dire un peu d'orgueil, de vanité, de hauteur ; mais du reste, jamais on n'est approché si près de

la perfection : *Pago lui, pago il mondo :* il étoit au-dessus des louanges; pourvu qu'il fût content de lui, c'étoit
assez. Je vois souvent des gens qui sont encore fort éloignés de se consoler de cette perte; mais pour tout le
gros du monde, ma pauvre bonne, cela est passé; cette
triste nouvelle n'a assommé que trois ou quatre jours; la
mort de Madame dura bien plus longtemps. Les intérêts
particuliers de chacun pour ce qui se passe à l'armée empêchent la grande application pour les malheurs d'autrui.
Depuis ce premier combat, il n'a été question que de
villes rendues et de députés qui viennent demander la
grâce d'être reçus au nombre des sujets nouvellement
conquis de Sa Majesté.

N'oubliez pas d'écrire un petit mot à la Troche, sur
ce que son fils s'est distingué et a passé à la nage : on l'a
loué devant le Roi, comme un des plus hardis. Il n'y a
nulle apparence qu'on se défende contre une armée si
victorieuse. Les François sont jolis assurément : il faut
que tout leur cède pour les actions d'éclat et de témérité;
enfin il n'y a plus de rivière présentement qui serve de
défense contre leur excessive valeur.

Si mes lettres sont perdues présentement, vous y perdez plus qu'en un autre temps.

Pourquoi croyez-vous que je ne parte que cet hiver?
Je prétends revenir en ce temps-là avec vous et M. de
Grignan. Notre abbé a le courage de vouloir bien affron-
ter les chaleurs; je ne crains que pour lui. Ne nous
empêchez point de partir par dire que vous ne nous
attendez plus. Hélas! il n'est plus question de ma pauvre
tante; nous lui avons rendu les derniers devoirs avec
bien des larmes : dispensez-moi de lui faire tous vos
compliments.

Je crois que nous mettrons la pauvre Mlle de la Trousse
aux filles de la Croix qui sont au faubourg Saint-Antoine,
et qui ne sont pas si suffisantes que nos sœurs. La pauvre

fille ne cherche plus que la mort et le paradis. Elle a raison.

Au reste, voici bien des nouvelles : j'avois amené ici mon petit chat pour y passer l'été; j'ai trouvé qu'il y fait sec, il n'y a point d'eau; la nourrice craint de s'y ennuyer : que fais-je à votre avis? Je la ramènerai après-demain chez moi tout paisiblement. Elle sera avec la mère Jeanne qui fera leur petit ménage. Mme de Sanzei sera à Paris; elle ira se promener dans son jardin; elle aura mille visites; j'en saurai des nouvelles très-souvent. Voilà qui est fait : je change d'avis; ma maison est jolie; elle ne manquera de rien. Il ne faut pas croire que Livry soit charmant pour une nourrice comme pour moi. Adieu, ma divine enfant; pardonnez le chagrin que j'avois d'avoir été deux ordinaires sans recevoir de vos lettres. Je n'en ai eu qu'une, c'est bien assez pour moi. Je vous embrasse très-tendrement. Vos lettres me sont si agréables, qu'il n'y a que vous qui me puissiez consoler de n'en avoir plus.

---

295. — DE MADAME DE SÉVIGNÉ A MADAME
LA COMTESSE DE BUSSY RABUTIN.

A Paris, ce 7e juillet.

J'avois résolu, je ne sais pourquoi, de pousser mon impertinence jusqu'au bout, et puisque j'avois manqué une fois à vous faire réponse, je croyois bien n'en pas demeurer là, et continuer, tant que vous me feriez l'honneur de m'écrire; mais, malgré cette belle résolution, je me sens forcée de le faire. Votre lettre me désarme, je ne sais plus où trouver de la brutalité, je n'eusse jamais cru voir en moi une telle foiblesse. J'ai trouvé très-plaisant tout ce que vous m'avez mandé, et j'ai plutôt manqué de vous faire réponse par la crainte de ne rien dire qui vaille, que par l'envie de vous faire un affront, comme

j'ai déjà fait. Est-ce ainsi que vous écrivez, Madame la
Comtesse? Il y a du Rouville et du Rabutin dans votre
style, la province ne l'a point gâté; et bien loin de vous
apostropher dans la lettre de mon cousin, je lui écrirai
dans celle-ci, si je m'en avise. Voilà un changement qui
vous doit surprendre.

Vous me donnez une nouvelle envie d'avoir soin de
mon petit rejeton, et je la passerois sans doute cette
envie, si je ne m'en allois point en Provence. Mais je
m'en vais voir cette pauvre Grignan. Je ne sais si je
passerai en Bourgogne : quoi qu'il en soit, si je ne vous
en donne avis, c'est que je passerai trop loin de vous, et
que je ne veux point m'arrêter. Voilà un assez long temps
que j'abandonnerai notre écolier. Je ne me dédis point
de tout le bien que j'ai dit de lui : son esprit paroît doux
et aimable.

J'ai perdu depuis huit jours ma pauvre tante de la
Trousse, après une maladie de sept mois. Cette longue
souffrance, et cette mort ensuite, m'a bien fait répandre
des larmes. Je l'aimois et honorois parfaitement. Je ne
lui ferai donc point vos compliments, mais bien à mon
oncle l'abbé, qui vous honore toujours, et qui vous est
trop obligé de votre souvenir.

---

296. — DE MADAME DE SÉVIGNÉ
A MADAME DE GRIGNAN.

A Paris, vendredi 8e juillet.

Enfin, ma bonne, vous êtes à Grignan, et vous m'attendez sur votre lit. Pour moi, je suis dans l'agitation du
départ, et si je voulois être tout le jour à rêver, je ne
vous verrois pas sitôt; mais je pars, et si je vous écris
encore lundi, c'est le bout du monde. Soyez bien pares-
seuse avant que j'arrive, afin que vous n'ayez plus aucune
paresse dans le corps quand j'arriverai. Il est vrai que

nos humeurs sont un peu opposées; mais il y a bien autre
chose sur quoi nous sommes de même avis; et puis,
comme vous dites, nos cœurs nous répondent quasi de
notre degré de parenté, et vous doivent assurer de n'avoir
jamais été prise sous un chou.

J'ai été à Saint-Maur faire mes adieux, sans les faire
pourtant; car, sans vanité, la délicatesse de Mme de la
Fayette ne peut souffrir sans émotion la perte d'une amie
comme moi : je vous dis ce qu'elle dit. J'y fus avec M. de
la Rochefoucauld, qui me montra la lettre que vous lui
écrivez, qui est très-bien faite : il ne trouve personne qui
écrive mieux que vous; il a raison. Nous causâmes fort
en chemin; nous trouvâmes là Mme du Plessis, deux
demoiselles de la Rochefoucauld, et Gourville, qui avec
un coup de baguette nous fit sortir de terre un souper
admirable. Mme de la Fayette me retint à coucher. Le
lendemain, la Troche et l'abbé Arnauld me vinrent querir; et me voilà faisant mes paquets.

Je suis ravie d'avoir ramené la petite de Grignan. Elle
sera cent fois mieux à Paris, au milieu de toute sorte de
secours, près de Mme de Coulanges; enfin je n'en aurai
aucune inquiétude, et j'en saurai deux fois la semaine des
nouvelles. Soyez en repos sur ma parole. La nourrice, après
l'avoir sevrée, ne la quittera point que je ne sois revenue.

J'ai dit adieu à M. d'Andilly. Je m'en vais courir encore
pour mille affaires. Il y a bien longtemps que je n'ai eu
le cœur si content.

Mon fils m'a écrit, et me parle comme un homme qui
croit avoir fini sa campagne, et attrapé M. de Grignan.
Il dit que tout est soumis au Roi, que Grotius est venu
pour achever de conclure la paix, et que la seule chose
qui soit impossible à Sa Majesté est de trouver des ennemis qui lui résistent; que s'il revient d'aussi bonne
heure qu'on le croit, il viendra nous trouver à Grignan.
Il me parle fort de vous; quand vous lui écrirez, parlez-

lui de faire cette jolie équipée. Il a vu le chevalier de Grignan, qui se porte bien, et qui lui a dit qu'il ne m'écrivoit
pas souvent; mais il ne s'est pas vanté qu'il ne m'a pas
seulement fait de réponse à un billet que je lui avois écrit.
C'est un petit glorieux : on lui pardonne, pourvu qu'il ne
soit pas tué.

Il y a un nombre infini de pleureuses de la mort de
M. de Longueville, qui rend ridicule le métier. Elles vouloient toutes avoir des conversations avec M. de la Ro-
chefoucau'd; mais lui, qui craint d'être ridicule plus que
toutes les choses du monde, il les a fort bien envoyées
se consoler ailleurs.

La Marans est abîmée. Il y a dix mois qu'elle n'a vu
sa sœur; elles sont mal ensemble. Elle y fut, il y a trois
jours, toute masquée; et sans aucun préambule, ni se
démasquer, quoique sa sœur la reconnût d'abord, elle
lui dit en pleurant : « Ma sœur, je viens ici pour vous
prier de me dire comme vous étiez quand votre amant
mourut. Pleurâtes-vous longtemps? Ne dormiez-vous
point? Quelque chose vous pesoit-il sur le cœur? Mon
Dieu! comment faisiez-vous? Cela est bien cruel! Parliez-
vous à quelqu'un? Étiez-vous en état de lire? Sortiez-
vous? Mon Dieu, que cela est triste! Que fait-on à cela? »
Enfin, ma bonne, vous l'entendez d'ici. Sa sœur lui dit
ce qu'elle voulut, et courut conter cette scène à M. de la
Rochefoucauld, qui en riroit, s'il pouvoit rire. Pour nous,
il est vrai que nous avons trouvé cette folie digne d'elle,
et pareille à la belle équipée qu'elle fit, quand elle alla
trouver le bonhomme d'Andilly, le croyant le druide Ada-
mas, à qui toutes les bergères du Lignon alloient conter
leurs histoires et leurs infortunes, et en recevoient une
grande consolation. J'ai cru que cette histoire vous divertiroit aussi bien que nous.

Mme de la Fayette vous dit mille tendresses et mille
douceurs, que je ne m'amuserai point à vous dire.

Dampierre est très-affligée ; mais elle cède à Théobon, qui pour la mort de son frère s'est enfermée à nos Sœurs de Sainte-Marie de la rue Saint-Antoine. La Castelnau est consolée ; on lui dit a que M. de Longueville disoit à Ninon : « Mademoiselle, délivrez-moi donc de cette grosse marquise de Castelnau. » Là-dessus elle danse. Pour la marquise d'Uxelles, elle est affligée, comme une honnête et véritable amie. Le petit enfant de M. de Longueville est ce même petit apôtre dont vous avez tant ouï parler ; c'est une des belles histoires de nos jours. Je crois que vous n'oublierez pas d'écrire à ma cousine de la Trousse, dont la douleur et le mérite, à l'égard des soins qu'elle a eus de sa mère, sont au-dessus de toute louange.

Je vous prie, ma bonne, quoi qu'on dise, de faire de l'huile de scorpion, afin que nous trouvions en même temps les maux et les médecines. Pour vos cousins, j'en parlois l'autre jour à un Provençal, qui m'assura que ce n'étoient pas les plus importuns que vous eussiez à Grignan, et qu'il y en avoit d'une autre espèce, qui, sans vous blesser en trahison, vous faisoient bien plus de mal. Je comprends assez que vous avez présentement un peu de l'air de Mme de Sotenville ; mais bientôt vous aurez à recevoir une compagnie qui vous fera mettre en œuvre le colombier et la garenne, et même la basse-cour. Hélas ! c'est bien pour dire des fadaises que je dis tout cela ; car si vous en mettez un pigeon davantage, nous ne le souffrirons pas : c'est le moyen de faire mourir notre abbé que de le tenter de mangeaille ; votre ordinaire n'est que trop bon. La Mousse a été un peu ébranlé des puces, des punaises, des scorpions, des chemins, et du bruit qu'il trouvera peut-être : tout cela étoit un monstre dont je me suis bien moquée ; et puis dire : « Quelle figure ! hélas ! je ne suis rien ; il y aura tant de monde ;

nous, nous ne parlerons point. » Ce sont là des humili-
tés glorieuses.

D'Hacqueville reviendra bientôt; mais il ne me trouvera plus.

J'ai fait faire vos compliments à Mme de Termes;
et pourquoi non? M. de Vivonne est fort mal de sa
blessure, M. de Marsillac pas trop bien de la sienne,
et Monsieur le Prince est quasi guéri. Je ne sais point
de nouvelles particulières. On assure toujours la paix et
la conquête entière de la Hollande. Nimègue fait mine
de se défendre, mais on s'en moque. Je vous envoie un
joli madrigal et la gazette de Hollande; j'y trouve l'article des deux sœurs et celui d'Amsterdam fort plaisants. Adieu, ma très-chère enfant : pensez-vous que je
vous aime?

Eh bien! ma bonne, n'avois-je pas bien fait de ne pas
vous croire la sorte de douleur de la Marans? Je m'y
fusse méprise d'une bonne dizaine dans cette histoire;
mais aussi je n'y voulus pas toucher.

Je vous dirai toujours et à tout moment que je vous
adore.

———

297. — DE MADAME DE SÉVIGNÉ ET D'EMMANUEL
DE COULANGES A MADAME DE GRIGNAN.

A Paris, lundi 11e juillet.

DE MADAME DE SÉVIGNÉ.

Ne parlons plus de mon voyage, ma bonne; il y a si
longtemps que nous ne faisons autre chose, qu'enfin
cela fatigue. C'est comme les longues maladies qui
usent la douleur : les longues espérances usent toute la
joie. Vous aurez dépensé tout le plaisir de me voir en
attendant; quand j'arriverai, vous serez tout accoutumée
à moi.

J'ai été obligée de rendre les derniers devoirs à ma

tante; il a fallu encore quelques jours au delà : enfin
voilà qui est fait, je pars mercredi, et vais coucher à
Essonne ou à Melun. Je vais par la Bourgogne; je
ne m'arrêterai point à Dijon : je ne pourrai pas refuser
quelques jours en passant à quelque vieille tante que je
n'aime guère. Je vous écrirai d'où je pourrai; je ne puis
marquer aucun jour. Le temps est divin, il a plu comme
pour le Roi; notre abbé est gai et content; la Mousse
est un peu effrayé de la grandeur du voyage, mais je lui
donnerai du courage. Pour moi, je suis ravie; et si vous
en doutez, mandez-le-moi à Lyon, afin que je m'en retourne sur mes pas. Voilà, ma bonne, tout ce que je
vous manderai.

Votre lettre du 3ᵉ est un peu séchette, mais je ne
m'en soucie guère. Vous me dites que je vous demande
pourquoi vous avez ôté la Porte? Si je l'ai fait, j'ai tort,
car je le savois fort bien; mais j'ai cru vous avoir demandé pourquoi vous ne m'en aviez point avertie, car
je fus tout étonnée de le voir. Je suis fort aise que
vous ne l'ayez plus, vous savez ce que je vous en avois
mandé.

M. de Coulanges vous parlera de votre lit d'ange;
pour moi, je veux vous louer de n'être point grosse, et
vous conjurer de ne la point devenir. Si malheur vous
arrivoit dans l'état où vous êtes de votre maladie, vous
seriez maigre et laide pour jamais. Donnez-moi le plaisir
de vous retrouver aussi bien que je vous ai donnée, et
de pouvoir un peu trotter avec moi, où la fantaisie nous
prendra d'aller. M. de Grignan vous doit donner, et à
moi, cette marque de sa complaisance. Ne croyez donc
pas que vos belles actions ne soient pas remarquées : les
beaux procédés méritent toujours des louanges; continuez, voilà tout.

Vous me parlez de votre dauphin : je vous plains de
l'aimer si tendrement; vous aurez beaucoup de douleurs

et de chagrins à essuyer. Je n'aime que trop la petite de Grignan. Contre toutes mes résolutions je l'ai donc ôtée de Livry; elle est cent fois mieux ici. Elle a commencé à me faire trouver que j'avois bien fait : elle a eu depuis son retour une très-jolie petite vérole volante, dont elle n'a point été du tout malade : ce que le petit Pecquet a traité en deux visites auroit fait un grand embarras si elle avoit été à Livry. Vous me demanderez si je l'ai toujours vue : je vous dirai qu'oui; je ne l'ai point abandonnée; je suis pour le mauvais air, comme vous êtes pour les précipices; il y a des gens avec qui je ne le crains pas. Enfin je la laisse en parfaite santé au milieu de toutes sortes de secours. Mme du Puy-du-Fou et Pecquet la sèvreront à la fin d'août; et comme la nourrice est une femme attachée à son ménage, à son mari, à ses enfants, à ses vendanges et à tout, Mme du Puy-du-Fou m'a promis de me donner une femme pour en avoir soin, afin de donner la liberté à la nourrice de pouvoir s'en aller ; et la petite demeurera ici avec cette femme qui aura l'œil à tout, Marie que ma petite aime et connoît fort, la bonne mère Jeanne qui fera toujours leur petit ménage, M. de Coulanges et Mme de Sanzei, qui en auront un soin extrême ; et de cette sorte nous en aurons l'esprit en repos. J'ai été fort approuvée de l'avoir ramenée ici : Livry n'est pas trop bon sans moi pour ces sortes de gens-là. Voilà qui est donc réglé.

D'EMMANUEL DE COULANGES.

Dans quelque lieu que vous soyez couchée, vous pouvez vous vanter que vous êtes couchée dans un lit d'ange: c'est votre lit, Madame; votre lit c'est un lit d'ange, de quelque manière qu'il soit retroussé. Mais je ne crois pas qu'il n'y ait que votre lit qui soit un lit d'ange : c'est un lit d'ange que celui de mon charmant marquis.

DE MADAME DE SÉVIGNÉ.

Voilà un homme bien raisonnable et une pauvre
femme bien contente! Celui de M. de Coulanges n'est
pas tendu par les pieds; il a cinq fers en cinq sur le bois
de lit, d'où pendent cinq rubans qui soutiennent en l'air
les trois grands rideaux et les deux cantonniers; les
bonnes grâces sont retirées par le chevet avec un ruban.
Adieu, ma bonne. M. de Grignan veut-il bien que je lui
rende une visite dans son beau château?

Suscription : Pour une créature que j'aime passionnément.

---

298. — DE MADAME DE SÉVIGNÉ
A MADAME DE GRIGNAN.

A Auxerre, samedi 16e juillet.

Enfin, ma fille, nous voilà. Je suis encore bien loin
de vous, et je sens pourtant déjà le plaisir d'en être plus
près. Je partis mercredi de Paris, avec le chagrin de
n'avoir pas reçu de vos lettres le mardi. L'espérance de
vous trouver au bout d'une si longue carrière me console. Tout le monde nous assuroit agréablement que je
voulois faire mourir notre cher abbé, de l'exposer dans
un voyage de Provence au milieu de l'été. Il a eu le
courage de se moquer de tous ces discours, et Dieu l'en
a récompensé par un temps à souhait. Il n'y a point de
poussière, il fait frais, et les jours sont d'une longueur
infinie. Voilà tout ce qu'on peut souhaiter. Notre Mousse
prend courage. Nous voyageons un peu gravement.
M. de Coulanges nous eût été bon pour nous réjouir.
Nous n'avons point trouvé de lecture qui fût digne de
nous que Virgile, non pas travesti, mais dans toute la
majesté du latin et de l'italien. Pour avoir de la joie, il

faut être avec des gens réjouis; vous savez que je suis comme on veut, mais je n'invente rien.

Je suis un peu triste de ne plus savoir ce qui se passe en Hollande. Quand je suis partie, on étoit entre la paix et la guerre. C'étoit le pas le plus important où la France se soit trouvée depuis très-longtemps. Les intérêts particuliers s'y rencontrent avec ceux de l'État.

Adieu donc, ma chère enfant; j'espère que je trouverai de vos nouvelles à Lyon. Vous êtes très-obligée à notre cher abbé et à la Mousse; à moi point du tout.

---

299. — DE MADAME DE SÉVIGNÉ AU COMTE DE BUSSY RABUTIN.

Un mois après (voyez n° 289, p. 171), je reçus cette réponse de Mme de Sévigné, à Bussy, où je ne faisois que d'arriver.

A Montjeu, ce 22e juillet 1672.

Vous dites toujours des merveilles, Monsieur le Comte; tous vos raisonnements sont justes; et il est fort vrai que souvent à la guerre l'événement fait un héros ou un étourdi. Si le comte de Guiche avoit été battu en passant le Rhin, il auroit eu le plus grand tort du monde, puisqu'on lui avoit commandé de savoir seulement si la rivière étoit guéable; qu'il avoit mandé qu'oui, quoiqu'elle ne le fût pas; et c'est parce que ce passage a bien réussi qu'il est couronné de gloire.

Le conte du prince d'Orange m'a réjoui. Je crois, ma foi, qu'il disoit vrai, et que la plupart des filles se flattent. Pour les moines, je ne pensois pas tout à fait comme eux; mais il ne s'en falloit guère. Vous m'avez fait plaisir de me désabuser.

Je commence un peu à respirer. Le Roi ne fait plus que voyager, et prendre la Hollande en chemin faisant. Je n'avois jamais tant pris d'intérêt à la guerre, je l'avoue; mais la raison n'en est pas difficile à trouver.

Mon fils n'étoit pas commandé pour cette occasion. Il est guidon des gendarmes de Monsieur le Dauphin, sous M. de la Trousse : je l'aime mieux là que volontaire.

J'ai été chez M. Bailly pour votre procès; je ne l'ai pas trouvé, mais je lui ai écrit un billet fort amiable. Pour M. le président Briçonnet, je ne lui saurois pardonner les fautes que j'ai faites depuis trois ou quatre ans à son égard. Il a été malade, je l'ai abandonné. C'est un abîme; je suis toute pleine de torts; je me trouve encore le bienfait après tout cela de ne lui pas souhaiter la mort. N'en parlons plus.

J'ai vu un petit mot d'italien dans votre lettre; il me sembloit que c'étoit d'un homme qui l'apprenoit, et plût à Dieu! Vous savez que j'ai toujours trouvé que cela manquoit à vos perfections. Apprenez-le, mon cousin, je vous en prie; vous y trouverez du plaisir. Puisque vous trouvez que j'ai le goût bon, fiez-vous-en à moi.

Si vous n'aviez point été à Dijon occupé à voir perdre le procès du pauvre comte de Limoges, vous auriez été en ce pays quand j'y suis passée, et suivant l'avis que je vous aurois donné, vous auriez su de mes nouvelles chez mon cousin de Toulongeon; mais mon malheur a dérangé tout ce qui vous pouvoit faire trouver à ce rendezvous qui s'est trouvé comme une petite maison de Polémon. Mme de Toulongeon ma tante y vint le lundi me voir, et M. Jeannin m'a priée si instamment de venir ici, que je n'ai pu lui refuser. Il me fait regagner le jour que je lui donne par un relais qui me mènera demain coucher à Chalon, comme je l'avois résolu.

J'ai trouvé cette maison embellie de la moitié, depuis seize ans que j'y étois; mais je ne suis pas de même; et le temps, qui a donné de grandes beautés à ses jardins, m'a ôté un air de jeunesse que je ne pense pas que je recouvre jamais. Vous m'en eussiez rendu plus que personne par la joie que j'aurois eue de vous voir, et par les épanouissements de rate à quoi nous sommes fort sujets quand nous sommes ensemble. Mais enfin Dieu ne l'a pas voulu, ni le grand Jupiter, qui s'est contenté de me mettre sur sa montagne, sans vouloir me faire voir ma famille entière. Je trouve Mme de Toulongeon, ma cousine, fort jolie et fort aimable. Je ne la croyois pas si bien faite, ni qu'elle entendît si bien les choses. Elle m'a dit mille biens de vos filles; je n'ai pas eu de peine à le croire.

Adieu, mon cher cousin, je m'en vais en Provence voir cette pauvre Grignan. Voilà ce qui s'appelle aimer. Je vous souhaite tout le bonheur que vous méritez.

------

300. — DE MADAME DE SÉVIGNÉ
A MADAME DE GRIGNAN.

A Lyon, mercredi 27e juillet.

Si cette date ne vous plaît pas, ma bonne, je ne sais que vous faire. Je reçus hier deux de vos lettres, par Mme de Rochebonne, dont la ressemblance me surprit au delà de ce que j'ai jamais vu; enfin c'est M. de Grignan, qui compose une très-aimable femme. Elle vous adore. Je ne vous dirai pas combien je l'aime, et combien je comprends que vous devez l'aimer. Pour Monsieur son beau-frère, c'est un homme qui emporte le cœur : une facilité, une liberté dans l'esprit qui me convient et qui me charme. Je suis logée chez lui. Monsieur l'intendant me vint prendre au sortir du bateau, lundi, avec Madame sa femme et Mme de Coulanges; je soupai chez eux; hier j'y dînai; on me promène, on me montre; je reçois mille amitiés; j'en suis honteuse; je ne sais ce qu'on a à me tant estimer. Je voulois partir demain; Mme de Coulanges a voulu encore un jour, et a mis à ce prix son voyage de Grignan; j'ai cru vous faire plaisir de conclure le marché. Je ne partirai donc que

vendredi matin ; nous irons coucher à Valence. J'ai de
bons patrons ; surtout j'ai prié qu'on ne me donnât pas
les vôtres, qui sont de francs coquins : on me recommande comme une princesse. Je serai samedi à une
heure après midi à Robinet, dit Monsieur le chamarier.
Si vous m'y laissez, j'y demeurerai. Je ne vous parlerai
point du tout de ma joie. Notre cher abbé se porte bien :
c'est à lui que vous devez adresser tous vos compliments ;
la Mousse est encore en vie. Nous vous souhaitons, et le
cœur me bat quand j'y pense. Mon équipage est venu
jusqu'ici sans aucun malheur, ni sans aucune incommodité : hier au soir, en menant abreuver mes chevaux,
il s'en noya un, de sorte que je n'en ai plus que cinq ;
je vous ferai honte, mais ce n'est pas ma faute. On me
fait compliment sur cette perte ; je la soutiens en grande
âme. Je n'aurai point mon carrosse à ce Robinet ; nous
sommes cinq, comptez là-dessus : notre abbé, la Mousse,
deux femmes de chambre, et moi. J'ai fait la paix avec
M. de Rochebonne ; j'ai reçu Mme de Senneterre ; j'ai
été à Pierre-Encise voir F*** prisonnier ; je vais aujourd'hui voir le cabinet de monsieur.... et ses anti-
quailles. Mme de Coulanges me veut persuader de
passer ici cet été, qu'il est ridicule d'aller plus loin, et
que je vous envoie seulement un compliment : je voudrois que vous lui entendissiez dire ces folies. Elle
vous viendra voir, et vous réjouira. Bagnols s'en va à
Paris ; vous vous passerez très-bien de sa femme. Je
ne laisse pas de faire valoir vos honnêtetés, et je redouble les miennes, quand je vois qu'elle n'a point dessein de venir.

Adieu, ma très-chère bonne : je vous ai écrit d'Auxerre.
Votre enfant se porte bien, elle est à Paris au milieu de
toutes sortes de secours, et plus à son aise que moi ; j'ai
eu bon esprit de la laisser là ; je l'aime, cette petite.
Voilà Mme de Rochebonne, je la baise, et je crois baiser

son frère, c'est ce qui fait que je ne lui ferai aucune
autre amitié. Quelle joie, ma belle Comtesse!

---

301. — DU COMTE DE BUSSY RABUTIN
A MADAME DE SÉVIGNÉ.

Le lendemain du jour que j'eus reçu cette lettre (n° 299, p. 192),
j'y fis cette réponse.

A Bussy, ce 29e juillet 1672.

Cette lettre-ci sera un peu hors de saison quand vous
la recevrez, Madame; car il faut qu'elle aille à Paris, et
de là en Provence. La date sera vieille, mais acte de mes
diligences : j'aurai toujours fait mon devoir.

Voilà, dit-on, la paix faite avec les Hollandois, et le
Roi de retour. S'il n'étoit content de sa gloire, il seroit
insatiable; il en a pour le moins pour faire quatre héros.

On me mande que l'Angleterre déclare la guerre à
l'Espagne, et que le Roi assiste ses amis les Anglois
d'un petit secours qui pourra être d'environ cent mille
hommes, commandés par le vicomte, maréchal, prince.

Mlles de Bussy apprennent l'italien, et j'en ramasse
les miettes.

Quand je n'aurois pas été à Dijon pour le procès du
comte de Limoges, je n'aurois pas été à votre passage en
l'Autunois; car je n'en ai rien su que lorsque vous n'y
étiez plus. Ceux que vous aviez chargés de me le faire savoir, ne l'ont pas fait. J'en suis bien fâché, car j'y aurois
couru, et le procès de ce pauvre garçon n'auroit pas été plus
perdu. Si vous voulez tenir la même route en revenant, et
que ce soit depuis la Saint-Martin jusqu'au mois de mai,
j'aurai la joie de vous voir à Chaseu, quand Jupiter ne le
voudroit pas. Vous n'y mangerez pas de si bons morceaux
que sur sa montagne; mais en récompense vous y aurez plus
de plaisir. Quand je vous parle ainsi, je vous traite comme
moi-même. Vous savez le peu de cas que je fais de la
bonne chère.

Vous avez raison de dire que les dehors de Montjeu sont fort embellis depuis seize ans, et que ce temps-là n'a pas fait le même effet en vous. Je n'en sais pourtant rien, mais je m'en doute. Cependant j'ai ouï dire à des gens qui vous ont vue depuis peu, que, comme disoit Benserade de la lune :

> Et toujours fraîche et toujours blonde,
> Vous vous maintenez par le monde.

Ce qui vous tient en cet état, c'est à mon avis le contraire de ce qui embellit les jardins. Il y faut travailler, et si l'on vous cultivoit, vous ne seriez pas si belle que vous êtes; mais vous avez mis bon ordre à réparer les dommages que les années feront un jour à vos attraits. Vous avez fait une certaine provision d'esprit, outre celui que Dieu vous a donné, que vous n'useriez pas en un siècle. Si nous nous voyions souvent vous et moi, nous nous en porterions mieux; car rien ne contribue tant à la santé que la joie. Ce sera quand il plaira à Jupiter, puisque Jupiter y a.

Je suis bien aise que vous ayez trouvé la petite Toulongeon à votre gré. C'est un ouvrage de mes mains, aussi bien que Mlles de Bussy; cela soit dit sans offenser l'honneur de feu Mme d'Épinac.

Mes filles sont vos servantes. Elles vous aimeroient fort quand vous ne seriez pas leur tante et leur marraine; cela ne gâte rien.

Il faut dire le vrai, vous êtes bien tendre de faire plus de trois cents lieues pour voir les gens que vous aimez. Ce ne seroit rien à nous autres galants pour une dame comme Mme de Grignan, qui seroit fort aise de nous voir; mais pour une mère qui n'a que de la tendresse, c'est quelque chose que cette peine. Ramenez la belle, j'en serai fort aise; car j'aime à voir finir les exils.

302. — DE MADAME DE COULANGES
A MADAME DE SÉVIGNÉ ET A MADAME DE GRIGNAN.

Lyon, le 1er août.

J'ai reçu vos deux lettres, ma belle, et je vous rends mille grâces d'avoir songé à moi dans le lieu où vous êtes. Il fait un chaud mortel; je n'ai d'espérance qu'en sa violence. Je meurs d'envie d'aller à Grignan; ce mois-ci passé, il n'y faudra pas songer; ainsi je vous irai voir assurément, s'il est possible que je puisse arriver en vie; au retour, vous croyez bien que je ne serai pas dans cet embarras. Le marquis de Villeroi passe sa vie à regretter le malheur qui l'a empêché de vous voir. Les violons sont tous les soirs en Bellecour. Je m'y trouve peu, par la raison que je quitte peu ma mère : dans l'espérance d'aller à Grignan, je fais mon devoir à merveilles; cela m'a-douci l'esprit. Mais quel changement! vous souvient-il de la figure que Mme Solus faisoit dans le temps que vous étiez ici? Elle a fait imprudemment ses délices de Mme Carle; celle-ci avoit, dit-on, ses desseins; pour moi, je n'en crois rien; cependant c'est le bruit de Lyon; en un mot, c'est de Mme Carle que Monsieur le Marquis paroît amoureux. Mme Solus se désespère; mais elle aime mieux voir Monsieur le Marquis infidèle que de ne le point voir. Cela fait croire qu'elle ne prendra jamais le parti de se jeter dans un couvent. Cette histoire vous paroît-elle avoir la grâce de la nouveauté? Continuez à m'écrire, ma très-belle : vos lettres me touchent le cœur. Mme de Rochebonne est toujours dans le dessein de vous aller voir. Je ne savois point que Mme de Grignan eût été malade; si c'est une maladie sans suite, sa beauté n'en souffrira pas longtemps. Vous savez l'intérêt que je prends à tout ce qui pourroit cet hiver vous empêcher l'une et l'autre de revenir de bonne heure.

Adieu, ma très-chère amie : j'oubliois de vous dire que le marquis de Villeroi se propose d'aller à Grignan avec votre ami le comte de Rochebonne. Je vous suis très-obligée de vouloir bien de moi. Il y a peu de choses que je souhaite davantage que de me rendre au plus vite dans votre château. Mon impatience, quoique violente, dure toujours. Cela me fait craindre pour le chaud : il doit être insupportable, puisque je ne m'y expose pas. La rapidité du Rhône convient à l'envie que j'ai de vous embrasser.

Ainsi, Madame, je ne désespère point du tout de vous aller conter les plaisirs de Bellecour. Vous me promettez de ne me point dire : « Allez, allez, vous êtes une laide ; » cela me suffit. J'ai peur que vous ne traitiez mal notre gouverneur. Vos manières m'ont toujours paru différentes de celles de Mme de Solus. Vous savez bien que l'on dit à Paris que Vardes et lui se sont rencontrés, devinez où ?

---

303. — DE MADAME DE COULANGES
A MESDAMES DE SÉVIGNÉ ET DE GRIGNAN.

Lyon, le 11e septembre.

Je suis ravie de pouvoir croire que vous m'avez un peu regrettée. Ce qui me persuade que je le mérite, c'est le chagrin que j'ai eu de ne vous plus voir. J'ai fait vos compliments au Charmant : il les a reçus comme il le devoit, j'en suis contente. Si je prenois autant d'intérêt en lui que M. de Coulanges, je serois plus aise de ce qu'il dit de vous pour lui que pour vous. Mme d'Assigni a gagné son procès tout d'une voix. Envoyez-moi M. de Corbinelli, son appartement est tout prêt ; je l'attends avec une impatience qui mérite qu'il fasse ce petit voyage. Toutes nos beautés attendent, et ne veulent

point partir pour la campagne qu'il ne soit arrivé. S'il
abuse de ma simplicité, et que tout ceci se tourne en
projets, je romps pour toujours avec lui. Adieu, ma
vraie amie. C'est à Mme la comtesse de Grignan que
j'en veux.

Je n'ai plus de goût pour l'ouvrage, Madame; on ne
sait travailler qu'à Grignan. Le Charmant et moi, nous
en commençâmes un il y a deux jours; vous y aviez beaucoup de part; vous me trouveriez une grande ouvrière à
l'heure qu'il est. Il me paroît que le Charmant vous voudroit bien envoyer des patrons; mais le bruit court que
vous ne travaillez point à patrons, et que ceux que vous
donnez sont inimitables.

Adieu, ma chère Madame : je trouve une grande facilité à me défaire de ma sécheresse, quand je songe que
c'est à vous que j'écris.

------

304. — DE CORBINELLI ET DE MADAME DE SÉVIGNÉ
AU COMTE DE BUSSY RABUTIN.

Deux mois après avoir écrit cette lettre (n° 301, p. 196),
je reçus celle-ci de Corbinelli, au bout de laquelle étoit celle de
Mme de Sévigné.

A Grignan en Provence, ce 18e septembre 1672.

DE CORBINELLI.

J'ai reçu ici votre lettre, Monsieur, avec d'autant plus
de joie que je l'ai pu montrer à Mme de Sévigné, et parler de vous avec elle, comme vous pouvez juger qu'on
doit faire. J'ai eu un plaisir extrême d'apprendre d'elle
que vous étiez mieux ensemble que jamais; je ne doute
pas que vous ne la revoyiez en repassant.

Le marquis d'Oraison m'a dit vous avoir vu à Dijon, et
qu'il étoit fort de vos amis.

Au reste, Monsieur, il me semble que nous devrions

nous adresser nos lettres à droiture; Mme de Sévigné
est de mon avis.

Je vous prie de me dire comment vous avez digéré le
déplaisir de n'être pas témoin des grandes victoires du
Roi, et de la ruine de toute une république en une demi-
campagne. Comment persuaderiez-vous ce prodige à la
postérité, si vous étiez son historien?

> *Hoc opus, hic labor est.*

Je sais que votre éloquence égale ses hauts faits; mais
égalera-t-elle le peu de disposition que cette postérité
aura de croire des choses si peu vraisemblables? Mais
que dira-t-elle cette postérité pour justifier le Roi de vous
avoir traité comme il a fait, après tant de services considérables? et que direz-vous vous-même pour le mettre à
couvert du blâme qu'il en pourroit recevoir?

Comment se portent Mesdemoiselles de Bussy? On m'a
dit qu'elles apprenoient l'italien : c'est très-bien fait à
elles. Je meurs d'envie de voir ce qu'elles savent dans le
Pastor fido et dans l'*Aminte*, car je ne les crois pas encore assez habiles pour entendre le Tasse.

DE MADAME DE SÉVIGNÉ.

Les oreilles ne vous ont-elles point corné depuis que
j'ai ici notre cher Corbinelli, et surtout l'oreille droite?
car c'est l'oreille droite qui corne quand on dit du bien.
Quand nous avons fini de vous louer par tout ce que vous
avez de louable, nous pleurons sur votre malheur et sur
l'abîme où votre étoile vous a jeté. Mais finissons ce
triste chapitre, en attendant que la mort finisse tout.

Je vous conseille de vous mettre dans l'italien : c'est
une nouveauté qui vous réjouira. Mes nièces vos filles
sont aimables; elles ont bien de l'esprit; mais le moyen
d'être auprès de vous sans en avoir?

M. et Mme de Grignan vous font mille compliments.

Si Bussy étoit en Provence, ou Grignan en Bourgogne,
vous vous en trouveriez tous très-bien.

---

305. — DU COMTE DE BUSSY RABUTIN A CORBINELLI
ET A MADAME DE SÉVIGNÉ.

Deux jours après que j'eus reçu ces lettres, j'y fis réponse, et
premièrement à Corbinelli.

A Bussy, ce 24e octobre 1672.

A CORBINELLI.

Je ne doute pas que nous ne fassions mieux de nous
écrire tout droit que par Paris. Je viens de recevoir votre
lettre du 18e de septembre; ce sont pourtant cinq semaines qu'elle a été par les chemins.

J'ai eu bien de la joie, Monsieur, de la recevoir avec
celle de ma cousine, c'est-à-dire des deux personnes du
monde que j'aime et que j'estime le plus.

J'ai été quinze jours à Dijon, où j'ai vu le marquis
d'Oraison quatre ou cinq fois à la comédie, et une ou
deux à une symphonie qui se fait chez un conseiller du
parlement tous les dimanches, et nous nous sommes parlé
deux ou trois fois. S'il ne faut que cela en Provence
pour faire une grande amitié, on y va bien vite, et je vois
bien par là qu'il y fait fort chaud.

Vous voulez savoir comment j'ai supporté le chagrin
de n'avoir pas été auprès du Roi pendant cette campagne.
Avec toutes les peines du monde. Ma philosophie, qui
me sert fort bien sur l'état de ma fortune, est une bête
quand il est question de me consoler de n'avoir pas passé
le Rhin à la vue du Roi.

Vous me demandez comment je ferois, si j'étois son
historien, pour persuader à la postérité les merveilles de
sa campagne. Je dirois la chose uniment, et sans faire
tant de façons, qui d'ordinaire sont suspectes de fausseté,

ou au moins d'exagération; et je ne ferois pas comme Despréaux, qui, dans une épître qu'il adresse au Roi, fait une fable des actions de sa campagne, parce, dit-il, qu'elles sont si extraordinaires, qu'elles ont déjà un grand air de fable.

Vous me demandez ce que je crois que dira la postérité sur l'état de ma fortune, après les services que j'ai rendus. Elle dira que j'étois bien malheureux; et sachant, comme elle saura, la droiture du cœur du Roi, elle le plaindra de n'avoir pu me connoître, et de ne m'avoir vu que par les yeux de gens qui ne m'aimoient pas. Elle dira encore que j'étois sage de parler comme je fais, et que qui se plaint de ses disgrâces avec autant de discrétion, est une grande marque qu'il ne les mérite pas.

Mlles de Bussy savent assez l'italien en prose, mais non pas encore en vers.

A MADAME DE SÉVIGNÉ.

Vous pensez peut-être vous moquer, Madame, quand vous me demandez si les oreilles ne m'ont point corné depuis que notre ami Corbinelli est avec vous. Il y a environ un mois que je crus avoir un rhumatisme dans la tête, tant elles me cornoient; mais je vois bien que c'est dans le temps que vous parliez de moi tous deux.

Vous me faites grand plaisir de me louer; j'aime extrêmement votre estime. Pour vos plaintes, je vous en rends grâce: je n'aime pas à faire pitié; et puis il y a longtemps que les regrets des maux qu'on m'a faits sont passés; je songe à m'en tirer sans impatience, et le grand fondement que je fais de mes espérances, c'est sur le soin que j'ai de vivre. Pourvu que je vive, je sortirai d'ici, et j'en sortirai agréablement. Cependant je suis mieux que les gens de la cour les mieux établis, en ce que j'espère, et que je ne crains rien. Je me divertis, je goûte la vie, j'ai l'esprit net, une raison assez droite, et je suis content de ce que j'ai :

> J'en connois de plus misérables.

J'ai passé le temps d'apprendre l'italien; j'en laisse la curiosité à mes filles, je me dresse en les dressant. Je serai bien aise qu'elles aient l'esprit agréable, mais ce que je veux qu'elles aient préférablement, c'est de la raison, car c'est de quoi l'on a le plus affaire dans la vie.

J'oubliois de vous dire que M. et Mme de Toulongeon étant ici il y a six semaines, leur postillon mit le feu dans mes écuries, ce qui m'en brûla deux. Si la fortune ne m'avoit dressé aux malheurs, je romprois la tête à tout le monde sur cela de mes lamentations; mais je n'ai non plus songé à cette perte que si c'étoient les écuries d'un autre.

Vous voulez bien que j'assure ici Monsieur et Madame de Grignan de mes très-humbles services. Je viens de vous dire que je passois assez bien mon temps pour un exilé; mais je le passerois encore bien mieux si j'étois leur voisin; et j'aurois plus d'indifférence pour mon rappel à la cour que je n'en ai.

---

306. — DE MADAME DE COULANGES A MESDAMES
DE SÉVIGNÉ ET DE GRIGNAN ET A CORBINELLI.

> Lyon, le 30e octobre.

Je suis très en peine de vous, ma belle; aurez-vous toujours la fantaisie de faire le bon corps? Falloit-il vous mettre sur ce pied-là après avoir été saignée? Je meurs d'impatience d'avoir de vos nouvelles, et il se passera des temps infinis avant que j'en puisse recevoir. Hélas! voici un adieu, ma délicieuse amie : je m'en vais faire cent lieues pour m'éloigner de vous! Quelle extravagance! Depuis que le jour est pris pour m'en aller à

Paris, je suis enragée de penser à tout ce que je quitte. Je laisse ma famille, une pauvre famille désolée; et cependant je pars le jour même de la Toussaint pour Bagnols, de Bagnols à Roanne, et puis vogue la galère!

N'êtes-vous pas ravie du présent que le Roi a fait à M. de Marsillac? N'êtes-vous pas charmée de la lettre que le Roi lui a écrite? Je suis au vingtième livre de l'Arioste : j'en suis ravie. Je vous dirai, sans prétendre abuser de votre crédulité, que si j'étois reçue dans votre troupe à Grignan, je me passerois bien mieux de Paris, que je ne me passerai de vous à Paris. Mais, adieu, ma vraie amie, je garde le Charmant pour la belle Comtesse.

Écoutez, Madame, le procédé du Charmant : il y a un mois que je ne l'ai vu. Il est à Neufville, outré de tristesse, et quand on prend la liberté de lui en parler, il dit que son exil est long; et voilà les seules paroles qu'il a proférées depuis l'infidélité de son *Alcine*. Il hait mortellement la chasse, et il ne fait que chasser; il ne lit plus, ou du moins il ne sait ce qu'il lit; plus de Solus, plus d'amusement : il a un mépris pour les femmes qui empêche de croire qu'il méprise celle qui outrage son amour et sa gloire. Le bruit court qu'il viendra me dire adieu le jour que je partirai. Je vous manderai le changement qui est arrivé en sa personne. Je suis de votre avis, Madame : je ne comprends point qu'un amant ait tort parce qu'il est absent; mais qu'il ait tort étant présent, je le comprends mieux. Il me paroît plus aisé de conserver son idée sans défauts pendant l'absence. *Alcine* n'est pas de ce goût : le Charmant l'aime de bien bonne foi; c'est la seule personne qui m'ait fait croire à l'inclination naturelle; j'ai été surprise de ce que je lui ai entendu dire là-dessus; mais que deviendra-t-elle, comme vous dites, cette inclination? Peut-être arrivera-t-il un jour que le Charmant croira s'être mépris, et qu'il con-

tera les appas trompeurs d'*Alcine*. Le bruit de la reconnoissance que l'on a pour l'amour de mon gros cousin se confirme. Je ne crois que médiocrement aux méchantes langues; mais mon cousin, tout gros qu'il est, a
été préféré à des tailles plus fines; et puis, après un petit, un grand : pourquoi ne voulez-vous pas qu'un gros
trouve sa place? Adieu, Madame, que je hais de m'éloigner de vous!

Venez, mon cher confident, que je vous dise adieu. Je
ne puis me consoler de ne vous avoir point vu. J'ai beau
songer au chagrin que j'aurois eu de vous quitter, il n'importe; je préférerois ce chagrin à celui de ne vous avoir
point fait connoître les sentiments que j'ai pour vous. Je
suis ravie du talent qu'a M. de Grignan pour la friponne-
rie; ce talent est nécessaire pour représenter le vraisemblable. Adieu, mon cher Monsieur : quand vous me
promettez d'être mon confident, je me repens de n'être
pas digne d'accepter une pareille offre; mais venez vous
faire refuser à Paris.

Adieu, mon amie; adieu, Madame la Comtesse; adieu,
Monsieur de Corbinelli : je sens le plaisir de ne vous point
quitter en m'éloignant; mais je sens bien vivement le chagrin d'être assurée de ne trouver aucun de vous où je vais.

Je ne veux point oublier de vous dire que je suis si
aise de l'abbaye que le Roi a donnée à Monsieur le Coadjuteur, qu'il me semble qu'il y a de l'incivilité à ne m'en
point faire de compliment.

---

307. — DE MADAME DE SÉVIGNÉ
A ARNAULD D'ANDILLY.

A Aix, 11e décembre.

Au lieu d'aller à Pompone vous faire une visite, vous
voulez bien que je vous écrive. Je sens la différence de

l'un à l'autre; mais il faut que je me console au moins
de ce qui est en mon pouvoir. Vous seriez bien étonné si
j'allois devenir bonne à Aix. Je m'y sens quelquefois
portée par un esprit de contradiction, et voyant combien
Dieu y est peu aimé, je me trouve chargée d'en faire mon
devoir. Sérieusement les provinces sont peu instruites
des devoirs du christianisme. Je suis plus coupable que
les autres, car j'en sais beaucoup. Je suis assurée que
vous ne m'oubliez jamais dans vos prières, et je crois
en sentir des effets toutes les fois que je sens une bonne
pensée.

J'espère que j'aurai l'honneur de vous revoir ce printemps, et qu'étant mieux instruite, je serai plus en état
de vous persuader tout ce que vous m'assuriez que je ne
vous persuadois point. Tout ce que vous saurez entre ci
et là, c'est que si le prélat, qui a le don de gouverner les
provinces, avoit la conscience aussi délicate que M. de
Grignan, il seroit un très-bon évêque; *ma basta.*

Faites-moi la grâce de me mander de vos nouvelles :
parlez-moi de votre santé, parlez-moi de l'amitié que
vous avez pour moi; donnez-moi la joie de voir que vous
êtes persuadé que vous êtes au premier rang de tout ce
qui m'est le plus cher au monde : voilà ce qui m'est nécessaire pour me consoler de votre absence, dont je sens
l'amertume au travers de toute l'amour maternelle.

M. DE RABUTIN CHANTAL.

Suscription: Pour Monsieur d'Andilly, à Pompone.

308. — DE MADAME DE SÉVIGNÉ
A MADAME DE GRIGNAN.

A Lambesc, mardi 20e décembre,
à dix heures du matin.

Quand on compte sans la Providence, ma chère fille,
on court risque souvent de se mécompter. J'étois toute

habillée à huit heures, j'avois pris mon café, entendu la
messe, tous les adieux faits, le bardot chargé ; les son-
nettes des mulets me faisoient souvenir qu'il falloit monter en litière ; ma chambre étoit pleine de monde, qui
me prioit de ne point partir, parce que depuis plusieurs
jours il pleut beaucoup, et depuis hier continuellement,
et même dans le moment. Je résistois hardiment à tous
ces discours, faisant honneur à la résolution que j'avois
prise et à tout ce que je vous mandai hier par la poste,
en assurant que j'arriverois jeudi, lorsque tout d'un coup
M. de Grignan, en robe de chambre d'omelette, m'a
parlé si sérieusement de la témérité de mon entreprise,
que mon muletier ne suivroit pas ma litière, que mes
mulets tomberoient dans les fossés, que mes gens seroient
mouillés et hors d'état de me secourir, qu'en un moment
j'ai changé d'avis, et j'ai cédé entièrement à ses sages re-
montrances. Ainsi coffres qu'on rapporte, mulets qu'on
détele, filles et laquais qui se sèchent pour avoir seulement traversé la cour, et messager que l'on vous envoie,
connoissant vos bontés et vos inquiétudes, et voulant
aussi apaiser les miennes, parce que je suis en peine de
votre santé, et que cet homme ou reviendra nous en apporter des nouvelles, ou me trouvera par les chemins.
En un mot, ma chère enfant, il arrivera jeudi au lieu de
moi, et moi, je partirai bien véritablement quand il plaira
au ciel et à M. de Grignan, qui me gouverne de bonne
foi, et qui comprend toutes les raisons qui me font souhaiter passionnément d'être à Grignan. Si M. de la Garde
pouvait ignorer tout ceci, j'en serois fort aise ; car il va
triompher du plaisir de m'avoir prédit tout l'embarras
où je me trouve ; mais qu'il prenne garde à la vaine gloire
qui pourrait accompagner le don de prophétie dont il
pourroit se flatter. Enfin, ma fille, me voilà, ne m'attendez plus. Je vous surprendrai, et ne me hasarderai point,
de peur de vous donner de la peine, et à moi aussi.

Adieu, ma très-chère et très-aimable : je vous assure que je suis fort affligée d'être prisonnière à Lambesc ; mais le moyen de deviner des pluies qu'on n'a point vues dans ce pays depuis un siècle?

---

309. — DE MADAME DE COULANGES
A MADAME DE SÉVIGNÉ.

A Paris, le 26ᵉ décembre.

Le siége de Charleroi est enfin levé. Je ne vous mande aucun détail de ce qui s'y est passé, sachant que Mlle de Méri en envoie une relation à Mme de Grignan. On ignore jusqu'à présent quelle route le Roi prendra : les uns disent qu'il retournera tout droit à Saint-Germain ; les autres, qu'il ira en Flandre : nous serons bientôt éclaircis de sa marche. Sans vanité, je sais des nouvelles à l'arrivée des courriers ; c'est chez M. le Tellier qu'ils descendent, et j'y passe mes journées ; il est malade, et il paroît que je l'amuse ; cela me suffit pour m'obliger à une grande assiduité. Je ne comprends point par quelle aventure vous n'avez pas reçu la lettre de M. de Coulanges, dans laquelle je vous écrivois. C'est une médiocre perte pour vous ; j'ai cependant la confiance de croire que vous regrettez cette lettre, parce que je vous aime, ma très-belle, et que m'avez toujours paru reconnoissante.

J'ai été à la messe de minuit ; j'ai mangé du petit salé au retour ; en un mot, j'ai un assez bon corps cette année pour être digne du vôtre. J'ai fait des visites avec Mme de la Fayette ; et je me trouve si bien d'elle, que je crois qu'elle s'accommode de moi. Nous avons encore ici Mme de Richelieu ; j'y soupe ce soir avec Mme du Fresnoi. Il y a grande presse de cette dernière à la cour : il ne se fait rien de considérable dans l'État, où elle n'ait part. Pour Mme Scarron, c'est une chose étonnante que

..

sa vie : aucun mortel, sans exception, n'a commerce avec
elle. J'ai reçu une de ses lettres ; mais je me garde bien
de m'en vanter, de peur des questions infinies que cela
attire. Le rendez-vous du beau monde est les soirs chez
la maréchale d'Estrées ; Manicamp et ses deux sœurs
sont assurément bonne compagnie ; Mme de Senneterre
s'y trouve quelquefois, mais toujours sous la figure d'Andromaque ; on est ennuyé de sa douleur. Pour elle, je
comprends qu'elle s'en accommode mieux que de son
mari. Cette raison devroit pourtant lui faire oublier
qu'elle est affligée. Je la crois de bonne foi, ainsi je la
plains.

Les gendarmes-Dauphin sont dans l'armée de Monsieur le Prince ; il faut espérer qu'on les mettra bientôt
en quartier d'hiver, et qu'ils auront un moment pour
donner ordre à leurs affaires : je connois des gens qui en
sont accablés.

Adieu, ma très-aimable : je vais me préparer pour la
grande occasion de ce soir ; il faut être bien modeste pour
se coiffer, quand on soupe avec Mme du Fresnoi. Permettez-moi de faire mille compliments à Mme de Grignan :
je voudrois bien que ce fût des amitiés, mais vous ne
voulez pas.

La princesse d'Harcourt a paru à la cour sans rouge,
par pure dévotion : voilà une nouvelle qui efface toutes
les autres ; on peut dire aussi que c'est un grand sacrifice : Brancas en est ravi. Il vous adore, mon amie :
ne le désapprouvez donc pas lorsqu'il censure les plaisirs que vous avez sans lui ; c'est la jalousie qui l'y
oblige ; mais vous ne voudriez de la jalousie que de
ceux dont vous pourriez être jalouse ; il faut plaindre
Brancas.

310. — DE MADAME DE LA FAYETTE
A MADAME DE SÉVIGNÉ.

A Paris, ce 30ᵉ décembre.

J'ai vu votre grande lettre à d'Hacqueville : je comprends fort bien tout ce que vous lui mandez sur l'Évêque. Il faut que le prélat ait tort, puisque vous vous en plaignez. Je montrerai votre lettre à Langlade, et j'ai bien envie encore de la faire voir à Mme du Plessis, car elle est très-prévenue en faveur de l'Évêque. Les Provençaux sont des gens d'un caractère tout particulier.

Voilà un paquet que je vous envoie pour Mme de Northumberland. Vous ne comprendrez pas aisément pourquoi je suis chargée de ce paquet. Il vient du comte de Sunderland, qui est présentement ici ambassadeur; il est fort de ses amis; il lui a écrit plusieurs fois; mais n'ayant point de réponse, il croit qu'on arrête ses lettres; et M. de la Rochefoucauld, qu'il voit très-souvent, s'est chargé de faire tenir le paquet dont il s'agit. Je vous supplie donc, comme vous n'êtes plus à Aix, de l'envoyer par quelqu'un de confiance, et d'écrire un mot à Mme de Northumberland, afin qu'elle vous fasse réponse, et qu'elle vous mande qu'elle l'a reçu : vous m'enverrez sa réponse. On dit ici que si M. de Montaigu n'a pas un heureux succès de son voyage, il passera en Italie, pour faire voir que ce n'est pas pour les beaux yeux de Mme de Northumberland qu'il court le pays. Mandez-nous un peu ce que vous verrez de cette affaire, et comme quoi il sera traité.

La Marans est dans une dévotion et dans un esprit de douceur et de pénitence qui ne se peut comprendre : sa sœur, qui ne l'aime pas, en est surprise et charmée; sa personne est changée à n'être pas connoissable : elle paroît soixante ans. Elle trouva mauvais que sa sœur m'eût

conté ce qu'elle lui avoit dit sur cet enfant de M. de Longueville, et elle se plaignit aussi de moi de ce que je
l'avois redonné au public ; mais des plaintes si douces,
que Montalais en étoit confondue pour elle et pour moi,
en sorte que pour m'excuser elle lui dit que j'étois informée de la belle opinion qu'elle avoit que j'aimois
M. de Longueville. La Marans, avec une justice admirable, répondit que puisque je savois cela, elle s'étonnoit
que je n'en eusse pas dit davantage, et que j'avois raison
de me plaindre d'elle. On parla de Mme de Grignan ; elle
en dit beaucoup de bien, mais sans aucune affectation.
Elle ne voit plus qui que ce soit au monde, sans exception. Si Dieu fixe cette bonne tête-là, c'est un des grands
miracles que j'aie jamais vus.

J'allai hier au Palais-Royal avec Mme de Monaco ; je
m'y enrhumai à mourir ; j'y pleurai Madame de tout
mon cœur. Je fus surprise de l'esprit de celle-ci, non pas
de son esprit agréable, mais de son esprit de bon sens.
Elle se mit sur le ridicule de M. de Meckelbourg d'être
à Paris présentement, et je vous assure que l'on ne peut
mieux dire. C'est une personne très-opiniâtre et très-
résolue, et assurément de bon goût ; car elle hait Mme de
Gourdon à ne la pouvoir souffrir. Monsieur me fit toutes
les caresses du monde au nez de la maréchale de Clérembaut ; j'étois soutenue de la Fiennes, qui la hait
mortellement, et à qui j'avois donné à dîner il n'y a
que deux jours. Tout le monde croit que la comtesse du
Plessis va épouser Clérembault.

M. de la Rochefoucauld vous fait cent mille compliments. Il y a quatre ou cinq jours qu'il ne sort point ; il
a la goutte en miniature. J'ai mandé à Mme du Plessis
que vous m'aviez écrit des merveilles de son fils Adieu,
ma belle ; vous savez combien je vous aime.

---

311. — DE MADAME DE SÉVIGNÉ
A MADAME DE GRIGNAN.

A Marseille, mercredi.

Je vous écris entre la visite de Madame l'intendante et
une harangue très-belle. J'attends un présent, et le présent attend ma pistole. Je suis charmée de la beauté singulière de cette ville. Hier le temps fut divin, et l'endroit
d'où je découvris la mer, les bastides, les montagnes et
la ville, est une chose étonnante; mais surtout je suis
ravie de Mme de Montfuron : elle est aimable, et on
l'aime sans balancer. La foule des chevaliers qui vinrent
hier voir M. de Grignan à son arrivée; des noms connus,
des Saint-Hérem, etc.; des aventuriers, des épées, des
chapeaux du bel air, des gens faits à peindre une idée
de guerre, de roman, d'embarquement, d'aventures, de
chaînes, de fers, d'esclaves, de servitude, de captivité :
moi, qui aime les romans, tout cela me ravit et j'en suis
transportée. Monsieur de Marseille vint hier au soir;
nous dînons chez lui; c'est l'affaire des deux doigts de la
main. Dites-le à Volonne. Il fait aujourd'hui un temps
de diantre, j'en suis triste; nous ne verrons ni mer, ni
galères, ni port. Je demande pardon à Aix, mais Marseille est bien plus joli, et est plus peuplé que Paris à
proportion : il y a cent mille âmes. De vous dire combien
il y en a de belles, c'est ce que je n'ai pas le loisir de
compter. L'air en gros y est un peu scélérat, et parmi
tout cela je voudrais être avec vous. Je n'aime aucun lieu
sans vous, et moins la Provence qu'un autre : c'est un
vol que je regretterai. Remerciez Dieu d'avoir plus de
courage que moi, mais ne vous moquez pas de mes foiblesses ni de mes chaînes.

312. — DE MADAME DE SÉVIGNÉ
A MADAME DE GRIGNAN.

A Marseille, jeudi à midi...

Le diable est déchaîné en cette ville : de mémoire
d'homme, on n'a point vu de temps si vilain. J'admire
plus que jamais de donner avec tant d'ostentation les
choses du dehors, de refuser en particulier ce qui tient
au cœur; poignarder et embrasser, ce sont des manières:
on voudroit m'avoir ôté l'esprit; car au milieu de mes
honnêtetés, on voit que je vois; et je crois qu'on riroit
avec moi, si on l'osoit; tout est de carême-prenant.

Hier, nous dînâmes chez Monsieur de Marseille : ce
fut un très-bon repas. Il me mena l'après-dînée faire des
visites nécessaires, et me laissa le soir ici. Le gouverneur
me donna les violons, que je trouvai très-bons. Il vint
des masques plaisants : il y avoit une petite Grecque fort
jolie; votre mari tournoit tout autour : ma fille, c'est un
fripon; si vous étiez bien glorieuse, vous ne le regarderiez
pas. Il y a un chevalier de Saint-Mesmes qui danse bien
à mon gré; il étoit en Turc; il ne hait pas la Grecque, à
ce qu'on dit. Je trouve, comme vous, que Bétomas ressemble à Lauzun, et Mme de Montfuron à Mme d'Armagnac, et Mlles des Pennes à feu Mlle de Cossé. Nous ne
parlons que de Mlle de Scudéry et de la Troche avec la
Brétèche, et de toutes choses avec plusieurs qui connoissent Paris. Si tantôt il fait un moment de soleil, Monsieur de Marseille me mènera bayer. En un mot, j'ai
déjà de Marseille et de votre absence jusque-là. La
Santa-Crux est belle, fraîche, gaie et naturelle; rien
n'est faux ni emprunté chez elle. Je vous prie de songer
déjà à des remerciements pour elle, et à la louer du rigo-
don où elle triomphe.

Adieu, ma très-aimable enfant : hélas! je ne vous ai

point vue ici; cette pensée gâte ce qu'on voit. Adhémar,
qui, par parenthèse, a pris le nom de chevalier de Grignan, a fait le petit démon quand je lui ai dit que vous
m'aviez envoyé de l'argent pour lui. Il n'en a que faire,
il a dix mille écus; il les jettera par la place; vous êtes
folle, il ne vous le pardonnera jamais; mais là-dessus je
me sers de ce pouvoir souverain que j'ai sur lui, et j'ai
obtenu qu'il recevra seulement un sac de mille francs.
Cela est fait, et, quoi qu'il dise, je crois qu'il sera dépensé
avant que vous receviez cette lettre; le reste viendra en
peu de temps; n'en soyez point en peine, ma bonne, ôtez
cette bagatelle de votre esprit.

---

313. — DE MADAME DE SÉVIGNÉ
A MADAME DE GRIGNAN.

A Marseille, jeudi à minuit....

Je vous ai écrit ce matin, ma bonne. Voici ce que j'ai
fait depuis : j'ai été à la messe à Saint-Victor avec
l'Évêque; de là par mer voir la Réale et l'exercice, et
toutes les banderoles, et des coups de canon, et des sauts
périlleux d'un Turc; enfin on dîne, et après dîné me revoilà sur le poing de Monsieur de Marseille, à voir la
citadelle et la vue; et puis à l'arsenal voir tous les maga-
sins et l'hôpital, et puis sur le port, et puis souper chez
ce prélat, où il y avoit toutes sortes de musiques.

Nous avons eu une conversation où j'ai bien dit, ce me
semble, et où, sans aucune rudesse, ni brutalité, ni colère, mais raisonnablement et de sang-froid, je lui ai fait
voir l'horreur de son procédé pour moi, et combien il
m'eût été plus cher de témoigner une véritable amitié à
Lambesc, que de m'accabler de cérémonies et de festins
à Marseille, et que mon cœur étant blessé, tout cela n'é-
toit que pour le public. Il m'a paru un peu embarrassé;
et en effet, plus la chose s'éloigne, plus il la voit comme

elle est. Il n'y a point de réponse à ne me vouloir pas
obliger dans une bagatelle où lui-même, s'il m'avoit véritablement aimée, il auroit trouvé vingt expédients au
lieu d'un. J'ai repassé sur la manière dont sa haine a
paru dans cette occasion : j'ai dit que le prétexte étant si
petit et si mince, on voyait la corde et le fond. Enfin nous
nous sommes séparés; mais soyez certaine que, quand je
serois en faveur, il ne m'auroit pas mieux reçue ici. Nous
partons à cinq heures du matin. Je vous quitte, ma petite.
J'ai reçu et baisé votre lettre, et lu vos tendresses avec
des sentiments qui ne s'expliquent point.

------

314. — DE LA ROCHEFOUCAULD ET DE MADAME DE LA FAYETTE A MADAME DE SÉVIGNÉ.

A Paris, le 9e février 1673.

DE LA ROCHEFOUCAULD.

Vous ne sauriez croire le plaisir que vous m'avez fait
de m'envoyer la plus agréable lettre qui ait jamais été
écrite; elle a été lue et admirée comme vous pouvez le
souhaiter. Il me seroit difficile de vous rien envoyer de
ce prix-là; mais je chercherai à m'acquitter, sans espérer
néanmoins d'en trouver les moyens, dans le soin de votre
santé, car vous vous portez si bien, que vous n'avez pas
besoin de mes remèdes.

Madame la Comtesse est allée ce matin à Saint-Germain
remercier le Roi d'une pension de cinq cents écus qu'on
lui a donnée sur une abbaye; cela lui en vaudra mille
avec le temps, parce que c'est sur un homme qui a la
même pension sur l'abbé de la Fayette; ainsi ils sont
quittes présentement; et quand ce premier mourra, la
pension demeurera toujours sur son abbaye. Le Roi a
même accompagné ce présent de tant de paroles agréables, qu'il y a lieu d'attendre de plus grandes grâces. Si

je suis le premier à vous apprendre ceci, voilà déjà la lettre de M. de Coulanges à demi payée; mais qui nous payera le temps que nous passons ici sans vous? Cette perte est si grande pour moi, que vous seule pouvez m'en récompenser; mais vous ne payez point ces sortes de dettes-là; j'en ai bien perdu d'autres, et pour être ancien créancier, je n'en suis que plus exposé à de telles banqueroutes.

L'affaire de M. le chevalier de Lorraine et de M. de Rohan est heureusement terminée; le Roi a jugé de leurs intentions, et personne n'a eu dessein de s'offenser.

Monsieur le Duc est revenu, Monsieur le Prince arrive dans deux jours: on espère la paix; mais vous ne revenez pas, et c'est assez pour ne rien espérer.

Quoi que vous me disiez de Mme de Grignan, je pense qu'elle ne se souvient guère de moi; je lui rends cependant mille très-humbles grâces, ou à vous, de ce que vous me dites de sa part. Ma *mère* est un miroir de dévotion: elle a fait un cantique pour ses ennemis, où la reine de Provence n'est pas oubliée. Embrassez Monsieur l'abbé à mon intention, et dites-lui qu'après le marquis de Villeroi, je suis mieux que personne auprès de M. de Coulanges.

Si vous avez des nouvelles de notre pauvre Corbinelli, je vous supplie de m'en donner: j'ai pensé effacer l'épithète, mais j'apprends toujours à la honte de nos amis qu'elle ne lui convient que trop.

DE MADAME DE LA FAYETTE.

Voilà une lettre qui vous dit, ma belle, tout ce que j'aurois à vous dire. Je me porte bien de mon voyage de Saint-Germain. J'y vis votre fils, j'en fis comme du mien; il est très-joli. Adieu.

315. — DE MADAME DE COULANGES
A MADAME DE SÉVIGNÉ.

A Paris, le 24ᵉ février.

Si vous étiez en lieu où je vous pusse conter mes chagrins, ma très-belle, je suis persuadée que je n'en aurois
plus. Quand je songe que le retour de Mme de Grignan
dépend de la paix, et le vôtre du sien, en faut-il davantage pour me la faire souhaiter bien vivement?

Le comte Tott a passé l'après-dînée ici : nous avons
fort parlé de vous; il se souvient de tout ce qu'il vous a
entendu dire; jugez si sa mémoire ne le rend pas de très-
bonne compagnie.

Au reste, ma belle, je ne pars plus de Saint-Germain, j'y trouve une dame d'honneur que j'aime, et
qui a de la bonté pour moi; j'y vois peu la Reine; je
couche chez Mme du Fresnoi dans une chambre charmante : tout cela me fait résoudre à y faire de fréquents
voyages.

Nos pauvres amis sont repartis, c'est-à-dire M. de la
Trousse, sur la nouvelle qu'a eue le Roi d'une révolte
en Franche-Comté. Comme il n'aimeroit point que les
Espagnols envoyassent des troupes qui passeroient sur
ses terres, il a nommé Vaubrun et la Trousse pour aller
commander en ce pays-là. La Trousse a beaucoup de
peine à se réjouir de cette distinction : cependant c'en est
une, qui pourroit ne pas déplaire à un homme moins
fatigué de voyages; celui-ci joindra la campagne; cela est
fort triste pour ses amis. Le guidon nous demeure; mais
ce n'étoit point trop de tout. Je menai ce guidon avant-
hier à Saint-Germain; nous dînâmes chez Mme de Richelieu; il est aimé de tout le monde presque autant que
de moi. *Mithridate* est une pièce charmante; on y pleure;
on y est dans une continuelle admiration ; on la voi

trente fois, on la trouve plus belle la trentième que la première. *Pulchérie* n'a point réussi. Notre ami Brancas a la fièvre et une fluxion sur la poitrine; je l'irai voir demain. Je n'ai point vu votre cardinal; j'en ai toujours eu envie, mais il s'est toujours trouvé quelque chose qui m'en a empêchée. La belle Ludres est la meilleure de mes amies; elle me veut toujours mener chez Mme *t'Alpon* quand les *pougies* sont allumées. Le marquis de Villeroi est si amoureux, qu'on lui fait voir ce que l'on veut: jamais aveuglement n'a été pareil au sien; tout le monde le trouve digne de pitié, et il me paroît digne d'envie; il est plus charmé qu'il n'est *charmant;* il ne compte pour rien sa fortune, mais la belle compte Caderousse pour quelque chose, et puis un autre pour quelque chose encore: un, deux, trois, c'est la pure vérité; fi! je hais les médisances.

J'embrasse Mme la comtesse de Grignan; je voudrois bien qu'elle fût heureusement accouchée, qu'elle ne fût plus grosse, et qu'elle vînt ici désabuser de tout ce qu'on y admire.

Adieu, ma véritable amie, vos *petites entrailles* se portent bien; elles sont farouches, elles ont les cheveux coupés, elles sont très-bien vêtues. Mme Scarron ne paroît point; j'en suis très-fâchée; je n'ai rien cette année de tout ce que j'aime; l'abbé Têtu et moi, nous sommes contraints de nous aimer. Mademoiselle a songé que vous étiez très-malade; elle s'éveilla en pleurant: elle m'a ordonné de vous le mander.

---

316. — DE MADAME DE LA FAYETTE
A MADAME DE SÉVIGNÉ.

A Paris, le 27e février.

M. de Bayard et M. de la Fayette arrivent dans ce moment. Cela fait, ma belle, que je ne vous puis dire

que deux mots de votre fils : il sort d'ici, et m'est venu
dire adieu, et me prier de vous écrire ses raisons sur
l'argent. Elles sont si bonnes que je n'ai pas besoin de
vous les expliquer fort au long; car vous voyez d'où vous
êtes la dépense d'une campagne qui ne finit point. Tout
le monde est au désespoir et se ruine; il est impossible
que votre fils ne fasse pas un peu comme les autres; et
de plus, la grande amitié que vous avez pour Mme de
Grignan fait qu'il en faut témoigner à son frère. Je laisse
au grand d'Hacqueville à vous en dire davantage. Adieu,
ma très-chère.

317. — DE MAMADE DE COULANGES
A MADAME DE SÉVIGNÉ.

A Paris, le 20e mars.

Je souhaite trop vos reproches pour les mériter. Non,
ma belle, la période ne m'emporte point; je vous dis
que je vous aime par la raison que je le sens véritablement; et même je suis plus vive pour vous que je ne
vous le dis encore.

Nous avons enfin retrouvé Mme Scarron, c'est-à-dire
que nous savons où elle est; car pour avoir commerce
avec elle, cela n'est pas aisé. Il y a chez une de ses amies
un certain homme qui la trouve si aimable et de si
bonne compagnie, qu'il souffre impatiemment son absence. Elle est cependant plus occupée de ses anciens
amis qu'elle ne l'a jamais été; elle leur donne le peu de
temps qu'elle a avec un plaisir qui fait regretter qu'elle
n'en ait pas davantage. Je suis assurée que vous trouvez
que deux mille écus de pension sont médiocres; j'en
conviens, mais cela s'est fait d'une manière qui peut laisser espérer d'autres grâces. Le Roi vit l'état des pensions : il trouva deux mille francs pour Mme Scarron, il
les raya, et mit deux mille écus.

Tout le monde croit la paix; mais tout le monde est triste d'une parole que le Roi a dite, qui est que, paix ou guerre, il n'arriveroit à Paris qu'au mois d'octobre.

Je viens de recevoir une lettre du jeune guidon. Il s'adresse à moi pour demander son congé; et ses raisons sont si bonnes, que je ne doute pas que je ne l'obtienne.

J'ai vu une lettre admirable que vous avez écrite à M. de Coulanges; elle est si pleine de bon sens et de raison, que je suis persuadée que ce seroit méchant signe pour quelqu'un qui trouveroit à y répondre. Je promis hier à Mme de la Fayette qu'elle la verroit; je la trouvai tête à tête avec *un appelé* Monsieur le Duc. On regretta le temps que vous étiez à Paris; on vous y souhaita; mais, hélas! qu'ils sont inutiles, les souhaits! et cependant on ne sauroit se corriger d'en faire.

M. de Grignan ne s'est point du tout rouillé en province; il a un très-bon air à la cour, mais il trouve qu'il lui manque quelque chose; nous sommes de son avis, nous trouvons qu'il lui manque quelque chose. J'ai mandé à M. de la Trousse ce que vous m'écrivez de lui. Si ma lettre va jusqu'à lui, je ne doute pas qu'il ne vous en remercie. Je crois que le secret miraculeux qu'il avoit de faire comme les gens les plus riches lui manque dans cette occasion; il me paroît accablé sans ressource.

Mme du Fresnoi fait une figure si considérable, que vous en seriez surprise; elle a effacé Mlle de S*** sans miséricorde. On avait tant vanté la beauté de cette dernière qu'elle n'a plus paru belle. Elle a les plus beaux traits du monde; elle a le teint admirable; mais elle est décontenancée, et elle ne le veut pas paroître; elle rit toujours, elle a méchante grâce. Madame fera souvent voir de nouvelles beautés; l'ombre d'une galanterie l'oblige à se défaire de ses filles : ainsi je crois que celles qui lui demeureront se trouveront plus à plaindre que les autres. Mlle de L*** la quitte. Mme de Richelieu m'a priée de vous faire mille compliments de sa part.

Adieu, ma très-aimable belle : j'embrasse, avec votre permission et la sienne, Madame la comtesse de Grignan : n'est-elle point encore accouchée? M. de Coulanges m'a assurée qu'il vous enverroit *Mithridate*. On me peint aujourd'hui pour M. de Grignan; je croyois avoir renoncé à la peinture. L'histoire du Charmant est pitoyable; je la sais.... *Orondate* étoit peu amoureux auprès de lui; il n'y a que lui au monde qui sache aimer : c'est le plus joli homme, et son *Alcine*, la plus indigne femme.

-----

318. — DE MADAME DE COULANGES
A MADAME DE SÉVIGNÉ.

A Paris, le 10ᵉ avril.

Il est minuit, c'est une raison pour ne vous point écrire; j'en suis enragée; j'avois résolu de répondre à votre aimable lettre; mais voici, ma chère amie, ce qui m'en a empêchée : M. de la Rochefoucauld a passé le jour avec moi, je lui ai fait voir Mme du Fresnoi, il en est tout éperdu.

Je suis ravie que Mme de Grignan ne soit plus qu'accablée de lassitude; la surprise et l'inquiétude que j'ai eues de son mal me devoient faire attendre à toute la joie que j'ai du retour de sa santé : c'est une barbarie que de souhaiter des enfants.

Je ne veux pas oublier ce qui m'est arrivé ce matin. On m'a dit : « Madame, voilà un laquais de Mme de Thianges. » J'ai ordonné qu'on le fît entrer. Voici ce qu'il avoit à me dire : « Madame, c'est de la part de Mme de Thianges, qui vous prie de lui envoyer la lettre du Cheval de Mme de Sévigné, et celle de la Prairie. » J'ai dit au laquais que je les porterois à sa

maîtresse, et je m'en suis défaite. Vos lettres font tout
le bruit qu'elles méritent, comme vous voyez. Il est certain qu'elles sont délicieuses, et vous êtes comme vos
lettres.

Adieu, ma très-aimable belle. J'embrasse bien doucement cette belle Comtesse, de peur de lui faire mal : j'ai
bien senti, je vous jure, sa fâcheuse aventure ; je souhaite
plus que je ne l'espère qu'elle ne soit jamais exposée à
de pareils accidents.

Le Roi dit hier qu'il partiroit le 25e sans aucune remise.

———

319. — DE MADAME DE LA FAYETTE
A MADAME DE SÉVIGNÉ.

A Paris, le 15e avril.

Mme de Northumberland me vint voir hier ; j'avois
été la chercher avec Mme de Coulanges. Elle me parut
une femme qui a été fort belle, mais qui n'a plus un
seul trait de visage qui se soutienne, ni où il soit resté
le moindre air de jeunesse ; j'en fus surprise. Elle est
avec cela mal habillée, point de grâce : enfin je n'en fus
point du tout éblouie. Elle me parut entendre fort bien
tout ce qu'on dit, ou pour mieux dire, ce que je dis, car
j'étois seule. M. de la Rochefoucauld et Mme de Thianges, qui avoient envie de la voir, ne vinrent que comme
elle sortoit. Montaigu m'avoit mandé qu'elle viendroit
me voir ; je lui ai fort parlé d'elle ; il ne fait aucune façon
d'être embarqué à son service, et paroît très-rempli d'espérance.

M. de Chaulnes partit hier, et le comte Tott aussi :
ce dernier est très-affligé de quitter la France. Je l'ai vu
quasi tous les jours pendant qu'il a été ici ; nous avons
traité votre chapitre plusieurs fois.

La maréchale de Gramont s'est trouvée mal ; d'Hac-

queville y a été, toujours courant, lui mener un médecin ;
il est en vérité un peu étendu dans ses soins.

Adieu, mon amie ; j'ai le sang si échauffé, et j'ai tant
eu de tracas ces jours passés, que je n'en puis plus : je
voudrois bien vous voir, pour me rafraîchir le sang.

---

320. — DE MADAME DE LA FAYETTE
A MADAME DE SÉVIGNÉ.

A Paris, le 19e mai.

Je vais demain à Chantilly : c'est ce même voyage que
j'avois commencé l'année passée, jusque sur le Pont-
Neuf, où la fièvre me prit. Je ne sais pas s'il arrivera
quelque chose d'aussi bizarre, qui m'empêche encore de
l'exécuter. Nous y allons la même compagnie, et rien de
plus.

Mme du Plessis étoit si charmée de votre lettre qu'elle
me l'a envoyée ; elle est enfin partie pour sa Bretagne.
J'ai donné vos lettres à Langlade, qui m'en a paru très-
content : il honore toujours beaucoup Mme de Grignan.

Montaigu s'en va ; on dit que ses espérances sont ren-
versées ; je crois qu'il y a quelque chose de travers dans
l'esprit de la nymphe.

Votre fils est amoureux comme un perdu de Mlle de
Poussai ; il n'aspire qu'à être aussi transi que la Fare.
M. de la Rochefoucauld dit que l'ambition de Sévigné
est de mourir d'un amour qu'il n'a pas ; car nous ne le
tenons pas du bois dont on fait les fortes passions. Je
suis dégoûtée de celle de la Fare : elle est trop grande et
trop esclave ; sa maîtresse ne répond pas au plus petit de
ses sentiments ; elle soupa chez Longueil à une musique
le soir même qu'il partit. Souper en compagnie, quand
son amant part, et qu'il part pour l'armée, me paroît un
crime capital ; je ne sais pas si je m'y connois. Adieu,
ma belle.

321. — DE MADAME DE LA FAYETTE
A MADAME DE SÉVIGNÉ.

A Paris, le 26e mai.

Si je n'avois la migraine, je vous rendrois compte de
mon voyage de Chantilly, et je vous dirois que de tous
les lieux que le soleil éclaire, il n'y en a point un pareil
à celui-là. Nous n'y avons pas eu un trop beau temps;
mais la beauté de la chasse dans des carrosses vitrés a
suppléé à ce qui nous manquoit. Nous y avons été cinq
ou six jours; nous vous y avons extrêmement souhaitée,
non-seulement par amitié, mais parce que vous êtes
plus digne que personne du monde d'admirer ces
beautés-là.

J'ai trouvé ici à mon retour deux de vos lettres. Je ne
pus faire achever celle-ci vendredi, et je ne puis l'achever
moi-même aujourd'hui, dont je suis bien fâchée; car il
me semble qu'il y a longtemps que je n'ai causé avec
vous. Pour répondre à vos questions, je vous dirai que
Mme de Brissac est toujours à l'hôtel de Conti, envi-
ronnée de peu d'amants, et d'amants peu propres à
faire du bruit, de sorte qu'elle n'a pas grand besoin du
manteau de sainte Ursule. Le premier président de Bourdeaux est amoureux d'elle comme un fou; il est vrai que
ce n'est pas d'ailleurs une tête bien timbrée. Monsieur
le Premier et ses enfants sont aussi fort assidus auprès
d'elle. M. de Montaigu ne l'a, je crois, point vue de ce
voyage-ci, de peur de déplaire à Mme de Northumberland, qui part aujourd'hui; Montaigu l'a devancée de
deux jours : tout cela ne laisse pas douter qu'il ne
l'épouse. Mme de Brissac joue toujours la désolée, et
affecte une très-grande négligence. La comtesse du
Plessis a servi de dame d'honneur deux jours avant que
Monsieur soit parti; sa belle-mère n'y avoit pas voulu

consentir auparavant. Elle n'égratigne point Mme de Monaco; je crois qu'elle se fait justice, et qu'elle trouve que la seconde place de chez Madame est assez bonne pour la femme de Clérembault : elle le sera assurément dans un mois, si elle ne l'est déjà.

Nous allons dîner à Livry, M. de la Rochefoucauld, Morangis, Coulanges et moi. C'est une chose qui me paroît bien étrange d'aller dîner à Livry, et que ce ne soit pas avec vous. L'abbé Têtu est allé à Fontevrault; je suis trompée, s'il n'eût mieux fait de n'y pas aller, et si ce voyage-là ne déplaît à des gens à qui il est bon de ne pas déplaire.

L'on dit que Mme de Montespan est demeurée à Courtray.

Je reçois une petite lettre de vous; si vous n'avez pas reçu des miennes, c'est que j'ai bien eu des tracas : je vous conterai mes raisons quand vous serez ici. Monsieur le Duc s'ennuie beaucoup à Utrecht; les femmes y sont horribles. Voici un petit conte sur son sujet : il se familiarisoit avec une jeune femme de ce pays-là, pour se désennuyer apparemment; et comme les familiarités étoient sans doute un peu grandes, elle lui dit : « Pour Dieu, Monseigneur, Votre Altesse a la bonté d'être trop insolente. » C'est Briolle qui m'a écrit cela; j'ai jugé que vous en seriez charmée comme moi. Adieu, ma belle; je suis toute à vous assurément.

---

322. — DU COMTE DE BUSSY RABUTIN
A MADAME DE SÉVIGNÉ.

Je fus huit mois sans ouïr parler de Mme de Sévigné (voyez la lettre 305, p. 202), après lesquels je lui écrivis celle-ci.

A Bussy, ce 26e juin 1673.

Il m'ennuie fort, Madame, de n'avoir aucune nouvelle de vous depuis que vous arrivâtes en Provence : quand

vous seriez en l'autre monde je n'en aurois pas moins.
Est-ce qu'on ne songe plus qu'à ce qu'on voit, quand on
est en Provence? Mandez-le-moi, je vous prie, parce
qu'en ce cas-là je vous irois trouver, et j'aimerois mieux
me mettre au hasard de me brouiller à la cour, où je
n'ai plus rien à ménager, que de n'entendre jamais
parler de vous. Raillerie à part, Madame, mandez-moi
de vos nouvelles.

Je suis en peine aussi de n'en avoir aucune de notre
ami. Quelqu'un m'a dit qu'il étoit dans une dévotion
extrême. Si c'étoit cela qui l'empêchât d'avoir commerce
avec moi, j'aimerois autant qu'il fût déjà en paradis.
Mandez-moi ce que vous en savez.

---

323. — DE MADAME DE LA FAYETTE
A MADAME DE SÉVIGNÉ.

A Paris, le 30e juin.

Eh bien, eh bien, ma belle, qu'avez-vous à crier comme
un aigle? Je vous mande que vous attendiez à juger de
moi quand vous serez ici. Qu'y a-t-il de si terrible à ces
paroles : *Mes journées sont remplies?* Il est vrai que
Bayard est ici, et qu'il fait mes affaires; mais quand il a
couru tout le jour pour mon service, écrirai-je? Encore
faut-il lui parler. Quand j'ai couru, moi, et que je reviens,
je trouve M. de la Rochefoucauld, que je n'ai point vu
de tout le jour : écrirai-je? M. de la Rochefoucauld et
Gourville sont ici : écrirai-je? — Mais quand ils sont
sortis? — Ah! quand ils sont sortis, il est onze heures,
et je sors, moi; je couche chez nos voisins, à cause qu'on
bâtit devant mes fenêtres. — Mais l'après-dînée? — J'ai
mal à la tête. — Mais le matin? — J'y ai mal encore, et
je prends des bouillons d'herbes qui m'enivrent. Vous
êtes en Provence, ma belle : vos heures sont libres, et
votre tête encore plus; le goût d'écrire vous dure encore

pour tout le monde; il m'est passé pour tout le monde;
et si j'avois un amant qui voulût de mes lettres tous les
matins, je romprois avec lui. Ne mesurez donc point
notre amitié sur l'écriture; je vous aimerai autant en
ne vous écrivant qu'une page en un mois, que vous en
m'en écrivant dix en huit jours. Quand je suis à Saint-
Maur, je puis écrire, parce que j'ai plus de tête et plus
de loisir; mais je n'ai pas celui d'y être, je n'y ai passé
que huit jours de cette année; Paris me tue. Si vous
saviez comme je ferois ma cour à des gens à qui il est
très-bon de la faire, d'écrire souvent toutes sortes de
folies, et combien je leur en écris peu, vous jugeriez
aisément que je ne fais pas ce que je veux là-dessus.

Il y a aujourd'hui trois ans que je vis mourir Madame;
je relus hier plusieurs de ses lettres, je suis toute pleine
d'elle. Adieu, ma très-chère, vos défiances seules com-
posent votre unique défaut, et la seule chose qui peut
me déplaire en vous. M. de la Rochefoucauld vous
écrira.

---

324. — DE MADAME DE LA FAYETTE
A MADAME DE SÉVIGNÉ.

A Paris, le 14e juillet.

Voici ce que j'ai fait depuis que je ne vous ai écrit :
j'ai eu deux accès de fièvre. Il y a six mois que je n'ai
été purgée : on me purge une fois, on me purge deux;
le lendemain de la deuxième je me mets à table : ah,
ah! j'ai mal au cœur, je ne veux point de potage. —
Mangez donc un peu de viande. — Non, je n'en veux
point. — Mais vous mangerez du fruit? — Je crois
qu'oui. — Eh bien, mangez-en donc. — Je ne saurois,
je mangerai tantôt; que l'on m'ait ce soir un potage et
un poulet. Voici le soir, voilà un potage et un poulet;
je n'en veux point; je suis dégoûtée, je m'en vais me

coucher, j'aime mieux dormir que de manger. Je me couche, je me tourne, je me retourne, je n'ai point de mal, mais je n'ai point de sommeil aussi; j'appelle, je prends un livre, je le referme; le jour vient, je me lève, je vais à la fenêtre : quatre heures sonnent, cinq heures, six heures; je me recouche, je m'endors jusqu'à sept, je me lève à huit; je me mets à table à douze inutilement, comme la veille; je me remets dans mon lit le soir, inutilement comme l'autre nuit. — Êtes-vous malade? — Nenni. — Êtes-vous plus foible? — Nenni. Je suis dans cet état trois jours et trois nuits; je redors présentement; mais je ne mange encore que par machine, comme les chevaux, en me frottant la bouche de vinaigre. Du reste, je me porte bien, et je n'ai pas même si mal à la tête.

Je viens d'écrire des folies à Monsieur le Duc. Si je puis, j'irai dimanche à Livry pour un jour ou deux. Je suis très-aise d'aimer Mme de Coulanges à cause de vous. Résolvez-vous, ma belle, de me voir soutenir toute ma vie, à la pointe de mon éloquence, que je vous aime plus encore que vous ne m'aimez : j'en ferois convenir Corbinelli en un demi-quart d'heure. Au reste, mandez-moi bien de ses nouvelles : tant de bonnes volontés seront-elles toujours inutiles à ce pauvre homme? Pour moi, je crois que c'est son mérite qui leur porte malheur. Segrais porte aussi guignon. Mme de Thianges est des amies de Corbinelli, Mme Scarron, mille personnes, et je ne lui vois plus aucune espérance de quoi que ce puisse être. On donne des pensions aux beaux esprits : c'est un fonds abandonné à cela; il en mérite mieux que tous ceux qui en ont : point de nouvelles, on ne peut rien obtenir pour lui.

Je dois voir demain Mme de V***; c'est une certaine ridicule à qui M. d'Ambres a fait un enfant; elle l'a plaidé, et a perdu son procès; elle conte toutes les circonstances de son aventure ; il n'y a rien au monde de pareil ; elle prétend avoir été forcée : vous jugez bien que cela conduit à de beaux détails.

La Marans est une sainte ; il n'y a point de raillerie : cela me paroît un miracle. La Bonnetot est dévote aussi ; elle a ôté son œil de verre ; elle ne met plus de rouge ni de boucles. Mme de Monaco ne fait pas de même ; elle me vint voir l'autre jour bien blanche. Elle est favorite et engouée de cette Madame-ci, tout comme de l'autre ; cela est bizarre. Langlade s'en va demain en Poitou pour deux ou trois mois. M. de Marsillac est ici ; il part lundi pour aller à Baréges, il ne s'aide pas de son bras. Mme la comtesse du Plessis va se marier ; elle a pensé acheter Fresnes. M. de la Rochefoucauld se porte très-bien ; il vous fait mille et mille compliments, et à Corbinelli. Voici une question entre deux maximes :

« On pardonne les infidélités, mais on ne les oublie point. »

« On oublie les infidélités, mais on ne les pardonne point. »

« Aimez-vous mieux avoir fait une infidélité à votre amant, que vous aimez pourtant toujours, ou qu'il vous en ait fait une, et qu'il vous aime aussi toujours ? » On n'entend pas par infidélité avoir quitté pour un autre, mais avoir fait une faute considérable.

Adieu, je suis bien en train de jaser ; voilà ce que c'est que de ne point manger et ne point dormir. J'embrasse Mme de Grignan et toutes ses perfections.

325. — DE MADAME DE SÉVIGNÉ ET DE CORBINELLI
AU COMTE DE BUSSY RABUTIN.

Un mois après que j'eus écrit cette lettre (n° 322, p. 226), j'en
reçus cette réponse :

A Grignan, ce 15ᵉ juillet 1673.

DE MADAME DE SÉVIGNÉ.

Vous voyez bien, mon cousin, que me voilà à Grignan.
Il y a justement un an que j'y vins, je vous écrivis avec
notre ami Corbinelli, qui passa deux mois avec nous.
Depuis cela j'ai été dans la Provence me promener. J'ai
passé l'hiver à Aix avec ma fille. Elle a pensé mourir en
accouchant, et moi de la voir accoucher si malheureusement.

Nous sommes revenues ici depuis quinze jours, et j'y
serai jusqu'au mois de septembre, que j'irai à Bourbilly,
où je prétends bien de vous voir. Prenez dès à présent
des mesures, afin que vous ne soyez pas à Dijon. J'y
veux voir aussi notre grand cousin de Toulongeon; mandez-lui. Je vous mènerai peut-être notre cher Corbinelli : il m'est venu trouver ici, et nous avons résolu
de vous écrire, quand j'ai reçu votre lettre. Vous le
trouverez pour les mœurs aussi peu réglé que vous
l'avez vu ; mais il sait bien mieux sa religion qu'il ne
savoit; et il en sera bien plus damné, s'il ne profite de
ses lumières. Je l'aime toujours, et son esprit est fait
pour me plaire.

Que dites-vous de la conquête de Maestricht ? Le Roi
seul en a toute la gloire. Vos malheurs me font une tristesse au cœur qui me fait bien sentir que je vous aime.
Je laisse la plume à notre ami. Nous serions trop heureux si nous le pouvions avoir dans notre délicieux château de Bourbilly. Ma fille vous fait une amitié, quoique
vous ne songiez pas à elle.

DE CORBINELLI.

J'aurois un fort grand besoin, Monsieur, que le bruit de ma dévotion continuât. Il y a si longtemps que le contraire dure, que ce changement en feroit peut-être un à ma fortune. Ce n'est pas que je ne sois pleinement convaincu que le bonheur et le malheur de ce monde ne soit le pur et unique effet de la Providence, où la fortune ni le caprice des rois n'ont aucune part. Je parle si souvent sur ce ton-là, qu'on l'a pris pour le sentiment d'un bon chrétien, quoiqu'il ne soit que celui d'un bon philosophe. Mais quand le bruit qui a couru eût été véritable, ma dévotion n'eût pas été incompatible avec ma persévérance à vous honorer, et à vous reconfirmer souvent les mêmes sentiments que j'ai eus pour vous toute ma vie. Vous savez quel honneur je me suis toujours fait de votre amitié, et si la grâce efficace auroit pu détruire une pensée si raisonnable.

Nous vous écrivîmes une grande lettre à notre autre voyage ici, et nous avons vingt fois raisonné sur votre indolence. Mais va-t-elle jusqu'à ne point regretter de n'être point à Maestricht à tuer des Hollandois et des Espagnols à la vue du Roi? Qu'en dites-vous? Les poëtes vont dire des merveilles : le sujet est ample et beau. Ils diront que leur grand monarque a vaincu la Hollande et l'Espagne en douze jours, en prenant Maestricht, et qu'il ne manque à sa gloire que la vraisemblance. Ils diront qu'il en est lui-même le destructeur, à force de la rendre incroyable; et mille belles pensées dont je ne m'avise pas, tant parce que j'ai l'esprit peu fleuri, que parce que je l'ai sec depuis un an, à cause que je me suis adonné à la philosophie de Descartes. Elle me paroit d'autant plus belle qu'elle est facile, et qu'elle n'admet dans le monde que des corps et du

mouvement, ne pouvant souffrir tout ce dont on ne peut
avoir une idée claire et nette. Sa métaphysique me plaît
aussi ; ses principes sont aisés et les inductions naturelles. Que ne l'étudiez-vous ? elle vous divertiroit avec
Mlles de Bussy. Mme de Grignan la sait à miracle, et
en parle divinement. Elle me soutenoit l'autre jour que
plus il y a d'indifférence dans l'âme, et moins il y a
de liberté. C'est une proposition que soutient agréablement M. de la Forge, dans un *Traité de l'esprit de
l'homme*, qu'il a fait en françois, et qui m'a paru admirable.

Voilà de quoi combattre les ennuis de la province.
Nous lisons à Montpellier tout l'hiver Tacite, et nous le
traduisons, je vous assure, très-bien. J'ai fait un gros
traité de rhétorique en françois, et un autre de l'art historique, comme aussi un gros commentaire sur l'art
poétique d'Horace. Plût à Dieu que vous fussiez avec
nous ! car l'esprit des provinciaux n'est pas assez beau
pour nous contenter dans nos réflexions. Donnez-nous
de vos nouvelles quelquefois, s'il vous plaît, et soyez persuadé que, quand je serois en paradis, je n'en serois pas
moins votre serviteur.

---

326. — DU COMTE DE BUSSY RABUTIN A MADAME
DE SÉVIGNÉ ET A CORBINELLI.

Le lendemain du jour que j'eus reçu cette lettre, j'y fis cette
réponse.

A Bussy, ce 27ᵉ juillet 1673.

A MADAME DE SÉVIGNÉ.

Je reçus la lettre que vous m'écrivîtes de Grignan l'année passée, Madame, dans laquelle notre ami m'écrivoit
aussi, comme il fait aujourd'hui. J'y fis réponse, et vous
n'en devez pas douter, car vous savez que je suis homme

à représailles en toutes choses : je ne sais donc qu'est devenue ma lettre. Je crois que je l'avois adressée par la poste de Lyon en Provence, sur ce que M. de Corbinelli me manda que cette voie étoit plus sûre. Cependant elle n'étoit pas si bonne que celle de Paris.

C'eût été grand dommage si Mme de Grignan fût morte en couches. Quel que soit un jour le mérite de son enfant, il ne vaudra jamais mieux que sa mère ; et pour vous, Madame, aimez-la fort pendant sa vie ; mais laissez-la mourir si elle ne s'en pouvoit pas empêcher une autre fois, et vivez, car il n'est rien tel que de vivre.

Vous ne me verrez point à Bourbilly ; je vous envoie la *Gazette de Hollande,* qui vous en dira la raison : voyez l'article de Paris ; cela n'est pas tout à fait comme elle le dit ; mais elle a su que le Roi m'avoit fait quelque grâce, et elle a cru que ce ne pouvoit être moins que ce qu'elle dit. Cependant elle se trompe : le Roi ne m'a permis que d'aller à Paris pour mettre ordre à mes affaires. Vous connoissez la manière sèche de la cour pour les gens qui ne sont pas heureux ; mais enfin j'ai autant de patience qu'elle a de dureté, et je suis en meilleurs termes que je n'étois il y a deux ans.

Je pars donc dans huit ou dix jours pour la bonne ville, avec ma famille ; je ne sais si j'y passerai l'hiver, ce sera suivant les nouvelles que j'aurai de la cour ; mais toujours me trouverez-vous à Paris, si les délices de Bourbilly ne vous y arrêtent point. Je voudrois bien que vous amenassiez notre ami, et que nous pussions un peu moraliser tous trois sur les sottises du monde, dont nous devons être désabusés. Pour moi, je le suis à un point que, sans l'intérêt de mes enfants, je me contenterois d'admirer le Roi dans mon cœur, sans me mettre en peine de le lui faire connoître. Je ne trouve pas que ce soit un si grand malheur pour moi qu'on le croit, que je

ne sois pas maréchal de France, pourvu qu'on sache que
je le mérite, et je ne pense pas que personne me doive
traiter sur le pied de ne l'être pas, mais sur celui que je
le devrois être, car il n'appartient qu'au Roi de me faire
une injustice. Ainsi, Madame, voyez les conquêtes du
Roi sans me plaindre, puisque aussi bien cela ne sert de
rien, et m'aimez toujours puisque je vous aime de tout
mon cœur.

Je songe à Mme de Grignan plus que vous ne pensez; mais je suis discret, et je ne dis pas toujours, sur
le chapitre d'une aussi belle dame qu'elle, tout ce que je
pense.

A CORBINELLI.

Je crois, Monsieur, que votre dévotion ne feroit point
de changement à votre mauvaise fortune, et qu'elle ne
vous serviroit qu'à vous la faire prendre en gré; mais
la philosophie peut faire la même chose : ainsi la dévotion ne vous peut servir que pour l'autre monde, et j'en
suis persuadé, non pas encore assez pour la prendre fort
à cœur, mais assez pour ne faire à autrui que ce que je
voudrois qui me fût fait. Il y a mille petits collets qui ne
sont pas si justes.

Pour vous répondre maintenant à ce que vous me demandez, si je ne suis pas fâché de n'être point à Maestricht, je vous dirai qu'il y a si longtemps que j'ai été
bien fâché de n'être pas où je devois être, que je ne reprends pas de nouveaux chagrins toutes les fois qu'il se
présente de nouvelles occasions de m'en donner. A quoi
me serviroit ma raison?

Pour le Roi, je l'admirerois quand je serois bourg-
mestre d'Amsterdam; et pour dire la vérité, il m'a un
peu traité à la hollandoise. Cependant je ne laisse pas de
le trouver un prince merveilleux. Jugez ce que j'en pen-
serois s'il m'avoit fait du bien, car vous savez que quelque

juste qu'on soit, on pense toujours plus favorablement de son bienfaiteur que du contraire.

Si nous avions quelqu'un pour nous mettre en train sur la philosophie de Descartes, nous l'apprendrions; mais nous ne savons comment enfourner.

Puisque Mme de Grignan vous soutient que plus il y a d'indifférence dans une âme, moins il y a de liberté, je crois qu'elle vous peut soutenir qu'on est extrêmement libre quand on est passionnément amoureux. Mais, à propos de Descartes, je vous envoie des vers qu'une fille de mes amies a faits en faveur de son ombre; vous les trouverez de bon sens, à mon avis.

---

327. — DE MADAME DE SÉVIGNÉ ET DE CORBINELLI AU COMTE DE BUSSY RABUTIN.

Un mois après avoir écrit cette lettre, je reçus celle-ci de Mme de Sévigné.

A Grignan, ce 23e août 1673.

DE MADAME DE SÉVIGNÉ.

En vérité, mon cousin, je suis fort aise que vous soyez à Paris. Il me semble que c'est là le chemin d'aller plus loin, et je n'ai jamais tant souhaité de voir aller quelqu'un à de grands honneurs, que je l'ai souhaité pour vous, quand vous étiez dans le chemin de la fortune. Elle est si extravagante, qu'il n'y a rien qu'on ne puisse attendre de son caprice; ainsi j'ai toujours un peu d'espérance.

Vous avez tant de philosophie, que l'un de ces jours je vous prierai de m'en faire part, pour m'aider à soutenir vos malheurs et mes chagrins.

Je me console de ne vous point voir à Bourbilly, puisque je vous verrai à Paris. Je voudrois bien que ma fille vous y pût faire son compliment elle-même; mais dans l'incertitude elle vous le fait ici, elle et M. de Grignan.

Vous croyez bien, Monsieur, que je ne suis pas le dernier de vos serviteurs à prendre une bonne part à la petite douceur que le Roi vous a faite. M. de Vardes ne l'a jamais pu obtenir pour deux mois seulement à la mort de son oncle, ce qui me fait juger que son affaire tient plus au cœur du Roi que la vôtre. Pendant votre séjour de Paris, je vous conseille de vous faire instruire de la philosophie de Descartes : Mlles de Bussy l'apprendront plus vite qu'aucun jeu. Pour moi, je la trouve délicieuse, non-seulement parce qu'elle détrompe d'un million d'erreurs où est tout le monde, mais encore parce qu'elle apprend à raisonner juste. Sans elle nous serions morts d'ennui dans cette province.

Les vers que vous me faites l'honneur de m'envoyer sont très-bons et très-justes. Je vous montrerai aussi mes traités de rhétorique, de poétique et de l'art historique ; je les ai faits sur les préceptes des meilleurs maîtres, mais je crois, plus intelligiblement et plus succinctement qu'eux. Je ne douterai point de leur bonté s'ils parviennent à vous plaire.

J'estime fort votre résignation : on est bien heureux, quand on a autant de mérite que vous en avez, de se passer des récompenses des rois courageusement et sans chagrin. Je m'imagine que vous dites assez souvent comme Horace :

Et mea me virtute involvo.

Je m'enveloppe de ma vertu.

328. — DE LA MARQUISE DE VILLARS.
A MADAME DE SÉVIGNÉ.

De Paris, le 25e août 1673.

J'ai reçu votre lettre du 16e de ce mois ; je vois que les miennes ne vous sont pas trop régulièrement rendues. Je me méfie de ces jeunes abbés ; si je le rencontre sur mon chemin, je prendrai la liberté de lui demander ce que l'on en fait chez lui. Il y a un homme à qui mes gens parlent, qui les assure qu'on ne manque point de les bailler le soir à son maître ; mais venons aux nouvelles.

Qui ne croiroit que dans cette grande conjoncture d'affaires, l'on en auroit mille à écrire? Cependant il faudroit avoir perdu le sens pour s'imaginer en savoir aucune vraie, et il y a un an que j'entends toujours dire ce que l'on dit à présent, qui est qu'avant qu'il soit trois semaines l'on saura précisément à quoi l'on s'en doit tenir de la paix ou de la guerre. A l'heure qu'il est, l'on n'est pas reçu à douter que dans quinze jours tout sera éclairci.

Leurs Majestés partent demain pour Brisac; elles marcheront sept jours. Le temps du séjour est incertain ; on dit pourtant quinze jours. Nos enfants cependant sont vers Andernach, dans des pays affreux. Notre honnête homme écrit qu'il y a des endroits fort propres à rêver : je pense qu'il y trouvera des pensées bien amoureuses et d'une grande constance. Il mande à Mlle de Lestrange que si elle et la Comtesse ne lui écrivent, il s'en plaindra aux arbres et aux rochers. S'il se plaint à Écho, je crains bien que, pour prête qu'elle puisse être à lui répondre, il n'ait oublié ce qu'il lui aura dit, et ne traite de galimatias ce que la pauvre nymphe lui aura répondu, car c'est un petit fripon. Mais pour la Fare, c'est la

merveille de nos jours : il est encore venu faire un
voyage ici pour admirer la laideur de sa dame.

Parlons des louanges du Roi : les miennes sont plaisantes au prix de celles de Brancas. Il a écrit une relation,
en forme de lettre, à M. de Villars, du siége de Maestricht et de tout ce qu'a fait le Roi notre maître. Il n'y a
rien de mieux écrit. Le Roi l'a lue et en a été très-
content : il a raison, cela est très-beau. Il décrit les
belles et grandes qualités du Roi d'une manière galante
et solide. C'est pour faire mourir les Espagnols d'envie
ou d'amour pour un tel prince. M. de Villars la fera
traduire en leur langue. Je lui manderai qu'il nous la
renvoie.

Que ce que vous me mandez de Brancas est aimable et
spirituellement dit ! je le lui enverrai; il en rira de bon
cœur; et le pauvre homme a besoin de quelque chose
qui le réjouisse, car il me mande qu'il est bien chagrin.
Il m'a écrit en m'envoyant cette lettre, qui est comme un
livre. Sa fille, la princesse, s'est jetée dans la dévotion, je
dis jetée tête première. Il faut dire la vérité : elle fait de
très-belles et bonnes choses; il n'est pas le moins question du monde, de beauté et d'ajustement. Elle prie, elle
jeûne, elle va à l'Hôtel-Dieu, aux prisons, et paroît véritablement touchée.

Pour Mme de Marans, j'ai voulu voir cette grande
vision : je ne juge point des dévotions de personne, mais
l'absorbée retraite de cette créature me convainc beaucoup. Je l'ai vue et entretenue longtemps : toutes les bagatelles et les incertitudes de son esprit en sont entièrement bannies; il ne lui reste donc que de l'esprit, qui ne
la fait parler ni trop, ni trop peu, lui fait juger du passé,
du présent et de l'avenir, avec raison et tranquillité; ne
souhaitant chose au monde; se trouvant à merveille dans
le plus vilain et le plus éloigné quartier de Paris (sa
chambre lui plaît); s'occupant avec joie de la lecture de

quelque ouvrage; allant à pied à la paroisse, où elle borne toutes ses dévotions, sans chercher ici et là les directeurs et prédicateurs de réputation. Si cela ne vous plaît et ne vous touche, je ne sais ce qu'il vous faut.

Pour Mme de Meckelbourg, il est bien vrai qu'elle loge dans la vraie petite chambre de Mme de Longueville. Mme de Brissac couche bien aussi dans celle où est morte Mme la princesse de Conti. Je crois que leur intérieur est saint.

Mme de Longueville est à la campagne il y a un mois ou six semaines. J'ai beau voir de bonnes gens, vous ne me perdrez point de vue; peut-être vous faudroit-il baisser pour me donner la main; jamais je n'ai vu si peu avancer que je fais en dévotion.

J'ai fait vos compliments à Mme de Noailles; son voyage d'Auvergne, depuis deux jours, est devenu incertain. Mille amitiés à M. et à Mme de Grignan. Venez tous à Paris. J'oublie à vous dire que Mme de Noailles m'a chargée de mille choses pour vous trois. Bonsoir, ma chère Madame.

Monsieur et Madame partent lundi pour Villers-Cotterets; ils seroient partis il y a cinq ou six jours, sans que Mme de Monaco a été malade. M. de Vivonne l'est considérablement à Nancy. Il lui a fallu faire une incision depuis l'épaule jusqu'au coude.

J'ai eu des lettres de Madrid, du 9ᵉ de ce mois, où malgré la haine que l'on a pour notre nation, l'on y conserve beaucoup d'amitié et de considération pour M. de Villars. On lui a donné, au lieu du marquis de las Fuentes, qui est mort, et qui étoit le ministre avec lequel il traitoit les affaires, le duc d'Albuquerque. Il s'ennuie autant qu'un honnête homme se peut ennuyer dans un tel pays, surtout depuis toutes les incertitudes de paix et de guerre.

Suscription : Pour Madame la marquise de Sévigné.

329. — DE MADAME DE LA FAYETTE
A MADAME DE SÉVIGNÉ.

Ce 4ᵉ septembre.

Je suis à Saint-Maur ; j'ai quitté toutes mes affaires et tous mes amis ; j'ai mes enfants et le beau temps, cela me suffit ; je prends des eaux de Forges ; je songe à ma santé ; je ne vois personne ; je ne m'en soucie point du tout : tout le monde me paroît si attaché à ses plaisirs, et à des plaisirs qui dépendent entièrement des autres, que je me trouve avoir un don des fées d'être de l'humeur dont je suis.

Je ne sais si Mme de Coulanges ne vous aura point mandé une conversation d'une après-dînée de chez Gourville, où étoient Mme Scarron et l'abbé Têtu, sur les personnes *qui ont le goût au-dessus ou au-dessous de leur esprit.* Nous nous jetâmes dans des subtilités où nous n'entendions plus rien. Si l'air de Provence, qui subtilise encore toutes choses, vous augmente nos visions là-dessus, vous serez dans les nues. « Vous avez le goût au-dessous de votre esprit, et M. de la Rochefoucauld aussi, et moi encore, mais pas tant que vous deux. » Voilà des exemples qui vous guideront.

M. de Coulanges m'a dit que votre voyage étoit encore retardé. Pourvu que vous rameniez Mme de Grignan, je n'en murmure pas ; si vous ne la ramenez point, c'est une trop longue absence.

Mon goût augmente à vue d'œil pour la supérieure du Calvaire ; j'espère qu'elle me rendra bonne. Le cardinal de Retz est brouillé pour jamais avec moi, de m'avoir refusé la permission d'entrer chez elle. Je la vois quasi tous les jours ; j'ai vu enfin son visage ; il est agréable, et l'on s'aperçoit bien qu'il a été beau. Elle n'a que quarante ans ; mais l'austérité de sa règle l'a fort changée.

Mme de Grignan a fait des merveilles d'avoir écrit à la Marans : je n'ai pas été si sage ; car je fus l'autre jour chercher Mme de Schomberg, et je ne la demandai point. Adieu, ma belle, je souhaite votre retour avec une impatience digne de notre amitié.

J'ai reçu les cinq cents livres il y a longtemps. Il me semble que l'argent est si rare qu'on n'en devroit point prendre de ses amis. Faites mes excuses à Monsieur l'abbé de ce que je l'ai reçu.

---

330. — DE MADAME DE SÉVIGNÉ
A MADAME DE GRIGNAN.

A Montélimar, jeudi 5e octobre.

Voici un terrible jour, ma chère fille ; je vous avoue que je n'en puis plus. Je vous ai quittée dans un état qui augmente ma douleur. Je songe à tous les pas que vous faites et à tous ceux que je fais, et combien il s'en faut qu'en marchant toujours de cette sorte, nous puissions jamais nous rencontrer. Mon cœur est en repos quand il est auprès de vous : c'est son état naturel, et le seul qui peut lui plaire. Ce qui s'est passé ce matin me donne une douleur sensible, et me fait un déchirement dont votre philosophie sait les raisons : je les ai senties et les sentirai longtemps. J'ai le cœur et l'imagination tout remplis de vous ; je n'y puis penser sans pleurer, et j'y pense toujours : de sorte que l'état où je suis n'est pas une chose soutenable ; comme il est extrême, j'espère qu'il ne durera pas dans cette violence. Je vous cherche toujours, et je trouve que tout me manque, parce que vous me manquez. Mes yeux qui vous ont tant rencontrée depuis quatorze mois ne vous trouvent plus. Le temps agréable qui est passé rend celui-ci douloureux, jusqu'à ce que j'y sois un peu accoutumée ; mais ce ne sera jamais assez pour ne pas souhaiter ardemment de vous revoir et de

vous embrasser. Je ne dois pas espérer mieux de l'avenir
que du passé. Je sais ce que votre absence m'a fait souffrir ; je serai encore plus à plaindre, parce que je me suis
fait imprudemment une habitude nécessaire de vous voir.
Il me semble que je ne vous ai point assez embrassée en
partant : qu'avois-je à ménager ? Je ne vous ai point assez
dit combien je suis contente de votre tendresse ; je ne
vous ai point assez recommandée à M. de Grignan ; je
ne l'ai point assez remercié de toutes ses politesses et de
toute l'amitié qu'il a pour moi ; j'en attendrai les effets
sur tous les chapitres : il y en a où il a plus d'intérêt que
moi, quoique j'en sois plus touchée que lui. Je suis déjà
dévorée de curiosité ; je n'espère de consolation que de
vos lettres, qui me feront encore bien soupirer. En un
mot, ma fille, je ne vis que pour vous. Dieu me fasse la
grâce de l'aimer quelque jour comme je vous aime. Je
songe aux *pichons* ; je suis toute pétrie de Grignans ; je
tiens partout. Jamais un voyage n'a été si triste que le
nôtre ; nous ne disons pas un mot.

Adieu, ma chère enfant, aimez-moi toujours : hélas !
nous revoilà dans les lettres. Assurez Monsieur l'Archevêque de mon respect très-tendre, et embrassez le
Coadjuteur ; je vous recommande à lui. Nous avons encore dîné à vos dépens. Voilà M. de Saint-Geniez qui
vient me consoler. Ma fille, plaignez-moi de vous avoir
quittée.

---

331. — DE MADAME DE SÉVIGNÉ
A MADAME DE GRIGNAN.

A Valence, ce vendredi 6e octobre.

C'est mon unique plaisir que de vous écrire : la paresse
du Coadjuteur est bien étonnée de cette sorte de divertissement. Vous êtes à Salon, ma pauvre petite ; vous avez
passé la Durance ; et moi je suis arrivée ici. Je regarde

tous les chemins comme devant avoir l'honneur de vous voir passer cet hiver, et je fais des remarques sur les méchants endroits. Il y en a où je descends mal à propos; il y en a aussi que vous devez craindre. Le plus sûr en hiver, c'est une litière; il y a des pas où il faut descendre de carrosse, ou s'exposer à périr. Monsieur de Valence m'a envoyé son carrosse avec Montreuil et le Clair, pour me laisser plus de liberté. J'ai été droit chez lui. Il a bien de l'esprit. Nous avons causé une heure; ses malheurs et votre mérite ont fait les deux principaux points de la conversation. Il a deux dames avec lui, ses parentes, fort parées. J'ai vu un moment les filles de Sainte-Marie, et Madame votre belle-sœur : sa belle abbesse se meurt; on court pour l'abbaye; une grosse fièvre continue au milieu de la plus brillante santé : voilà qui est expédié. J'ai soupé chez le Clair avec Montreuil; jamais il ne s'est vu un pareil festin; j'y suis logée. Monsieur de Valence et ses nièces me sont venus voir.

On dit ici que le Roi est allé joindre Monsieur le Prince. On ne parle point de la paix. Tout le cœur me bat quand j'ose douter de votre voyage. Je cuis incessamment, et me passe fort bien de parler. Pour notre abbé, vous le connoissez, il ne lui faut que *les beaux yeux de sa cassette*. J'ai une extrême envie de savoir de vos nouvelles; il me semble qu'il y a déjà bien longtemps que je ne vous ai vue. Je suis à plaindre de vous aimer autant que je fais. Mille respects à Monsieur l'Archevêque; embrassez le Comte et le Coadjuteur.

———

332. — DE MADAME DE SÉVIGNÉ
A MADAME DE GRIGNAN.

A Lyon, mardi 10e octobre.

Me voilà déjà loin de vous, ma fille; mais comprenez-vous avec quelle douleur j'y pense? Je fus reçue chez

Monsieur le Chamarier par lui et par M. et Mme de Rochebonne. J'eus le cœur extrêmement serré en embrassant cette jolie femme; elle l'eut aussi : nous nous entendîmes fort bien, nous causâmes beaucoup. J'ai commencé dès ici à défendre le procédé de M. de Grignan : le Chamarier ne le savoit pas tout à fait comme il est. C'est la meilleure cause du monde à soutenir; elle ne sauroit périr que par n'être pas bien expliquée ou bien entendue.

Je veux vous dire encore une fois que si vous aviez quelque envie d'éviter les dangers en venant cet hiver, il faudroit descendre de carrosse quasi aussi souvent que j'ai fait; mais une litière seroit admirable; ou bien monter à cheval, comme font Mmes de Verneuil ou d'Arpajon. Le carrosse de M. de Virville tomba l'année dernière. Il y a aussi un chemin qu'on nous fit prendre par dans le Rhône. Je descendis, mes chevaux nagèrent, et l'eau entra jusqu'au fond du carrosse : c'est à deux lieues de Montélimar. Quand vous viendrez, les eaux seront grandes, et la place ne sera pas tenable. Il faudra faire un chemin dans les terres, et ne vous point hasarder; le danger n'est pas dans l'imagination. Voilà ce que mon amitié et ma prévoyance me forcent de vous dire ; vous vous en moquerez, si vous voulez; mais je crois que M. de Grignan ne s'en moquera pas. Vous me direz après cela : « Voilà qui est bien; il n'est plus question que de faire la paix, et que nous allions à Paris. » Il est vrai; mais si la guerre se déclare contre l'Espagne, comme c'est une affaire qui traînera, et qui ne donnera pas sitôt des affaires aux gouverneurs, je crois qu'en bonne politique M. de Grignan prendra le parti de venir à la cour plus tôt que plus tard. J'attends ce soir de vos nouvelles; j'achèverai cette lettre après les avoir reçues.

Mardi au soir.

Je n'ai pas eu la force de recevoir votre lettre sans
pleurer de tout mon cœur. Je vous vois dans Aix, accablée de tristesse, vous achevant de consumer le corps
et l'esprit. Cette pensée me tue : il me semble que vous
m'échappez, que vous me disparoissez, et que je vous
perds pour toujours. Je comprends l'ennui que vous
donne mon départ : vous étiez accoutumée à me voir
tourner autour de vous. Il est fâcheux de revoir les
mêmes lieux : il est vrai que je ne vous ai point vue sur
tous ces chemins-ci ; mais quand j'y ai passé, j'étois com-
blée de joie, dans l'espérance de vous voir et de vous
embrasser, et en retournant sur mes pas, j'ai une tristesse mortelle dans le cœur, et je regarde avec envie les
sentiments que j'avois en ce temps-là : ceux qui les suivent sont bien différents. J'avois toujours espéré de vous
ramener ; vous savez par quelles raisons et par quels tons
vous m'avez coupé court là-dessus. Il a fallu que tout ait
cédé à la force de votre raisonnement, et prendre le parti
de vous admirer ; mais croyez que la chose du monde qui
paroît la moins naturelle, c'est de me voir retourner toute
seule à Paris. Si vous y pouvez venir cet hiver, j'en aurai
une joie et une consolation entière : en ce cas je ne m'af-
fligerai que pour trois mois, ainsi que vous m'en priez ;
mais je vous quitte, je m'éloigne : voilà ce que je vois,
et je ne sais point l'avenir. J'ai une envie continuelle de
recevoir de vos lettres : c'est un plaisir bien douloureux ;
mais je m'intéresse si fort à tout ce que vous faites, que
je ne puis vivre sans le savoir. N'oubliez point de solliciter le petit procès, et de bien compter sur vos doigts
les moutons de votre troupeau. Ne mettez point votre pot-
au-feu si matin, craignez d'en faire un consommé. La
pensée d'une oille me plaît bien, elle vaut mieux qu'une
viande seule. Pour moi, je n'y mets, comme vous, qu'une

seule chose, avec de la chicorée amère ; mais il faut qu'elle soit bonne pour la santé, car hormis que je suis laide, et que personne ne me reconnoît ici, du reste je ne me portai jamais mieux.

J'ai été fort aise d'embrasser la pauvre Rochebonne : je ne puis souffrir que ce qui est Grignan. Je ferai réponse à notre Mère de Sainte-Marie ; j'ai passé la journée avec celles qui sont ici. Je pars demain pour la Bourgogne. Voici encore un grand agrément pour moi, c'est que je ne recevrai plus de vos lettres que par Paris ; adressez-les à M. de Coulanges, il me les fera tenir à Bourbilly. La Rochebonne, que voilà auprès de moi, vous adore : nous nous interrompons toutes deux pour parler de vous avec la dernière tendresse. Adieu, ma très-aimable. Vous voulez que je juge de votre cœur par le mien : je le fais, et c'est pour cela que je vous aime et je vous plains.

———————

333. — DU COMTE DE BUSSY RABUTIN
A MADAME DE SÉVIGNÉ.

Trois jours après que j'eus reçu ces lettres (n° 327, p. 236), j'y fis réponse et premièrement à Mme de Sévigné.

A Paris, ce 10e octobre 1673.

Je viens de demander au Roi plus de temps qu'il ne m'en avoit accordé pour faire ici mes affaires. Je ne sais s'il me l'accordera, quand ce n'est pas une conséquence que cela soit parce qu'il doit être. Je fais tous les pas du côté de la cour avec bien plus de défiance des bons succès qu'autrement ; et de la manière dont j'ai réduit mon esprit, ce ne seront que les grâces qui me surprendront. Je suis d'accord avec vous, Madame, que la fortune est bien folle, et une des choses qui me le persuade le plus, c'est que je suis malheureux ; et j'ai pris mon parti sur ce que cela durera toute ma vie. Les grands chagrins même

en sont passés, et comme je vous ai déjà mandé, ma raison m'a rendu fort tranquille. Faites comme moi, Madame; il vous est bien plus aisé, car le sujet de vos peines
est fort au-dessous du mien. Si le Roi ne me continue ses
grâces, ou que vous ne veniez bientôt ici, vous ne m'y
trouverez plus. J'en serois bien fâché. Adieu.

----

334. — DE MADAME DE SÉVIGNÉ
A MADAME DE GRIGNAN.

D'un petit chien de village, à six lieues de Lyon,
mercredi au soir, 11e octobre.

Me voici arrivée, ma fille, dans un lieu qui me feroit
triste quand je ne le serois pas : il n'y a rien, c'est un
désert. Je me suis égarée dans les champs pour chercher
l'église; j'ai trouvé un curé un peu sauvage, et un commis qui connoît Monsieur l'abbé, et qui m'a promis de
vous faire tenir cette lettre. Quand je ne suis pas avec
vous, mon unique divertissement est de vous écrire; con-
tez un peu cela au Coadjuteur pour lui faire venir des
cornes à la tête.

Chamarande est à une lieue d'ici; il est seigneur de
cinq ou six paroisses; il attend le retour du Roi. Je sais
bien d'autres nouvelles du pays, mais je ne veux pas vous
les confier. Je suis partie à huit heures de Lyon, entourée
de tous les Rochebonnes, que j'aime et que j'estime fort.
M. de Rochebonne s'en va dans ses terres pour donner
ordre à ses affaires : il veut être tout prêt pour la guerre,
en cas d'alarme.

On ne peut pas voyager plus tristement que je fais.
Voici la quatrième fois que je vous écris; sans cela que
serois-je devenue? Voici ce qui me tue un peu : c'est
qu'après mon premier sommeil j'entends sonner deux
heures, et qu'au lieu de me rendormir, je mets le pot-au-
feu avec de la chicorée amère; cela bout jusqu'au point

du jour qu'il faut monter en carrosse. Je suis assurée, ma chère enfant, que pour me tirer de peine, vous me manderez que l'air d'Aix vous a toute raccommodée, que vous n'êtes plus si maigre qu'à Grignan. Je n'en croirai rien du tout. Je joins à mon inquiétude le bruit de la rue, dont vous êtes désaccoutumée, et qui vous empêche de dormir. Je vous vois, ma fille, et je vous suis pas à pas : je vois entrer, je vois sortir, je vois quelques-unes de vos pensées ; enfin je serai morte quand je ne penserai plus à vous.

Nous avons vu des tableaux admirables à Lyon. Je blâme M. de Grignan de n'avoir pas accepté celui que l'archevêque de Vienne lui voulut donner : il ne lui sert de rien, et c'est le plus joli tableau et le plus décevant qu'on puisse voir. Pour moi, je ne manquai point tout bonnement de vouloir remettre la toile que je croyois déclouée. A propos, cet archevêque est beau-frère de Mme de Villars ; il m'attendoit, et me fit des visites et des civilités infinies.

Adieu, ma très-chère ; vous me mandez les choses du monde les plus tendres : cela perce le cœur, et l'on en est ravi. Vous me parlez de votre amitié ; je crois qu'elle est très-forte, et je vous aime sur ce pied-là, et je ne crois pas me tromper ; mais gardez-vous bien, dans les moments où vous la sentez le plus, de penser ni de dire jamais qu'elle puisse égaler celle que j'ai pour vous.

---

335. — DE MADAME DE SÉVIGNÉ
A MADAME DE GRIGNAN.

A Châlon, vendredi soir, 13ᵉ octobre.

Quel ennui de ne plus espérer de vos nouvelles ! cette circonstance augmente ma tristesse. Ma fille, je ne vous dirai point toutes mes misères sur ce chapitre : tout au moins vous vous moqueriez de moi, et vous savez com-

bien j'estime votre estime. Ainsi donc j'honore votre
force et votre philosophie, et je ne ferai confidence de
mes foiblesses qu'à ceux qui n'ont pas plus de courage
que moi. Je m'en vais hors du grand chemin, je ne vous
écrirai plus si réglément : voilà encore un de mes chagrins. Quand vous ne recevrez point de mes lettres,
croyez bien fermement qu'il m'aura été impossible de
vous écrire ; mais pour penser à vous, ah ! je ne fais
nulle autre chose : je cuis toujours, et comme vous savez,
je m'amuse à éplucher la racine de ma chicorée, de sorte
que mon bouillon est amer, comme ceux que nous pre-
nions à Grignan.

Les *Déclamations* de Quintilien m'ont amusée : il y en
a de belles, et d'autres qui m'ont ennuyée. Je m'en vais
dans le *Socrate chrétien*. Je vis à Mâcon le fils de M. de
Paule : je le trouvai joli, il ressemble au Charmant. Je
ne sais point de nouvelles, sinon que Mme de Mazarin
est avec son mari jusqu'à la première frénésie. On attendoit à Lyon cette duchesse d'York. Quel plaisir que
vous ne l'ayez point eue sur le corps ! Nous avons trouvé
en chemin M. de Sainte-Marthe ; il m'a promis de vous
envoyer ce *Pain bénit* et cet *Enterrement* de Marigny,
dont je vous ai tant parlé. L'*Enterrement* me ravit toujours ; le *Pain bénit* est sujet à trop de commentaires.
Si vous avez l'esprit libre quand vous recevrez ce petit
ouvrage, et qu'on vous le lise d'un bon ton, vous l'aime-
rez fort ; mais si vous n'êtes pas bien disposée, voilà qui
est jeté et méprisé. Je trouve que le prix de la plupart
des choses dépend de l'état où nous sommes quand nous
les recevons. J'embrasse tendrement M. de Grignan ; il
doit être bien persuadé de mon amitié, de lui avoir donné
et laissé ma fille : tout ce que je lui demande, c'est de
conserver votre cœur et le mien ; il en sait les moyens.
Songez que je recevrai comme une grâce s'il m'oblige à
l'aimer toujours. Le hasard me fit hier parler de lui, et

de ses manières nobles et polies, et de ses grandeurs. Je voudrois bien qu'il eût été derrière moi, et vous aussi : vous le croyez bien, ma chère Comtesse.

---

336. — DE MADAME DE SÉVIGNÉ
A MADAME DE GRIGNAN.

Bourbilly, lundi 16e octobre.

Enfin, ma bonne, j'arrive présentement dans le vieux château de mes pères. Voici où ils ont triomphé suivant la mode de ce temps-là. Je trouve mes belles prairies, ma petite rivière, mes magnifiques bois et mon beau moulin, à la même place où je les avois laissés. Il y a eu ici de plus honnêtes gens que moi; et cependant, au sortir de Grignan, après vous avoir quittée, je me meurs de tristesse. Je pleurerois de tout mon cœur présentement, si je m'en voulois croire; mais je me détourne, suivant vos conseils. Je vous ai vue ici; Bussy y étoit, qui nous empêchoit fort de nous y ennuyer. Voilà où vous m'appelâtes marâtre d'un si bon ton. Dubut est ici qui a élagué des arbres devant cette porte, qui font en vérité une allée superbe. Tout crève ici de blé, et *de Caron pas un mot*, c'est-à-dire pas un sol. Je suis désaccoutumée de ces continuels orages : il pleut sans cesse; j'en suis en colère. M. de Guitaut est à Époisse : il envoie tous les jours ici pour savoir quand j'arriverai, et pour m'emmener chez lui; mais ce n'est pas ainsi qu'on fait ses affaires. J'irai pourtant le voir : vous pouvez bien penser que nous parlerons bien de vous : je vous prie d'avoir l'esprit en repos sur tout ce que je dirai; je ne suis pas assurément fort imprudente. Nous vous écrirons, lui et moi. Je ne puis m'accoutumer à ne vous voir plus, et si vous m'aimez, vous m'en donnerez une marque cette année.

Adieu, mon enfant; j'arrive, je suis un peu fatiguée;

quand j'aurai les pieds chauds, je vous en dirai davantage.

---

337. — DE MADAME DE SÉVIGNÉ
A MADAME DE GRIGNAN.

A Bourbilly, samedi 21e octobre.

J'arrivai ici lundi au soir, comme je vous l'écrivis dès
le même soir. Je trouvai des lettres de Guitaut qui m'at-
tendoient. Le lendemain, dès neuf heures, il vint ici au
galop, mouillé comme un canard, car il pleut tous les
jours. Nous causâmes extrêmement; il me parla fort de
vous, et m'entretint ensuite de ses affaires et de ses dégoûts. Il me dit que le Roi est revenu à Versailles; il me
montra les nouvelles de la guerre; il trouva que la politique obligeroit sans doute M. de Grignan à venir expliquer sa conduite à Sa Majesté, et même à venir prendre
les ordres de sa propre bouche pour la guerre, si elle se
déclare. Voilà ce qu'il me dit sans vouloir me plaire, et
même sans intérêt; car il me paroît peu disposé à retourner cet hiver à Paris. Après que nous eûmes dîné
très-bien, malgré la rusticité de mon château, voilà un
carrosse à six chevaux qui entre dans ma cour, et Guitaut
à pâmer de rire. Je vois en même temps la comtesse de
Fiesque et Mme de Guitaut qui m'embrassent. Je ne puis
vous représenter mon étonnement, et le plaisir qu'avoit
pris Guitaut à me surprendre. Enfin voilà donc la Comtesse à Bourbilly, comprenez-vous bien cela? plus belle,
plus fraîche, plus magnifique, et plus gaie que vous ne
l'avez jamais vue. Après les acclamations de part et
d'autre que vous pouvez penser, on s'assied, on se chauffe,
on parle de vous; vous comprenez bien encore ce qu'on
en dit, et combien la Comtesse comprend peu que vous
ne soyez pas venue avec moi. Cette compagnie me parut
toute pleine d'estime pour vous.

On parla de nouvelles. Guitaut me conta comme Monsieur veut faire Mlle de Grancey dame d'atour de Madame, à la place de la Gourdon, à qui il faut donner cinquante mille écus : voilà ce qui est un peu difficile ; car le maréchal de Grancey ne veut donner cette somme que pour marier sa fille ; et comme il craindroit qu'il n'en fallût donner encore autant pour la marier, il veut que Monsieur fasse tout. Mme de Monaco mène cette affaire ; elle est très-bien chez Monsieur et chez Madame, dont elle est également aimée. On est seulement un peu fâché de lui voir faire quelquefois à cette Madame-ci les mêmes petites mines et les mêmes petites façons qu'elle faisoit à l'autre. Il y a encore eu quelque petite chose ; mais cela ne s'écrit point. Pour Mme de Marey, elle quitta Paris par pure sagesse, quand on commença toutes ces collations de cet été, et s'en vint en Bourgogne. Elle vint à Dijon, où elle fut reçue au bruit du canon. Vous pouvez penser comme cela faisoit dire de belles choses, et comme ce voyage paroissoit au public. La vérité, c'est qu'elle avoit un procès à Dijon, qu'elle vouloit faire juger ; mais cette rencontre est toujours plaisante. La Comtesse est bonne là-dessus. Il y a quinze jours qu'elle est à Époisse : elle vient de Guerchi. Il y a un petit homme obscur qui dit que l'abbé Têtu serviroit fort bien d'âme à un gros corps : cela m'a paru plaisant. Enfin le soir vint : après avoir admiré les antiquités judaïques de ce château, elles s'en retournèrent ; elles voulurent m'emmener ; mais j'ai mille affaires ici assez importantes, de sorte que je n'irai que demain pour revenir après-demain. Nous vous écrirons tous ensemble d'Époisse. Si je vous avois amenée, vous auriez trouvé cette compagnie, qui vous auroit fort empêchée de vous ennuyer. Pour l'air d'ici, il n'y a qu'à respirer pour être grasse ; il est humide et épais ; il est admirable pour rétablir ce que l'air de Provence a desséché.

Je conclus aujourd'hui toutes mes affaires. Si vous n'aviez du blé, je vous offrirois du mien : j'en ai vingt mille boisseaux à vendre ; je crie famine sur un tas de blé. J'ai pourtant assuré quatorze mille francs, et fait un nouveau bail sans rabaisser. Voilà tout ce que j'avois à faire, et j'ai l'honneur d'avoir trouvé des expédients, que le bon esprit de l'abbé ne trouvoit pas. Je me meurs ici de n'avoir point de vos lettres, et de ne pouvoir faire un pas qui puisse vous être bon à quelque chose : cet état m'ennuie et me fait haïr mes affaires.

Bussy est encore à Paris, faisant tous les jours des réconciliations ; il a commencé par Mme de la Baume. Ce brouillon de temps, qui change tout, changera peut-être sa fortune. Vous serez bien aise de savoir qu'avant son départ il se fit habiller à Semur, lui et sa famille : jugez comme il sera d'un bon air. Il s'est raccommodé en ce pays avec Jeannin et avec l'abbé Foucquet.

Je reçois un paquet de Guitaut : il m'envoie les nouvelles que vous aurez de votre côté. Il me viendra prendre demain ou lundi. Adieu, ma chère enfant ; puis-je vous trop aimer ? J'embrasse M. de Grignan, et je l'assure qu'il auroit pitié de moi, s'il savoit ce que je souffre de votre absence. Il n'appartient pas à tout le monde de le concevoir.

---

338. — DE MADAME DE SÉVIGNÉ
A MADAME DE GRIGNAN.

A Époisse, mercredi 25e octobre.

Je n'achevai qu'avant-hier toutes mes affaires à Bourbilly, et le même jour je vins ici, où l'on m'attendoit avec quelque impatience. J'ai trouvé le maître et la maîtresse du logis avec tout le mérite que vous leur connoissez, et la Comtesse qui pare, et qui donne de la joie à tout un pays. J'ai mené avec moi M. et Mme de Toulongeon,

qui ne sont pas étrangers dans cette maison. Il est sur-
venu encore Mme de Chatelus et M. le marquis de
Bonneval, de sorte que la compagnie est complète. Cette
maison est d'une grandeur et d'une beauté surprenante ;
M. de Guitaut se divertit fort à la faire ajuster, et y
dépense bien de l'argent. Il se trouve heureux de n'avoir
point d'autre dépense à faire. Je plains ceux qui ne peuvent pas se donner ce plaisir. Nous avons causé à l'infini,
le maître du logis et moi, c'est-à-dire j'ai eu le mérite
de savoir bien écouter. On passeroit bien des jours dans
cette maison sans s'ennuyer : vous y avez été extrêmement célébrée. Je ne crois pas que j'en pusse sortir, si on
y recevoit de vos nouvelles ; mais, ma chère fille, sans
vous faire valoir ce que vous occupez dans mon cœur et
dans mon souvenir, cet état d'ignorance m'est insupportable. Je me creuse la tête à deviner ce que vous m'avez
écrit, et ce qui vous est arrivé depuis trois semaines, et
cette application inutile trouble fort mon repos. Je trouverai cinq ou six de vos lettres à Paris ; je ne comprends
pas pourquoi M. de Coulanges ne me les a point envoyées : je l'en avais prié.

Enfin je pars demain pour prendre le chemin de Paris ;
car vous vous souvenez bien que de Bourbilly on passe
devant cette porte où M. de Guitaut nous vint faire un
jour des civilités. Je ne serai à Paris que la veille de la
Toussaint. On dit que les chemins sont déjà épouvantables dans cette province. Je ne vous parle point de la
guerre : on mande qu'elle est déclarée ; et d'autres,
qui sont des manières de ministres, disent que c'est le
chemin de la paix : voilà ce qu'un peu de temps nous
apprendra.

Monsieur d'Autun est en ce pays ; ce n'est pas ici où
je l'ai vu, mais il en est près, et l'on voit des gens qui
ont eu le bonheur de recevoir sa bénédiction.

Adieu, ma très-chère et très-aimable enfant ; les gens

que je trouve s'imaginent que vous avez raison de m'aimer, en voyant de quelle façon je vous aime.

---

339. — DE MADAME DE SÉVIGNÉ
A MADAME DE GRIGNAN.

A Auxerre, vendredi 27ᵉ octobre.

Voici la dixième lettre que je vous ai écrite depuis le
jour que je vous ai quittée. C'est un jour que je n'oublierai jamais que ce jeudi 5ᵉ de ce mois : je n'ai qu'à y
penser pour n'être plus raisonnable; je ne cherche pas
loin dans mon souvenir pour avoir le cœur serré à n'en
pouvoir plus; mais parlons d'autre chose; je vous en-
nuierois si je vous disois tout ce que je sens.

Je quittai hier Époisse et toute la compagnie que je
vous ai dite, car je vous écrivis avec Guitaut une assez
grande lettre. J'ai été neuf jours entiers en Bourgogne,
et je puis dire que ma présence et celle de notre abbé
étoient très-nécessaires à Bourbilly. J'ai extrêmement
causé avec Guitaut; il m'a divertie par ses détails, dont je
ne savois que l'autre côté; il est bon d'entendre les deux
parties. Il m'a flattée d'avoir pris plaisir à me redonner
pour lui toute l'estime qu'on auroit pu m'ôter, si je ne
m'étois miraculeusement fiée à sa bonne mine; il m'a
paru sincère et fort honnête homme; et je trouve que
l'on l'a voulu chasser de l'hôtel de Condé, seulement
parce qu'il faisoit ombrage aux autres : un tel favori n'est
pas agréable dans une petite cour. Il y a des endroits
bien extraordinaires dans son roman; la conclusion est
la retraite dans son château : c'est pourtant ce que je ne
voudrois pas assurer.

La Comtesse m'a conté des choses admirables de l'hôtel de Grancey : le plan de cette maison est une chose
curieuse. Mais il faut que toutes les jalousies du monde se
taisent devant celle de l'homme qui est acteur dans cette

scène : c'est la quintescence de jalousie, c'est la jalousie
même; j'admire qu'il en soit resté dans le monde, après
qu'il a été partagé. Je prendrois plaisir de causer de tout
cela tête à tête avec vous; ces sortes de choses qui se passent dans le commerce du monde sont curieuses à savoir.
Tout le monde dit la guerre; cependant d'Hacqueville
mande qu'il y a encore des parieurs pour la paix. Dieu
le veuille. Cependant il m'ennuie plus que je ne puis vous
le dire d'être trois semaines sans avoir de vos nouvelles;
cela m'accable de chagrin : je trouverai cinq ou six de
vos lettres à Paris. Guitaut n'a pas voulu vous conseiller
de faire valoir dans la Provence à quel point Monsieur de
Marseille a bien voulu vous donner un dégoût : il trouve
que c'est une chose très-capable de le faire haïr dans son
pays.

Je voudrois bien savoir, ma très-chère enfant, comment vous vous portez; je crains ce pot-au-feu que vous
faites bouillir jour et nuit; il me semble que je vous vois
vous creuser les yeux et la tête; je vous souhaite une oille
plutôt qu'un consommé; un consommé est une chose
étrange. Je vous aime avec une tendresse si sensible que
je n'ose y penser; c'est un endroit si vif et si délicat dans
mon cœur que tout est loin en comparaison.

Notre cher abbé se porte bien, Dieu merci : j'en suis
toute glorieuse; il vous salue tendrement, il voudroit bien
savoir quelques petites choses de vos affaires, et si vous
vous souvenez de ses avis; vous savez la part qu'il prend
à tous vos intérêts, aux dépens d'être haï; mais il ne s'en
soucie guère. J'embrasse M. de Grignan; est-il bien sage?
Faites bien mes compliments à Monsieur l'Archevêque,
s'il est à Salon. Assurez Monsieur le Coadjuteur qu'en
attendant le temps que je dois tant l'aimer, je l'aime
beaucoup.

340. — DE MADAME DE SÉVIGNÉ AU COMTE
ET A LA COMTESSE DE GUITAUT.

A Auxerre, vendredi (27e octobre).

Je serois fort indigne de l'honneur que j'ai reçu de mon
seigneur et de ma dame, si je ne leur disois un mot de
ma reconnoissance, puisque j'en trouve l'occasion. Outre
tout ce que j'ai à dire de la manière dont vous m'avez
reçue, j'ai à vous remercier de tout ce que je ne dirai
point. Vous m'avez donné un sensible plaisir par votre
confiance et par vos détails; mais surtout je n'oublierai
jamais la conclusion du roman et le mérite exquis du
héros et de l'héroïne. Ces pensées qui m'ont occupée
m'ont éloigné et délayé celles que j'avois apportées de
Provence, dont j'étois dévorée. Je vous remercie donc,
Monsieur, de cette diversion. Je supplie Madame la Comtesse de trouver bon que je baise tendrement ses belles
joues, et que je la questionne quelquefois à Paris. Je
vous demande quelque part en l'honneur de votre amitié,
puisque vous en avez tant dans la mienne. Je supplie
Madame de Guitaut de me faire la même grâce. Vous
m'avez acquise pour jamais. Notre abbé vous assure de
son très-humble service; votre bon vin lui a soutenu le
cœur contre les détestables chemins. Je vous écrirai quelquefois de Paris. Si vous voulez écrire à ma fille, adres-
sez votre lettre à M. Aubarède, marchand, à Lyon.

M. RABUTIN CHANTAL.

341. — DE MADAME DE SÉVIGNÉ
A MADAME DE GRIGNAN.

A Moret, lundi au soir, 30e octobre.

Me voici bien près de Paris; mais sans l'espérance d'y
trouver toutes vos lettres, je n'aurois aucune joie d'y ar-

river. Je me représente l'occupation que je pourrai avoir
pour vous : tout ce que j'aurai à dire à MM. de Brancas,
la Garde, l'abbé de Grignan, d'Hacqueville, à M. de Pompone, à M. le Camus. Hors cela où je vous trouve, je ne
prévois aucun plaisir; je mériterois que mes amies me
battissent et me renvoyassent sur mes pas : plût à Dieu !
Peut-être que cette humeur me passera, et que mon
cœur, qui est toujours pressé, se mettra un peu plus au
large; mais il ne peut jamais arriver que je ne souhaite
uniquement et passionnément de vous revoir. Parler de
vous, en attendant, sera mon sensible plaisir; mais je
choisirai mes gens et mes discours : je sais un peu vivre ;
je sais que ce qui est bon aux uns est mauvais aux autres; je n'ai pas tout à fait oublié le monde, j'en connois
les tendresses et les bontés, pour entrer dans les sentiments des autres : je vous demande la grâce de vous fier
à moi, et de ne rien craindre de l'excès de ma tendresse.
Si mes délicatesses, et les mesures injustes que je prends
sur moi, ont donné quelquefois du désagrément à mon
amitié, je vous conjure de tout mon cœur, ma fille, de
les excuser en faveur de leur cause. Je la conserverai
toute ma vie, cette cause, très-précieusement, et j'espère
que sans lui faire aucun tort, je pourrai me rendre
moins imparfaite que je ne suis. Je tâche tous les jours
à profiter de mes réflexions; et si je pouvois, comme je
vous ai dit quelquefois, vivre seulement deux cents ans,
il me semble que je serois une personne bien admirable.

Si Monsieur de Sen avoit été à Sens, je l'aurois vu :
il me semble que je dois cette civilité à la manière dont
il pense pour vous. Je regarde tous les lieux où je passai
il y a quinze mois avec un fonds de joie si véritable, et
je considère avec quels sentiments j'y repasse maintenant, et j'admire ce que c'est que d'aimer comme je vous
aime.

J'ai reçu des nouvelles de mon fils; c'est de la veille

d'un jour qu'ils croyoient donner bataille : il me paroît aise de voir des ennemis ; il n'en croyoit non plus que des sorciers. Il avoit une grande envie de mettre un peu flamberge au vent, par curiosité seulement. Cette lettre m'auroit bien effrayée, si je ne savois très-bien la marche des Impériaux, et le respect qu'ils ont eu pour l'*armée de votre frère*.

Mon Dieu! ma fille, j'abuse de vous : voyez quels fagots je vous conte ; peut-être que de Paris je vous manderai des bagatelles qui pourront vous divertir. Soyez bien persuadée que mes véritables affaires viendront du côté de Provence ; mais votre santé, voilà ce qui me tue : je crains que vous ne dormiez point, et qu'enfin vous ne tombiez malade ; vous ne m'en direz rien, mais je n'en aurai pas moins d'inquiétude.

---

342. — DE MADAME DE SÉVIGNÉ
A MADAME DE GRIGNAN.

A Paris, jeudi 2e novembre.

Enfin, ma chère fille, me voilà arrivée après quatre semaines de voyage, ce qui m'a pourtant moins fatiguée que la nuit que j'ai passée dans le meilleur lit du monde : je n'ai pas fermé les yeux ; j'ai compté toutes les heures de ma montre ; et enfin, à la petite pointe du jour, je me suis levée :

Car que faire en un lit, à moins que l'on ne dorme?

J'avois le pot-au-feu, c'étoit une oille et un consommé, qui cuisoient séparément. Nous arrivâmes hier, jour de la Toussaint : bon jour, bonne œuvre. Nous descendîmes chez M. de Coulanges. Je ne vous dirai point mes foiblesses ni mes sottises en rentrant dans Paris ; enfin je vis l'heure et le moment que je n'étois pas visible ; mais je détournai mes pensées, et je dis que le vent m'avoit rougi le nez. Je trouve M. de Coulanges qui m'embrasse; M. de Rarai un moment après, Mme de Coulanges, Mlle de Méri; un moment après, Mme de Sanzei, Mme de Bagnols; un autre moment, l'archevêque de Reims, tout transporté d'amour pour le Coadjuteur; ensuite Mme de la Fayette, M. de la Rochefoucauld, Mme Scarron, d'Hacqueville, la Garde, l'abbé de Grignan, l'abbé Têtu. Vous voyez d'où vous êtes tout ce qui se dit, et la joie qu'on témoigne : *et Madame de Grignan, et votre voyage?* et tout ce qui n'a point de liaison ni de suite. Enfin on soupe, on se sépare, et je passe cette belle nuit. A neuf heures, la Garde, l'abbé de Grignan, Brancas, d'Hacqueville, sont entrés dans ma chambre pour ce qui s'appelle raisonner pantoufle. Premièrement, je vous dirai que vous ne sauriez trop aimer Brancas, la Garde et d'Hacqueville; pour l'abbé de Grignan, cela s'en va sans dire. J'oubliois de vous dire qu'hier au soir, devant toutes choses, je lus quatre de vos lettres du 15, 18, 22 et 25ᵉ octobre. Je sentis tout ce que vous expliquez si bien; mais puis-je assez vous remercier ni de votre bonne et tendre amitié, dont je suis très-convaincue, ni du soin que vous prenez de me parler de toutes vos affaires? Ah! ma fille, c'est une grande justice; car rien au monde ne me tient tant au cœur que tous vos intérêts, quels qu'ils puissent être : vos lettres sont ma vie, en attendant mieux.

J'admire que le petit mal de M. de Grignan ait prospéré au point que vous le mandez, c'est-à-dire qu'il faut prendre garde en Provence au pli de sa chaussette. Je souhaite qu'il se porte bien, et que la fièvre le quitte, car il faut mettre flamberge au vent : je hais fort cette petite guerre.

Je reviens à vos trois hommes que vous devez aimer très-solidement : ils n'ont tous que vos affaires dans la tête, ils ont trouvé à qui parler, et notre conférence a

duré jusqu'à midi. La Garde m'assure fort de l'amitié de
M. de Pompone : ils sont tous contents de lui.

Si vous me demandez ce qu'on dit à Paris, et de quoi
il est question, je vous dirai que l'on n'y parle que de
M. et de Mme de Grignan, de leurs affaires, de leurs
intérêts, de leur retour : enfin jusqu'ici je ne me suis pas
aperçue qu'il s'agisse d'autre chose. Les bonnes têtes
vous diront ce qu'il leur semble de votre retour ; je ne
veux pas que vous m'en croyiez, croyez-en M. de la
Garde. Nous avons examiné combien de choses vous
doivent obliger de venir rajuster ce qu'a dérangé votre
bon ami, et envers le maître, et envers tous les principaux ; enfin il n'y a point de porte où il n'ait heurté, et
rien qu'il n'ait ébranlé par ses discours, dont le fond est
du poison chamarré d'un faux agrément. Il sera bon
même de dire tout haut que vous venez, et vous l'y trouverez peut-être encore, car il a dit qu'il reviendra, et
c'est alors que M. de Pompone et tous vos amis vous
attendent pour régler vos allures à l'avenir. Tant que
vous serez éloignés, vous leur échapperez toujours ; et
en vérité celui qui parle ici a trop d'avantage sur celui
qui ne dit mot.

Quand vous irez à Orange, c'est-à-dire M. de Grignan,
écrivez à M. de Louvois l'état des choses, afin qu'il n'en
soit pas surpris. Ce siége d'Orange me déplaît par mille
raisons. J'ai vu tantôt Mme de Pompone, M. de Bezons,
Mme d'Uxelles, Mme de Villars, l'abbé de Pontcarré,
Mme de Rarai : tout cela vous fait mille compliments,
et vous souhaite ; enfin croyez-en la Garde, voilà tout ce
que j'ai à vous dire. On ne vous conseille point ici d'envoyer des ambassadeurs ; on trouve qu'il faut M. de
Grignan et vous. On se moque de la raison de la guerre.
M. de Pompone a dit à d'Hacqueville que les affaires ne
se démêleroient pas en Provence, et que quelquefois on
a la paix lorsqu'on parle le plus de la guerre.

Voici des plaisanteries. Mme de Ra** et Mme de Bu**
se querelloient pour douze pistoles ; la Bu** lassée lui
dit : « Ce n'est pas la peine de tant disputer, je vous les
quitte. — Ah ! Madame, dit l'autre, cela est bon pour
vous, qui avez des amants qui vous donnent de l'argent.
— Madame, dit la Bu**, je ne suis pas obligée de vous
dire ce qui en est ; mais je sais bien que quand j'entrai
il y a dix ans dans le monde, vous en donniez déjà aux
vôtres. »

Despréaux a été avec Gourville voir Monsieur le
Prince. Monsieur le Prince lui envoya voir son armée. « Eh bien ! qu'en dites-vous ? dit Monsieur le
Prince. — Monseigneur, dit Despréaux, je crois qu'elle
sera fort bonne quand elle sera majeure. » C'est que le
plus âgé n'a pas dix-huit ans.

La princesse de Modène étoit sur mes talons à Fon-
tainebleau ; elle est arrivée ce soir, elle loge à l'Arsenal.
Le Roi la viendra voir demain ; elle ira voir la Reine à
Versailles, et puis adieu.

Vendredi au soir, 3e novembre.

M. de Pompone m'est venu faire une visite de civilité : j'attends demain son heure pour l'aller entretenir
chez lui. Il n'a pas ouï parler d'une lettre de suspension ;
voici un pays où l'on voit les choses d'une autre manière
qu'en Provence ; toutes les bonnes têtes la voudroient,
cette suspension, crainte que vous ne soyez trompés, et
dans la vue d'une paix qu'ils veulent absolument ; cependant on vous croit en lieu de voir plus clair sur l'événement du syndic ; ainsi on ne veut pas faire une chose
qui vous pourroit déplaire : la distance qui est entre
nous ôte toute sorte de raisonnement juste. Lisez bien
les lettres de d'Hacqueville ; tout ce qu'il demande est
d'importance ; vous ne sauriez trop l'aimer. Votre frère
se porte très-bien : il ne sait encore où il passera l'hi-

ver. Je suis instruite sur tous vos intérêts, et je dis bien
mieux ici qu'à Grignan. Nous avons ri du soin que vous
prenez de me dire d'envoyer querir la Garde et l'abbé
de Grignan : hélas ! les pauvres gens étoient au guet, et
ne respiroient que moi. Je suis à vous, ma très-aimable
enfant, et ne trouve rien de bien employé que le temps
que je vous donne : tout cède au moindre de vos intérêts.
J'embrasse ce pauvre Comte : dois-je l'aimer toujours?
En êtes-vous contente?

---

343. — DE MADAME DE SÉVIGNÉ
A MADAME DE GRIGNAN.

A Paris, lundi 6e novembre.

J'ai eu une très-bonne conversation de deux heures
avec M. de Pompone; jamais il n'y aura une plus favorable audience, ni une réception plus charmante.
M. d'Hacqueville y étoit, il pourra vous le dire; nous
fûmes parfaitement contents de lui. Je ne sais si c'est
qu'il entrevoit la paix; mais il nous assure que la guerre
n'empêcheroit point du tout qu'il ne demandât le congé
de M. de Grignan après l'Assemblée, et qu'il croyoit
que vous ne pouviez jamais mieux prendre votre temps
pour faire ce voyage.

Vous avez raison de dire que les honneurs ne me
changeront pas pour vous : hélas! ma pauvre belle, vous
m'êtes toutes choses, et tout tourne autour de vous, sans
vous approcher, ni sans me distraire. N'êtes-vous point
trop jolie d'avoir écrit à mon ami Corbinelli et à Mme de
la Fayette? Elle est charmée de vous, elle vous aime
plus qu'elle n'a jamais fait, et vous souhaite avec empressement : vous la connoissez, il la faut croire à sa
parole. M. de la Rochefoucauld est aimable comme à
son ordinaire : il a gardé deux jours ma chambre; vous

pouvez compter aussi sur son amitié, et de bien d'autres que je ne dis pas, car c'est une litanie.

J'ai eu quelques visites du bel air, et mes cousines de Bussy, qui sont fort parées de belles étoffes qu'elles ont achetées à Semur. La duchesse d'York est à l'Arsenal ; tout le monde y court. Le Roi l'est venu voir : elle a été à Versailles voir la Reine, qui lui donne un fauteuil. La Reine la viendra revoir demain, et jeudi elle décampera.

J'ai dîné aujourd'hui chez Mme de la Fayette pour ma première sortie, car j'ai fait jusques ici l'entendue dans mon joli appartement. J'ai entendu chanter Hilaire tout le jour ; j'ai bien souhaité M. de Grignan.

Je ne comprendrai guère que vos politiques ne s'accordent pas avec les raisonnements qu'on fait ici pour votre retour : il faut suivre l'avis des sages. S'il n'y avoit que moi, vous en pourriez douter, car je suis trop intéressée ; mais vous voyez ce qu'on vous dit. Au moins ne décidez rien que pendant l'assemblée, et ne faites rien d'opposé à votre retour. Si vous avez autant d'amitié pour moi que vous le dites, vous vous laisserez un peu gouverner là-dessus, et vous céderez aux vues que nous avons ici. Il faut toujours dire un mot de la suite d'Orange, et du troupeau, et du petit procès. N'irez-vous point à Salon, quand M. de Grignan ira à Orange ? J'ai reçu des réponses de tous vos Messieurs ; faites-les quelquefois souvenir de moi, et vos dames, que j'honore et estime très-fort. Mme de Beaumont arrive-t-elle toujours comme l'*oublieux*?

Ma chère enfant, quoi que vous me disiez, je suis en peine de votre santé ; vous dormez mal, j'en suis assurée, et toutes vos pensées vous font mourir. Revenez un peu respirer votre air natal, après trois ans. Si votre famille vous aime, elle doit considérer votre santé et votre conservation. Je ne dis rien à M. de Grignan : il ne peut pas me soupçonner de ne pas penser à lui.

344. — DE MADAME DE SÉVIGNÉ
A MADAME DE GRIGNAN.

A Paris, vendredi 10e novembre.

Je vous aime trop, ma chère enfant, pour être contente ici sans vous. Hélas! j'ai apporté la Provence et
toutes vos affaires avec moi : *In van si fugge quel che nel*
cor si porta. Je l'éprouve, et je ne fais que languir sans
vous. J'ai peu de résignation pour l'ordre de la Providence, dans l'arrangement qu'elle a fait de nous. Jamais
personne n'a tant eu besoin de dévotion que j'en ai;
mais, ma fille, parlons de nos affaires. J'avois écrit à
M. de Pompone selon vos désirs; et parce que je n'ai
pas envoyé ma lettre, et que je la trouvois bonne, je l'ai
montrée à Mlle de Méri pour contenter mon amour-
propre. J'ai dîné céans avec l'abbé de Grignan et la
Garde; après dîner, nous avons été chez d'Hacqueville,
nous avons fort raisonné; et comme ils ont tous le meilleur esprit du monde, et que je ne fais rien sans eux, je
ne puis jamais manquer. Ils ont trouvé que jamais il n'y
eut un voyage si nécessaire. Vous me direz : « Et le
moyen d'avoir un congé, puisque la guerre est déclarée? » Je vous répondrai qu'elle est plus déclarée dans
les gazettes qu'ici. Tout est suspendu en ce pays; on
attend quelque chose, on ne sait ce que c'est; mais enfin
l'assemblée de Cologne n'est point rompue, et M. de
Chaulnes, à ce qu'on m'a assuré aujourd'hui, ne tiendra
point nos états; c'est M. de Lavardin qui arriva hier, et
part lundi avec M. Boucherat. Tout cela fait espérer
quelque négociation. On ne parle point ici de la guerre;
enfin on verra entre ci et peu de temps. Il faut toujours
vous tenir en état, ne rien faire qui puisse vous couper
la gorge en détournant votre voyage, et vous fier à vos
amis, qui ne voudroient pas vous faire faire quelque

chose de ridicule en vous faisant demander votre congé
mal à propos. Ils n'approuvent point que vous envoyiez
un ambassadeur : il faut vous-mêmes, ou rien du tout ;
et si vous trouvez quelque moyen honnête d'essayer encore un accommodement, n'en croyez point votre colère,
et cédez aux conseils de vos amis, dont le mérite, l'esprit,
l'application et l'affection sont au delà de ce que je vous
puis dire. Quand vous serez ici, vous verrez les choses
d'un autre œil qu'en Provence. Eh ! mon Dieu, quand il
n'y auroit que cette raison, venez vous sauver la vie,
venez vous empêcher d'être dévorée, venez mettre cuire
d'autres pensées, venez reprendre de la considération, et
détruire tous les maux qu'on vous a faits. Si j'étois seule
à tenir ce langage, je vous conseillerois de ne m'en pas
croire ; mais les gens qui vous donnent ce conseil ne
sont pas aisés à corrompre, et n'ont pas accoutumé de
me flatter.

Nous avons été, l'abbé de Grignan, la Garde et moi,
rendre une visite à votre premier président ; il est retourné à Orléans. Il salua le Roi avant-hier, et le Roi
lui dit : « Vous aurez d'étranges esprits à gouverner en
Provence. » C'est un homme qui mettra le bon sens et
la raison partout ; c'est un homme enfin…. Je m'ennuie
de voir que vous ne receviez encore que mes lettres des
chemins : eh ! bon Dieu ! ne parlerez-vous jamais notre
langue ? et qu'il y a loin, mon enfant, du coin de mon
feu au coin du vôtre ! et que j'étois heureuse quand j'y
étois ! J'ai bien senti cette joie, je ne me reproche rien ;
j'ai bien tâché à retenir tous les moments, et ne les ai
laissés passer qu'à l'extrémité.

La Reine a prié *Quantova* qu'on lui fît revenir auprès
d'elle une Espagnole qui n'étoit pas partie. La chose a
été faite : la Reine est ravie, et dit qu'elle n'oubliera
jamais cette obligation. J'ai été étonnée que Mme de
Monaco ne m'ait pas envoyé un compliment à cause de

vous. On n'est pas persuadé que Mme de Louvigny soit
si occupée de son mari. J'ai eu bien des visites et des
civilités de Versailles.

Mon fils se porte très-bien. M. de Turenne est toujours *dans son armée*. Ils sont à Philisbourg; les Impériaux sont très-forts : vous savez bien qu'ils ont fait un
pont sur le Mein. Je trouvai Guitaut dans une telle fatigue de ces nouvelles, qu'il en mouroit. Je lui dis que
rien ne m'avoit fait résoudre à quitter la Provence que le
déplaisir de ne savoir plus de nouvelles, ou de les voir
d'un autre œil.

L'abbé Têtu est entêté de Mme de Coulanges, jusqu'à
votre retour, à ce qu'il dit. Je soupe quasi tous les soirs
chez elle. Le cabinet de M. de Coulanges est trois fois
plus beau qu'il n'étoit; vos petits tableaux sont en leur
lustre, et placés dignement. On conserve ici de vous un
souvenir plein de respect, d'estime et d'approbation; il
me paroît que je pourrois dire tendresse, mais ce dernier sentiment ne peut pas être si général. J'embrasse
M. de Grignan, et lui souhaite toute sorte de bonheur.
En êtes-vous contente ? Voilà Brancas qui vous embrasse, et M. de Caumartin qui ne vous embrasse pas,
mais qui a eu une conversation admirable avec le bonhomme M. Marin, pour instruire son fils de la conduite
qu'il doit tenir avec M. de Grignan. Je suis tout entière
à vous, ma chère enfant.

----

345. — DE MADAME DE SÉVIGNÉ
A MADAME DE GRIGNAN.

A Paris, lundi 13e novembre.

J'ai reçu, ma très-chère, votre grande, bonne et admirable lettre du 5e, par le chevalier de Chaumont. Je
connois ces sortes de dépêches : elles soulagent le cœur,
et sont écrites avec une impétuosité qui contente ceux

qui les écrivent. De tous ceux à qui on peut écrire de semblables paquets, je suis au premier rang pour les bien recevoir et pour être pénétrée de tout ce qu'on y voit, et de tout ce qu'on y apprend. J'entre dans vos sentiments : il me semble que je vous vois, que je vous entends, et que j'y suis moi-même. J'ai lu votre lettre avec notre cher et très-aimable ami d'Hacqueville; vous ne sauriez le trop aimer, mais il gronde de vous voir si emportée : il voudroit que vous imitassiez vos ennemis qui disent des douceurs et donnent des coups de poignard; ou que du moins, si vous ne voulez pas suivre cette parfaite trahison, vous sussiez mesurer vos paroles et vos ressentiments, et que vous allassiez votre chemin, sans vous consumer et vous faire malade ; que vous n'eussiez point approuvé la guerre déclarée, et surtout que jamais vous ne missiez en jeu M. de Pompone sur ce qu'il vous écrit en secret, et dont la source peut aisément se découvrir; car ce que l'on fait là-dessus, c'est de haïr ceux qui nous attirent des éclaircissements, et de ne leur plus dire rien : je vous exhorte à prendre garde à cet article.

L'évêque de Marseille dit que ce n'est pas lui qui a dit du mal de Maillanes : il a raison de le nier, c'est son cousin et son ami. De savoir qui les a fait agir, c'est une belle question, et c'est une équivoque où vous vous perdrez, car il n'y a point de prise à cette accusation. Ce que l'on voit, c'est Maillanes déshonoré et exclu. Faut-il être sorcier pour deviner comment la chose s'est faite?

A l'égard de vos cinq mille livres, il faut toujours les demander comme à l'ordinaire, vous avez sujet d'en espérer un très-bon succès ; il seroit mal d'en parler d'avance ; mais Monsieur de Marseille est si déclaré contre vous, qu'il ne peut plus vous faire de mal, il faudroit des preuves. Si vous n'étiez point si honnêtes gens que vous

l'êtes, vous en auriez contre lui; vous lui laissez faire
sans envie le métier de délateur; vous vous contentez, il
est vrai, de parler et de vous dévorer; nous désapprou-
vons encore cette manière : l'un vous tue, l'autre nuit à
vos affaires.

Nous croyons seulement qu'un voyage de vous et de
M. de Grignan est nécessaire. Celui de Monsieur le
Coadjuteur nous paroît très-agréable pour le divertir,
mais entièrement inutile pour vous. Si vous n'avez point
votre congé, il n'y faut employer personne et laisser dormir et oublier toute chose jusqu'à ce que M. de Grignan puisse revenir, et aller directement au maître, car
votre réputation est ici à tous deux comme vous pouvez
la désirer; mais quand nous disons que vous vous moquez de huit mille livres de rente, cela nous fait rire,
c'est-à-dire pleurer. Je voudrois que vous eussiez les
cinq mille livres qu'on veut jeter pour corrompre les
consuls, et que le syndicat fût au diantre. Vous devez
vous fier un peu à d'Hacqueville et à la Garde, soutenus
de M. de Pompone, pour savoir demander un congé à
propos. Le premier président de Provence ne passe
point pour neveu de M. Colbert; je ne sais où vous avez
pris cette proximité : c'est le fils de M. Marin, qui
porte le nom de la Châtaigneraie, et qui a été intendant à Orléans : je ne puis vous dire le reste. Je vous ai
mandé que nous avions été le voir; c'est avec lui qu'il
faut que vous régliez toutes vos prétentions. Soyez persuadée, ma très-chère, que M. de Grignan se soutiendra
toujours très-bien, pourvu qu'il ne se détruise point lui-
même.

Vous avez une idée plus grande que nous de ce présent de Mme de Montespan à Mme de la Fayette : c'est
une petite écritoire de bois de Sainte-Lucie, bien garnie
à la vérité, et un crucifix tout simple. Cette belle est magnifique et se plaît à donner ainsi à plusieurs dames :

nous ne voyons point que cela signifie rien pour Mme de
la Fayette. Nous fûmes l'autre jour deux heures chez
elle avec M. de Pompone; nous parlâmes encore de
Provence sur nouveaux frais; je dis encore mieux que
l'autre fois; et je vous assure qu'il fait une grande différence du procédé et du fonds de M. de Grignan d'avec
celui des autres. Il trouve bas et vilain, sans le dire toutefois, que dans le temps du siége d'Orange, et de vos
infinies dépenses, ce soit par là qu'on fasse éclater sa
colère. Quand l'évêque de Marseille n'est point en furie,
il laisse passer tout sans scrupule, et quand il veut songer, sa conscience le presse de s'opposer à une bagatelle, qui d'ailleurs est une chose juste. Ayez soin de
nous en instruire toujours, et dites-nous ce que vous
avez sur le cœur, afin qu'il n'en demeure point dans
votre chambre, d'où l'on entend si bien tout ce que vous
dites. Vos paroles sont tranchantes, et mettent de l'huile
dans le feu. Soyez assurée que j'ai la dernière application à dire et à faire tout ce que je puis imaginer qui
peut vous être bon; mais il y a des temps où les choses
sont poussées si avant qu'il ne faut plus reculer, surtout
quand on a connu un fonds si noir et si mauvais dans
son ennemi, qu'il y a lieu de croire qu'il ne pense à la
paix que pour être plus en état de faire du mal. Vous
êtes sur les lieux, c'est à vous de conduire la barque, et
d'agir comme vous le jugerez à propos. Il n'est pas possible de conseiller de si loin.

Je viens d'apprendre que votre premier président n'est
rien à M. Colbert; mais sa sœur, qui épousera le marquis d'Oppède, est fille de la troisième femme de son
père, laquelle étoit sœur de M. Colbert du Terron : voilà
la généalogie.

Enfin, ma fille, quand je songe en quel état je suis à
deux cents lieues du champ de bataille, et comme je me
réveille au milieu de la nuit sur cette pensée, sans pou-

voir me rendormir, je tremble pour vous, et je comprends que n'ayant nulle diversion, et n'étant entourée que de cette affaire, vous n'avez aucun repos, vous ne dormez point, et vous tomberez malade assurément. Plût à Dieu que vous fussiez ici avec moi! Vous y seriez plus nécessaire pour vos affaires qu'à Lambesc. M. de Chaulnes revient, mais c'est pour retourner après les états; et les autres sont demeurés à Cologne. M. de Lavardin m'a vue un pauvre moment qu'il a été ici; c'est un ami que je mettrai bien en œuvre à son retour. Je ne m'endors pas auprès de Mme de Coulanges et de l'abbé Têtu : cette route est bien disposée et fort en notre main; mais il faut ménager longtemps avant que d'entreprendre quelque chose d'utile.

M. Chapelain se meurt : il a eu une manière d'apoplexie qui l'empêche de parler; il se confesse en serrant la main; il est dans sa chaise comme une statue : ainsi Dieu confond l'orgueil des philosophes. Adieu, ma bonne.

———

346. — DE MADAME DE SÉVIGNÉ
A MADAME DE GRIGNAN.

A Paris, vendredi 17ᵉ novembre.

Nous faisons valoir ici le donjon d'Orange. M. de Gordes, qui le connoît, craint que cela ne dure plus longtemps qu'on ne pense; en sorte que si M. de Grignan a bientôt expédié ce siége, il en sera loué; et s'il a besoin de plus de troupes qu'il n'en a, on ne sera point surpris du retardement, et il ne sera point blâmé. On parle aussi de la dépense, qui ne sera pas médiocre; et enfin tous vos amis, qui ne sont pas en petit nombre, font parfaitement bien leur devoir, sans qu'il leur en coûte autre chose que de dire la vérité toute pure. Le premier président de la cour des aides étoit au coin de mon feu,

quand l'abbé de Grignan arriva de Versailles : je voudrois que vous eussiez pu voir de quelle manière il entre
dans tous nos intérêts; il s'en faut bien qu'il ne soit la
dupe de la *Grêle*.

J'ai soupé avec Dangeau chez Mme de Coulanges;
nous parlâmes extrêmement de vous. Il jure que, s'il ne
vous eût trouvée à Aix, il eût mené à Grignan la princesse qu'il gouverne. Il avoit parlé de vous dès Modène.
Cette princesse est toujours très-mal de la dyssenterie.
Les affaires d'Angleterre ne vont pas à souhait; le parlement ne veut point de cette alliance, et veut désunir
l'Angleterre de la France : c'est présentement la grande
pétoffe de l'Europe. On parle fort d'une trêve; si cela
est, il ne faudra pas balancer à venir. Votre premier
président s'en ira ce carême. Monsieur le Prince et
Monsieur le Duc sont revenus, et Gourville en même
temps. On vous fait mille amitiés chez Mme de la Fayette;
vous êtes fort aimée et fort estimée dans cette maison;
on y est entré le plus follement du monde dans la vision
du *saboulage;* nous en avons trouvé de cinq façons différentes : ce fut une conversation digne d'être comparée à
celle *des petits docteurs*.

----

347. — DE MADAME DE SÉVIGNÉ
A MADAME DE GRIGNAN.

A Paris, le dimanche au soir, 19e novembre.

Nous fûmes arrêtés l'autre jour tout court par M. de
Pompone, qui nous assura si bien qu'il avoit écrit à
Monsieur l'intendant pour le prier que s'il ne peut empêcher l'opposition, au moins il laisse à l'assemblée la
liberté d'opiner, que l'on n'osa lui faire connoître que
l'on souhaite quelque chose de plus. Mais comme je
rêve sans cesse à vos affaires, j'ai dit à M. d'Hacqueville

que j'eusse voulu avoir le cœur éclairci une bonne fois
sur la difficulté qu'il y auroit de parler au Roi de cette
affaire, afin de savoir où l'on s'en doit tenir, et tâcher de
sortir de cet esclavage dont Monsieur de Marseille sait
user si généreusement. Dans cette pensée, Mme de la
Fayette nous a soutenus, et demain nous partons, lui et
moi, tête à tête, sans autre affaire que de dîner avec
M. de Pompone, et voir quel tour il faut donner à cette
affaire. Nous ne voulons mêler ce dessein d'aucune autre
chose; nous ne verrons ni Roi ni Reine; je serai en habit
gris, et nous ne verrons que la maison de Pompone.
Quand on pense à faire sa cour, cela donne une certaine
distraction qui ne me plaît pas : je retournerai dans
quelques jours rendre mes devoirs. Pour demain, le
grand d'Hacqueville et moi n'avons que vous dans la tête.
Je reviendrai vous écrire.

Je vis hier Mme de Souliers avec qui j'ai raisonné
pantoufle assez longtemps. Elle me dit que Bodinar étoit
entièrement à Monsieur de Marseille : je lui dis que je
ne le croyois pas; elle m'assura qu'elle le savoit bien :
je lui dis que nous verrions. Elle me dit cent petites
choses qui m'échauffèrent fort la cervelle; mais comme
vous n'avez pas besoin qu'on vous échauffe plus que vous
ne l'êtes, je ne vous les dirai point.

Jamais je n'ai eu plus d'inquiétude que j'en ai, et du
siége d'Orange, et de vos affaires de l'assemblée; j'en
suis plus occupée que si j'étois avec vous. Ma pauvre
bonne, si vous m'aimez, ne vous faites point malade :
cette crainte m'ôte entièrement le repos de la vie.

M. le marquis de Souliers m'est venu voir aujour-
d'hui avec le petit la Garde, que j'ai trouvé fort joli :
dites-le à la présidente. Ils s'en vont tous deux dans
très-peu de jours. Il me paroît que M. de Souliers se va
ranger sous le manteau de sainte Ursule, et apparemment augmenter le nombre de vos ennemis. Bonsoir,

ma très-bonne, jusqu'à demain au soir au retour de
Versailles.

---

348. — DE MADAME DE SÉVIGNÉ
A MADAME DE GRIGNAN.

A Paris, lundi 20e novembre,
à dix heures du soir.

Ma très-chère bonne, me voilà revenue de Versailles,
où j'étois allée en écharpe noire. Je n'ai vu que M. de
Pompone; nous avons très-bien dîné avec lui; sa femme
et sa belle-sœur étoient à Pompone. Après dîner, nous
avons causé tous trois une très-grande heure, voyant et
raisonnant sur ce qu'il falloit faire pour laisser à l'assemblée la liberté de délibérer malgré l'opposition. Vous
auriez aimé M. de Pompone, si vous aviez vu de quelle
sorte il entre dans ce raisonnement, et dans le choix de
ce qui vous est le meilleur : jamais je n'ai vu un si aimable ami, car c'étoit aujourd'hui son personnage. Après
avoir donc bien tourné et retourné mille fois, d'Hacqueville et lui, avec une application et un loisir qui ne lais-
soient rien à désirer, ils ont conclu qu'il falloit laisser
finir le siége d'Orange, afin d'en faire une raison favorable pour rendre cette opposition odieuse, et d'attendre
qu'elle soit faite, parce qu'alors il y aura assez de temps
pour que Sa Majesté ordonne de délibérer. L'assemblée
ne sera pas encore finie, et c'est assez. On a trouvé que
d'en parler présentement, c'étoit prévenir une chose
qui n'est point faite et qui ne se fera peut-être pas; et
comme l'affaire d'Orange n'est point faite aussi, la dépense qu'on y fera n'a point de forces sans le succès.
Ainsi une réponse peu favorable ou indécise seroit à
craindre, et dans quelques jours on tournera cette affaire
d'une manière dont vous aurez sans doute toute sorte de
contentement. M. de Pompone est au désespoir de l'excès

de vos divisions; il est persuadé que Monsieur l'intendant empêchera l'opposition, et qu'on laissera opiner.
On ne peut pas écrire plus fortement qu'il a fait là-dessus, et même à Monsieur de Marseille. Il vous veut tous
avoir après l'assemblée, pour vous accorder une bonne
fois. Fiez-vous à lui pour savoir quand il faut ou quand
il ne faut pas demander votre congé. Il ne faut pas croire
qu'il fasse rien de mal à propos : il n'a jamais été prié
ni pensé à remettre à autre qu'à vous le soin d'ouvrir et
de tenir l'assemblée; ce sont des visions creuses. Il trouve
que vous êtes longtemps à partir pour Orange. Tout le
monde en parle ici; et vous avez l'obligation à M. de
Vivonne et à M. de Gordes, qu'ils ne traitent pas cette
affaire de bagatelle, et qu'ils disent partout que, quand
vous n'y réussiriez pas avec votre méchant régiment des
galères, et vos gentilshommes brodés, qui ne seront que
pour la décoration, il ne faudroit pas s'en étonner; qu'il
vous faudra peut-être plus de troupes; que l'exemple de
Trèves fait voir qu'on peut être longtemps devant une
bicoque; que le gouverneur d'Orange est un aventurier
qui ne craint point d'être pendu, qui a deux cents hommes
avec lui, vingt pièces de canon, très-peu de terrain à
défendre, une seule entrée pour y arriver, une grande
provision de poudre et de blé. Voilà comme ces Messieurs en parlent, et plusieurs échos répondent. Ainsi la
chose est au point que M. de Grignan n'en sauroit être
blâmé, et peut y faire une jolie action. Il y a certains
tours à donner, et certains discours à faire valoir, qui ne
sont pas inutiles en ce pays.

　　C'est une routine qu'ils ont tous prise de dire que je
suis belle; ils m'en importunent : je crois que c'est qu'ils
ne savent de quoi m'entretenir. Hélas! mes pauvres petits yeux sont abîmés; j'ai la rage de ne dormir que jusqu'à cinq heures, et puis ils me viennent admirer. Notre
d'Hacqueville ne vous écrit point ce soir; voilà des nou-

velles qu'il vous avoit écrites dès le matin. Il est bien content de notre voyage, quoique nous n'ayons rien fait ; c'est quelque chose d'être déterminé, et de savoir ce qu'on doit faire.

Monsieur le Prince et Monsieur le Duc sont revenus, ravis que votre imagination ne les cherche plus en Flandre. S'ils n'avoient point fait d'anciennes provisions de lauriers, ceux de cette année ne les mettroient point à couvert. Bonn est prise, c'en est fait. M. de Turenne a bien envie de revenir, et de mettre l'armée de mon fils dans les quartiers d'hiver : tous les officiers disent *amen*.

M. de la Rochefoucauld ne bouge plus de Versailles. Le Roi le fait entrer et asseoir chez Mme de Montespan, pour entendre les répétitions d'un opéra qui passera tous les autres ; il faut que vous le voyiez. Nous ne doutons point de votre congé, ni du besoin que vous avez d'être ici avec Monsieur de Marseille. Il ne vous faudra qu'un même carrosse, nous le disions tantôt. Enfin il faudroit trouver des expédients. Au moins ne négligez jamais de consulter Monsieur l'Archevêque : c'est la source du bon sens, de la sagesse des expédients ; enfin, s'il n'étoit point dans votre famille, vous l'iriez chercher au bout de la Provence. Il y a des occasions où sa présence peut-être feroit un grand effet ; je suis persuadée qu'il n'épargneroit ni sa peine ni sa santé pour vous être utile. Quand je songe que l'Évêque jette de l'argent, je ne comprends point qu'il puisse succomber. Pour la paix entre vous, je vous la souhaite et la souhaiterai toujours, quand je songe au mal que fait la guerre à votre corps et à votre âme. Je ne suis pas seule de ce sentiment. L'archevêque de Reims vous est fort acquis ; et tant d'autres encore vous font des compliments, et songent à vous, que je n'aurois jamais fait s'il falloit vous les nommer. Je vous demande une amitié au grand et divin Roquesante : qu'il se souvienne qu'il m'a promis de ne me point oublier. Ma bonne, Monsieur de Grignan, Monsieur le Coadjuteur, vous faites bien de m'aimer; je vous défie tous d'aimer mieux Mme de Grignan que moi, c'est-à-dire que je l'aime.

<hr/>

349. — DE MADAME DE SÉVIGNÉ
AU COMTE DE GUITAUT.

A Paris, jeudi 23e novembre.

Je ne vous parlerai point des Impériaux, ni d'un pont sur le Mein. Dieu merci, je ne sais plus de nouvelles : c'est le seul plaisir que j'aie à Paris, car j'ai toujours cette Grignan dans la tête, et cela trouble mon repos. Les cartes sont tellement brouillées, que nous doutons si l'on ose demander un congé. Il y a même une espèce de guerre à Gènes qu'il faut voir finir. Mais de tout ce qu'il y a de plus ridicule, le siége d'Orange tient le premier rang. M. de Grignan a ordre de le prendre. Les courtisans croient qu'il ne faut que des pommes cuites pour en venir à bout. Guilleragues dit que c'est un duel que M. de Grignan fait avec le gouverneur d'Orange; il demande sa charge; il veut qu'on lui coupe le cou, comme d'un combat seul à seul; et tout cela est bien plaisant. J'en ris tout autant que je puis; mais, dans la vérité, j'en suis inquiète. Le gouverneur se veut défendre : c'est un homme romanesque; il a deux cents hommes avec lui; il a quatorze pièces de canon; il a de la poudre et du blé; il sait qu'il ne peut pas être pendu; il a une manière de petit donjon entouré de fossés, on n'y peut arriver que d'un côté ; plus il a peu de terrain à défendre, et plus il lui sera aisé de le faire.

Le pauvre Grignan n'a pour tout potage que le régiment des galères, qui a le pied marin, très-ignorant d'un siége. Il a beaucoup de noblesse avec de beaux

justes-au-corps, qui ne fera que l'incommoder. Il faudra
qu'il soit partout; il pourra fort bien être assommé à
cette belle expédition, et on se moquera de lui. Ce n'est
pas moi seule qui parle ainsi, ce sont les Provençaux
qui sont ici; et on dit que Grignan ne doit pas l'entreprendre sans avoir plus de troupes. Cependant cela est
fait. Pendant que le mari fait cette marionnette de
guerre au dehors, la femme est aux prises avec Monsieur de Marseille. Ils se tiraillent les consuls, à qui en
aura le plus; et ce qui vous paroîtra bien juste, c'est
que l'Évêque se tient offensé, que par le chemin tout
commun des sollicitations on ose mettre son crédit en
balance; de sorte que si M. de Grignan emporte ce syndicat pour son cousin le marquis de Buous, l'Évêque est
en furie, et s'opposera à tout ce qui regarde M. de
Grignan dans l'assemblée. Il faut donc, pour le contenter, qu'il ait partout de l'avantage, que partout M. de
Grignan soit mortifié : voilà à quelles conditions on peut
avoir la paix avec lui. Que dites-vous de cette justice ?
Ma fille la comprend peu : c'est pourquoi elle se défend
vigoureusement ; et toute cette belle fierté qu'on a louée
ici, succomberoit présentement devant celui qui l'assure-
roit du suffrage d'un consul. Voilà ce que fait la province. Il y a cinq ans qu'il eût fallu autre chose pour la
tenter : *altri tempi, altre cure.*

Je vois tous les jours des gens qui n'ont point l'air
d'être vos ennemis. J'en vois un, quelquefois, que vous
m'avez tellement noirci, malgré sa blonde perruque, que
je ne puis plus le regarder. Il y en a un gros, qui me
paroît le patron des lieux où il règne.

Je garde dans mon cœur toutes nos conversations avec
une reconnoissance pour vous qui n'est pas imaginable,
et qui m'attache à tous vos intérêts; mais ne trouvant
nulle occasion de dire ce que je pense et ce que je sais
de votre conduite, je garde tout précieusement dans mon

souvenir, et je suis persuadée que rien n'est si bon que
de laisser tout mourir et s'éteindre quand on voit que
tout meurt et s'éteint.

J'ai des obligations infinies à notre cher d'Hacqueville. Il me donne tout le temps qu'il peut : c'est cette
marchandise qui est chère chez lui, car il n'en a pas à
demi. Cependant il faut lui faire cet honneur, c'est qu'il
en trouve dès qu'on a besoin de lui. Aimons-le donc toujours; et vous, Monsieur et Madame, ne feignez point
de me mettre au nombre de ceux que vous aimez et qui
vous aiment : toute ma vie vous persuadera que je mérite d'y être.

Suscription. Pour Monsieur le comte de Guitaut.

----

350. — DE MADAME DE SÉVIGNÉ
A MADAME DE GRIGNAN.

A Paris, vendredi 24e novembre.

Je vous assure, ma très-chère bonne, que je suis très-
inquiète de votre siége d'Orange : je ne puis avoir aucun
repos que M. de Grignan ne soit hors de cette ridicule
affaire. D'abord on a cru ici qu'il ne falloit que des
pommes cuites pour ce siége. Guilleragues disoit que
c'étoit un duel, un combat seul à seul, entre M. de Grignan et le gouverneur d'Orange; qu'il falloit faire le
procès et couper la tête à M. de Grignan. Nous avons
un peu répandu à la vérité les méchantes plaisanteries;
et Mme de Richelieu, avec sa bonté ordinaire, a conté
au dîner du Roi comme la chose va; bien des gens la
savent présentement, et l'on passe d'une extrémité à
l'autre, disant que M. de Grignan en aura l'affront, et
qu'il ne doit point entreprendre de forcer deux cents
hommes avec du canon, étant sans autres troupes que le
régiment des galères, qu'on n'estime pas beaucoup pour

un siége. Monsieur le Duc et M. de la Rochefoucauld sont persuadés qu'il n'en viendra pas à bout. Vous reconnoissez le monde, toujours dans l'excès. L'événement réglera tout : je le souhaite heureux, et ne puis avoir de joie et de tranquillité, que je n'en sache la fin. Je serois fort fâchée que M. de Grignan allât perdre sa petite bataille.

J'ai fait vos compliments à Brancas; il est persuadé que vous ne seriez pas présentement à l'épreuve de celui qui vous offriroit les suffrages de deux consuls.

Monsieur le Duc me demanda fort de vos nouvelles l'autre jour, et me pria de vous faire beaucoup d'amitiés. M. et Mme de Noailles, Mmes de Leuville et d'Effiat, les Rarai, les Beuvron, qui vous dirai-je encore? tout le monde se souvient de vous et de M. de Grignan. J'ai vu Mme de Monaco; elle me parut toujours entêtée de vous, et me dit cent choses très-tendres; la Louvigny aussi. On répète une musique d'un opéra qui effacera *Venise*. Mme Colonne a été trouvée sur le Rhin, dans un bateau, avec des paysannes : elle s'en va je ne sais où, dans le fond de l'Allemagne.

Si vous m'aimez, ma fille, et si vous croyez vos amis, vous ferez l'impossible pour venir cet hiver : vous ne le pourrez jamais mieux, et vous n'aurez jamais plus d'affaires. J'embrasse les Grignans; l'aîné me tient bien tendrement au cœur. En êtes-vous contente? car c'est tout. Je voudrois bien savoir comme vous vous portez, si vous êtes bien dévorée. Cette pensée me dévore, et cette grande beauté dont on vous parle ne dort pas toute la nuit : il s'en faut beaucoup, ma chère enfant.

Mlle de Méri me mande qu'elle a si mal à la tête, qu'elle ne vous peut écrire; elle me prie de vous faire ses amitiés. Celles que vous me faites, ma bonne, sont tellement tendres et naturelles, dans toutes les lettres que vous m'écrivez, qu'il n'est bruit que de l'excès de

notre bonne intelligence. J'ai dans ma poche des lettres
de M. de Coulanges et de M. d'Hacqueville, qui ne parlent que de moi. Il est vrai, ma bonne, que j'ai plus joui
de votre amitié et de votre bon cœur, dans mon voyage,
que je n'aurois fait en toute ma vie; je le sentois bien,
et ce temps m'étoit bien précieux : vous ne savez point
aussi le déplaisir que j'avois de le voir passer. Vous êtes
trop reconnaissante, ma bonne : de quoi? Quand je songe
que toute ma bonne volonté ne produit rien d'effectif,
je suis honteuse de tout ce que vous dites ; il est vrai que,
pour l'intention, elle est bonne, et qu'elle me donne
quelquefois des tours et des arrangements de paroles,
quand je parle de vos intérêts, qui ne seroient pas désagréables, si j'avois autant de pouvoir que j'ai la langue
déliée.

---

351. — DE MADAME DE SÉVIGNÉ
A MADAME DE GRIGNAN.

A Paris, lundi 27e novembre.

Votre lettre, ma chère fille, me paroît d'un style
triomphant. Vous aviez votre compte quand vous me
l'avez écrite; vous aviez gagné vos petits procès; vos ennemis vous paroissoient confondus; vous aviez vu partir
votre époux à la tête d'un *drappello eletto*, vous espériez
un bon succès d'Orange : le soleil de Provence dissipe au
moins à midi les plus épais chagrins; enfin votre humeur
est peinte dans votre lettre. Dieu vous maintienne dans
cette bonne disposition! Vous avez raison de voir d'où
vous êtes les choses comme vous les voyez; et nous avons
raison aussi de les voir d'ici comme nous les voyons.
Vous croyez avoir l'avantage : nous le souhaitons autant
que vous; et en ce cas nous disons qu'il ne faut aucun
accommodement; mais supposé que l'argent, que nous
regardons comme une divinité à laquelle on ne résiste

point, vous fît trouver du mécompte dans votre calcul, vous m'avouerez que tous les expédients vous paroîtroient bons comme ils nous le paroissoient. Ce qui fait que nous ne pensons pas toujours les mêmes choses, c'est que nous sommes loin : hélas! nous sommes très-loin; mais il faut se faire honneur réciproquement et croire que chacun dit bien selon son point de vue.

Il y a bien des gens en ce pays qui sont curieux de savoir comme vous sortirez de votre syndicat; mais je dis encore vrai quand je vous assure que la perte de cette petite bataille ne feroit pas ici le même effet qu'en Provence. Nous disons ici en tous lieux et à propos tout ce qui se peut dire, et sur la dépense de M. de Grignan, et sur la manière dont il sert le Roi, et comme il est aimé : nous n'oublions rien; et pour des tons naturels, et des paroles rangées, et dites assez facilement, sans vanité, nous ne céderons pas à ceux qui font des visites le matin aux flambeaux. Mais cependant M. de la Garde ne trouve rien de si nécessaire que votre présence. On parle d'une trêve. Soyez en repos sur la conduite de ceux qui sauront demander votre congé. Je comprends les dépenses de ce siége d'Orange; j'admire les inventions que le démon trouve pour vous faire jeter de l'argent; j'en suis plus affligée qu'une autre; car outre toutes les raisons de vos affaires, j'en ai une pour vous souhaiter cette année : c'est que le bon abbé veut rendre le compte de ma tutelle, et c'est une nécessité que ce soit aux enfants dont on a été tutrice. Mon fils viendra si vous venez : voyez, et jugez vous-même du plaisir que vous me ferez. Il y a de l'imprudence à retarder cette affaire; le bon abbé peut mourir, et je ne saurois plus par où m'y prendre, et serois abandonnée pour tout le reste de ma vie à la chicane des Bretons. Je ne vous en dirai pas davantage : jugez de mon intérêt, et de l'extrême envie que j'ai de sortir d'une affaire aussi importante. Vous avez encore le temps de

finir votre Assemblée; mais ensuite je vous demande
cette marque de votre amitié, afin que je meure en repos.
Je laisse à votre bon cœur cette pensée à digérer.

Il n'y a plus de filles de la Reine depuis hier, on ne
sait pourquoi. On soupçonne qu'il y en a une qu'on aura
voulu ôter, et que pour brouiller les espèces on a fait
tout égal. Mlle de Coëtlogon est avec Mme de Richelieu;
la Mothe avec la maréchale; la Marck avec Mme de
Crussol; Ludres et Dampierre retournent chez Madame;
du Rouvroi avec sa mère, qui s'en va chez elle; Lannoi
se mariera, et paroît contente; Théobon apparemment
ne demeurera pas sur le pavé. Voilà ce qu'on sait jusqu'à présent.

J'ai fait voir votre lettre à Mlle de Méri; elle est toujours languissante. J'ai fait vos compliments à tous ceux
que vous me marquez. L'abbé Têtu est fort content de
ce que vous lui dites; nous soupons souvent ensemble.
Vous êtes très-bien avec l'archevêque de Reims. Mme de
Coulanges n'est pas fort bien avec le frère de ce prélat :
ainsi ne comptez pas sur ce chemin-là pour aller à lui.
Brancas vous est tout acquis. Vous êtes toujours tendrement aimée chez Mme de Villars.

Nous avons enfin vu, la Garde et moi, votre premier
président; c'est un homme très-bien fait, et d'une physionomie agréable. Besons dit : « C'est un beau mâtin,
s'il vouloit mordre. » Il nous reçut très-civilement : nous
lui fîmes les compliments de M. de Grignan et les vôtres.
Il y a des gens qui disent qu'il tournera casaque, et qu'il
vous aimera au lieu d'aimer l'Évêque.

Le flux les amena, le reflux les emmène.

Ne vous ai-je point mandé que le chevalier de Buous
est ici? Je le croyois je ne sais où. Je fus ravie de l'embrasser; il me semble qu'il vous est plus proche que les
autres. Il vient de Brest; il a passé par Vitré. Il a eu un

dialogue admirable avec Rahuel; il lui fit dire ce que
c'étoit que M. de Grignan, et qui j'étois. Rahuel disoit :
« Ce M. de Grignan, c'est un homme de grande condition : il est le premier de la Provence; mais il y a bien
loin d'ici. Madame auroit bien mieux fait de marier
Mademoiselle auprès de Rennes. » Le Chevalier se diver-
tissoit fort.

Adieu, ma très-aimable belle, je suis à vous : cette
vérité est avec celle de *deux et deux font quatre*.

---

352. — DE MADAME DE SÉVIGNÉ
A MADAME DE GRIGNAN.

A Paris, vendredi 1er décembre.

Ce siége d'Orange me déplaît comme à vous. Quelle
sottise! quelle dépense! La seule chose qui me paroisse
bonne, c'est de faire voir, par cette suite de M. de Grignan, combien il est aimé et considéré dans sa province.
Ses ennemis en doivent enrager; mais on a beau faire des
merveilles, cette occasion n'apportera ni récompense, ni
réputation : je voudrois qu'elle fût déjà passée.

J'ai soupé avec l'amie de *Quanto*. Vous ne serez point
attaquée en ce pays-là, que vous ne soyez bien défendue.
Cette dame a parlé de vous avec une estime et une tendresse extraordinaires : elle dit que personne n'a jamais
tant touché son goût; qu'il n'y a rien de si aimable ni de
si assorti que votre esprit et votre personne. On vous a
fort regrettée, et d'un ton qui n'avoit rien de suspect. J'ai
causé aussi avec l'archevêque de Reims, qui vous est fort
acquis. Son frère n'est point du tout dans la manche de
Mme de Coulanges. Volonne a acheté la charge de Pur-
non, maître d'hôtel de Madame : voilà un joli établissement; voilà où la Providence place Mme de Volonne.

Il est certain que *Quanto* a trouvé que c'étoit une
hydre que cette chambre des filles; le plus sûr est de

la couper : ce qui n'arrive pas aujourd'hui peut arriver
demain.

On tient pour assuré que M. de Vivonne a la charge
de colonel général des Suisses. On nomme M. de Monaco pour celle de général des galères. Je vous ai mandé
combien la femme de ce dernier m'avoit bien reçue pour
l'amour de vous.

On répète souvent la symphonie de l'opéra; c'est une
chose qui passe tout ce qu'on a jamais ouï. Le Roi disoit
l'autre jour que s'il étoit à Paris quand on jouera l'opéra,
il iroit tous les jours. Ce mot vaudra cent mille francs à
Baptiste.

M. de Turenne a son congé. *L'armée de votre frère* va
être mise dans les quartiers d'hiver. J'attends mon fils
au premier jour; et vous arriverez un peu après, si vous
me voulez témoigner un peu d'amitié.

L'abbé Têtu ne perd point d'occasion de vous rendre
service en bon lieu : c'est encore un de mes hommes que
j'ai bien désabusé.

Ma chère enfant, ayez quelque soin de votre santé :
tâchez surtout de dormir, et d'éloigner dès le soir toutes
les pensées qui vous réveillent.

---

353. — DE MADAME DE SÉVIGNÉ ET D'EMMANUEL
DE COULANGES A MADAME DE GRIGNAN.

A Paris, lundi 4e décembre.

A MADAME DE GRIGNAN.

Me voilà toute soulagée de n'avoir plus Orange sur le
cœur; c'étoit une augmentation par-dessus ce que j'ai
accoutumé de penser, qui m'importunoit. Il n'est plus
question présentement que de la guerre du syndicat : je
voudrois qu'elle fût déjà finie. Je crois qu'après avoir gagné votre petite bataille d'Orange, vous n'aurez pas tardé

à commencer l'autre. Vous ne sauriez croire la curiosité qu'on avoit pour savoir le succès de ce beau siége; et on en parloit dans le rang des nouvelles. J'embrasse le vainqueur d'Orange, et je ne lui ferai point d'autre compliment que de l'assurer ici que j'ai une véritable joie que cette petite aventure soit finie comme il le pouvoit souhaiter; je désire un pareil succès à tous ses desseins, et l'embrasse de tout mon cœur. C'est une chose agréable que l'attachement et l'amour de toute la noblesse pour lui : il y a très-peu de gens qui pussent faire voir une si belle suite pour une si légère semonce. M. de la Garde vient de partir pour voir un peu ce qu'on dit de cette prise d'Orange. Il est chargé de toutes nos instructions, et sur le tout de son bon esprit, et de son affection pour vous. M. d'Hacqueville me mande qu'il conseille à M. de Grignan d'écrire au Roi. Il seroit à souhaiter que par effet de magie cette lettre fût déjà entre les mains de M. de Pompone, ou de M. de la Garde, car je ne crois pas qu'elle puisse venir à propos. L'affaire du syndic s'est fortifiée dans ma tête par l'absence de celle d'Orange.

Nous soupâmes encore hier avec Mme Scarron et l'abbé Têtu chez Mme de Coulanges. Nous causâmes fort; vous n'êtes jamais oubliée. Nous trouvâmes plaisant de l'aller remener à minuit au fin fond du faubourg Saint-Germain, fort au delà de Mme de la Fayette, quasi auprès de Vaugirard, dans la campagne : une belle et grande maison, où l'on n'entre point. Il y a un grand jardin, de beaux et grands appartements. Elle a un carrosse, des gens et des chevaux; elle est habillée modestement et magnifiquement, comme une femme qui passe sa vie avec des personnes de qualité. Elle est aimable, belle, bonne et négligée : on cause fort bien avec elle. Nous revînmes gaiement à la faveur des lanternes, et dans la sûreté des voleurs.

Mme d'Heudicourt est allée rendre ses devoirs : il y
avoit longtemps qu'elle n'avoit paru en ce pays-là. Si elle
n'étoit point grosse, on est persuadé qu'elle rentreroit
bientôt dans ses premières familiarités. On juge par là
que Mme Scarron n'a plus de vif ressentiment contre
elle. Son retour a pourtant été ménagé par d'autres, et ce
n'est qu'une tolérance. La petite d'Heudicourt est jolie
comme un ange ; elle a été de son chef huit ou dix jours
à la cour, toujours pendue au cou du Roi. Cette petite
avoit adouci les esprits par sa jolie présence : c'est la plus
belle vocation pour plaire que vous ayez jamais vue. Elle
a cinq ans ; elle sait mieux la cour que les vieux courtisans.

On disoit l'autre jour à Monsieur le Dauphin qu'il y
avoit un homme à Paris qui avoit fait pour chef-d'œuvre
un petit chariot qui étoit traîné par des puces. Il dit à
M. le prince de Conti : « Mon cousin, qui est-ce qui a fait
les harnois ? — Quelque araignée du voisinage, » dit le
Prince. Cela est joli.

Ces pauvres filles sont toujours dispersées : on parle
de faire des dames du palais, du lit, de la table, pour
servir au lieu des filles. Tout cela se réduira à quatre du
palais, qui seront, à ce qu'on croit, la princesse d'Harcourt, Mme de Soubise, Mme de Bouillon, Mme de
Rochefort, et rien n'est encore assuré. Adieu, ma très-
aimable. Je voulus hier aller à confesse. Un très-habile
homme me refusa très-bien l'absolution, à cause de ma
haine pour l'Évêque. Si les vôtres ne vous en font pas
autant, ce sont des ignorants qui ne savent pas leur métier.

Mme de Coulanges vous embrasse : elle vouloit vous
écrire aujourd'hui. Elle ne perd pas une occasion de vous
rendre service ; elle y est appliquée, et tout ce qu'elle dit
est d'un style qui plaît infiniment. Elle se réjouit de la
prise d'Orange. Elle va quelquefois à la cour, et jamais
sans avoir dit quelque chose d'agréable pour nous.

D'EMMANUEL DE COULANGES.

Que Madame d'Heudicour
   Est une belle femme !
Chacun disoit à la cour :
« Quoi ! la voilà de retour ! »
   Tredam', tredam', tredame.

Vos guerriers étant partis,
   C'eût été chose étrange
Que votre époux n'eût pas pris,
Au milieu de son pays,
   Orange, Orange, Orange.

Je m'en réjouis avec vous, Madame la Comtesse ; j'ai dit mon *Te Deum* très-dévotement. Voilà tout ce que je vous puis dire, et à Monsieur le Comte, que j'aime et honore toujours comme il le mérite.

———

354. — DE MADAME DE SÉVIGNÉ
A MADAME DE GRIGNAN.

A Paris, vendredi 8e décembre.

Il faut commencer, ma très-bonne, par la mort du comte de Guiche : voilà de quoi il est question présentement. Ce pauvre garçon est mort de maladie et de langueur dans l'armée de M. de Turenne. La nouvelle en vint mardi matin. Le P. Bourdaloue l'a annoncée au maréchal de Gramont, qui s'en douta, sachant l'extrémité de son fils. Il fit sortir tout le monde de sa chambre. Il étoit dans un petit appartement qu'il a au dehors des Capucines. Quand il fut seul avec ce Père, il se jeta à son cou, lui disant qu'il devinoit bien ce qu'il avoit à lui dire ; que c'étoit le coup de sa mort, qu'il la recevoit de la main de Dieu ; qu'il perdoit le seul et véritable objet de toute sa tendresse et de toute son inclination naturelle ; que jamais il n'avoit eu de sensible joie ou de violente

douleur que par ce fils, qui avoit des choses admirables:
il se jeta sur un lit, n'en pouvant plus, mais sans pleurer,
car on ne pleure point. Le Père pleuroit, et n'avoit encore rien dit; enfin il lui parla de Dieu, comme vous
savez qu'il en parle. Ils furent six heures ensemble; et
puis le Père, pour lui faire faire ce sacrifice entier, le
mena à l'église de ces bonnes capucines, où l'on disoit
vigiles pour ce fils. Il y entra en tombant, en tremblant,
plutôt traîné et poussé que sur ses jambes. Son visage
n'étoit plus connoissable. Monsieur le Duc le vit en cet
état; et en nous le contant chez Mme de la Fayette, il
pleuroit. Le pauvre maréchal revint enfin dans sa petite
chambre. Il est comme un homme condamné. Le Roi lui
a écrit. Personne ne le voit.

Mme de Monaco est entièrement inconsolable; on ne
la voit point. La Louvigny l'est aussi, mais c'est par la
raison qu'elle n'est point affligée. N'admirez-vous point
le bonheur de cette créature? La voilà dans un moment
duchesse de Gramont. La chancelière est transportée de
joie. La comtesse de Guiche fait fort bien, et pleure
quand on lui conte les honnêtetés et les excuses que
son mari lui a faites en mourant, et dit : « Il étoit aimable; je l'aurois aimé passionnément s'il m'avoit un peu
aimée. J'ai souffert ses mépris avec douleur. Sa mort
me touche et me fait pitié. J'espérois toujours qu'il
changeroit de sentiments pour moi. » Voilà qui est vrai;
il n'y a point là de comédie. Mme de Verneuil en est
véritablement touchée. Je crois qu'en me priant de lui
faire vos compliments vous en serez quitte. Vous n'avez
donc qu'à écrire à la comtesse de Guiche, et à la Monaco, et à la Louvigny.

Pour le bon d'Hacqueville, il a eu le paquet d'aller à
Frazé, à trente lieues d'ici, annoncer cette nouvelle à la
maréchale de Gramont, et lui porter une lettre de ce
pauvre garçon. Il a fait une grande amende honorable de

sa vie passée, s'en est repenti, en a demandé pardon publiquement. Il a fait demander pardon à Vardes, et lui a mandé mille choses qui pourront peut-être lui être bonnes. Enfin il a fort bien fini la comédie, et laisse une riche et heureuse veuve. La chancelière a été si pénétrée du peu ou point de satisfaction, dit-elle, qu'elle a eue pendant ce mariage, qu'elle ne va songer qu'à réparer ce malheur; et s'il se rencontroit un roi d'Éthiopie, elle mettroit jusqu'à son patin pour lui donner sa petite-fille. Nous ne voyons point de mari pour elle. Vous allez nommer, comme nous, M. de Marsillac : elle ni lui ne veulent point l'un de l'autre. Les autres ducs sont trop jeunes. M. de Foix est pour Mlle de Roquelaure. Cherchez un peu de votre côté, car cela presse. Voilà un grand détail, ma chère petite; mais vous m'avez dit quelquefois que vous les aimiez.

L'affaire d'Orange fait ici un bruit très-agréable pour M. de Grignan; cette grande quantité de noblesse, par le seul attachement qu'on a pour lui; cette grande dépense, cet heureux succès, car voilà tout : cela fait honneur et donne de la joie à tous ses amis, qui ne sont pas ici en petit nombre. Ce bruit général est fort agréable. Le Roi dit à souper : « Orange est pris; Grignan avoit sept cents gentilshommes avec lui. Ils ont tiraillé du dedans, et enfin ils se sont rendus le troisième jour. Je suis fort content de Grignan. » On m'a rapporté ce petit discours, que la Garde sait encore mieux que moi. Pour notre archevêque de Reims, je ne sais à qui il en avoit; la Garde lui pensa parler de la dépense : « Bon! dit-il, de la dépense : voilà toujours comme on dit ; on aime à se plaindre. — Mais, Monsieur, lui dit-on, M. de Grignan ne pouvoit pas s'en dispenser, avec tant de noblesse qui étoit venue pour l'amour de lui. — Dites pour le service du Roi, Monsieur. — Monsieur, dit-on, il est vrai; mais il n'y avoit point d'ordre, et c'étoit pour suivre

M. de Grignan, à l'occasion du service du Roi, que toute
cette assemblée s'est faite. » Enfin, ma bonne, cela n'est
rien ; vous savez que d'ailleurs il est très-bon ami. Il y
a des jours où la bile domine ; et ces jours-là sont malheureux.

On me mande des nouvelles de nos états de Bretagne.
M. le marquis de Coetquen le fils a voulu attaquer
M. d'Harouys, disant qu'il étoit seul riche, pendant que
toute la Bretagne gémissoit, et qu'il savoit des gens qui
feroient mieux que lui sa charge. M. Boucherat, M. de
Lavardin et toute la Bretagne l'a voulu lapider, et a eu
horreur de son ingratitude, car il a mille obligations à
M. d'Harouys. Sur cela il a reçu une lettre de Mme de
Rohan qui lui mande de venir à Paris, parce que M. de
Chaulnes a ordre de lui défendre d'être aux états ; de
sorte qu'il est disparu la veille de l'arrivée du gouverneur. Il est demeuré en abomination pour l'infâme accusation qu'il vouloit faire contre M. d'Harouys. Voilà, ma
bonne, ce que vous êtes obligée d'entendre à cause de
votre nom.

Je viens de voir M. de Pompone. Il étoit seul ; j'ai été
deux bonnes heures avec lui et Mlle Lavocat, qui est très-
jolie. M. de Pompone a très-bien compris ce que nous
souhaitons de lui, en cas qu'il vienne un courrier, et le
fera sans doute ; mais il dit une chose vraie, c'est que votre
syndic sera fait avant qu'on entende parler ici de la rup-
ture de votre conseil ; il croit que présentement c'en est
fait. De vous dire tout ce qui s'est dit d'agréable et d'o-
bligeant pour vous, et quelles aimables conversations on
a avec ce ministre, tout le papier de mon portefeuille n'y
suffiroit pas. En un mot, je suis parfaitement contente de
lui ; soyez-la aussi sur ma parole ; il sera ravi de vous
voir, et compte sur votre retour.

Nous avons lu avec plaisir une grande partie de vos
lettres : vous avez été admirée, et dans votre style, et dans

l'intérêt que vous prenez à ces sortes d'affaires. Ne me dites donc plus de mal de votre façon d'écrire. On croit quelquefois que les lettres qu'on écrit ne valent rien, parce qu'on est embarrassé de mille pensées différentes; mais cette confusion se passe dans la tête, tandis que la lettre est nette et naturelle. Voilà comme sont les vôtres. Il y a des endroits si plaisants que ceux à qui je fais l'honneur de les montrer en sont ravis.

Adieu, ma très-aimable enfant; j'attends votre frère tous les jours; et pour vos lettres, j'en voudrois à toute heure.

---

355. — DE MADAME DE SÉVIGNÉ
A MADAME DE GRIGNAN.

A Paris, lundi 11e décembre.

Je viens de Saint-Germain, ma chère fille, où j'ai été deux jours entiers avec Mme de Coulanges et M. de la Rochefoucauld : nous logions chez lui. Nous fîmes le soir notre cour à la Reine, qui me dit bien des choses obligeantes pour vous; mais s'il falloit vous dire tous les bonjours, tous les compliments d'hommes et de femmes, vieux et jeunes, qui m'accablèrent et me parlèrent de vous, ce seroit nommer quasi toute la cour; je n'ai rien vu de pareil. « Et comment se porte Mme de Grignan? Quand reviendra-t-elle? » Et ceci, et cela. Enfin représentez-vous que chacun n'ayant rien à faire et me disant un mot, me faisoit répondre à vingt personnes à la fois. J'ai dîné avec Mme de Louvois; il y avoit presse à qui nous en donneroit. Je voulois revenir hier; on nous arrêta d'autorité, pour souper chez M. de Marsillac, dans son appartement enchanté, avec Mme de Thianges, Mme Scarron, Monsieur le Duc, M. de la Rochefoucauld, M. de Vivonne, et une musique céleste. Ce matin nous sommes revenus.

Voici une querelle qui faisoit la nouvelle de Saint-Germain. M. le chevalier de Vendôme et M. de Vivonne font les amoureux de Mme de Ludres. M. le chevalier de Vendôme veut chasser M. de Vivonne. On s'écrie : « Et de quel droit ? » Sur cela, il dit qu'il se veut battre contre M. de Vivonne : on se moque de lui. Non, il n'y a point de raillerie : il se veut battre, et monte à cheval et prend la campagne. Voici ce qui ne se peut payer : c'est d'entendre Vivonne. Il étoit dans sa chambre, très-mal de son bras, recevant les compliments de toute la cour, car il n'y a point eu de partage. « Moi, Messieurs, dit-il, moi me battre ! Il peut fort bien me battre s'il veut, mais je le défie de faire que je veuille me battre. Qu'il se fasse casser l'épaule, qu'on lui fasse dix-huit incisions ; et puis » (on croit qu'il va dire : *et puis nous nous battrons*) « et puis, dit-il, nous nous accommoderons. Mais se moque-t-il de vouloir tirer sur moi ? Voilà un beau dessein, c'est comme qui voudroit tirer dans une porte cochère. Je me repens bien de lui avoir sauvé la vie au passage du Rhin. Je ne veux plus faire de ces actions, sans faire tirer l'horoscope de ceux pour qui je les fais. Eussiez-vous jamais cru que c'eût été pour me percer le sein que je l'eusse remis sur la selle ? » Mais tout cela d'un ton et d'une manière si folle, qu'on ne parloit d'autre chose à Saint-Germain.

J'ai trouvé votre siége d'Orange fort étalé à la cour. Le Roi en avoit parlé agréablement, et on trouva très-beau que sans ordre du Roi, et seulement pour suivre M. de Grignan, il se soit trouvé sept cents gentilshommes à cette occasion ; car le Roi avait dit *sept cents*, tout le monde dit *sept cents*. On ajoute qu'il y avoit deux cents litières, et de rire ; mais on croit sérieusement qu'il y a peu de gouverneurs qui pussent avoir une pareille suite.

J'ai causé deux heures en deux fois avec M. de Pompone ; j'en suis contente au delà de ce que j'espérois.

Mlle Lavocat est dans notre confidence; elle est très-
aimable; elle sait notre syndicat, notre procureur, notre
gratification, notre opposition, notre délibération, comme
elle sait la carte et les intérêts des princes, c'est-à-dire
sur le bout du doigt. On l'appelle le petit ministre; elle
est dans tous nos intérêts. Il y a des entr'actes à nos conversations, que M. de Pompone appelle des traits de rhétorique pour capter la bienveillance des auditeurs.

Il y a des articles dans vos lettres sur lesquels je ne
réponds point : il est ordinaire d'être ridicule quand
on répond de si loin. Vous savez quel déplaisir nous
avions de la perte de je ne sais quelle ville, lorsqu'il y
avoit dix jours qu'à Paris on se réjouissoit que le prince
d'Orange en eût levé le siége; c'est le malheur d'être
loin. Adieu, ma très-aimable : je vous embrasse bien tendrement.

----

356. — DU COMTE DE BUSSY RABUTIN
A MADAME DE SÉVIGNÉ.

Sur ce que la plupart de mes bons amis et moi avions jugé que
Mme Scarron (depuis Mme de Maintenon) me nuisoit à la cour
par l'amitié qu'elle avoit pour les la Rochefoucaulds, j'écrivis cette
lettre à Mme de Sévigné, afin de la lui montrer et de l'obliger de
me raccommoder avec eux, ou du moins à être neutre, et je la
datai de Bussy, quoique je fusse encore à Paris.

A Bussy, ce 13e décembre 1673.

Vous pouvez vous souvenir, Madame, de la conversation que nous eûmes le jour que je vous dis adieu. Elle
fut presque toute sur les gens qui pouvoient traverser
mon retour; et quoique je pense que nous les ayons tous
nommés, je ne crois pas que nous ayons parlé des voies
dont ils se servent pour me nuire. Cependant j'en ai découvert quelques-unes depuis que je ne vous ai vue, et
l'on m'a assuré entre autres que Mme Scarron en étoit
une. Je ne l'ai pas cru; car bien que je sache qu'elle est

aimée de gens qui ne m'aiment pas, je sais qu'elle est encore plus amie de la raison ; et il ne m'en paroît pas à persécuter, par complaisance seulement, un homme de qualité qui n'est pas sans mérite, accablé de disgrâces. Je sais bien que les gens d'honneur entrent et doivent entrer dans les sentiments de leurs amis ; mais quand ces sentiments sont trop aigres ou poussés trop loin, il est, ce me semble, de la prudence de ceux qui agissent de sang-froid, de modérer la passion de leurs amis, et de leur faire entendre raison. La politique conseille ce que je vous dis, Madame, et l'expérience apprend à ne pas croire que les choses soient toujours en même état. On l'a vu en moi ; car enfin ma liberté surprit tout le monde. Le Roi a commencé à me faire de petites grâces sur mon retour, dans le temps que personne ne les attendoit ; et sa bonté et ma patience me feront tôt ou tard retourner absolument. Il n'en faut pas douter, Madame : les disgrâces ont leurs bornes comme les prospérités. Ne trouvez-vous donc pas qu'il est de la politique de ne pas outrer les haines, et de ne pas désespérer les gens ? Mais quand on se flatteroit assez pour croire que je ne retournerois jamais (chose à quoi je vous répète encore qu'il y a peu d'apparence, me portant mieux que tous mes ennemis), où est l'humanité ? où est le christianisme ? Je connois assez les courtisans, Madame, pour savoir que ces sentiments sont bien foibles en eux, et moi-même, avant mes malheurs, je ne les avois guère. Mais je sais la générosité de Mme Scarron, son honnêteté et sa vertu ; et je suis persuadé que la corruption de la cour ne la gâtera jamais. Si je ne croyois ceci, Madame, je ne vous le dirois pas, car je ne suis point flatteur ; et même je ne vous supplierois pas, comme je fais, de lui parler sur ce sujet : c'est l'estime que j'ai pour elle qui m'a fait souhaiter de lui être obligé, et croire qu'elle n'y aura point de répugnance. Si elle craint l'amitié des malheureux, elle

ne fera rien pour avoir la mienne ; mais si l'amitié de
l'homme du monde le plus reconnoissant, et à qui il ne
manquoit que de la mauvaise fortune pour avoir assez
de vertu, lui est considérable, elle voudra bien me faire
plaisir.

————

357. — DE MADAME DE SÉVIGNÉ
A MADAME DE GRIGNAN.

A Paris, vendredi 15ᵉ décembre.

Quand je disois que vous ne seriez pas moins estimée
ici pour n'avoir pas fait un syndic, et que je vous rabais-
sois le plus que je pouvois cette petite victoire, soyez
très-persuadée, ma chère belle, que c'étoit par pure politique, et par un dessein prémédité entre nous, afin que
si vous perdiez votre petite bataille, vous ne prissiez pas
la résolution de vous pendre ; mais présentement que,
par votre lettre qui me donne la vie, nous voyons votre
triomphe quasi assuré, je vous avoue franchement que
par tout pays c'est la plus jolie chose du monde que d'a-
voir emporté cette affaire, malgré toutes les précautions,
les prévoyances, les prières, les menaces, les sollicitations, les corruptions et les vanteries de vos ennemis.
En vérité cela est délicieux, et fait voir autant que le
siége d'Orange la considération de M. de Grignan dans
la province. M. de Pompone, d'Hacqueville, Brancas, les
Grignans et plusieurs de vos amis avoient une attention
particulière pour le dénouement de cette affaire, et ne la
mettoient pas à si bas prix que je vous le mandois ; mais
nous étions convenus de ce style, afin de vous soutenir
le courage, dans le cas d'un revers de la fortune. Mlle Lavocat est dans cette affaire par-dessus les yeux, et pour
vous parler franchement, j'ai envoyé à M. de Pompone
les deux premiers feuillets de votre lettre, et à d'Hacqueville, qui étoit chez lui, afin de les réjouir. Ne croyez

..

donc pas que nous voyions si fort les choses autrement
que vous : tout ce qui touche la gloire se voit assez également par tout pays. Ne soyez point fâchée contre nous;
louez nos bonnes intentions, et croyez que nous ne sommes
que trop dans tous vos sentiments, et moi particulière-
ment, qui n'en ai point d'autres.

Vous me faites assez entendre ce qui vous peut manquer pour faire le voyage de Paris; mais quand je songe
que le Coadjuteur est prêt à partir, lui qui avoit engagé
son abbaye pour deux ans, qui vouloit vivre de l'air, qui
vouloit chasser tous ses gens et ses chevaux, et que je vois
qu'on fait donc quelquefois de la magie noire, cela me
fait croire que vous en devez faire comme les autres, cette
année ou jamais. Voilà mon raisonnement: vous aurez un
air bien victorieux sur toutes sortes de chapitres, et vous
aurez bien effacé l'exclusion de votre ami par la suite.

J'attends mon fils à tout moment. Je dînai hier avec
Monsieur le Duc, M. de la Rochefoucauld, Mme de
Thianges, Mme de la Fayette, Mme de Coulanges, l'abbé
Têtu, M. de Marsillac et Guilleragues, chez Gourville.
Vous y fûtes célébrée et souhaitée; et puis on écouta
la *Poétique* de Despréaux, qui est un chef-d'œuvre.

M. de la Rochefoucauld n'a point d'autre faveur que
celle de son fils, qui est très-bien placé. Il entra l'autre
jour, comme je vous l'ai déjà mandé, à une musique
chez Mme de Montespan : on le fit asseoir; le moyen de
ne le pas faire? cela n'est rien du tout. Mme de la Fayette
voit Mme de Montespan un quart d'heure, quand elle
va en un mois une fois à Saint-Germain : il ne me paroît pas que ce soit là une faveur. Les filles s'en vont
chacune à sa *chacunière*, comme je vous l'ai aussi mandé.
Le chevalier de Vendôme a demandé quartier de plaisanterie à M. de Vivonne, qui ne s'épuisoit point sur
l'horreur qu'il avoit de se battre : l'accommodement
s'est fait, et on n'en parle plus. Soyecourt demandoit

hier à Vivonne : « Quand est-ce que le Roi ira à la chasse ? » Vivonne répondit brusquement : « Quand est-ce que les galères partiront? » Je suis fort bien avec ce général; il ne croit point avoir les Suisses : il avoit dit de son côté, comme moi du mien, que c'étoient des *armes parlantes.* Mme de la Vallière ne parle plus d'aucune retraite : c'est assez de l'avoir dit; sa femme de chambre s'est jetée à ses pieds pour l'en empêcher : peut-on résister à cela?

D'Hacqueville est revenu de poignarder la maréchale de Gramont. Il est tellement abîmé dans la mort du comte de Guiche, qu'il n'est plus sociable : je doute qu'il vous écrive encore aujourd'hui.

La Garde veut toujours que si M. de Grignan ne vient pas, vous veniez à sa place; et pour cela je vous renvoie à cette magie noire du Coadjuteur dont je vous ai parlé. Vous êtes habile, et vous feriez présentement un autre personnage que celui d'une dame de dix-huit ans.

J'ai ici Corbinelli; il est échauffé pour vos affaires, comme à Grignan. Nous serons transportés de joie du syndic; et quand nous l'aurons emporté hautement, on pourra parler d'accommodement tant qu'on voudra : il faut être doux après la victoire.

Despréaux vous ravira par ses vers. Il est attendri pour le pauvre Chapelain : je lui dis qu'il est tendre en prose, et cruel en vers.

Adieu, ma très-chère enfant; que je vous serai obligée si vous venez m'embrasser! Il y a bien du bruit à nos états de Bretagne : vous êtes bien plus sages que nous. Bussy a ordre de s'en retourner en Bourgogne; il n'a pas fait sa paix avec ses principaux ennemis; il veut toujours marier sa fille avec le comte de Limoges : c'est la faim et la soif ensemble; mais la beauté du nom le charme. J'attends mon fils à tout moment.

358. — DE MADAME DE SÉVIGNÉ
A MADAME DE GRIGNAN.

A Paris, lundi 18e décembre.

J'attends vos lettres avec une juste impatience. Je ne puis avoir le corps ni l'âme en repos que le marquis de Buous ne soit syndic. Je l'espère; mais comme je crains toujours, je voudrois que cette affaire fût déjà finie. J'ai vu deux heures M. de Pompone à Paris; il souffre fort patiemment la longueur de mes conversations; elles sont mêlées d'une manière qu'il ne me paroît pas qu'il en soit fatigué. Il ne se cache pas de dire qu'il souhaite que M. de Buous soit syndic, que cela lui paroît juste et raisonnable, et que M. de Grignan auroit grand sujet de se plaindre, si, après ce qui s'est passé à la cour, il avoit encore ce chagrin-là dans la province. Il aime vos lettres, et vous estime et admire; il voit clairement le pouvoir que vous avez dans la province, et sur la noblesse, et au parlement, et dans les communautés; et cela sera remarqué en bon lieu.

M. de Louvigny est revenu avec plusieurs autres. On dit qu'il se plaint du *Torrent* d'avoir ôté à la *Rosée* la bonne conduite qu'elle avoit, et de lui avoir donné un air fort contraire à cette tendresse légitime qui lui seyoit si bien. Hors la maréchale de Gramont, on ne songe déjà plus au comte de Guiche; voilà qui est fait, le *Torrent* reprend son cours ordinaire : voici un bon pays pour oublier les gens. La Troche est arrivée, qui vous dit mille belles choses; écrivez quelque douceur qu'on lui puisse montrer. Je me suis fort louée à Mlle de Scudéry de l'honnête procédé de M. de Péruis. Guitaut a dîné avec moi, et l'abbé, la Troche, Coulanges; on a bu à votre santé, et l'on a admiré votre politique de vouloir ajouter encore des années aux trois que vous avez été en Provence. C'est une belle chose que de se laisser effacer, oublier dans un lieu où l'on a tous les jours affaire, et d'où l'on tire toute sa considération; on y veut jouir aussi de celle qu'on a dans son gouvernement, et l'une sert à l'autre; mais on ne travaille que pour être bien ici.

Je reçois votre lettre du 10e; il me semble, ma fille, que j'y ai fait réponse par avance, en vous assurant qu'il ne vous viendra rien d'ici qui vous coupe la gorge; mais que ne finissez-vous promptement? que ne vous ôtez-vous, et à nous, cette épine du pied? Nous comprenons très-bien le plaisir de votre triomphe. Nous demeurions d'accord l'autre jour, la *Pluie* et moi, que rien n'est sensible dans la vie comme ces sortes de choses qui touchent la gloire; et nous conclûmes, comme Monsieur d'Agen, que cela venoit d'une profonde humilité. Je vous assure qu'on ne peut pas entrer plus entièrement dans vos intérêts, ni les mieux comprendre, ni voir plus clair que fait cette aimable *Pluie*. Ah! que je lui ai dit de plaisantes choses, et qu'il les a bien écoutées! Je vous assure qu'il attend avec impatience la fin de votre syndicat; mais que votre lettre est plaisante! puisque vous me renvoyez mes périodes, je vous renverrai celle-ci qui vaut un empire : *Si Sa Majesté avoit la bonté de nous laisser manger le blanc des yeux, elle verroit qu'elle en seroit mieux servie.* Vous ne vous fâcherez donc point contre moi ni contre la cour, puisque vous avez toutes vos coudées franches pour votre syndic; mais finissez donc, et que nous recevions une lettre qui nous ôte de toute sorte de peine.

Vous seriez bien étonnée si l'on avoit fort parlé de vous pour être dame du palais; je vous l'apprends, et c'est assez : vous êtes fort estimée dans les lieux qu'on estime le plus. Cherchez donc d'autres prétextes pour nous menacer de ne plus venir jamais en ce pays. Je

comprends votre beau temps, je le vois d'ici, et m'en
souviens avec tendresse : nous mourons de froid présentement, et puis nous serons noyés.

On ne peut, ma fille, ni vous aimer davantage, ni être
plus contente de vous que je le suis, ni prendre plus de
plaisir à le dire. Il est vrai que le voyage de Provence
m'a plus attachée à vous que je n'étois encore ; je ne vous
avois jamais tant vue, et n'avois jamais tant joui de votre
esprit et de votre cœur. Je ne vois et je ne sens que ce
que je vous dis, et je rachète bien cher toutes ces douceurs. D'Hacqueville a raison de ne vouloir rien de pareil;
pour moi, je m'en trouve fort bien, pourvu que Dieu me
fasse la grâce de l'aimer encore plus que vous : voilà de
quoi il est question. Cette petite circonstance d'un cœur
que l'on ôte au Créateur pour le donner à la créature,
me donne quelquefois de grandes agitations. La *Pluie* et
moi, nous en parlions l'autre jour très-sérieusement.
Mon Dieu, qu'elle est à mon goût, cette *Pluie!* je crois
que je suis au sien ; nous retrouvons avec plaisir nos
anciennes liaisons.

Tous nos Allemands reviennent à la file : je n'ai point
encore mon fils. J'embrasse tendrement M. de Grignan ;
il auroit bien du plaisir à m'entendre quelquefois parler
de lui ; il a un beau point de vue, et je suis ravie de dire
ses belles et bonnes qualités. Adieu, ma chère Comtesse.

---

359. — DE MADAME DE SÉVIGNÉ
AU COMTE DE BUSSY RABUTIN.

Cinq jours après que j'eus écrit cette lettre (nº 356, p. 295), je
reçus cette réponse de Mme de Sévigné.

A Paris, ce 18e décembre 1673.

J'ai fait voir votre lettre à la dame pour qui elle étoit
écrite. Elle n'a, m'a-t-elle dit, jamais ouï nommer votre
nom en mauvaise part. Du reste, elle a fort bien reçu

votre civilité. Elle m'a promis que si elle entendoit dire
quelque chose, elle m'en avertiroit, et qu'elle ne trouveroit jamais occasion de vous rendre de bons offices qu'elle
ne le fît.

Je parlai fort de votre mérite, et de vos malheurs.
L'audience étoit favorable. Je serois fort aise que vous
m'eussiez entendue ; peut-être que vous en seriez bien
aise aussi.

———

360. — DE MADAME DE SÉVIGNÉ
A MADAME DE GRIGNAN.

A Paris, vendredi 22ᵉ décembre.

Voici une nouvelle de l'Europe qui m'est entrée dans
la tête : je vais vous la mander contre mon ordinaire.

Vous savez, ma bonne, que le roi de Pologne est mort.
Ce grand maréchal, mari de Mlle d'Arquien, est à la tête
de l'armée contre les Turcs. Il a gagné une bataille, si
pleine et si entière, qu'il est demeuré quinze mille Turcs
sur la place. Il a pris deux bassas ; il s'est logé dans la
tente du général, et cette victoire est si grande, qu'on ne
doute point qu'il ne soit nommé roi, d'autant plus qu'il
est à la tête d'une armée, et que la fortune est toujours
pour les gros bataillons. Voilà une nouvelle qui m'a plu,
et j'ai jugé qu'elle vous plairoit aussi.

Je ne vois plus le chevalier de Buous. Il a été enragé
qu'on ne l'ait pas fait chef d'escadre. Il est à Saint-
Germain, et je crois qu'il fera si bien qu'à la fin il sera
content : je le souhaite fort. Monsieur l'Archevêque me
mande sa joie sur la prise d'Orange, et qu'il croit le syndicat achevé selon nos désirs, et qu'il est contraint d'a-
vouer que par l'événement votre vigueur a mieux valu
que sa prudence ; et qu'enfin à votre exemple il s'est
tout à fait jeté dans la bravoure. Cela m'a réjouie.

Au reste, ma chère enfant, quand je me représente

votre maigreur et votre agitation, quand je pense combien vous êtes échauffée, et que la moindre fièvre vous mettroit à l'extrémité, cela me fait souffrir et le jour et la nuit. Quelle joie de vous restaurer un peu auprès de moi dans un air moins dévorant, et où vous êtes née! Je suis surprise que vous aimant comme on fait en Provence, on ne vous propose point ce remède. Je vous trouve si nécessaire jusqu'à présent, et je crois que vous avez tant soulagé M. de Grignan dans toutes ses affaires, que je n'ose me repentir de ne vous avoir point emmenée; mais quand tout sera fini, hélas! pourquoi ne me pas donner cette satisfaction? Adieu, ma très-aimable, j'ai une grande impatience de savoir de vos nouvelles : vous avez toujours dans la fantaisie de vous jeter dans le feu pour me persuader votre amitié. Ma fille, je n'en suis que trop persuadée, et sans cette preuve extraordinaire, vous pouvez m'en donner une qui sera plus convaincante et plus à mon gré.

Adieu, ma très-chère enfant, je vous embrasse bien tendrement.

────────

361. — DU COMTE DE GRIGNAN A COLBERT.

A Lambesc, le 23e décembre 1673.

Je me donnai l'honneur de vous écrire par le dernier courrier que l'assemblée des communautés de cette province m'a accordé une gratification de cinq mille livres, comme les années précédentes, et que l'opposition de Messieurs de Marseille et de Toulon, qui se trouvèrent seuls de leur sentiment, ne put empêcher le reste des députés de me donner cette marque de leur bonne volonté et de leur affection. Je pris aussi la liberté de vous envoyer un mémoire des raisons que j'ai de demander cette gratification que je n'ai jamais acceptée que sous le bon plaisir du Roi. Vous verrez, Monsieur, par la délibération

qui a été faite sur ce sujet, qu'il n'y a rien qui ait pu
obliger Messieurs les prélats à former leur opposition,
que l'aigreur et l'animosité qu'ils ont contre moi, puisqu'ils n'allèguent point d'autres raisons que celles des
années précédentes, comme il est aisé de remarquer par
l'extrait des délibérations que je vous envoie, avant les-
quelles ces arrêts dont ils font tant de bruit ont toujours
été lus en pleine assemblée. Si vous avez la bonté, comme
je l'espère, de faire quelque réflexion sur le procédé de
ces Messieurs, et sur les grandes dépenses que je suis
nécessité de faire pour soutenir l'éclat de ma charge,
j'ose me flatter, Monsieur, que vous goûterez mes raisons
et que vous ne refuserez pas votre protection à la personne du monde qui vous honore le plus et qui est avec
le plus d'attachement et de respect, etc.

---

362. — DE MADAME DE SÉVIGNÉ
A MADAME DE GRIGNAN.

A Paris, dimanche 24e décembre.

Il y a bien longtemps, ma très-chère, que je n'ai eu
une joie si sensible que celle que j'eus hier à onze heures
du soir. J'étois chez Mme de Coulanges : on me vint dire
que Janet étoit arrivé; je cours chez moi, je le trouve,
je l'embrasse : « Eh bien ! avons-nous un syndic? Est-ce
M. de Buous? — Oui, Madame, c'est M. de Buous. »
Me voilà transportée, nous lisons nos lettres; j'envoie
dire à d'Hacqueville que nous avons tout ce que nous
souhaitions, et que M. du Janet qu'il connoît est arrivé.
D'Hacqueville m'écrit un grand billet de joie et de soulagement de cœur. Je cause un peu avec Janet; nous
soupons, et puis il se va coucher bien à son aise; pour
moi, je ne me suis endormie qu'à quatre heures : la joie
n'est point bonne pour assoupir les sens. M. de Pompone
vient aujourd'hui. Voilà présentement ce que je vous

puis dire ; mais entre ci et demain que partira cette
lettre, il y aura bien des augmentations. Dès huit heures
ce matin, toute ma chambre étoit pleine ; la Garde, l'abbé
de Grignan, le chevalier de Buous, le bien Bon, Coulanges, Corbinelli, chacun discouroit et raisonnoit et lisoit
les relations : elles sont admirables, ma fille ; jamais il
n'y eut une si délicieuse conclusion. Ah ! quel succès,
quel succès ! l'eussions-nous cru à Grignan ? Hélas ! nous
faisions nos délices d'une suspension : le moyen de croire
qu'on renverse en un mois des mesures prises depuis un
an ? et quelles mesures, puisqu'on offroit de l'argent !
J'aime bien le consul de Colmars, à qui vous rendîtes un
si grand service l'année passée, et qui vous a manqué
ensuite ; vous voulez bien que cette petite ingratitude
soit mise dans le livre que nous avions envie de compo-
ser à l'honneur de cette vertu. Nous trouvons l'Évêque
toujours habile, et toujours prenant les bons partis ; il
voit que vous êtes les plus forts, et que vous nommez
M. de Buous : il nomme M. de Buous. Nous voulons
tous que présentement vous changiez de style, et que
vous soyez aussi modestes dans la victoire que fiers dans
le combat. La Garde me fait agir pour votre congé ; je
vous déclare que ce n'est pas pour moi ; je vous renvoie
à sa lettre, vous verrez son raisonnement ; vous le connoissez, et que comme un autre M. de Montausier,

> Pour le Saint-Père, il ne diroit
> Une chose qu'il ne croiroit.

Vous êtes en bonheur, il faut songer à ce pays aussi
bien qu'à la Provence. Jamais vous ne trouverez une
année comme celle-ci : elle est bien différente encore
pour la considération qu'on a pour moi. Je serois bien
fâchée d'être traitée ici comme je le fus à Lambesc, lorsqu'au nom de cette amitié de huit ans, dont Monsieur
de Marseille avoit tant parlé, et de la paix éternelle avec

les Grignans, je le priai de m'accorder le payement du
courrier, à quoi il ne voulut jamais consentir ; et quand
j'allai chez Monsieur l'intendant le conjurer instamment
d'écrire par votre courrier, vous savez comme il me refusa nettement. J'ai ces deux petits articles sur le cœur ;
et cependant je ne veux pas que l'intérêt des alliés vous
empêche de faire la paix. Dès que je ne suis plus à Lambesc, le courrier est payé ; Monsieur l'intendant l'accable
de ses paquets : ma fille, c'est que je suis malheureuse ;
Dieu ne permet pas que dans les desirs extrêmes que j'ai
de vous servir, j'aie la joie de réussir. En vérité, cette
mine de prospérité du Coadjuteur, qui attire les abbayes
et les heureux succès, vous a été bien plus profitable. Sa
paresse étoit allée se promener bien loin pendant cette
affaire ; sa vigilance, son habileté, son application, ses
vues, ses expédients, son courage, sa considération, vous
ont été souverainement nécessaires. J'avois toujours en
lui une grande confiance ; mais vous, quelles merveilles
n'avez-vous point faites ? et que n'a point fait aussi mon
cher comte ? il a joué son rôle divinement. Enfin vous
avez fait tous trois vos personnages en perfection. Il
y avoit dix ou douze personnes qui envoyoient tous les
jours ici pour savoir des nouvelles du syndic ; de sorte
que ce matin j'ai écrit dix billets. Mme de Verneuil,
Monsieur de Meaux, Mme de la Troche, M. de Brancas,
Mme de Villars, Mme de la Fayette, M. de la Rochefoucauld, Coulanges, l'abbé Têtu : tout cela se seroit
offensé qu'après tant de soins on ne leur eût rien dit. Il
faut présentement aller à confesse : cette conclusion m'a
adouci l'esprit ; je suis comme un mouton ; bien loin de
me refuser l'absolution, on m'en donnera deux ; je crois
que de votre côté vous aurez fait votre devoir.

Lundi, jour de Noël.

Ha! fort, fort bien, nous voici dans les lamentations
du comte de Guiche : hélas! ma pauvre enfant, nous n'y
pensons plus ici, ni même le maréchal, qui a repris le
soin de faire sa cour. Pour votre princesse, comme vous
dites fort bien, après ce qu'elle a oublié, il ne faut rien
craindre de sa tendresse. Mme de Louvigny est transportée, et son mari pareillement. La comtesse de Guiche
voudroit bien ne point se remarier; mais un tabouret la
tentera. Il n'y a plus que la maréchale qui se meurt de
douleur.

Vous recevrez encore deux ou trois de mes lettres
sur mes inquiétudes du syndicat : cela fait rire; mais
aussi vous me parlez du comte de Guiche; ainsi on est
quitte. L'éloignement cause nécessairement ces propos
rompus.

Mais parlons d'affaires. M. du Janet est allé ce soir à
Saint-Germain, afin d'être demain à l'arrivée de M. de
Pompone. J'ai écrit à ce ministre une assez grande lettre,
où je le prie de remarquer de quelle manière vous êtes
avec la noblesse, le parlement et les communautés, et de
vous rendre sur cela les bons offices que lui seul peut
vous rendre dans la place où il est. J'ai parlé à de bonnes
têtes du silence de la *Mer*; on croit qu'il ne vient que de
dissipation : on ne comprend pas qu'il pût n'être pas content de la prise d'Orange, puisque le *Nord* a paru l'être.
Il faut que vous vous ôtiez de l'esprit que le frère de la
Mer soit assez son ami pour avoir les mêmes sentiments;
chacun parle son langage et suit ses humeurs : ainsi vous
ne tirerez aucune conséquence de ce qu'a dit le frère. Le
gentilhomme dont vous me parlez est mal instruit : la
Mer est mieux que jamais, et rien n'est changé dans ce
qu'il y a de principal en ce pays. Mme de Coulanges et
deux ou trois amies sont allées voir le *Dégel* dans sa
grande maison; on ne voit rien de plus : je compte y

aller un de ces jours, et je vous en manderai des nouvelles. Tout ce que vous m'écrivez sur l'ennui que vous
avez de n'être plus agitée par la haine est extrêmement
plaisant : vous n'avez plus rien à faire, vous ne savez que
devenir : eh mon Dieu ! *dormez, dormez, vous ne sauriez
mieux faire.* M. du Janet m'a dit que vous ne fermiez
pas les yeux. Songez sur toute chose à vous rétablir, ma
chère enfant.

---

363. — DU COMTE DE GRIGNAN A COLBERT.

Le 27e décembre 1673.

J'ai reçu avec tout le respect imaginable les ordres du
Roi que M. de Pompone m'a fait l'honneur de m'envoyer sur le sujet de Messieurs les évêques de Marseille
et de Toulon. Vous jugez bien que je ne puis donner à
Sa Majesté une plus parfaite marque de ma soumission
que par le sacrifice du juste ressentiment que je dois
avoir contre ces Messieurs, et il est certain que mon
obéissance ne lui peut jamais être mieux prouvée qu'en
oubliant la suite infinie des sujets de plainte qu'ils m'ont
donnés, dont quelques-uns sont encore bien récents,
comme j'ai eu l'honneur de vous l'écrire. J'espère,
Monsieur, que vous voudrez bien me faire la grâce de
rendre compte à Sa Majesté de la disposition où je suis,
mais je vous supplie de remarquer qu'il me seroit impossible d'y demeurer, si Monsieur de Marseille conti-
nuoit, comme il a fait jusques ici, de me traverser en
toute occasion. J'ai lieu de croire qu'ayant reçu le même
ordre que moi, il se résoudra de changer de manière et
d'étouffer sincèrement une fois en sa vie les mauvaises
intentions dont il n'a pu donner que de foibles marques.
Pour moi, Monsieur, qui n'ai fait que me défendre
contre ceux qui veulent faire ma charge, vous jugez
bien que n'étant plus attaqué, comme je desire plus que

toutes choses plaire à Sa Majesté, j'apporterai toute mon
application et mes soins à la réunion qu'Elle ordonne.
Je regarde comme un bonheur d'avoir pour témoin de
ma conduite une personne du mérite et de l'équité de
M. Rouillé; c'est à lui, Monsieur, que vous aurez raison
d'ajouter une foi entière, et je suis assuré qu'il ne fera
que vous apprendre la suite de tout ce que je viens de
vous protester.

————

364. — DE MADAME DE SÉVIGNÉ
A MADAME DE GRIGNAN.

A Paris, jeudi 28e décembre.

Je commence dès aujourd'hui ma lettre, et je la finirai
demain. Je veux traiter d'abord le chapitre de votre
voyage de Paris. Vous apprendrez par Janet que la Garde
est celui qui l'a trouvé le plus nécessaire, et qui a dit
qu'il falloit demander votre congé; peut-être l'a-t-il
obtenu, car Janet a vu M. de Pompone. Mais ce n'est
pas, dites-vous, une nécessité de venir; et le raisonnement que vous me faites là-dessus est si fort, et vous
rendez si peu considérable tout ce qui le paroît aux autres
pour vous engager à ce voyage, que pour moi j'en suis
accablée. Je sais le ton que vous prenez, ma fille, je n'en
ai point au-dessus du vôtre; et surtout quand vous me
demandez *s'il est possible que moi, qui devrois songer
plus qu'une autre à la suite de votre vie, je veuille vous
embarquer dans une excessive dépense, qui peut donner
un grand ébranlement au poids que vous soutenez déjà
avec peine;* et tout ce qui suit. Non, mon enfant, je ne
veux point vous faire tant de mal, Dieu m'en garde! et
pendant que vous êtes la raison, la sagesse et la philosophie même, je ne veux point qu'on me puisse accuser
d'être une mère folle, injuste et frivole, qui dérange tout,
qui ruine tout, qui vous empêche de suivre la droiture
de vos sentiments, par une tendresse de femme; mais

j'avois cru que vous pouviez faire ce voyage, vous me
l'aviez promis ; et quand je songe à ce que vous dépensez
à Aix, et en comédiens, et en fêtes, et en repas dans le
carnaval, je crois toujours qu'il vous en coûteroit moins
de venir ici, où vous ne serez point obligée de rien apporter. M. de Pompone et M. de la Garde me font voir
mille affaires où vous et M. de Grignan êtes nécessaires;
je joins à cela cette tutelle. Je me trouve disposée à vous
recevoir; mon cœur s'abandonne à cette espérance; vous
n'êtes point grosse, vous avez besoin de changer d'air. Je
me flattois même que M. de Grignan voudroit bien vous
laisser cet été avec moi, et qu'ainsi vous ne feriez pas un
voyage de deux mois, comme un homme. Tous vos amis
avoient la complaisance de me dire que j'avois raison de
vous souhaiter avec ardeur : voilà sur quoi je marchois.
Vous ne trouvez point que tout cela soit ni bon ni vrai :
je cède à la nécessité et à la force de vos raisons ; je veux
tâcher de m'y soumettre à votre exemple, et je prendrai
cette douleur, qui n'est pas médiocre, comme une pénitence que Dieu veut que je fasse, et que j'ai bien méritée.
Il est difficile de m'en donner une meilleure, et qui
touche plus droit à mon cœur; mais il faut tout sacrifier,
et me résoudre à passer le reste de ma vie, séparée de la
personne du monde qui m'est la plus sensiblement chère,
qui touche mon goût, mon inclination, mes entrailles;
qui m'aime plus qu'elle n'a jamais fait : il faut donner
tout cela à Dieu, et je le ferai avec sa grâce, et j'admi-
rerai la Providence, qui permet qu'avec tant de grandeurs et de choses agréables dans votre établissement, il
s'y trouve des abîmes qui ôtent tous les plaisirs de
la vie, et une séparation qui me blesse le cœur à toutes
les heures du jour, et bien plus que je ne voudrois à
celles de la nuit. Voilà mes sentiments; ils ne sont pas
exagérés, ils sont simples et sincères; j'en ferai un sacrifice pour mon salut. Voilà qui est fini; je ne vous en

parlerai plus, et ferai sans cesse réflexion sur la force invincible de vos raisons, et sur votre admirable sagesse, dont je vous loue, et que je tâcherai d'imiter.

Janet alla trouver M. de Pompone à Port-Royal. Qu'il vous dise un peu comme il y fut reçu, et la joie qu'il eut de savoir que M. de Buous étoit nommé. Je laisse le plaisir à Janet de vous apprendre tous ces détails par la lettre de sa femme. Voilà un billet de Mme d'Herbigny, qui entre plus que personne dans les affaires de Provence. Elle est aimable et très-obligeante; elle a voulu savoir le syndicat et les gardes : voilà sa réponse sur les gardes. Elle croyoit que j'avois autant plu à son frère qu'à elle. Quand je lui ai conté combien j'étois peu de son goût, et avec quelle fermeté il m'avoit refusée l'année passée, pour une chose qu'il a faite cette année sans balancer, elle a fait des cris épouvantables. Elle ne comprend pas que sa belle-sœur se déclare pour vos ennemis, après toutes vos civilités pour elle. Elle retient comme un éloge admirable ce que vous dites de M. Rouillé, que *la justice est sa passion dominante*. En effet, on ne peut rien dire de si beau d'un homme de sa profession.

Il n'y a nulle sorte de finesse à la manière dont M. de la Rochefoucauld, son fils, *Quantova*, son amie, et l'amie de son amie, sont à la cour. Il n'y a point de nœud qui les lie. Le fils est logé en perfection; ce fut le prétexte du souper. Il est très-bien, comme vous savez, avec le *Nord*, mais rien de nouveau. Son père ne va pas en un mois une fois en ce pays-là, non plus que Mme de Coulanges. Il n'y a ni vue, ni dessein pour personne; cela est ainsi. Je ne vois quasi pas Langlade; je ne sais ce qu'il fait. Il n'a point vu Corbinelli : je ne sais si c'est par ses frayeurs politiques. J'ai fait à mon ami toutes vos *animosités* (cela est plaisant); il les a très-bien reçues. Je crois qu'il est venu ici pour réveiller un peu la tendresse de ses vieux amis.

Nous avons trouvé la pièce des cinq auteurs extrêmement jolie, et très-bien appliquée; le chevalier de Buous
l'a possédée deux jours; vos deux vers sont très-bien
corrigés.

Voilà mon fils qui arrive. Je m'en vais fermer cette
lettre, et je vous en écrirai demain une autre avec lui,
toute pleine des nouvelles que j'aurai reçues de Saint-
Germain. On dit que la maréchale de Gramont n'a voulu
voir ni Louvigny ni sa femme; ils sont revenus de dix
lieues d'ici. Nous ne songeons plus qu'il y ait eu un comte
de Guiche au monde. Vous vous moquez avec vos longues
douleurs. Nous n'aurions jamais fait ici, si nous voulions
appuyer autant sur chaque nouvelle; il faut expédier.
Expédiez à notre exemple.

---

365. — DE MADAME DE SÉVIGNÉ ET DE CHARLES
DE SÉVIGNÉ A MADAME DE GRIGNAN.

A Paris, vendredi 29e décembre.

DE MADAME DE SÉVIGNÉ.

Monsieur de Luxembourg est un peu oppressé près
de Maestricht par l'armée de M. de Monterey et du
prince d'Orange. Il ne peut hasarder de décamper; et il
périroit là si on ne lui envoyoit du secours. Monsieur le
Prince part dans quatre jours avec Monsieur le Duc et
M. de Turenne: ce dernier obéissant aux deux princes,
et tous trois dans une parfaite intelligence. Ils ont vingt
mille hommes de pied et dix mille chevaux; les volon-
taires, et ceux dont les compagnies ne marchent point,
n'y vont pas, mais tout le reste part. La Trousse et
mon fils, qui arrivèrent hier, sont de ce nombre : ils ne
sont pas encore débottés, et les revoilà dans la boue.
Le rendez-vous est pour le 16e de janvier à Charleroi.
D'Hacqueville vous mande tout ceci ; mais vous verrez

plus clair dans ma lettre. Cette nouvelle est grande et fait un grand mouvement partout. On ne sait où donner de la tête pour de l'argent. Il est certain que M. de Turenne est mal avec M. de Louvois, mais cela n'éclate point; et tant qu'il sera bien avec M. Colbert, ce sera une affaire sourde.

J'ai vu après dîner des hommes du bel air, qui m'ont fort priée de faire leurs compliments à M. de Grignan, et à *la femme à Grignan :* c'est le grand maître et le Charmant; il y avoit encore Brancas, l'archevêque de Reims, Charost, la Trousse : tout cela vous envoie des millions de compliments. Ils n'ont parlé que de guerre. Le Charmant sait toutes nos *pétoffes;* il entre admirablement dans tous ces tracas. Il est gouverneur de province : c'est assez pour comprendre la manière dont on est piqué de ces sortes de choses. Adieu, ma très-aimable enfant, comptez sur moi comme sur la chose du monde qui vous est la plus sûrement acquise. J'embrasse M. de Grignan. Je sens tous vos plaisirs et toutes vos victoires comme vous-mêmes.

DE CHARLES DE SÉVIGNÉ.

J'arrivai hier à midi, et je trouvai en arrivant qu'il falloit repartir incessamment pour aller à Charleroi : que dites-vous de cet agrément? On peste, on enrage, et cependant on part. Tous les courtisans du bel air sont au désespoir. Ils avoient fait les plus beaux projets du monde, pour passer agréablement leur hiver, après vingt mois d'absence : tout est renversé. J'aimerois bien mieux aller à Orange pour y assister M. de Grignan, que de tourner du côté du nord. Pourquoi a-t-il fini sitôt son duel? Je suis fâché d'une si prompte victoire. Je ne sais si vous vous plaignez encore de moi; mais vous avez tort, vous me devez des lettres. Je vous pardonne de ne vous être pas encore acquittée, je sais toutes les affaires que

vous avez eues; et c'est en ces occasions précisément que
je vous permets d'oublier un guidon. O le ridicule nom
de charge, quand il y a cinq ans qu'on le porte! Adieu,
ma belle petite sœur. Vous croyez peut-être que je ne
songe qu'à me reposer et à me divertir; pardonnez moi :
mes chevaux sont-ils ferrés? mes bottes sont-elles prêtes?
Il me faut un bon chapeau :

> *Piglia-lo, su,*
> *Signor monsu.*

Voilà tous mes discours depuis que je suis à Paris.
Semble-t-il que l'on ait fait huit mois de campagne?

---

366. — DE MADAME DE SÉVIGNÉ
A MADAME DE GRIGNAN.

A Paris, lundi 1er jour de l'an.

Je vous souhaite une heureuse année, ma très-chère
bonne, et dans ce souhait je comprends tant de choses
que je n'aurois jamais fait, si je voulois vous en faire le
détail. Je trouve que vous avez bien calmé votre esprit la
veille de Noël. Pour M. de Grignan, je suis assurée qu'il
a fait des merveilles à ses Chartreux; mais pour moi, je
reçus l'absolution par M. du Janet. Sans la bonne nouvelle qu'il m'a donnée, je n'eusse pas été en état de faire
mes dévotions; mais je n'ai pas joui longtemps de cette
tranquillité, et l'opposition de l'Évêque m'a démontée.
Voilà donc le fonds de paix et de bonne volonté qu'il y a
dans ce bon évêque.

Je n'ai point encore demandé votre congé, comme vous
le craignez; mais je voudrois que vous eussiez entendu
la Garde, après dîner, sur la nécessité de votre voyage
ici, pour ne pas perdre vos cinq mille francs, et sur ce
qu'il faut que M. de Grignan dise au Roi. Si c'étoit un
procès qu'il fallût solliciter contre quelqu'un qui voulût

vous faire cette injustice, vous viendriez assurément le
solliciter; mais comme c'est pour venir en un lieu où
vous avez encore mille autres affaires, vous êtes paresseux tous deux. Ah! la belle chose que la paresse! En
voilà trop, lisez la Garde, *chapitre premier*. Cependant
vous aurez du plaisir de voir et de recevoir l'approbation du Roi. Au reste, je saurai ce qu'on peut faire pour
votre ami qui a si généreusement assassiné un homme.

A propos, on a révoqué tous les édits qui nous étran-
gloient dans notre province. Le jour que M. de Chaulnes
l'annonça, ce fut un cri de *Vive le Roi!* qui fit pleurer
tous les états; chacun s'embrassoit, on étoit hors de soi:
on ordonna un *Te Deum*, des feux de joie et des remerciements publics à M. de Chaulnes. Mais savez-vous ce
que nous donnons au Roi pour témoigner notre reconnoissance? Deux millions six cent mille livres, et autant
de don gratuit; c'est justement cinq millions deux cent
mille livres : que dites-vous de cette petite somme? Vous
pouvez juger par là de la grâce qu'on nous a faite de nous
ôter les édits.

Mon pauvre fils est arrivé, comme vous savez, et s'en
retourne jeudi avec plusieurs autres. M. de Monterey est
habile homme; il fait enrager tout le monde : il fatigue
notre armée, et la met hors d'état de sortir et d'être en
campagne qu'à la fin du printemps. Toutes les troupes
étoient bien à leur aise pour leur hiver; et quand tout
cela sera bien crotté à Charleroi, il n'aura qu'à faire un
pas pour se retirer; en attendant, M. de Luxembourg ne
sauroit se désopiler. Selon toutes les apparences, le Roi
ne partira pas sitôt que l'année passée. Si, pendant que
nous serons en train, nous faisions quelque insulte à
quelque grande ville, ou que quelqu'un voulût s'opposer
aux deux héros, comme selon les apparences on les bat-
troit, la paix seroit quasi assurée : voilà ce qu'on entend
dire aux gens du métier.

Il est certain que M. de Turenne est mal avec M. de Louvois; mais comme il est bien avec le Roi et M. Colbert, cela ne fait aucun éclat.

On a fait cinq dames : Mmes de Soubise, de Chevreuse, la princesse d'Harcourt, Mme d'Albret et Mme de Rochefort. Les filles ne servent plus, et Mme de Richelieu ne servira plus aussi. Ce seront les gentilshommes-servants et les maîtres d'hôtel, comme on faisoit autrefois. Il y aura toujours derrière la Reine Mme de Richelieu, et trois ou quatre dames, afin que la Reine ne soit pas seule de femme. Brancas est ravi de sa fille, qu'on a si bien clouée.

Le grand maréchal de Pologne a écrit au Roi que s'il vouloit faire quelqu'un roi de Pologne, il le serviroit de ses forces; mais que s'il n'a personne en vue, il lui demande sa protection. Le Roi la lui donne; mais on ne croit pas qu'il soit élu, parce qu'il est d'une religion contraire au peuple.

La dévotion de la Marans est toute des meilleures que vous ayez jamais vues : elle est parfaite, elle est toute divine; je ne l'ai point encore vue, je m'en hais. Il y a une femme qui a pris plaisir à lui dire que M. de Longueville avoit une véritable tendresse pour elle, et surtout une estime admirable, et qu'il avoit prédit que quelque jour elle seroit une sainte. Ce discours dans le commencement lui a si bien frappé la tête, qu'elle n'a point eu de repos qu'elle n'ait accompli les prophéties.

On ne voit point encore ces petits princes. L'aîné a été trois jours avec père et mère; il est joli, mais personne ne l'a vu.

Adieu, ma chère enfant; je vous embrasse avec une tendresse sans égale, la vôtre me charme; j'ai le bonheur de croire que vous m'aimez.

367. — DE MADAME DE SÉVIGNÉ
A MADAME DE GRIGNAN.

A Paris, vendredi 5e janvier.

Il y a aujourd'hui un an que nous soupâmes chez
l'Évêque, ma chère bonne; vous soupez peut-être à l'heure
qu'il est chez l'Intendant. Vous n'y faites pas, à mon avis,
débauche de sincérité. Tout ce que vous mandez sur cela
à Corbinelli et à moi est admirable. Au reste, ma très-
chère, je ne corromps personne. La Garde et d'Hacqueville sont incorruptibles. C'est la Garde qui m'avoit corrompue, pour vous parler de venir toute seule, tant il
est persuadé qu'on a besoin de vous deux, ou de la moitié
de vous deux, pour vos affaires; ainsi ne me grondez
point. Écoutez leurs raisons; conduisez-vous selon vos lumières et ne me consultez point. Voilà tout ce que vous
aurez de moi, avec une protestation que vous faites tort à
la Garde de croire qu'il écoute aucune tendresse, quand
il vous donne des conseils.

Mon âme vous remercie de la bonne opinion que vous
avez d'elle, de croire qu'elle ait horreur des vilains procédés de l'Évêque; vous ne vous êtes point trompée :
ceux de l'Évêque m'épouvantent. Mais, ma bonne, vous
me serrez le cœur, quand vous me faites souvenir de ces
deux chambres remplies si différemment. La vôtre m'a
donné un souvenir triste de tous ces noms. Je les souf-
frois avec vous, ma bonne, et vous me dites mille tendresses là-dessus; mais quand je songe que vous y êtes
sans moi, je n'en puis plus : je vous y vois sans cesse, et
sans cesse je vois vos pensées; jugez des miennes. Vous
seriez surprise, ma bonne, si vous pouviez voir clairement
à quel excès et de quelle manière vous m'êtes chère. Il ne
faut point appuyer sur cet endroit.

M. de Grignan dit vrai : Mme de Thianges ne met plus

de rouge et cache sa gorge; vous auriez peine à la reconnoître avec ce déguisement, mais il est vrai. Elle est souvent avec Mme de Longueville, et tout à fait dans le bel air de la dévotion; mais elle est toujours de très-bonne compagnie, et n'est pas solitaire. J'étois l'autre jour auprès d'elle à dîner. Un laquais lui présenta un grand verre de vin de liqueur; elle me dit : « Madame, ce garçon ne sait pas que je suis dévote. » Cela nous fit rire. Elle parle fort naturellement de ses intentions et de son changement. Elle prend garde à ce qu'elle dit du prochain; et quand il lui échappe quelque chose, elle s'arrête tout court, et fait un cri, en détestant la mauvaise habitude. Pour moi, je la trouve plus aimable qu'elle n'étoit. On veut parier que la princesse d'Harcourt ne sera pas dévote dans un an, à cette heure qu'elle est dame du palais, et qu'elle remettra du rouge; car ce rouge, c'est la loi et les prophètes : c'est sur ce rouge que roule tout le christianisme. Pour la duchesse d'Aumont, sa pente est d'ensevelir les morts. On dit que sur la frontière, la duchesse de Charost lui tuoit des gens avec des remèdes mal composés, et que l'autre les venoit promptement ensevelir. La marquise d'Uxelles est très-bonne à entendre sur tout cela, mais la Marans est plus que très-bonne sur l'air de sa dévotion. J'ai rencontré Mme de Schomberg, qui m'a dit très-sérieusement qu'elle étoit du premier ordre, et pour la retraite, et pour la pénitence, n'étant d'aucune sorte de société, et refusant même les amusements de la dévotion. Enfin c'est ce qui s'appelle adorer Dieu en esprit et en vérité, dans la simplicité de la première Église.

Les dames du palais sont dans une grande sujétion. Le Roi s'en est expliqué, et veut que la Reine en soit toujours entourée. Mme de Richelieu, quoiqu'elle ne serve plus à table, est toujours au dîner de la Reine, avec quatre dames, qui sont de garde tour à tour. La

comtesse d'Ayen est la sixième ; elle a bien peur de cet
attachement, et d'aller tous les jours à vêpres, au sermon
ou au salut : ainsi rien n'est pur en ce monde. Pour la
marquise de Castelnau, elle est blanche et fraîche, et
consolée. L'*Éclair*, à ce qu'on dit, n'a fait que changer
d'appartement, dont le premier étage est fort mal content. Mme de Louvigny ne paroît point assez aise de sa
bonne fortune. On ne sauroit lui pardonner de n'adorer
pas son mari comme au commencement : voilà la première
fois que le public s'est scandalisé d'une pareille chose.
Mme de Brissac est belle, et loge toujours avec l'ombre
de la princesse de Conti. Elle est en arbitrage avec son
père, et ravit le cœur de ce pauvre M. d'Ormesson, qui
dit qu'il n'a jamais vu une femme si honnête et si franche.
La Coetquen est tout ainsi que vous l'avez vue. Elle a
fait faire une jupe de velours noir avec de grosses bro-
deries d'or et d'argent, et un manteau de tissu, couleur
de feu, or et argent. Cet habit coûte six mille écus ; et
quand elle a été bien resplendissante, on l'a trouvée
comme une comédienne, et on s'est si bien moqué d'elle,
qu'elle n'ose plus le mettre. La *Manierosa* est un peu
fâchée de n'être point dame du palais. Mme de Duras
se moque d'elle, et ne veut point de cet honneur. La
Troche est telle que vous l'avez vue, très-passionnée
pour tous vos intérêts ; mais je ne puis assez vous dire
de quelle manière Mme de la Fayette s'est mise à rire
devant nous, et prenant la parole sur tout, et blâmant
l'Évêque et M. de la Rochefoucauld, et tout cela de ces
bons tons sincères que vous connoissez. Je l'en aime encore plus que je ne faisois ; vous en devez faire de même.
Monsieur de Marseille n'est pas révéré dans ces lieux, où
j'ai un peu de voix en chapitre.

Nous fûmes voir M. de Turenne ; il a un peu la goutte.
Nous fûmes reçues, Mme de la Fayette et moi, avec un
excès de civilité. Il parla extrêmement de vous. Le che-

valier de Grignan lui a conté vos victoires. Il vous auroit
offert son épée, s'il en étoit encore besoin. Il croit partir
dans trois jours. Mon fils partit hier avec bien du chagrin; je n'en avois pas moins d'un voyage si mal placé
et si désagréable par toutes sortes de raisons. M. de la
Trousse ne s'en ira que lundi. Corbinelli est très-souvent
avec moi; il m'est bon partout; il vous adore.

Vous écrivez parfaitement bien; j'ai vu deux ou trois
de vos lettres; rien n'est si délicieux; votre style s'est
perfectionné; c'est une de mes folies que d'aimer à le
lire. Ne diriez-vous pas que je n'en reçoive point? Je ne
crois pas qu'il se soit jamais vu un commerce comme le
nôtre; il n'est pas fort étrange que j'en fasse mon plaisir;
aussi c'est ce qui ne se voit guère, et c'est ce que je sens
délicieusement.

Monsieur le Dauphin voyoit l'autre jour Mme de
Schomberg; on lui contoit comme son grand-père en
avoit été amoureux; il demanda tout bas : « Combien
en a-t-elle eu d'enfants? » On l'instruisit des modes de
ce temps-là.

On a vu sourdement M. le duc du Maine, mais non
pas encore chez la Reine; il étoit en carrosse, et ne voyoit
que père et mère seulement.

Le chevalier de Châtillon n'est plus à mettre en com-
pétence; sa fortune est faite. Monsieur a mieux aimé lui
donner la charge de capitaine de ses gardes, qu'à Mlle de
Grancey celle de dame d'atours. Ce jeune homme a donc
la charge de Vaillac, et seroit un fort bon parti. On dit
que Vaillac prend celle de d'Albon, et que d'Albon sort;
mais rien n'est sûr que le premier article, sur lequel je
ne veux pas dire un mot davantage.

Je fus voir l'autre jour la pauvre Mme Matharel; elle
pensa fondre en larmes : *pietoso pianse al suo pianto.*

Je vous ai mandé la fin de nos états, et comme ils ont
racheté les édits de deux millions six cent mille livres, et

autant pour le don gratuit : c'est cinq millions deux cent mille livres ; et nous avons percé la nue du cri de *Vive le Roi !* nous avons fait des feux de joie, et chanté le *Te Deum* de ce que Sa Majesté a bien voulu prendre cette somme.

La pauvre Sanzei a la rougeole bien forte ; c'est un feu qui passe vite, mais qui fait peur par la violence dont il est. Je ne vois point bien par où l'on peut demander la grâce de cet honnête homme qui a assassiné son fils ; l'action est trop noire ; les criminels qui sont délivrés à Rouen ne sont point de cette qualité : c'est le seul crime qui est réservé ; Beuvron l'a dit à l'abbé de Grignan.

On a tantôt dépeint les dames du palais d'une manière qui m'a fait rire. Je disois comme Montaigne : « Vengeons-nous à en médire. » Il est pourtant vrai que leur sujétion est excessive.

On dit toujours que Monsieur le Prince part lundi. Le même jour, M. de Saint-Luc épouse Mlle de Pompadour : voilà de quoi je ne me soucie point du tout. Adieu, ma très-aimable bonne : voici une lettre qui devient trop longue ; je la finis par la raison qu'il faut que tout prenne fin. J'embrasse Grignan, et le supplie de m'excuser si j'ai ouvert la lettre de Mme de Guise : j'ai voulu voir son style, m'en voilà contente pour jamais. Guilleragues disoit hier que Pellisson abusoit de la permission qu'ont les hommes d'être laids.

---

368. — DE MADAME DE SÉVIGNÉ ET D'EMMANUEL
DE COULANGES A MADAME DE GRIGNAN.

A Paris, ce 8e janvier.

DE MADAME DE SÉVIGNÉ.

Je n'ai jamais vu de si aimables lettres que les vôtres, ma très-chère Comtesse ; je viens d'en lire une qui me

charme. Je vous ai ouï dire que j'avois une manière de
tourner les moindres choses; vraiment, ma bonne, c'est
bien vous qui l'avez : il y a cinq ou six endroits dans votre
dernière lettre qui sont d'un éclat et d'un agrément qui
ouvrent le cœur. Je ne sais par où commencer à vous y
répondre.

Chauvigny me vient le premier : je ne suis pas moins
piquée que vous de la sottise qu'il a dite. Je le verrai
peut-être chez M. de Pompone; je lui en dirai et lui en
ferai dire un petit mot. Il est vrai que cela impatiente de
faire aussi bien que vous faites, et de rencontrer des sots
en son chemin, qui vous confondent avec les malfaiteurs.
Cela dégoûte de faire son devoir; mais ce que je remarque
en vous, c'est que cette injustice vous pique avec excès,
et que tout aussitôt vous vous jetez dans les extrémités.
Si jamais vous apportez ici cette sorte d'esprit, il y aura
plaisir à vous mettre en colère. J'aime fort votre intendant et sa réponse au brouillon; elle est d'un homme
droit et franc, ennemi de toute dissimulation,

Qui nomme un chat un chat et la *Grêle* un fripon.

C'est assez, pourvu qu'il voie et qu'il retienne bien ce
qu'il voit. Il est vrai que l'iniquité a été consommée dans
l'opposition des gardes : vous verrez par mes lettres
qu'elle est encore plus grande que vous ne pensez. La
Pluie en est honteux pour son ami, et en parle assez
franchement à son amie, mais tout ceci entre nous. Je
vis l'autre jour Monsieur de Meaux, qui ne se lasse point
de blâmer cette bassesse indigne et même malhabile.
Vous ne sauriez croire le tort que cela lui fait. Vous êtes
heureux que l'Intendant voie tout. Il vous doit consoler de la prévention de l'Intendante; je n'eusse jamais cru qu'elle eût eu le courage d'être contre vous.
Votre premier président me dit l'autre jour que le Roi
lui avoit fait espérer l'intendance pour ce printemps, au

retour de M. Rouillé. J'en parlerai à M. de Pompone.
Je m'en vais demain à Saint-Germain avec Mme de
Chaulnes, purement pour le voir. Je l'aime naturellement,
comme vous savez, et je ne lui trouve pas d'aversion
pour moi.

Je vis hier le *Torrent* et la *Rosée* chez Mme de la
Fayette. On parla fort de vous, et d'une manière à ne
vous pas mettre en colère; car on vous faisoit justice sur
tout. Elles étoient toutes deux parées de leur deuil :

> Le deuil enfin sert de parure.

Deux bonnets unis, deux cornettes unies, tout élevé et
balevolant jusqu'au plancher, des nœuds de crêpe partout, de l'hermine partout; la *Rosée* plus que le *Torrent*.
Toutes deux consolées, avec un air d'ajustement. On a
voulu croire que le *Torrent* se mêloit avec la *Neige*, et
que le *Feu* enflammoit la *Rosée*. Cette vision a fait un
tort extraordinaire à toutes les deux. On trouvoit que
c'étoit assez au *Torrent* d'être ici et d'avoir oublié ce qui
étoit si aimable; ce dernier choix a décrié son goût.

J'ai envie de vous parler de vos beaux fossés et de
vos jolies promenades. Vous avez raison de dire que je
suis remariée en Provence; j'en ferai un de mes pays,
pourvu que vous n'effaciez pas celui-ci du nombre des
vôtres. Vous me dites mille douceurs sur le commencement de l'année; rien ne me peut être plus agréable :
vous m'êtes toutes choses, et je ne suis appliquée qu'à
faire en sorte que tout le monde ne voie pas à quel point
cela est vrai. J'ai passé le commencement de cette année
assez brutalement, sans vous dire qu'un pauvre mot;
mais comptez, ma bonne, que cette année, et toutes
celles de ma vie, sont à vous : c'est un tissu, c'est une
vie tout entière qui vous est dévouée jusqu'au dernier
soupir. Vos moralités sont admirables : il est vrai que
le temps passe partout, et passe vite. Vous criez après

lui, parce qu'il vous emporte toujours quelque chose de
votre belle jeunesse; mais il vous en reste beaucoup :
pour moi, je le vois courir avec horreur, et m'apporter
en passant l'affreuse vieillesse, les incommodités, et
enfin la mort. Voilà de quelles couleurs sont les réflexions d'une personne de mon âge : priez Dieu, ma
fille, qu'il m'en fasse tirer le profit que le christianisme
nous enseigne.

Ce grand voyage de Monsieur le Prince et de M. de
Turenne pour aller dégager M. de Luxembourg est
devenu à rien; on dit que l'on ne part plus, et que l'armée de M. de Monterey a fait la *retirote :* voilà le même
mot que dit avant-hier Sa Majesté, c'est-à-dire, que
cette armée se trouvant incommodée, M. de Luxembourg
s'est trouvé dégagé. Il n'y a que mon fils de parti; je
n'ai jamais vu une prudence, une prévoyance, une impatience comme la sienne : il prendra la peine de revenir;
cela n'est rien. Tous les autres guerriers sont ici. M. de
Turenne en a beaucoup ramené; M. de Luxembourg
amènera le reste.

Les dames du palais sont réglées à servir par semaine :
cette sujétion d'être quatre pendant le dîner et le souper
est une merveille pour les femmes grosses; il y aura
toujours des sages-femmes derrière elles et à tous les
voyages. La maréchale d'Humières s'ennuiera bien d'être
toujours debout près de celles qui sont assises : si elle
boude, elle fera mal sa cour, car le Roi veut de la sujétion. Je crois qu'on s'en fait un jeu chez *Quantova.* Il
est vrai qu'en ce lieu-là on a une grande attention à
ne séparer aucune femme de son mari, ni de ses devoirs; on n'aime pas le bruit, si on ne le fait. On ne
voit point encore les nouveaux princes; on ne sait comme
ils sont faits. Il y en a eu à Saint-Germain, mais ils
n'ont pas paru. Il y aura des comédies à la cour, et un
bal toutes les semaines. On manque de danseuses. Le

Roi dansera, et Monsieur mènera Mademoiselle de Blois,
pour ne pas mener Mademoiselle, sa fille, qu'il laisse à
Monsieur le Dauphin. On joue jeudi l'opéra, qui est un
prodige de beauté : il y a déjà des endroits de la musique
qui ont mérité mes larmes ; je ne suis pas seule à ne les
pouvoir soutenir ; l'âme de Mme de la Fayette en est
alarmée.

Il me paroît que l'ancien amant de *Tourbillon* n'est
plus du tout amoureux. La patience avec laquelle il souffre
le *Brouillard* m'en paroît une marque infaillible. Il faut
être bien indifférent et occupé uniquement du soin de sa
fortune pour souffrir de telles liaisons.

Je trouve admirable que notre bon archevêque s'a-
vance sur le bruit d'une réconciliation. Il me paroît pourtant bien content de tous vos bons succès, et loue fort
le courage et l'application que vous avez eus tous trois.
Il ne s'en peut taire ; il a raison ; vous avez fait des merveilles : il vous convenoit de prendre les partis vigoureux
et hasardeux, comme il lui convient à lui d'être toujours
prudent, prévoyant et sage. Demeurez tous comme vous
êtes : on ne sauroit être mieux. On ne sauroit plus que
faire au mariage du cousin de la *Grêle ;* on n'a rien oublié : c'est peut-être un arrangement de la Providence
qui nous est bon.

Je vois souvent Corbinelli ; il est un de vos adorateurs,
et parle magnifiquement de votre mérite ; c'est lui qui
comprend bien aisément les sentiments que j'ai pour
vous : je l'en aime encore mieux. J'estime fort Barban-
tane ; c'est un des plus braves hommes du monde, d'une
valeur romanesque, dont j'ai ouï parler mille fois à
Bussy : il étoit son ami ; ils ont bien ri ensemble et sont
frères d'armes. Mme de Sanzei a encore la rougeole,
mais sur la fin. M. de Coulanges n'a point quitté la
maison. Mme de Coulanges est chez Mme de Bagnols,
qui est dans notre grand'maison. J'ai le cœur serré à

n'en pouvoir plus, quand je suis dans cette grande chambre où j'ai tant vu ma très-chère et très-aimable enfant; il ne me faut guère toucher sur ce sujet pour me toucher au vif. J'attends des nouvelles de votre paix. *Justitia et pax osculatæ sunt :* savez-vous le latin? Vous êtes trop plaisante. Adieu, mon cher enfant, adieu, la chère tendresse de mon cœur, vous n'êtes oubliée en aucun lieu. Votre frère est très-persuadé de votre amitié; il vous aime de passion, à ce qu'il dit, et je le crois.

DE M. DE COULANGES.

N'avez-vous point peur de la rougeole? car voilà en un mot ce qui m'a empêché de vous écrire tous ces jours-ci; et l'écriture de votre mère est en si bonne odeur que j'espère qu'elle purifiera la mienne. Cependant je crevois dans ma peau de vous souhaiter mille prospérités, au commencement de cette année. Recevez donc, Madame, tous mes vœux et toutes mes offrandes, et croyez que je suis à vous plus que personne du monde. Bon jour, bon an, cherchez-moi de petits portraits sur cuivre de la largeur d'un écu; c'est ma folie présentement, j'en fais des merveilles. Ceux que vous m'avez envoyés sont fort bien placés; venez les voir vitement. Mes compliments au Comte votre époux. Votre huile est divine; on la pourroit mettre sur son mouchoir : ce ne seroit pas la première fois que je ferois cet honneur à la Provence.

DE MADAME DE SÉVIGNÉ.

Lundi, après avoir envoyé mon paquet à la poste.

Voilà M. d'Hacqueville qui entre, et qui m'apprend une nouvelle que nous voulons que vous sachiez cet ordinaire : c'est que Monsieur le garde des sceaux est chancelier. Personne ne doute que ce ne soit pour donner les sceaux à quelque autre. C'est une nouvelle que l'on saura dans

quatre jours ; elle est d'importance, et sera d'un grand
poids pour le côté qu'elle sera.

Monsieur le Prince part dans deux jours, et M. de Turenne, même avec la goutte, pour s'avancer à leur rendez-
vous de Charleroi. Il n'est point vrai que M. de Monterey
se soit retiré, ni que M. de Luxembourg soit dégagé :
ainsi nous vous ôtons cette fausse nouvelle, pour vous
remettre dans la vraie.

----

369. — DE MADAME DE SÉVIGNÉ
A MADAME DE GRIGNAN.

A Paris, vendredi 12e janvier.

Voilà donc la paix toute faite. Il me semble que je
suis à l'année passée : vous souvient-il de ce muscat à quoi
j'avois tant de regret, et qui fut invoqué inutilement pour
témoin et pour lien de la réconciliation? L'archevêque
de Reims et Brancas avoient reçu leurs lettres plus tôt
que moi, et M. de Pompone me mandoit encore cette
grande nouvelle de Saint-Germain ; de sorte que j'étois
comme une ignorante; mais enfin me voilà instruite. Je
vous conseille, ma fille, de vous comporter comme le
temps; et puisque le Roi veut que vous soyez bien ensemble, il faut lui obéir. Pour moi, je causai l'autre
jour avec la *Pluie* plus d'une heure, et il me trouva si
piquée de l'exclusion des gardes pour l'avenir, que je ne
pouvois du tout m'en remettre. Il tâchoit de m'adoucir
l'esprit par la joie du syndicat; je n'étois occupée que
de cette dernière circonstance. « Comment, lui disois-je,
dans le temps qu'on se tue, qu'on s'abîme, qu'on sert
utilement, recevoir un tel dégoût, et parce que la *Grêle*
a entretenu le *Nord* cet été en trahison, on s'en souvient
si bien, et l'on se soumet si fort à son sentiment, qu'il
faut obtenir par miracle la continuation d'une si légère
faveur qui ne coûte rien; et on lui écrit de sa propre

main, comme pour lui faire des excuses de n'avoir pas
entièrement exécuté ce qu'on avoit promis, et l'on traite
ainsi les plus fidèles et les plus zélés serviteurs que l'on
ait au monde ! Et que font les autres au prix de nous ?
Eh bon Dieu ! s'il y avoit la moindre affaire dans la province, à quoi serviroit la *Grêle*, étant détesté de tous,
et que ne feroit point l'être qui pour faire obéir son
maître...? » Je m'échauffai d'une telle sorte que j'étois
hors de moi. Ne suivez pas un si mauvais exemple : Dieu
vous donne plus de tranquillité qu'à moi là-dessus ! Enfin
votre nouvel ami vous a fait tout le mal qu'il vous pouvoit faire ; mais à loisir, en trahison, en absence, et lorsqu'il vous offroit de vous raccommoder après le syndicat,
c'étoit pour se vanter que vous lui demandiez comme
l'aumône, et pour jouer le surpris et le fâché si l'improbation venoit, et en cas de l'opposition faire voir qu'on
avoit jugé à son avantage, et que voilà ce que c'est que
d'être son ennemi. Je vous l'avoue, je suis pénétrée de
cette affaire : elle me pique et me blesse le cœur en plus
d'un endroit. Comme vous dites, il n'y a qu'à vous à qui
les considérations de la province n'en attirent point ici.
Quelqu'un au monde mériteroit-il mieux d'être ménagé
et favorisé que vous, c'est-à-dire votre mari ? Il faisoit
bon m'entendre là-dessus. Permettez-moi de ne vous
point dire notre conversation ; elle fut sincère de mon
côté et prudente de l'autre, mais mon cœur fut soulagé
et rien n'est si aimable que le *Camarade du Vent*.

Mais parlons de Saint-Germain : j'y fus il y a trois
jours. J'allai d'abord chez M. de Pompone ; il n'a pas pu
encore demander votre congé ; c'est pour aujourd'hui
qu'il le doit envoyer. Il vous conseille fort de venir et Monsieur de Marseille aussi, et qu'on raccommode les endroits
qu'on a gâtés, et qu'on agisse de bonne foi. Ah ! que je
suis quelquefois contente de ce que je dis ! Ce n'est pas
souvent comme vous pensez ; mais quand on a quelque

chose dans le cœur, on est échauffé et l'on parle.
M. Rouillé ne parle plus tant de revenir; on le laissera
tant qu'il voudra, et vous n'aurez après lui que votre
cheval marin. Je dis que vous étiez fort contente de
Monsieur l'Intendant. Il paroît à M. de Pompone qu'il
vous aime fort; conservez cet ami; rien ne vous peut être
plus utile. Je lus quelques endroits de votre lettre, dont
le goût ne se passe point. Vraiment il est resté à M. de
Pompone une idée si parfaite et si avantageuse de
Mlle de Sévigné, qu'il ne peut s'empêcher d'en reparler
quasi toutes les fois que je le vois. Ce discours nous
amuse; pour moi, il m'attendrit, et son imagination en
est réjouie.

Nous allâmes chez la Reine; j'étois avec Mme de
Chaulnes; il n'y eut que moi à parler; et quels discours!
La Reine dit, sans hésiter, qu'il y avoit trois ans que
vous étiez partie, et qu'il falloit revenir. Nous fûmes
ensuite chez Mme Colbert, qui est extrêmement civile,
et sait très-bien vivre. Mademoiselle de Blois dansoit :
c'est un prodige d'agrément et de bonne grâce; Desairs
dit qu'il n'y a qu'elle qui le fasse souvenir de vous; il
me prenoit pour juge de sa danse, et c'étoit proprement
mon admiration que l'on vouloit : elle l'eut en vérité tout
entière. La duchesse de la Vallière y étoit; elle appelle
sa fille *Mademoiselle*, et la princesse l'appelle *belle maman*. M. de Vermandois y était aussi. On ne voit point
encore d'autres enfants.

Nous allâmes voir Monsieur et Madame. Monsieur
vous fait toujours mille honnêtetés; je lui fais toujours
vos très-humbles remerciements. Je trouvai Vivonne qui
me dit : « Maman mignonne, embrassez, je vous prie, le
gouverneur de Champagne. — Et qui est-il? lui dis-je.
— Ma foi! c'est moi, dit-il. — Et qui vous l'a dit? —
C'est le Roi qui vient de me le dire tout à l'heure. » Je
lui en fis mes compliments tout chauds. Madame la Com-

tesse l'espéroit pour son fils. On ne parle point d'ôter
les sceaux à Monsieur le chancelier. Le bonhomme fut
si surpris de se voir chancelier encore par-dessus, qu'il
crut qu'il y avoit quelque anguille sous roche; et ne
pouvant pas comprendre ce surcroît de dignité, il dit au
Roi : « Sire, est-ce que vous m'ôtez les sceaux? — Non,
lui dit le Roi, dormez en repos, Monsieur le chancelier; » et en effet, on dit qu'il dort quasi toujours. On
philosophe pourquoi cette augmentation.

Monsieur le Prince est parti il y a deux jours, et M. de
Turenne aujourd'hui. Écrivez un petit mot à Brancas,
pour vous réjouir que sa fille soit chez la Reine : il en
a été fort aise. La Troche vous rend mille grâces de votre
souvenir; son fils a encore assez de nez pour en perdre
la moitié au premier siége, sans qu'il y paroisse. On dit
que la *Rosée* a commencé à se détraquer avec le *Torrent;*
et qu'après le siége de Maestricht elles se lièrent d'une
confidence réciproque, et voyoient tous les jours de leur
vie le *Feu* et la *Neige :* vous savez que tout cela ne peut
pas être longtemps ensemble sans faire de grands désor-
dres, et sans qu'on s'en aperçoive.

La *Grêle* me paroît, dans votre réconciliation, comme
un homme qui se confesse, et qui garde un gros péché
sur sa conscience : peut-on appeler autrement le tour
qu'il vous a fait? Cependant les bonnes têtes disent : « Il
faut parler, il faut demander, on a du temps, c'est assez. »
Mais n'admirez-vous point le fagotage de mes lettres? Je
quitte un discours, on croit en être dehors, et tout d'un
coup je le reprends : *versi sciolti.* Savez-vous bien que
le marquis de Cessac est ici, qu'il aura de l'emploi à la
guerre, et qu'il verra peut-être bientôt le Roi? C'est la
prédestination toute visible.

Nous parlons tous les jours, Corbinelli et moi, de la
Providence; et nous disons qu'il y a ce que vous savez,
jour pour jour, heure pour heure, que votre voyage est

résolu. Vous êtes bien aise que ce ne soit pas votre affaire de résoudre; car une résolution est quelque chose d'étrange pour vous, c'est votre bête : je vous ai vue long-temps à décider d'une couleur; c'est la marque d'une âme trop éclairée, et qui voyant d'un coup d'œil toutes les difficultés, demeure en quelque sorte suspendue comme le tombeau de Mahomet. Tel étoit M. Bignon, le plus bel esprit de son siècle; pour moi, qui suis le plus petit du mien, je hais l'incertitude, et j'aime qu'on me décide. M. de Pompone me mande que vous avez aujourd'hui votre congé : vous voilà par conséquent en état de faire tout ce que vous voudrez, et de suivre ou de ne suivre pas le conseil de vos amis.

On dit aussi que M. de Turenne n'est pas parti, et qu'il ne partira pas, parce que M. de Monterey s'est retiré enfin, et que M. de Luxembourg s'est dégagé, à la faveur de cinq ou six mille hommes que M. de Schomberg a rassemblés, et avec lesquels il harceloit si extrêmement M. de Monterey, qu'il l'a obligé de retirer ses troupes. On doit renvoyer querir Monsieur le Prince, pour le faire revenir, et tous nos pauvres amis : voilà les nouvelles d'aujourd'hui.

Le bal fut fort triste, et finit à onze heures et demie. Le Roi menoit la Reine; Monsieur le Dauphin, Madame; Monsieur, Mademoiselle; M. le prince de Conti, la grande Mademoiselle; M. le comte de la Roche-sur-Yon, Mademoiselle de Blois, belle comme un ange, habillée de velours noir avec des diamants, un tablier et une bavette de point de France; la princesse d'Harcourt pâle comme le commandeur de la comédie. M. de Pompone m'a priée de dîner demain avec lui et Despréaux, qui doit lire sa *Poétique*.

370. — DE MADAME DE SÉVIGNÉ ET DE CORBINELLI
A MADAME DE GRIGNAN.

A Paris, lundi 15ᵉ janvier.

DE MADAME DE SÉVIGNÉ.

J'allai donc dîner samedi chez M. de Pompone, comme
je vous avois dit; et puis, jusqu'à cinq heures, il fut enchanté, enlevé, transporté de la perfection des vers de la
Poétique de Despréaux. D'Hacqueville y étoit; nous parlâmes deux ou trois fois du plaisir que j'aurois de vous la
voir entendre. M. de Pompone se souvient d'un jour que
vous étiez petite fille chez mon oncle de Sévigné. Vous
étiez derrière une vitre avec votre frère, plus belle, dit-il,
qu'un ange; vous disiez que vous étiez prisonnière, que
vous étiez une princesse chassée de chez son père. Votre
frère était beau comme vous : vous aviez neuf ans. Il me
fit souvenir de cette journée; il n'a jamais oublié aucun
moment où il vous ait vue. Il se fait un plaisir de vous
revoir, qui me paroît le plus obligeant du monde. Je vous
avoue, ma très-aimable chère, que je couve une grande
joie; mais elle n'éclatera point que je ne sache votre résolution.

M. de Villars est arrivé d'Espagne; il nous a conté
mille choses des Espagnoles, fort amusantes.

Mais enfin, ma très-chère, j'ai vu la Marans dans sa
cellule : je disois autrefois dans sa loge. Je la trouvai fort
négligée; pas un cheveu; une cornette de vieux point de
Venise, un mouchoir noir, un manteau gris effacé, une
vieille jupe. Elle fut aise de me voir; nous nous embras-
sâmes tendrement; elle n'est pas fort changée : nous parlâmes de vous d'abord; elle vous aime autant que jamais,
et me paroît si humiliée, qu'il n'y a pas moyen de ne la
pas aimer. Nous parlâmes de sa dévotion; elle me dit
qu'il étoit vrai que Dieu lui avoit fait des grâces, dont

elle a une sensible reconnoissance. Ces grâces ne sont
rien du tout qu'une grande foi, un tendre amour de Dieu,
et une horreur pour le monde : tout cela joint à une si
grande défiance d'elle-même et de ses foiblesses, qu'elle
est persuadée que si elle prenoit l'air un moment, cette
grâce si divine s'évaporeroit. Je trouvai que c'étoit une
fiole d'essence qu'elle conservoit chèrement dans la solitude : elle croit que le monde lui feroit perdre cette liqueur précieuse, et même elle craint le tracas de la dévotion. Mme de Schomberg dit qu'elle est une vagabonde au
prix de la Marans. Cette humeur sauvage que vous connoissiez s'est tournée en retraite ; le tempérament ne se
change pas. Elle n'a pas même la folie si commune à
toutes les femmes, d'aimer leur confesseur ; elle n'aime
point cette liaison ; elle ne lui parle qu'à confesse. Elle
va à pied à sa paroisse, et lit tous nos bons livres ; elle
travaille, elle prie Dieu ; ses heures sont réglées ; elle
mange quasi toujours dans sa chambre ; elle voit
Mme de Schomberg à de certaines heures ; elle hait autant les nouvelles du monde qu'elle les aimoit ; elle excuse
autant son prochain qu'elle l'accusoit ; elle aime autant
Dieu qu'elle aimoit le monde. Nous rîmes fort de ses
manières passées : nous les tournâmes en ridicule. Elle
n'a point le style des sœurs colettes ; elle parle fort sincèrement et fort agréablement de son état. J'y fus deux
heures ; on ne s'ennuie point avec elle ; elle se mortifie
de ce plaisir, mais c'est sans affectation : enfin elle est
bien plus aimable qu'elle n'étoit. Je ne pense pas, ma
fille, que vous vous plaigniez que je ne vous mande pas
des détails.

Je reçois tout présentement, ma chère enfant, votre
lettre du 7e. Je vous avoue qu'elle me comble d'une joie
si vive, qu'à peine mon cœur, que vous connoissez, la
peut contenir. Il est sensible à tout, et je le haïrois, s'il

étoit pour mes intérêts comme il est pour les vôtres. Enfin, ma fille, vous venez : c'est tout ce que je desirois le
plus ; mais je m'en vais vous dire à mon tour une chose
assez raisonnable : c'est que je vous jure et vous proteste
devant Dieu que si M. de la Garde n'avoit trouvé votre
voyage nécessaire, et qu'il ne le fût pas en effet pour vos
affaires, jamais je n'aurois mis en compte, au moins
pour cette année, le desir de vous voir, ni ce que vous
devez à la tendresse infinie que j'ai pour vous. Je sais la
réduire à la droite raison, quoi qu'il m'en coûte ; et j'ai
quelquefois de la force dans ma foiblesse, comme ceux
qui sont les plus philosophes. Après cette déclaration
sincère, je vous avoue que je suis pénétrée de joie, et que
la raison se rencontrant avec mes desirs, je suis à l'heure
que je vous écris parfaitement contente ; et je ne vais être
occupée qu'à vous bien recevoir. Savez-vous bien que la
chose la plus nécessaire, après vous et M. de Grignan,
ce seroit d'amener Monsieur le Coadjuteur ? Peut-être
n'aurez-vous pas toujours la Garde ; et s'il vous manque,
vous savez que M. de Grignan n'est pas sur ses intérêts
comme sur ceux du Roi son maître : il a une religion et
un zèle pour ceux-ci qui ne se peut comparer qu'à la négligence qu'il a pour les siens. Quand il veut prendre la
peine de parler, il fait très-bien ; personne ne peut tenir
sa place : c'est ce qui fait que nous le souhaitons. Vous
n'êtes point sur le pied de Mme de Cauvisson, pour agir
toute seule : il vous faut encore huit ou dix années ; mais
M. de Grignan, vous et Monsieur le Coadjuteur, voilà ce
qui seroit d'une utilité admirable. Le cardinal de Retz
arrive ; il sera ravi de vous voir. Au reste, ne nous faites
point de bravoure ridicule ; ne nous donnez point d'un
pont d'Avignon ni d'une montagne de Tarare ; venez sagement ; c'est à M. de Grignan que je recommande cette
barque ; c'est lui qui m'en répondra. J'écris à Monsieur
le Coadjuteur, pour le conjurer de venir : il nous facili-

tera l'audience de deux ministres; il soutiendra l'intérêt
de son frère. Monsieur le Coadjuteur est hardi, il est
heureux; vous vous donnez de la considération les uns aux
autres. Je parlerois d'ici à demain là-dessus : j'en écris à
Monsieur l'Archevêque : gagnez cela sur le Coadjuteur,
et lui faites tenir ma lettre.

Monsieur le Prince revient de trente lieues d'ici. M. de
Turenne n'est point parti. M. de Monterey s'est retiré.
M. de Luxembourg est dégagé. Mon fils sera ici dans
deux jours.

On a volé dans la chapelle de Saint-Germain, depuis
vingt-quatre heures, la lampe d'argent de sept mille francs,
six chandeliers plus hauts que moi : voilà une extrême
insolence. On a trouvé des cordes du côté de la tribune
de Mme de Richelieu. On ne comprend pas comme cela
s'est pu faire : il y a des gardes qui vont et qui viennent,
et tournent toute la nuit.

Savez-vous bien que l'on parle de la paix? M. de
Chaulnes arrive de Bretagne et repart pour Cologne.

DE CORBINELLI.

Mlle de Méri ne peut pas encore vous écrire. Le
rhume l'accable, et je lui ai promis de vous le mander.
Venez, Madame, tous vos amis font des cris de joie, et
vous préparent un triomphe. M. de Coulanges et moi,
nous songeons aux couplets qui l'accompagneront.

---

371. — DE MADAME DE SÉVIGNÉ
A MONSIEUR DE GRIGNAN.

A Paris, ce 15e janvier.

Je reconnois bien, mon cher Comte, votre politesse
ordinaire, et la bonté de votre cœur, qui vous rend sensible à toute la tendresse du mien. Je sens avec plaisir
toutes les douceurs de votre aimable lettre; et ce n'est

point pour les payer que je vous jure que pour ma seule
considération j'aurois cédé cette année aux raisons de ma
fille, si l'intérêt de vos affaires n'avoit décidé. Vous connoissez M. de la Garde, et comme il seroit d'humeur à
vous déranger tous deux, s'il n'étoit question que du
plaisir de me venir voir. Il a été persuadé, et l'est plus
que jamais, de la nécessité de votre voyage. Vous seul
avez bonne grâce à parler au Roi de vos affaires. Mme de
Grignan tiendra sa place d'une autre manière, et si vous
pouviez amener Monsieur le Coadjuteur, votre troupe
seroit complète : voilà mon sentiment et celui de tous vos
amis. M. de Pompone est du nombre, et sera très-aise
de vous voir tous. Au reste, c'est à vous que je confie la
conduite du chemin ; n'allez point en carrosse sur le bord
du Rhône ; évitez une eau qui est à une lieue de Montélimar : cette eau, ce n'est que le Rhône, où ils firent
entrer mon carrosse l'année dernière ; mes chevaux na-
geoient agréablement. Au nom de Dieu, ne vous moquez
pas de mes précautions : ce n'est qu'avec de la sagesse
et de la prévoyance qu'on voyage bien. Adieu, mon
cher Comte ; je puis donc espérer de vous embrasser
bientôt : quelle obligation ne vous ai-je point? Si j'ai
pour vous une véritable amitié, et une inclination naturelle, vous savez bien au moins que ce n'est pas d'aujourd'hui.

------

372. — DE MADAME DE SÉVIGNÉ ET DE CORBINELLI
A MADAME DE GRIGNAN.

A Paris, vendredi 19ᵉ janvier.

DE MADAME DE SÉVIGNÉ.

Je serois bien fâchée, ma fille, qu'aucun courrier fût
noyé ; ils vous portent tous des lettres et des congés qu'il
faut que vous receviez. Vous êtes admirable de vous
souvenir de ce que j'ai dit de cette Durançe. Pour moi,

je n'oublie rien de tout ce qui a seulement rapport à vous : jugez donc si je me souviens de Nove et de notre Espagnol, et de nos chartreux, et de nos chansons de Grignan, et de mille et mille autres choses! Vous voudriez donc que je visse votre cœur sur mon sujet; je suis persuadée que j'en serais contente; vous n'êtes point une *diseuse*, vous êtes assez sincère; et en un mot, sans étendre ce discours, que je rendrois asiatique, si je voulois, je suis assurée que vous m'aimez tendrement; mais vous êtes cruelle de recevoir avec tant de chagrin des riens que je donne à mes *pichons*. Je vous prie de n'en plus parler, et de songer que toute ma cassette ne valoit pas un des petits chariots que le Coadjuteur leur a donnés : voilà qui est donc fini, et qu'il n'en soit point question, s'il vous plaît, dans ma tutelle. C'est tout de bon que je m'en vais la rendre; mais je crains vos chicanes : vous trouverez à dire à tout, et M. de Grignan ne songe, à l'heure qu'il est, qu'à me plaider : je vous connois tous deux; le *bien Bon* en tremble, et se prépare à recevoir un affront : il meurt d'envie que vous soyez ici. Je l'aime de tout mon cœur, car tout roule là-dessus. M. de la Garde est plus que jamais persuadé que vous ferez tous deux des merveilles ici. Il voudroit aussi bien que moi que le Coadjuteur fût du voyage; cela seroit digne de son amitié, et achèveroit tout ce qu'il a si bien fait à Lambesc : il a des amis et de la considération; il parle aux ministres; il est hardi, il est heureux; enfin je vous en écrivis l'autre jour amplement. Nous fîmes le discours que M. de Grignan doit faire au Roi; il a un style propre pour plaire à Sa Majesté, c'est-à-dire doux et respectueux; le vôtre sera un peu plus animé : enfin nous prîmes tous vos tons, et nous trouvâmes que cela composoit ce qui est nécessaire et ce qu'on peut souhaiter.

Vous savez bien que Monsieur le Prince est revenu, et

que voilà qui est fait. J'attends mon fils à tout moment.
Vous savez ce vol qu'on a fait dans la chapelle de Saint-
Germain. On m'a assuré que le Roi savoit qui c'étoit ;
qu'il avoit fait cesser les poursuites ; que c'étoit un
homme de qualité, mais qui n'étoit pas de sa maison.
La princesse d'Harcourt danse au bal, et même toutes
les petites danseuses : vous pouvez penser combien on
trouve qu'elle a jeté le froc aux orties, et qu'elle a fait la
dévote pour être dame du palais. Elle disoit, il y a deux
mois : « Je suis une païenne auprès de ma sœur d'Aumont. » On trouve qu'elle dit bien présentement ; la
sœur d'Aumont n'a pris goût à rien ; elle est toujours de
méchante humeur, et ne cherche qu'à ensevelir des
morts. La princesse d'Harcourt n'a point encore mis de
rouge. Elle dit à tout moment : « J'en mettrai si la Reine
et M. le prince d'Harcourt me le commandent ; » la
Reine ne lui commande point, ni le prince d'Harcourt,
de sorte qu'elle se pince les joues, et l'on croit que
M. de Sainte-Beuve entrera dans le tempérament. Voilà
bien des folies que je ne voudrois dire qu'à vous, car la
fille de Brancas est sacrée pour moi : je vous prie que
cela ne retourne jamais. Ces bals sont pleins de petits
enfants ; Mme de Montespan y est négligée, mais placée
en perfection : elle dit que Mlle de Rouvroi est déjà trop
vieille pour danser à ce bal ; Mademoiselle, Mademoiselle de Blois, les petites de Piennes, Mademoiselle de
Roquelaure (un peu trop vieille, elle a quinze ans). Mademoiselle de Blois est un chef-d'œuvre : le Roi et tout
le monde en est ravi ; elle vient au milieu du bal dire à
Madame de Richelieu : « Madame, ne sauriez-vous me
dire si le Roi est content de moi ? » Elle passe près de
Mme de Montespan, et lui dit : « Madame, vous ne
regardez pas aujourd'hui vos amies ; » enfin, avec des
petites *chosettes* sorties de sa belle bouche, elle enchante
par son esprit, sans qu'on croie qu'on en puisse avoir

davantage. Je fais réparation à ma grande Mademoiselle : elle ne danse plus, Dieu merci. On ne voit point les autres enfants ; on voit un peu Mme Scarron. J'irai quand je voudrai.

J'ai eu une très-bonne conversation avec le *Brouillard;* elle a remonté au *Dégel,* et peut-être plus haut. Rien n'est plus important que le chemin qui vous est sûr par le *Brouillard,* qui est en vérité tout plein de zèle et d'affection pour vous, et qui entre parfaitement bien dans tous nos sentiments. J'ai cru que je ferois bien de commencer cette confidence, qu'il faut que vous acheviez et que vous ménagiez. Il est intime du *Dégel,* et j'aime mieux aller par lui que par elle pour certains détails et certains loisirs qu'il sait fort bien ménager. Il aime à faire plaisir, et s'en feroit un grand de vous être bon, et à M. de Grignan, sur quelque chose de solide. Il est piqué de ce qui nous pique, et jamais on ne dit bien que lorsqu'on est entré dans nos sentiments. Ce sera là une de vos affaires. La *Feuille* est la plus frivole et la plus légère marchandise que vous ayez jamais vue ; elle a passé ses beaux jours et sa réputation, et ne sera point une honnête feuille. Celui qui gouverne le tronc de son arbre s'en va le planter pour reverdir, et se veut dépêtrer de ce soin, qu'il croit au-dessous de lui, et ne veut point semer en terre ingrate ; cet *Orage,* je pense que c'est son nom, est dans vos intérêts plus que vous ne sauriez croire.

L'abbé de Valbelle sort d'ici, qui ne croit pas que le Roi ait dit qu'il sache celui qui a pris la lampe ; mais il m'a conté qu'hier Sa Majesté, à la messe, leur donna un imprimé, en riant, qu'un inconnu a répandu à Saint-Germain, où la noblesse supplie le Roi de réformer l'immodestie de son clergé, qui devant qu'il entre à la chapelle, cause et parle haut, et ne regarde pas l'autel ; qu'elle leur ordonne d'être au moins, quand il n'y a que

Dieu dans la chapelle, comme quand le Roi y est entré. Cette requête est extrêmement bien faite; les prélats en sont en furie, surtout quelques-uns qui prenoient ce temps pour parler de bas en haut aux musiciens, au grand scandale de l'Église gallicane.

Il m'a dit encore que l'archevêque de Reims rompoit à feu et à sang avec le Coadjuteur, s'il ne venoit avec vous. Si j'avois encore quelque chose à dire là-dessus, au delà de ce que j'ai dit, je le ferois sans doute; mais, pourvu que mes lettres ne soient pas perdues, et que vous receviez celles que j'ai adressées sottement à Montélimar, je n'ai plus rien à dire. Je trouve qu'il faudroit qu'il se résolût, le Coadjuteur, de demeurer en ce quartier, et que votre équipage fût avec lui. Vous en auriez tous deux un bien meilleur marché. Je suis délicieusement occupée du plaisir de vous recevoir, et de faire que vous ne receviez aucune incommodité, et que vous trouviez tout ce que vous aurez besoin, sans avoir la peine de le chercher.

Ce que l'on a jugé en Languedoc vous doit être bon, selon toutes les règles. Voilà un temps favorable, et M. de Pompone sera toujours pour la justice : c'est tout ce que vous demandez pour votre hôtel de ville.

L'histoire de R*** est plaisante : l'Évêque pesta, jura, tempêta, furibonda, et fut contraint de venir à vous; et vous fîtes bien de donner grâce.

R***, de tes conseils voilà le juste fruit;

n'est-ce pas cet honnête homme-là?

Voilà Corbinelli qui vous écrit sur le triomphe des lieutenants de Roi. Cette décision règle toutes vos affaires, et jamais rien n'a été si favorable que cette conjoncture; mais apportez bien des paperasses de ce que vous trouverez sur vos registres qui vous sera avantageux : les paroles servent de peu quand il s'agit de prouver. On a

admiré ici votre honnêteté, en avouant qu'avec de méchants cœurs comme ceux de ces gens-là, on perd tout
par être généreux. Je suis bien tendrement à vous, ma
très-aimable, et j'embrasse tout autant de Grignans qu'il
y en a autour de vous.

DE CORBINELLI.

La décision contre les évêques de Languedoc, en faveur du commissaire du Roi, est un bon titre pour celui
de Provence. Autre victoire, autre triomphe, autre gloire
pour nous, et nouveau chagrin pour nos ennemis : tout
va s'aplanir insensiblement; et si par hasard il faut que
nous perdions quelque chose en Provence, nous le re-
couvrerons ici. Venez seulement, et nous politiquerons
d'un air à faire trembler tout ce qui nous hait. Je ne sais
si Madame votre mère vous a fait une belle peinture du
bal de Saint-Germain; mais je sais bien que vous rani-
merez tout par votre présence. J'ai admiré ce qui s'est
passé dans l'affaire de R***. Si vous aviez retenu mes
leçons touchant les générosités de province, vous auriez
promis votre protection et vous auriez magnifiquement
manqué à votre parole, sous quelque beau prétexte. Vous
oubliez les belles maximes et les plus sûres. Le Roi vous
reprochera un jour cette conduite. Vous immolez toute
la province à un faux éclat d'honnêteté; il falloit dire
que vous ne pouviez accorder cette grâce en conscience; mais l'ayant accordée, que ne la révoquez-
vous sous main? que ne cherchez-vous dans les mystères
de la politique une trahison honnête pour faire déposs-
séder le greffier? O belles âmes, indignes de régner en
Provence!

373. — DE MADAME DE SÉVIGNÉ
    A MADAME DE GRIGNAN.

[A Paris.... janvier.]

C'est une belle chose que de conserver les cœurs des
consuls quand on reçoit ici des chagrins, et que la divine
présence de l'Évêque viendroit triompher. Il ne sauroit
trop tôt venir après avoir fait une si belle résidence. Je
faisois remarquer à M. d'Andilly qu'il n'a pas été quinze
jours à Marseille.

J'admire tout ce qu'on m'avoit assuré des chagrins de
M. Marin, et comme on m'avoit assuré que le mariage
de sa fille étoit rompu : tout cela est faux; on est trompé
d'une rue à l'autre, comme de Paris à Aix. Il n'est point
vrai que M. de Vivonne veuille changer son gouvernement; du moins on n'en parle pas. Le Roi ne pouvoit pas
ignorer vos brouilleries avec l'Évêque, puisque M. Colbert a écrit pour vous réconcilier, et que Sa Majesté a
ordonné à l'Intendant de vous raccommoder; et puis le
Roi voit bien par le procédé de l'Évêque que vous n'êtes
pas bons amis. Ah! quel homme que ce Marseille! depuis qu'une relation a passé par ses mains, elle n'est plus
reconnoissable. La pauvre vérité est altérée de toutes
parts, et toujours sous des apparences de sincérité qui
font des dupes des plus honnêtes gens du monde et qui
me font sauter aux nues. Je n'ai rien sur ma conscience
pour n'avoir pas détrompé qui j'ai pu, et je ne puis pas
me reprocher d'avoir perdu aucune version, ni négligé
aucun ton, ni aucune rhétorique, pour éclairer les aveu-
gles. Vous couronnerez l'œuvre, et M. de Grignan parlera une bonne fois à Sa Majesté.

J'ai été une heure aujourd'hui avec M. de Pompone.
Il m'a parlé de l'affaire du conseil d'Aix; il voudroit
qu'elle ne fût point arrivée présentement. Je crains que

l'on ne fasse voir que c'est vous qui poussez partout les
restes de la cabale d'Oppède ; et comme on en est encore
content, et que c'est avec ce ramassis de sac et de corde
qu'on servoit Sa Majesté, on pourroit craindre qu'on ne
rétablît le règlement, malgré l'arrêt du parlement, et ce
seroit le clouer et le protéger pour toujours. Il ne falloit
point toucher à cet article. C'est la *Pluie* qui dit cela ; et
moi je vous ôte cette affaire de dessus le dos autant que
je puis, en disant tout ce qu'il faut dire ; mais Dieu sait
le beau champ que trouvera l'Évêque à parler là-
dessus ! Ce que j'ai obtenu, c'est qu'il vous attendra
pour parler de cette affaire, quoiqu'il en soit pressé
par plusieurs lettres qu'on lui a écrites de toutes parts.
Quand on peut dire que vous n'avez point de part à ce que
fait M. de Raguse, on rit au nez. Enfin venez, ma bonne.

------

374. — DE MADAME DE SÉVIGNÉ
A MADAME DE GRIGNAN.

A Paris, lundi 22e janvier.

Je ne sais si l'espérance de vous embrasser, qui me
dilate le cœur, me donne une disposition tout extraordinaire à la joie ; mais il est vrai, ma fille, que j'ai extrêmement ri de ce que vous me dites de Pellisson et de M. de
Grignan : Corbinelli en est ravi, et ceux qui verront
cet endroit seront heureux. On ne peut pas se mieux
jouer que vous faites là-dessus, ni le reprendre plus plaisamment en deux ou trois endroits de votre lettre : fiez-
vous à nous, il est impossible d'écrire plus délicieusement. C'est une grande consolation pour moi que la
vivacité de notre commerce, dont je ne crois pas qu'il y
ait d'exemple. Vous dites trop de bien de mes lettres :
je ne trouve à dire que cela dans les vôtres ; cependant je vous avoue (voyez quelle bizarrerie) que je

meurs d'envie de n'en plus recevoir; et en disant cela, je
prétends élever bien haut les charmes de votre présence.

Ce que vous dites au sujet de la *Grêle*, qui parle selon
ses desirs et selon ses vues, sans faire aucune attention
ni sur la vérité ni sur la vraisemblance, est très-bien
observé. Je pense, pour moi, qu'il n'y a rien tel que
d'être insolent : ne seroit-ce point là comme il faut être?
J'ai toujours haï ce style; mais s'il réussit, il faut changer
d'avis. Je prends l'affaire de votre ami l'*assassinateur*,
pour la mettre dans mon livre de l'*Ingratitude*. Je la
trouve belle; mais ce qui me frappe, c'est la délicatesse
de cet homme qui ne veut pas qu'on soit amoureux de sa
mère, et qui poignarde son ami et son bienfaiteur : les
consciences de Provence sont admirables. Celle de la
Grêle est en miniature sur le moule de celle-ci; ses scrupules, ses relâchements, ses propositions, ses oppositions :
en augmentant et noircissant les doses, on en feroit fort
bien votre ami le scélérat.

Ma fille, laissons ce discours : vous venez donc, et
j'aurai le plaisir de vous recevoir, de vous embrasser, et
de vous donner mille petites marques de mon amitié et
de mes soins. Cette espérance répand une douce joie
dans mon cœur; je suis assurée que vous le croyez, et
que vous ne craignez point que je vous chasse.

J'ai été aujourd'hui à Saint-Germain; toutes les dames
m'ont parlé de votre retour. La comtesse de Guiche m'a
priée de vous dire qu'elle ne vous écrira point, puisque
vous venez querir votre réponse : elle est au dîner,
quoique *Andromaque;* la Reine l'a voulu. J'ai donc vu
cette scène. Le Roi et la Reine mangent tristement, je
n'oserois dire leur avoine. Mme de Richelieu est assise,
et puis les dames, selon leur dignité; quand elles sont
debout, les autres sont assises; celles qui n'ont point
dîné sont prêtes à s'élancer sur les plats; celles qui ont
dîné ont mal au cœur, et sont suffoquées de la vapeur

des viandes : ainsi cette troupe est suffisante. Mme de
Crussol étoit coiffée dans l'excès de la belle coiffure;
elle sera parée mercredi toute de rubis ; elle a pris tous
ceux de Monsieur le Duc et de Mme de Meckelbourg.
Je soupai hier avec cette princesse chez Gourville, avec
les Fayette et Rochefoucauld. Nous épuisâmes tout le
chapitre d'Allemagne, sans en excepter une seule prin-
cipauté.

Sa Majesté a donné à M. le comte du Vexin la charge
des Suisses, qu'avoit M. le comte de Soissons. C'est
M. de Louvois qui l'exerce.

J'attends le pauvre *pichon* à tout moment, et que béni
soit l'*hora e il giorno, e l' anno e il momento*, où j'embrasserai ma *pichonne*. Voilà notre d'Hacqueville; il est
fort réjoui de votre lettre pour Maubuisson, je n'en
écrirai plus rien. J'ai déjà adressé deux paquets à Saint-
Gesmes; voici le troisième. Vous avez votre congé; c'est
à vous à faire le reste. Emmenez le Coadjuteur, si vous
voulez bien faire. L'archevêque de Reims étoit en furie
aujourd'hui de ce que je ne l'assurois pas de son retour.

Adieu, ma chère aimable et la plus aimée; je vous
quitte pour causer avec d'Hacqueville et Corbinelli : ils
ne font point de façon de m'interrompre dans ma pensée
que vous venez. J'embrasse M. de Grignan; je lui recommande la barque : ne soyez pas hasardeuse, ne vous
exposez pas mal à propos : ah ! quelle folie ! La Garde
vous conseille bien d'emmener le moins de gens que
vous pourrez.

———

375. — DE MADAME DE SÉVIGNÉ
A MADAME DE GRIGNAN.

A Paris, vendredi 26e janvier.

D'Hacqueville et la Garde sont toujours persuadés
que vous ne sauriez mieux faire que de venir : venez donc,

ma chère enfant, et vous ferez changer toutes choses.
Si me miras, me miran : cela est divinement bien appli-
qué : il faut mettre votre cadran au soleil, afin qu'on
le regarde. Votre intendant ne quittera pas sitôt la Provence : il a mandé à Mme d'Herbigny que vous lui fai-
siez tort de croire que la justice seule le mît dans vos
intérêts, puisque votre beauté et votre mérite y avoient
part.

Il n'y eut personne au bal le mercredi dernier. Le Roi
et la Reine avoient toutes les pierreries de la couronne.
Le malheur voulut que ni Monsieur ni Madame, ni Mademoiselle, ni Mmes de Soubise, Sully, d'Harcourt, Ventadour, Coetquen, Grancey, ne purent s'y trouver par
diverses raisons : ce fut une pitié; Sa Majesté en étoit
chagrine.

Je revins hier du Mesnil, où j'étois allée pour voir le
lendemain M. d'Andilly. Je fus six heures avec lui, avec
toute la joie que peut donner la conversation d'un homme
admirable. Nous parlâmes fort de l'Évêque; je lui ai fait
faire quelques signes de croix en lui représentant ses
dispositions épiscopales, et le procédé canonique qu'il a eu
avec M. de Grignan. Je vis aussi mon oncle de Sévigné,
mais un moment. Ce Port-Royal est une Thébaïde ; c'est
le paradis; c'est un désert où toute la dévotion du christianisme s'est rangée; c'est une sainteté répandue dans
tout ce pays à une lieue à la ronde. Il y a cinq ou six soli-
taires qu'on ne connoît point, qui vivent comme les péni-
tents de saint Jean Climaque. Les religieuses sont des
anges sur terre. Mlle de Vertus y achève sa vie avec une
résignation extrême et des douleurs inconcevables : elle
ne sera pas en vie dans un mois. Tout ce qui les sert,
jusqu'aux charretiers, aux bergers, aux ouvriers, tout est
saint, tout est modeste. Je vous avoue que j'ai été ravie
de voir cette divine solitude, dont j'avois tant ouï parler;
c'est un vallon affreux, tout propre à faire son salut. Je

revins coucher au Mesnil, et hier nous revînmes ici, après
avoir encore embrassé M. d'Andilly en passant. Je crois
que je dînerai demain chez M. de Pompone; ce ne sera
pas sans parler de son père et de ma fille : voilà deux
chapitres qui nous tiennent à cœur. J'attends tous les
jours mon fils; il m'écrit des tendresses infinies; il est
parti plus tôt, et revient plus tard que les autres; nous
croyons que cela roule sur une amitié qu'il a à Sézanne;
mais comme ce n'est pas pour épouser, je m'en mets
l'esprit en repos.

Il est vrai que l'on a attaqué M. de Villars et ses gens
en revenant d'Espagne : c'étoient les gens de l'ambassadeur, qui revenoit de France. Ce fut un assez ridicule
combat; les maîtres s'exposèrent, on tiroit de tous côtés;
il y a eu quelques valets de tués; mais nous n'avons point
ouï parler d'un abbé de Ruvigny. On n'a point fait de
compliments à Mme de Villars; elle a son mari, elle est
contente. M. de Luxembourg est ici. On parle fort de
la paix, c'est-à-dire selon les desirs de la France, plus
que sur la disposition des affaires; cependant on la peut
vouloir d'une telle sorte qu'elle se feroit.

Vous étiez un peu méchante quand vous m'avez écrit;
mais je vous le pardonne; je sens tout ce que vous sentez,
et j'en suis méchante aussi. Ces fagots habillés me font
enrager comme vous; il y a fagots et fagots; j'aimerois
mieux ceux de cent dix sous. Il y a des endroits dans vos
lettres qui valent trop d'argent.

J'espère, ma fille, que vous serez plus contente et plus
décidée, quand vous aurez votre congé, et personne ne
doute ici que votre retour n'y soit très-bon pour vous. Si
vous n'étiez bien en ce pays, vous vous en sentiriez bientôt
en Provence : *si me miras, me miran;* rien ne peut être
mieux dit, il en faut revenir là, et n'avoir point de regret,
laisser les fagots placés magnifiquement. Je vous conserve le *Brouillard,* qui peut assurément vous rendre

d. grands services; vous savez l'inclination qu'il a pour vous. M. et Mme de Coulanges vous souhaitent avec impatience : ils vous font tous mille baise-mains, et la Sanzeï et le *bien Bon*, qui vous est tout acquis. Nous voulons que vous ameniez le Coadjuteur; il vous fortifiera considérablement. Donnez-moi vos ordres, ma mignonne, et vous verrez comme vous serez servie. Une maison pour le Coadjuteur et votre train vous déplairoit-elle? La Garde m'a dit qu'il vous avoit conseillé d'amener le moins de gens que vous pourrez. Il ne voudroit qu'un valet de chambre pour M. de Grignan, disant qu'à Saint-Germain il n'en aura qu'un, et que l'autre lui sera très-inutile à Paris. Il ne faut amener aucun page; c'est une marchandise de province qui n'est point bonne ici; il ne veut point de suite, point d'officiers; il ne voudroit que six laquais pour vous deux; pour moi je vous demande *Bonne fille*, parce que c'est un bon garçon dont je m'accommoderai très-bien. En faisant ainsi, vous ne ferez point le voyage de Paris comme celui de Madagascar; il faut se rendre léger, quitter le *décorisme* de la province, et ne point écouter les plaintes des demeurants; six chevaux vous suffiroient. Voilà le conseil de votre conseil, et de vos conseillers d'État, dont la bonne tête régleroit encore mieux l'État que votre maison.

On est toujours charmé de Mademoiselle de Blois et du prince de Conti. Il disoit hier à Guilleragues, qui lui disoit qu'il vouloit aller au bal : « Ah! si vous y entrez, il deviendra une comédie, et peut-être même une farce. » M. de Marsan étoit mal habillé à son gré : « Ah! que vous soutenez mal l'honneur des Myrmidons! » Le petit de Roquelaure disoit qu'il auroit un habit neuf pour le bal : « Ayez un nez, je vous en prie. » Il ne dit rien qui ne soit à écrire.

D'Hacqueville vous parlera des nouvelles de l'Europe, et comme l'Angleterre est présentement la grande affaire.

Le Roi ne partira pas sitôt. Pour vous, ma chère bonne, je vous crois partie. Il ne tombe pas une goutte de pluie qui ne me fasse mal. J'ai recommandé à M. de Grignan la conduite du voyage, et surtout une litière depuis Montélimar jusqu'à Saint-Vallier : le bord du Rhône n'est pas une chose praticable dans la saison où nous sommes; cela est dangereux. Enfin, ma bonne, je ne pense qu'à vous, et ma joie est parfaite, dans l'espérance de vous bien recevoir et de vous embrasser. Le *petit Bon* est tout à vous : c'est lui qui a déniché la maison; c'est notre fort. Je baise le Comte et le prie de m'aimer. J'espère que vous amènerez le Coadjuteur. Venez, venez, mes chers, et ma très-chère aimable et très-aimée.

C'est M. le duc du Maine qui a les Suisses; ce n'est plus M. le comte du Vexin, lequel, en récompense, a l'abbaye de Saint-Germain des Prés.

---

376. — DE MADAME DE SÉVIGNÉ
A MADAME DE GRIGNAN.

A Paris, lundi 29e janvier.

Il me semble, ma fille, que vous deviez compter sur votre congé plus fortement que vous n'avez fait. Le billet que je vous ai envoyé de M. de Pompone vous en assuroit assez : un homme comme lui ne se seroit pas engagé à le demander, sans être sûr de l'obtenir; vous l'aurez eu le lendemain que vous m'avez écrit, et il eût fallu que vous eussiez été toute prête à partir; vous me parlez de plusieurs jours, cela me déplaît. Vous aurez reçu bien des lettres par l'ordinaire du congé, et vous aurez bien puisé à la source du bon sens (c'est-à-dire, Monsieur l'Archevêque) pour votre conduite pour toutes vos affaires.

Je crois que M. de Grignan est allé à Marseille et à Toulon : il y a un an, comme à cette heure, que nous y

étions ensemble. Vous songez donc à moi en revoyant
Salon et les endroits où vous m'avez vue. C'est un de
mes maux que le souvenir que donnent les lieux; j'en
suis frappée au delà de la raison : je vous cache, et au
monde, et à moi-même, la moitié de la tendresse et de
la naturelle inclination que j'ai pour vous.

On va fort à l'opéra nouveau; on trouve pourtant que
l'autre étoit plus agréable; Baptiste croyoit l'avoir surpassé; le plus juste s'abuse : ceux qui aiment la symphonie y trouvent des charmes nouveaux; je crois que
je vous attendrai pour y aller. Les bals de Saint-Germain
sont d'une tristesse mortelle : les petits enfants veulent
dormir dès dix heures, et le Roi n'a cette complaisance
que pour marquer le carnaval, sans aucun plaisir. Il
disoit à son dîner : « Quand je ne donne point de plaisir,
on se plaint; et quand j'en donne, les dames n'y viennent pas. » Il ne dansa la dernière fois qu'avec Mme de
Crussol, qu'il pria de ne lui point rendre sa courante.
M. de Crussol, qui tient le premier rang pour les bons
mots, disoit en regardant sa femme plus rouge que les
rubis dont elle étoit parée : « Messieurs, elle n'est pas
belle, mais elle a bon visage. »

Votre retour est présentement la grande nouvelle de
la cour; vous ne sauriez croire les compliments que l'on
m'en fait. Il y a aujourd'hui cinq ans, ma fille, que vous
fûtes.... quoi? mariée.

J'ai vu enfin chez elle la pauvre Caderousse; elle est
verte et perd son sang et sa vie : trois semaines tous les
mois, cela ne peut pas aller loin; mais voilà M. le chevalier de Grignan qui vous dira le reste.

Je vous embrasse, ma chère enfant, avec une tendresse infinie.

377. — DE MADAME DE SÉVIGNÉ
A MADAME DE GRIGNAN.

A Paris, vendredi 2e février.

Vous me parlez de l'ordinaire du 15e, et pas un mot
du 12e, que vous attendiez avec impatience, et qui vous
portoit votre congé. Cela n'importe, ma fille; puisque
vous n'en dites rien, c'est signe que vous l'avez reçu. Je
trouve que vous ne vous pressez pas assez de partir :
tout le monde m'accable de me demander si vous êtes
partie, et quand vous arriverez; je ne puis rien dire de
juste. Il me semble que vous devez être à Grignan, et
que vous en partez demain ou lundi. Enfin, ma chère
enfant, je ne pense qu'à vous, et vous suis partout. Je
vous remercie de l'assurance que vous me donnez de ne
vous point exposer en carrosse sur les bords du Rhône.
Vous voulez prendre la Loire; vous saurez mieux que
nous à Lyon ce qui vous sera le meilleur. Arrivez en
bonne santé, c'est tout ce que je desire; mon cœur est
fortement touché de la joie de vous embrasser. Ira au-
devant de vous qui voudra; pour moi, je vous attendrai
dans votre chambre, ravie de vous y voir; vous y trouverez du feu, des bougies, de bons fauteuils, et un cœur
qui ne sauroit être surpassé en tendresse pour vous. J'embrasserai le Comte et le Coadjuteur; je les souhaite tous
deux. L'archevêque de Reims m'est venu voir; il demande
le Coadjuteur à cor et à cri. Vraiment vous êtes obligée
à M. de Pompone de la charmante idée qu'il a conservée
de vous, et de l'envie qu'il a de vous voir. Voilà votre
petit frère qui arrive. Le cardinal de Retz me fait dire
qu'il est arrivé. Arrivez donc tous à la bonne heure. Ma
chère enfant, je suis toute à vous; ce n'est point pour
finir une lettre, c'est pour dire la plus grande vérité du
monde, et celle que je sens le mieux dans mon cœur.

Mlle de Méri ne vous écrit point; on commence à né-
gliger ce commerce dans l'espérance de mieux. Mon fils
vous embrasse tendrement, et moi, les chers Grignans.

————————

378. — DE MADAME DE SÉVIGNÉ, DE MADEMOISELLE
DE MÉRI ET DE CORBINELLI A MADAME DE GRIGNAN.

A Paris, lundi 5e février.

DE MADAME DE SÉVIGNÉ.

Il y a aujourd'hui bien des années, ma chère bonne,
qu'il vint au monde une créature destinée à vous aimer
préférablement à toutes choses; je prie votre imagination
de n'aller ni à droite ni à gauche :

Cet homme-là, Sire, c'étoit moi-même.

Il y eut hier trois ans que j'eus une des plus sensibles
douleurs de ma vie : vous partîtes pour la Provence, et
vous y êtes encore. Ma lettre seroit longue, si je voulois
vous expliquer toute l'amertume que je sentis, et toutes
celles que j'ai senties depuis en conséquence de cette première. Mais revenons : je n'ai point reçu de vos lettres
aujourd'hui, je ne sais s'il m'en viendra; je ne le crois
pas, il est trop tard : cependant j'en attendois avec impatience ; je voulois vous voir partir d'Aix, et pouvoir sup-
puter un peu juste votre retour; tout le monde m'en as-
sassine, et je ne sais que répondre. M. de Pompone vous
souhaite fort et voit plus que nous la nécessité de votre
présence. Il tâchera de ne point parler de l'affaire de
l'hôtel de ville que vous ne soyez ici; mais nous ne voulons point la traiter comme si c'étoit la vôtre. Il n'en faut
pas tant à la fois. M. d'Oppède est ici, je ne crois pas
qu'il me vienne voir. Son mariage a été renoué, après
avoir été rudement ébranlé. On attend ici l'Évêque. J'ai
eu la copie de la lettre du Roi, qu'il a envoyée à une de

ses amies et des miennes à Paris. Vous voyez par là que si vous pouvez obtenir qu'il ne fasse des copies que sur du papier marqué, vous aurez un revenu très-considérable.

Je ne pense qu'à vous et à votre voyage : si je reçois de vos lettres, après avoir envoyé celle-ci, soyez en repos ; je ferai absolument tout ce que vous me manderez.

Je vous écris aujourd'hui un peu plus tôt qu'à l'ordinaire. M. Corbinelli et Mlle de Méri sont ici, qui ont dîné avec moi. Je m'en vais à un petit opéra de Mollier, beau-père d'Itier, qui se chante chez Pelissari : c'est une musique très-parfaite ; Monsieur le Prince, Monsieur le Duc et Madame la Duchesse y seront. J'irai peut-être de là souper chez Gourville avec Mme de la Fayette, Monsieur le Duc, Mme de Thianges, et M. de Vivonne, à qui l'on dit adieu et qui s'en va demain. Si cette partie est rompue, j'irai chez Mme de Chaulnes ; j'en suis extrêmement priée par la maîtresse du logis et par les cardinaux de Retz et de Bouillon, qui me l'avoient fait promettre. Le premier cardinal est dans une véritable impatience de vous voir : il vous aime chèrement. Voilà une lettre qu'il m'envoie.

On avoit cru que Mademoiselle de Blois avoit la petite vérole, mais cela n'est pas. On ne parle point des nouvelles d'Angleterre ; on juge par là qu'elles ne sont pas bonnes. On a fait un bal ou deux à Paris dans tout le carnaval ; il y a eu quelques masques, mais peu. La tristesse est grande ; les assemblées de Saint-Germain sont des mortifications pour le Roi, et seulement pour marquer la cadence du carnaval.

Le P. Bourdaloue fit un sermon le jour de Notre-Dame, qui transporta tout le monde ; il étoit d'une force qu'il faisoit trembler les courtisans, et jamais un prédicateur évangélique n'a prêché si hautement et si généreusement les vérités chrétiennes : il étoit question de faire voir que toute puissance doit être soumise à la loi, à l'exemple de Notre-Seigneur, qui fut présenté au temple; enfin, ma bonne, cela fut poussé au point de la plus haute perfection, et certains endroits furent poussés comme les auroit poussés l'apôtre saint Paul.

L'archevêque de Reims revenoit hier fort vite de Saint-Germain, comme un tourbillon. S'il croit être grand seigneur, ses gens le croient encore plus que lui. Ils passoient au travers de Nanterre, *tra, tra, tra;* ils rencontrent un homme à cheval, *gare, gare;* ce pauvre homme se veut ranger, son cheval ne le veut pas; enfin le carrosse et les six chevaux renversent cul par-dessus tête le pauvre homme et le cheval, et passent par-dessus, et si bien par-dessus que le carrosse en fut versé et renversé : en même temps l'homme et le cheval, au lieu de s'amuser à être roués et estropiés, se relèvent miraculeusement, et remontent l'un sur l'autre, et s'enfuient et courent encore, pendant que les laquais et le cocher, et l'archevêque même, se mettent à crier : « Arrête, arrête le coquin, qu'on lui donne cent coups. » L'archevêque, en racontant ceci, disoit : « Si j'avois tenu ce maraud-là, je lui aurois rompu les bras et coupé les oreilles. »

Je dînai encore hier chez Gourville avec Mme de Langeron, Mme de la Fayette, Mme de Coulanges, Corbinelli, l'abbé Têtu, Briole, Gourville, mon fils. Votre santé fut bue magnifiquement, et pris un jour pour nous y donner à dîner. Adieu, ma très-chère et très-aimable: je ne vous puis dire à quel point je vous souhaite. Je m'en vais encore adresser cette lettre à Lyon. J'ai envoyé les deux premières au Chamarier; il me semble que vous y devez être, ou jamais.

Je vous quitte et laisse la plume à Mlle de Méri, et à Corbinelli, qui dort. Le président.... mourut hier d'une oppression sans fièvre en vingt-quatre heures.

*DE MADEMOISELLE DE MÉRI.

On veut que je vous écrive et j'ai du vin dans la tête ;
quel moyen de penser à quelque chose digne de cette
lettre ? Je ne reçois plus aucune de vos nouvelles : je ne
vous donne plus aussi des miennes. Revenez donc, et à
votre retour toutes choses nouvelles. Je reçois votre lettre
du 28e, qui m'apprend que vous partez ; dispensez-moi
de vous rendre compte de ma joie : il me semble que
vous devez vous la représenter telle qu'elle est. Adieu,
ma belle ; je vous embrasserai dans huit jours. Cela est-il
possible ? J'ai peur de mourir d'ici là.

*DE MADAME DE SÉVIGNÉ.

Vous ferez qu'elle n'aimera plus au loin, et votre
présence aura cette gloire, qui entre nous ne sera pas
petite : elle boit comme un trou, et s'enivre réglément
deux fois le jour. On me donne l'opéra demain, avec
Guilleragues et toute sa famille.

*DE CORBINELLI.

Vous viendrez là-dessus, et nous causerons avec vous,
si vous en avez le loisir, tantôt à deux, tantôt à trois personnages. Nous parlons souvent de vous, comme vous
pouvez vous l'imaginer ; mais ce que je crois que vous
ferez plus que toute autre chose, c'est d'apporter de la
joie à tout ce qui vous verra. Oppède est arrivé et Monsieur de Marseille le suit de près. Je voudrois qu'en arrivant vous ne parlassiez point aux personnes qui n'ont que
faire de vos contestations ; mais venez vite et nous politiquerons à loisir.

DE MADAME DE SÉVIGNÉ.

Je reçois votre lettre du 28e ; elle me ravit : ne craignez point, ma bonne, que ma joie se refroidisse ; elle a

un fond si chaud qu'elle ne peut être tiède. Je ne suis
occupée que de la joie sensible de vous voir et de vous
embrasser avec des sentiments et des manières d'aimer
qui sont d'une étoffe au-dessus du commun et même de
ce qu'on estime le plus.

———

379. — DU COMTE DE BUSSY RABUTIN
A MADAME DE SÉVIGNÉ.

Le 19ᵉ mars 1674, j'allai veiller avec Mme de Sévigné et avec sa
fille, et j'écrivis le lendemain ce billet à la mère, en lui envoyant du
cotignac d'Orléans, que Mme de Montglas m'avoit donné.

A Paris, ce 20ᵉ mars 1674.

Je vous envoie le cotignac que je vous ai promis, Madame, vous ne le trouverez pas mauvais; il ne vaut pourtant pas ce qu'il me coûte, mais je ne suis pas heureux
en bons marchés.

Je ne vous aime pas plus que je vous aimois hier matin, Madame; mais la conversation d'hier au soir me fait
plus sentir ma tendresse; elle étoit cachée au fond de
mon cœur, et le commerce l'a ranimée; je vois bien par
là que les longues absences nuisent à la chaleur de l'amitié, aussi bien qu'à celle de l'amour.

Je voudrois bien savoir des nouvelles de Mme de Grignan; car je l'aime bien aussi, et il entre dans cette amitié
autant d'inclination que de reconnoissance.

———

380. — DE MADAME DE SÉVIGNÉ
AU COMTE DE GUITAUT.

[Paris, avril ou mai.]

C'est une plaisante chose que de recevoir une de vos
lettres datée d'Aix, et que ma pauvre fille se trouve fâchée de n'y être pas pour vous y recevoir. Vous aurez
bientôt M. de Grignan; mais pour elle, je vous la garde.

Revenez la voir tout aussitôt que le service du Roi votre
maître vous donnera la liberté de quitter vos îles. Je ne
sais si elles sont inaccessibles; je crois que vous devriez
le souhaiter, car le bruit ne court pas que vous ayez beaucoup d'autre défense, au cas que les ennemis fussent
assez insolents pour vous faire une visite.

Je laisse à notre cher d'Hacqueville à vous parler de la
Franche-Comté et de toutes les armées que nous avons
sur pied aux quatre coins du monde. Je veux vous dire ce
que les gazettes ne disent point. Monsieur le Premier,
prenant congé du Roi, lui dit : « Sire, je souhaite à Votre
Majesté une bonne santé, un bon voyage et un bon conseil. » Le Roi appela M. le maréchal de Villeroi et M. Colbert, et leur dit : « Écoutez ce que Monsieur le Premier
me souhaite. » Le maréchal répondit de son fausset :
« En effet, Sire, tous les trois sont bien nécessaires. » Je
supprime la glose.

Je veux parler aussi de Mme la duchesse de la Vallière.
La pauvre personne a tiré jusqu'à la lie de tout, elle n'a
pas voulu perdre un adieu ni une larme : elle est aux
Carmélites, où, huit jours durant, elle a vu ses enfants
et toute la cour, c'est-à-dire ce qui en reste. Elle a fait
couper ses beaux cheveux, mais elle a gardé deux belles
boucles sur le front; elle caquète et dit merveilles. Elle
assure qu'elle est ravie d'être dans une solitude; elle croit
être dans un désert, pendue à cette grille. Elle nous fait
souvenir de ce que nous disoit, il y a bien longtemps,
Mme de la Fayette, après avoir été deux jours à Ruel,
que pour elle, elle s'accommoderoit parfaitement bien
de la campagne.

Mandez-nous comme vous vous trouvez de la vôtre. Si
j'avois l'hippogriffe à mon commandement, je m'en irois
causer avec vous de toutes les farces qui se sont faites ici
entre les Grignans et les Fourbins : les ruses de ceux-ci,
les droitures des autres, et le reste; mais il faudroit être

à Époisse pour parler cinq heures de suite. Je n'oublierai
jamais cette aimable maison, ni les douces et charmantes
conversations, ni les confiances de mon seigneur. Je les
tiens précieuses, et je prétends, par le bon usage que j'en
fais, avoir une part dans son amitié, dont je lui demande
la continuation préférablement à toutes ses autres sujettes
et servantes.

Mon oncle l'abbé vous fait mille compliments. Il a reçu
les ordres de Madame votre femme, qu'il exécutera avec
grand plaisir.

————————

381. — DE MADAME DE SÉVIGNÉ
A MONSIEUR DE GRIGNAN.

A Paris, mardi 22ᵉ mai.

Comme j'ai l'honneur de connoître Madame votre
femme, et le soin qu'elle a des compliments dont on la
charge, je trouve à propos de vous dire à vous-même que
je vous aime toujours trop, et que vous me ferez un très-
grand plaisir si vous voulez m'aimer un peu : voyez si on
peut mieux se mettre à la raison ; c'est donner que de
faire un marché de cette sorte. Vous nous manquez fort,
nous avions de la joie de vous voir revenir les soirs ;
votre société est aimable ; et hormis quand on vous hait,
on vous aime extrêmement. Ma fille est toujours languissante :

Le héros que j'attends ne reviendra ....

pas sitôt. Elle est triste, mais je suis accoutumée à la voir
ainsi quand vous n'y êtes pas.

Il fait plus chaud à Besançon que sur le port de Toulon. Vous savez l'extrême blessure de Saint-Géran, et
comme sa jolie femme y est accourue avec Mme de Villars : on croyoit qu'il étoit mort ; on mande du 18ᵉ qu'il
se porte mieux. Comme vous ne pourriez pas épouser sa
veuve, je suis persuadée que vous voulez bien qu'il vive.

Voilà une fable des plus jolies; ne connoissez-vous
personne qui soit aussi bon courtisan que le Renard?

Je suis ravie du bien que vous me dites de ma petite;
je prends pour moi toutes les caresses que vous lui faites.
Adieu, mon très-cher Comte; on ne peut guère vous embrasser plus tendrement que je fais. Mon fils vous fait
toujours mille compliments.

---

382. — DE MADAME DE SÉVIGNÉ
A MADAME DE GRIGNAN.

A Livry, ce samedi (2e juin).

Il faut, ma bonne, que je sois persuadée de votre fond
pour moi, puisque je vis encore. C'est une chose bien
étrange que la tendresse que j'ai pour vous; je ne sais si
contre mon dessein j'en témoigne beaucoup, mais je sais
bien que j'en cache encore davantage. Je ne veux point
vous dire l'émotion et la joie que m'a donnée votre laquais et votre lettre. J'ai eu même le plaisir de ne point
croire que vous fussiez malade; j'ai été assez heureuse
pour croire ce que c'étoit. Il y a longtemps que je l'ai dit:
quand vous voulez, vous êtes adorable, rien ne manque à
ce que vous faites. J'écris dans le milieu du jardin comme
vous l'avez imaginé, et les rossignols et les petits oiseaux
ont reçu avec un grand plaisir, mais sans beaucoup de
respect, ce que je leur ai dit de votre part : ils sont situés
d'une manière qui leur ôte toute sorte d'humilité. Je fus
hier deux heures toute seule avec les Hamadryades; je
leur parlai de vous, elles me contentèrent beaucoup par
leur réponse. Je ne sais si ce pays tout entier est bien
content de moi; car enfin, après avoir joui de toutes ces
beautés, je n'ai pu m'empêcher de dire :

Mais quoi que vous ayez, vous n'avez point Caliste,
Et moi, je ne vois rien quand je ne la vois pas.

Cela est si vrai que je repars après dîner avec joie. La bienséance n'a nulle part à tout ce que je fais : c'est ce qui fait que les excès de liberté que vous me donnez me blessent le cœur. Il y a deux ressources dans le mien que vous ne sauriez comprendre.

Je vous loue d'avoir gagné vingt pistoles; cette perte a paru légère étant suivie d'un grand honneur et d'une bonne collation. J'ai fait vos compliments à nos oncles, tantes et cousines; ils vous adorent et sont ravis de la relation. Cela leur convient, et point du tout en un lieu où je vais dîner : c'est pourquoi je vous la renvoie. J'avois laissé à mon portier une lettre pour Brancas; je vois bien qu'on l'a oubliée.

Adieu, ma très-chère et très-aimable enfant, vous savez que je suis à vous.

---

383. — DE L'ABBÉ DE COULANGES A MONSIEUR BONNET, PROCUREUR AU SIÉGE PRÉSIDIAL DE NANTES.

De Paris, ce 15e août.

Nous venons de recevoir la nouvelle d'une blessure fort légère que Monsieur le Marquis a reçue à la tête, dans ce grand combat que Monsieur le Prince vient de donner, où il y a eu quantité de gens de qualité tués ou blessés. Notre marquis s'y est signalé par sa valeur entre les plus braves. Nous lui allons envoyer un chirurgien, et dites-le à la Jarrye, pour lui faire entendre que s'il ne nous assiste d'argent de ce qu'il doit sur son nouveau bail (pour le terme échu à la Saint-Georges) dans cette occasion, on le renonce pour jamais comme un homme sans cœur et affection.

J'ai reçu votre paquet. Je ne ferai point faire une autre présentation que celle que je vous ai envoyée, si ce n'est que vous en désiriez une autre sur le modèle que vous nous avez envoyé.

M. de Mesneuf a fait signifier Madame la Marquise aux requêtes du palais à Rennes, pour résilier son contrat, faute d'avoir fourni des titres suffisants pour ses justices. Vous savez qu'il y a longtemps que je vous presse de chercher dans la chambre des comptes, et votre longueur et retardement a causé cette action qu'il fait. C'est un reproche que nous avons à vous faire, et ainsi rendez-nous-en compte au premier ordinaire. Je n'ai pas loisir de vous en dire davantage.

L'ABBÉ DE COLANGES.

Suscription : Bretagne. A Monsieur, Monsieur Bonnet, procureur au siége présidial de Nantes,

A Nantes.

---

384. — DU COMTE DE BUSSY RABUTIN A MADAME
DE SÉVIGNÉ ET A MADAME DE GRIGNAN.

Cinq mois après que j'eus écrit ce billet (n° 379, p. 404), j'écrivis cette lettre à Mme de Sévigné, sur ce qu'on m'avoit mandé qu'elle avoit failli à mourir d'apoplexie.

A Chaseu, ce 16e août 1674.

A MADAME DE SÉVIGNÉ.

J'ai appris que vous aviez été fort malade, ma chère cousine ; cela m'a mis en peine pour l'avenir, et m'a obligé de consulter votre mal à un habile médecin de ce pays-ci. Il m'a dit que les femmes d'un bon tempérament comme vous, demeurées veuves de bonne heure, et qui s'étoient un peu contraintes, étoient sujettes à des vapeurs. Cela m'a remis de l'appréhension que j'avois d'un plus grand mal ; car enfin, le remède étant entre vos mains, je ne pense pas que vous haïssiez assez la vie pour n'en pas user, ni que vous eussiez plus de peine à prendre un galant que du vin émétique. Vous devrie

suivre mon conseil, ma chère cousine, et d'autant plus
qu'il ne vous sauroit paroître intéressé; car si vous aviez
besoin de vous mettre dans les remèdes, étant, comme
je suis, à cent lieues de vous, vraisemblablement ce ne
seroit pas moi qui vous en servirois.

Raillerie à part, ma chère cousine, ayez soin de vous:
faites-vous tirer du sang plus souvent que vous ne faites;
de quelque manière que ce soit, il n'importe, pourvu
que vous viviez. Vous savez bien que j'ai dit que vous
étiez de ces gens qui ne devoient jamais mourir, comme
il y en a qui ne devoient jamais naître. Faites votre devoir là-dessus; vous ne sauriez faire un plus grand plaisir à Mme de Grignan et à moi. Mais à propos d'elle,
trouvez bon que je lui dise deux mots.

A MADAME DE GRIGNAN.

Comment vous portez vous de votre grossesse, Madame, et du mal de Madame votre mère? Voilà bien des
incommodités à la fois. J'ai ouï dire que vous étiez déjà
délivrée de l'une; pour l'autre, j'espère que vous en sortirez bientôt heureusement. Voilà ce que c'est d'avoir des
maris et des mères; si on n'avoit pas tout cela, on ne
seroit pas exposée à tant de déplaisirs, mais d'un autre
côté on n'auroit pas toutes les douceurs qu'on a. C'est
là la vie : du bien, du mal; celui-ci fait trouver l'autre
meilleur. J'aurai plus de plaisir de vous revoir après
quatre ou cinq mois d'absence, que si je ne vous avois
pas quittée.

385. — DE MADAME DE SÉVIGNÉ ET DE MADAME
DE GRIGNAN AU COMTE DE BUSSY RABUTIN.

Quinze jours après que j'eus écrit ces lettres, je reçus celle-c
de Mme de Sévigné.

A Paris, ce 5e septembre 1674.

DE MADAME DE SÉVIGNÉ.

Votre médecin, qui dit que mon mal sont des vapeurs,
et vous qui me proposez le moyen d'en guérir, n'êtes
pas les premiers qui m'avez conseillé de me mettre dans
les remèdes spécifiques; mais la raison de n'avoir point
eu de précaution pour prévenir ces vapeurs m'empêchera
d'en guérir.

Le désintéressement dont vous voulez que je vous loue
dans le conseil que vous me donnez n'est pas si estimable qu'il l'auroit été du temps de notre belle jeunesse :
peut-être qu'en ce temps-là vous auriez eu plus de mérite. Quoi qu'il en soit, je me porte bien, et si je meurs
de cette maladie, ce sera d'une belle épée, et je vous
laisserai le soin de mon épitaphe.

Que dites-vous de nos victoires? Je n'entends jamais
parler de guerre que je ne pense à vous. Votre charge
vacante m'a frappé le cœur. Vous savez de qui elle est
remplie. Ce marquis de Renel n'étoit-il pas de vos amis
et de vos alliés? Quand je vous vois chez vous dans le
temps où nous sommes, j'admire le bonheur du Roi
de se pouvoir passer de tant de braves gens qu'il laisse
inutiles.

Nous avons tant perdu à cette victoire, que sans le
Te Deum et quelques drapeaux portés à Notre-Dame,
nous croirions avoir perdu le combat.

Mon fils a été blessé légèrement à la tête; c'est un
miracle qu'il en soit revenu, aussi bien que les quatre
escadrons de la maison du Roi, qui étoient postés, huit

heures durant, à la portée du feu des ennemis, sans autre mouvement que celui de se presser à mesure qu'il y avoit des gens tués. J'ai ouï dire que c'est une souffrance terrible que d'être ainsi exposé.

DE MADAME DE GRIGNAN.

Je vous remercie d'avoir pensé en moi pour me plaindre du mal de ma mère. Je suis très-contente que vous connoissiez combien mon cœur est pénétré de tout ce qui lui arrive. Il me semble que c'est mon meilleur endroit, et je suis bien aise que vous, dont je veux avoir l'estime, ne l'ignoriez pas. Si j'avois quelque autre bonne qualité essentielle, je vous ferois mon portrait; mais ne voyez que celle-là, et le goût que j'ai pour votre mérite, qui ne peut se séparer d'une très-grande indignation contre la fortune pour les injustices qu'elle vous fait.

---

386. — DU COMTE DE BUSSY RABUTIN A MADAME DE SÉVIGNÉ ET A MADAME DE GRIGNAN.

Le même jour que je reçus ces lettres, j'y fis ces réponses, et premièrement à Mme de Sévigné.

A Chaseu, ce 10e septembre 1674.

A MADAME DE SÉVIGNÉ.

Comme je ne trouve aucune conversation qui me plaise tant que la vôtre, Madame, je ne trouve aussi point de lettres si agréables que celles que vous m'écrivez. Il faut dire la vérité : ç'auroit été grand dommage si vous fussiez morte; tous vos amis y auroient fait une perte infinie; pour la mienne, elle auroit été telle, que quelque intérêt que je prenne en votre vertu, j'aimerois mieux qu'il lui en coûtât quelque chose, et que vous vécussiez toujours; car enfin ce n'est pas seulement comme ver-

tueuse que je vous aime, c'est encore comme la plus aimable femme du monde.

Nos victoires sont fort chères, mais elles en sont plus
honorables. Le Roi est bien héureux, dîtes-vous, de se
pouvoir passer de tant de braves gens qu'il laisse inutiles. J'en demeure d'accord; mais ce n'est pas une
bonne fortune nouvelle pour lui, car il s'est autrefois
passé de Monsieur le Prince et de M. de Turenne, et
les a même bien battus, eux qui présentement avec ses
armes battent tout le reste du monde. Après cela nous
pouvons bien nous faire justice, et ne pas trouver étrange
qu'on puisse faire la guerre sans nous. Dans d'autres
États que celui-ci nous brillerions, et il faudroit que
l'on comptât avec nous quand on auroit de grandes
affaires sur les bras; mais en France il y a tant de gens
de mérite, et beaucoup plus qui ont apparence d'en avoir,
que ceux qui en ont un véritable ne sont distingués bien
souvent que par la fortune; quand elle leur manque, on
les laisse chez eux, pendant qu'on gagne des batailles
avec toutes sortes de gens mêlés.

Ma charge est remplie par un galant homme; il a de
la naissance et du mérite, et celui auquel il succède
n'avoit que du courage et de la faveur. Je lui viens
d'écrire comme à mon ami et à mon allié.

Aussitôt après la nouvelle du combat de Senef, j'écrivis au Roi, et je lui offris mes services. Toutes mes honnêtetés et ma bonne conduite sont des œuvres mortes,
maintenant que la grâce me manque; mais tout cela me
sera compté, et me tournera à profit, si je reviens jamais à la cour. Il faut espérer, et cependant se réjouir.

Monsieur votre fils a été bien heureux d'en être quitte
pour une légère blessure à la tête. Ce que le peuple
appelle *mener les gens à la boucherie*, c'est les poster où
étoient les quatre escadrons de la maison du Roi, et qui
a passé par là a essuyé les plus grands périls de la guerre.

Quand on affronte de la cavalerie ou de l'infanterie, l'action anime; mais ici c'est de sang-froid qu'on est passé par les armes.

A MADAME DE GRIGNAN.

Vous m'avez écrit d'une encre si blanche, que je n'ai lu que dix ou douze mots par-ci par-là de votre lettre, et ce n'a été que votre bon sens et le mien qui m'ont fait deviner le reste. C'est une vraie encre à écrire des promesses qu'on ne voudroit pas tenir : de l'heure qu'il est, tout est effacé; mais enfin il me souvient bien que vous m'y avez dit des choses obligeantes. J'espère que ces bontés auront fait plus d'impression sur votre cœur que sur votre papier. Si cela étoit égal, vous seriez la plus légère amie du monde. Pour l'amitié que je vous ai promise, Madame, elle est écrite dans mon cœur avec des caractères qui ne s'effaceront jamais. Voilà de grandes paroles cela !

---

387. — DU COMTE DE GRIGNAN
AU COMTE DE GUITAUT.

Le 14 octobre, à Grignan.

J'ai reçu votre lettre du 6, où vous me mandez ce que vous avez dit à Monsieur de Toulon sur l'affaire de Barjoux et de Saint Remi; mais trouvez [bon] que je vous die que si vous ne lui parlez franchement, cela nous fera un embarras : vous savez comme je vous en ai parlé; ces Messieurs me veulent faire un plat sur cela, parce qu'ils voient bien qu'ils ne sauroient avoir contentement. Je leur permets encore une fois de faire sur ces deux affaires-là tout ce qu'ils trouveront bon : je n'en serai point fâché contre eux; mais, entre vous et moi, je ne veux point que Monsieur de Toulon, ni aucun de ces Messieurs, se mêlent de l'accommodement de ces deux

communautés : ce n'est point leur affaire. Je n'y touche-
rai point qu'après l'assemblée ; car je suis déterminé à
voir, avant toutes choses, la manière dont ils en useront
avec moi pendant l'assemblée. Monsieur de Toulon est
persuadé qu'il ne peut s'empêcher en conscience de faire
son opposition. Je suis persuadé du contraire, et qu'il
pourroit agir comme les trois premières années. Ces Messieurs veulent un accommodement avec moi, à condition
qu'ils ne feront pas un pas de leur côté, et que du mien
je ferai toutes les avances. Ils s'opposent à la seule
affaire que j'aie dans la province : ils sont les maîtres de
la maison de ville d'Aix ; ils souhaitent que dans l'accommodement de Barjoux et de Saint-Remi, dont je
suis le maître, je me relâche en faveur de leurs amis.
Qu'est-ce qu'ils me donnent? Rien. Voyez-vous, mon
cher Monsieur, je vous parle comme à Monsieur de Guitaut, mon ami, et vous prie que ceci soit entre nous.
L'affaire de mes gardes est une affaire d'honneur ; si je
la perds, ces Messieurs doivent compter que je ne saurois jamais revenir pour eux. Ce n'est point les cinq
mille francs qui me tiennent au cœur, comme vous pouvez croire ; car je les rendrai à la province dans le moment, pourvu qu'il paroisse que j'en ai été absolument
le maître. Je serai encore ici jusques à la Toussaint.
Mes compliments, s'il vous plaît, à M. le marquis de
Janson.

Je suis tout à vous,

GRIGNAN.

388. — DE MADAME DE SÉVIGNÉ AU COMTE
DE BUSSY RABUTIN.

Dans ce temps-là je partis de ma maison de Chaseu pour aller
à celle de Bussy, où quelques jours après je reçus cette réponse
de Mme de Sévigné.

A Paris, ce 15e octobre 1674.

Il me semble que je n'écris plus si bien, et si c'étoit
une chose nécessaire à moi que d'avoir bonne opinion de
mes lettres, je vous prierois de me redonner de la confiance par votre approbation.

J'ai donné à dîner depuis peu à notre chanoinesse et
à son frère aîné. Leur nom touche mon cœur, et leur
jeune mérite me réjouit. Je voudrois que le garçon eût
une bonne éducation. C'est trop présumer que d'espérer
tout d'une heureuse naissance.

Il y a deux Rabutins dans le régiment d'Anjou, que
Saint-Géran commande. Il m'en dit des biens infinis.
L'un des deux fut tué l'autre jour, à la dernière bataille
que M. de Turenne vient de gagner près de Strasbourg,
et l'autre y fut blessé. La valeur de ces deux frères les
distinguoit des autres braves. Je trouve plaisant que cette
vertu ne soit donnée qu'aux mâles de notre maison, et
que nous autres femmes nous ayons pris toute la timi-
dité. Jamais rien ne fut mieux partagé, ni séparé si nettement entre nous; car vous ne nous avez laissé aucune
sorte de hardiesse, ni nous à vous aucune sorte de crainte.
Il y a des maisons où les vertus et les vices sont un peu
plus mêlés. Mais revenons à la bataille.

M. de Turenne a donc encore battu les ennemis, pris
huit pièces de canon, beaucoup d'armes et d'équipages,
et demeuré maître du champ de bataille. Ces victoires
continuelles font grand plaisir au Roi. J'ai trouvé la
lettre que vous lui écrivez fort bonne; je voudrois qu'elle
pût faire un bon effet. Jamais la fortune ne m'a fait un

plus sensible déplaisir qu'en vous abandonnant. Elle a
encore plus abandonné M. de Rohan. Son affaire va
mal. Il faut faire réflexion sur l'état de ceux qui sont
plus malheureux que nous, pour souffrir patiemment nos
disgrâces.

Mandez-moi où vous en êtes sur l'histoire généalogi-
que de nos Rabutins. Le cardinal de Retz est ici. Il a les
généalogies dans la tête. Je serois ravie qu'il connût la
nôtre avec l'agrément que vous y donnez. C'eût été un
vrai amusement pour Commerci; mais il ne parle point
d'y aller. Je crois que vous le trouverez plutôt ici. C'est
notre intérêt qu'il y passe l'hiver; c'est l'homme de la
plus charmante société qu'on puisse voir.

Ma fille est fort contente de ce que vous lui avez écrit:
il n'y a rien de plus galant; elle vous promet de vous
écrire au premier jour, de la bonne encre.

Mon fils, comme vous dites, est bien heureux d'en
avoir été quitte à si bon marché. Il est vrai que d'être au
poste où étoient les gendarmes au combat de Senef, c'est
précisément être passé par les armes. Quel bonheur
d'en être revenu! Adieu, mon cher cousin.

---

389. — DE MADAME DE SÉVIGNÉ
AU COMTE DE GUITAUT.

A Paris, vendredi 18e novembre.

Vous voilà donc dans votre château avec votre très-
aimable femme? Si vous voulez me voir dans ma béati-
tude, il faudra que vous preniez la peine de venir jusques
ici. Il est vrai que je suis sensiblement touchée du plaisir
d'avoir Mme de Grignan: je ne m'accoutume point à
cette joie, je la sens à toute heure, et je vois couler le
temps avec douleur, quand je pense au jour qu'il m'amènera; mais je ne veux pas prévenir mon malheur. Parlons des merveilles que vous avez faites en Provence:

vous n'avez pensé qu'aux véritables intérêts de M. et de
Mme de Grignan. J'ai trouvé fort dure et fort opiniâtre la
vision de Monsieur de Toulon pour les cinq mille francs
à l'assemblée. Je crois que la permission que le Roi
donne d'opiner sur cette gratification, ôtera l'envie de
s'y opposer. M. de Pompone a fait régler aussi le *monseigneur* qu'on doit dire à M. de Grignan en présence de
l'Intendant, quand on vient lui rendre compte de l'assemblée; et comme ce règlement donnera sans doute
quelque chagrin à M. Rouillé, je crois que M. de Pompone ne l'enverra que sur la fin. C'est beaucoup que ce
soit une chose décidée, ou pour mieux dire rétablie. Je
suis fort aise que vous ayez trouvé Grignan d'un bon air;
vous l'auriez trouvé encore plus beau, si la Comtesse
avoit aidé à son mari à vous en faire les honneurs; mais
non, il vaut encore mieux que vous la trouviez ici. Vos
conversations seront infinies, quand vous joindrez la Provence avec les affaires passées et présentes de ce pays-ci.
Vous y trouverez le procès de M. de Rohan bien avancé:
mon Dieu, la triste aventure! quelle scène et quel spectacle! Vous vous souvenez de nos conversations, je vous
en remercie. Je vous suis bien plus obligée de tout ce
que vous me disiez, que vous ne me l'êtes de mon attention; je n'oublierai jamais cet endroit de ma vie, il me
semble qu'il nous a fait une liaison particulière. Je suis
persuadée que vous n'en auriez pas tant dit à la comtesse
de Bussy, et que vous n'avez point de sujette que vous
aimiez tant que moi.

Adieu, Monsieur; adieu, Madame : je suis très-sin-
cèrement à vous.

                    M. DE RABUTIN CHANTAL.

Suscription : Pour Monsieur le comte de Guitaut.

390. — DU COMTE DE BUSSY RABUTIN A MADAME
DE SÉVIGNÉ ET A MADAME DE GRIGNAN.

Je fus près de quatre mois sans recevoir de lettres de mes amis,
ni sans leur écrire. Enfin je rompis la glace par Mme de Sévigné.

A Chaseu, ce 6e janvier 1675.

A MADAME DE SÉVIGNÉ.

y a, ce me semble, assez longtemps que je vous
laisse en repos, Madame ; c'est que j'ai eu beaucoup
d'affaires depuis mon retour de Paris. Cela ne m'en eût
pourtant pas empêché, si je n'avois craint sottement que
si je vous écrivois, vous ne crussiez que j'avois affaire de
vous. Il faut dire le vrai, on est quelquefois bien ridicule ;
mais pour vous montrer mon retour au bon sens, Madame, je vous supplie de me mander la réponse qu'a eue
M. le cardinal de Retz sur ce qui me regarde ; je n'oserois presque vous dire mon indifférence sur cela. Vous
autres gens de la cour ne faites guère de différence entre
un fou et un philosophe ; cependant vous appellerez ma
tranquillité comme il vous plaira, mais je l'aime mille
fois mieux que de l'inquiétude qui ne sert de rien. Ce
qui me consolera d'ailleurs du méchant succès de cette
négociation, ce sera la marque d'amitié que j'aurai reçue
de Son Éminence ; c'est sur cela que je ne serois pas
indifférent, et sur votre tendresse, Madame : il me faut
l'une et l'autre pour que je ne sois pas tout à fait malheureux.

A MADAME DE GRIGNAN.

Il faut que je sache, non pas de quel bois vous vous
chauffez, Madame, mais de quelle encre vous écrivez.
Si vous n'en pouvez trouver d'autre que de celle dont
vous vous servîtes l'année passée, souvenez-vous de m'é-
crire sur du papier noir ; car enfin je veux lire ce que

vous m'écrivez. Je n'y trouve qu'un inconvénient, c'est
que le commis de la poste, qui n'aura pas assurément de
même encre que vous (cela se trouvant rarement), jettera
votre lettre au feu, n'y pouvant mettre de port. Badi-
nerie à part, Madame, je serai fort aise de savoir de vos
nouvelles par vous-même, et surtout que vous ne retour-
nerez de trois ans en Provence; car sans m'informer de
ce que vous aimez le mieux, je souhaite de vous retrouver à Paris, et je prends un terme un peu long pour n'y
pas manquer.

———

391. — DE MADAME DE SÉVIGNÉ ET DE MADAME DE GRIGNAN
AU COMTE DE BUSSY RABUTIN, ET DE MADAME DE SÉVIGNÉ
A MADEMOISELLE DE BUSSY.

Quinze jours après que j'eus écrit ces lettres, je reçus celle-ci de
Mme de Sévigné.

A Paris, ce 20e janvier 1675.

DE MADAME DE SÉVIGNÉ A BUSSY.

Et quand j'aurois cru que vous m'auriez écrit parce
que vous auriez voulu me dire quelque chose pour vos
intérêts, y trouveriez-vous un grand mal? Ne nous som-
mes-nous pas assez écrit pour rien, ne pourrions-nous
pas bien nous écrire pour quelque chose? Il me semble
qu'il y a longtemps que nous n'en sommes plus là.

Je songe fort souvent à vous et je ne trouve jamais
la maréchale d'Humières, que nous ne fassions pour
le moins chacune un soupir à votre intention. Elle est
toute pleine de bonne volonté, aussi bien que moi; et
tous nos desirs n'avancent pas d'un moment l'arrangement de la Providence; car j'y crois, mon cousin; c'est
ma philosophie. Vous de votre côté, et moi du mien,
avec des pensées différentes, nous allons le même chemin : nous visons tous deux à la tranquillité; vous par
vos raisonnements, et moi par ma soumission. La force

de votre esprit et la docilité du mien nous conduisent
également au mépris de tout ce qui se passe ici-bas. Tout
de bon, c'est peu de chose; nous avons peu de part à nos
destinées : tout est entre les mains de Dieu. Dans de si
solides pensées, jugez si je suis incapable de comprendre
votre tranquillité.

Vous me faites grand plaisir d'excepter de votre indifférence les bonnes grâces de notre cardinal; elles me
paroissent d'un grand prix. Ce qui fait que je ne vous ai
point rendu sa réponse, c'est qu'il n'a point vu Monsieur
le Prince, depuis que vous êtes parti d'ici. Il est à Chantilly, où il a pensé mourir. Il n'a point voulu recevoir
la visite de Son Éminence qu'il ne fût en état de jouir de
sa bonne compagnie. Il ira dans peu de jours, il parlera
comme vous pouvez souhaiter, et je vous manderai tous
les tons de cette conversation.

Que dites-vous de nos heureux succès, et de la belle
action qu'a faite M. de Turenne en faisant repasser le
Rhin aux ennemis? Cette fin de campagne nous met dans
un grand repos, et donne à la cour une belle disposition
pour les plaisirs. Il y a un opéra tout neuf qui est fort
beau.

Avec votre permission, mon cousin, je veux dire deux
mots à ma nièce de Bussy.

Je prends toujours un grand intérêt à tout ce qui
vous touche; cette raison me fait sentir le bonheur que
vous avez eu de n'avoir point épousé un certain homme
dont le mérite est aussi petit que le nom en est grand;
il faut avoir mieux ou rien. Adieu, ma nièce.

Je reviens à vous, mon cousin, pour vous dire que
je laisse la plume à Mme de Grignan; je dis la plume,

car pour l'encre, vous savez qu'elle en a de toute particulière.

Je n'ai point trouvé de papier noir, c'est ce qui m'a fait résoudre à me servir de l'encre la plus noire de Paris. Il n'est festin que d'avaricieux : voyez comment celle de ma mère est effacée par la mienne. Je n'ai plus à craindre que les pâtés, qui sont presque indubitables avec une encre de cette épaisseur; mais enfin il faut vous servir à votre mode. En vérité, Monsieur, vous feriez bien mieux d'épargner notre encre et notre papier, et de nous venir voir, puisque vous me faites le plaisir de m'assurer que mon séjour à Paris ne vous est pas indifférent. Venez donc profiter d'un bien qui vous sera enlevé à la première hirondelle. Si je vous écrivois ailleurs que dans une lettre de ma mère, je vous dirois que c'est même beaucoup retarder mes devoirs qui m'appellent en Provence; mais elle trouveroit mauvais de n'être pas comptée au nombre de ceux qui doivent régler ma conduite. Elle en est présentement la maîtresse; et j'ai le chagrin de n'éprouver son autorité qu'en des choses où ma complaisance et mon obéissance seront soupçonnées d'être d'intelligence avec elle. Je ne sais pas pourquoi je m'embarque à tout ce discours. Il ne me paroît pas que j'aie besoin d'apologie auprès de vous : c'est donc seulement par le seul plaisir de parler à quelqu'un qui écoute avec plus d'attention, et qui répond plus juste que tout ce qui est ici. Je vous demande une petite amitié à Mademoiselle de Bussy.

Voilà ce qui s'appelle écrire de la bonne encre. Plût à Dieu que vous fussiez ici! Nous causerions de mille choses, mais surtout des sentiments dont la Provençale vous parle, qu'il faut cacher à la plupart du monde, quelque véritables qu'ils soient, parce qu'ils ne sont pas vraisemblables.

Corbinelli est ici; il croit que vous ne songez plus à lui : cependant il vous honore et il vous aime extrêmement. Votre souvenir fait les délices de nos conversations; et des regrets ensuite de vous avoir perdu. Adieu, mon cousin.

---

392. — DE MADAME DE MAINTENON
A MADAME DE COULANGES.

5e février.

J'ai plus d'impatience de vous dire des nouvelles de Maintenon, que vous n'en avez d'en apprendre. J'y ai été deux jours qui m'ont paru un moment; mon cœur y est attaché. N'admirez-vous pas qu'à mon âge je m'attache à ces choses-là comme un enfant? C'est une assez belle maison : un peu trop grande pour le train que j'y destine. Elle a de fort beaux dehors, des bois où Mme de Sévigné rêveroit à Mme de Grignan fort à son aise. Je voudrois pouvoir y demeurer; mais le temps n'est pas encore venu. Il est vrai que le Roi m'a nommée Mme de Maintenon, que j'ai l'imbécillité d'en rougir, et tout aussi vrai que j'aurois de plus grandes complaisances pour lui que celle de porter le nom d'une terre qu'il m'a donnée. Je dirai bien à Mme de Montespan qu'il y a de faux frères, et que du soir au lendemain la ville est fort exactement informée de tout ce qui se fait ici. Les amis de mon mari ont tort de m'accuser d'avoir concerté avec le Roi ce changement de nom : ce sont ou mes ennemis ou mes envieux; peu de bonheur en attire beaucoup. Le voyage de Baréges n'est pas encore fixé; au retour, je serai plus libre, et j'aurai le plaisir de vous écrire moins souvent. M. de Coulanges est ici, on s'en aperçoit bien : on s'ennuyoit.

---

393. — DU COMTE DE BUSSY RABUTIN A MADAME DE SÉVIGNÉ
ET A MADAME DE GRIGNAN, ET DE MADEMOISELLE DE BUSSY
A MADAME DE SÉVIGNÉ.

Je fus deux mois sans recevoir cette réponse (n° 391, p. 373) de
Mme de Sévigné. Enfin je la reçus le 20e mars, et aussitôt je lui
écrivis cette lettre.

A Chaseu, ce 20e mars 1675.

DE BUSSY A MADAME DE SÉVIGNÉ.

J'étois tout prêt à vous faire une *rabutinade*, ma chère
cousine, sur ce que je ne recevois pas au 19e mars la
réponse que vous deviez à ma lettre du mois de janvier.
Je la viens de recevoir, cette réponse, par la diligence,
avec une caisse que ma fille de Sainte-Marie envoyoit à
sa sœur; la caisse a été jusqu'en Provence, au moins a-
t-elle pu y aller, et il a fallu plaider pour la ravoir. Encore si la Sainte-Marie m'avoit mandé que votre lettre y
étoit, elle m'auroit épargné le chagrin que j'ai eu contre
vous; mais je crois (Dieu me veuille pardonner!) que
votre nièce nous vouloit brouiller ensemble. Si vous saviez la colère où j'étois contre le maître de la diligence,
vous jugeriez bien que j'avois quelque pressentiment qu'il
y avoit dans cette cassette quelque chose qui m'étoit plus
cher que les manches et que le ruban de ma fille. J'eus
deux grands plaisirs à la fois: l'un de trouver que
je n'avois pas sujet de me plaindre de vous, et l'autre
de lire deux lettres de deux de mes meilleures amies,
qui, dans leurs manières différentes, écrivent mieux à
mon gré que femmes de France. Je m'étonne, en songeant à cela, que je n'aie pas pris plus de soin de
m'en attirer; et c'est à quoi je ne prétends plus manquer
à l'avenir.

Il y a cinq ou six jours que Mme de Bussy m'envoya
un billet que vous lui écriviez, par lequel vous lui man-

diez que Monsieur le Prince étoit encore un peu vif sur
mon sujet. Il faut avoir patience et espérer qu'on
mourra; et c'est aussi le remède que j'attends, et j'ai de
la vie et de la santé autant que de la mauvaise fortune.
Les héros penseront de moi ce qu'il leur plaira, Madame :
j'aime mieux vivre en Bourgogne que dans l'histoire seulement; et peut-être que si je m'en souciois beaucoup,
j'aurois contentement sur l'honneur de ma mémoire, et
que la postérité parleroit de moi plus honorablement
que de tel prince ou de tel maréchal de France que
nous connoissons. Encore une fois, Madame, je vous
assure que je ne songe qu'à vivre, et je crois, comme
Voiture, que

> . . . . C'est fort peu de chose
> Qu'un demi-dieu quand il est mort.

J'écris au cardinal de Retz avec autant de reconnoissance que s'il avoit fait ce que nous souhaitons. Au reste,
ma chère cousine, ne soupirez point pour mes malheurs
avec notre petite maréchale : ce seroit tout ce que vous
devriez faire si j'étois mort.

Je ne réponds point à vos nouvelles du mois de janvier :
j'aimerois autant vous parler de la bataille de Jarnac. Je
vous dirai seulement que j'aime autant M. de Turenne
que je l'ai autrefois haï; car pour dire la vérité, mon cœur
ne peut plus tenir contre tant de mérite. Je quitte la plume
à Mlle de Bussy.

Je suis persuadée de la part que vous prenez en ma
fortune, ma chère tante, et sur cela je vous aime de tout
mon cœur.

En me parlant de ce certain homme que j'ai failli à
épouser, vous avez oublié d'ajouter à la petitesse du mérite celle du bien et de la personne. Je ne sais pas si je

trouverai mieux, mais je sais bien que je ne saurois plus mal trouver. Adieu, ma chère tante.

DE BUSSY A MADAME DE GRIGNAN.

Je serois bien difficile, Madame, si je n'étois content de votre encre et même de votre cœur. Il est vrai que l'encre de Madame votre mère ne fait que blanchir auprès de la vôtre, et vous l'effacez aujourd'hui. Vous vous êtes même sauvée des pâtés; mais de quels écueils ne vous sauvez-vous pas? La beauté, l'esprit, la jeunesse et les occasions ne vous sauroient faire faire le moindre pâté dans votre conduite. Au reste, Madame, si j'avois la liberté d'aller à Paris, vous croyez bien que je la prendrois; mais je vous assure que j'en sortirois quelquefois, quand ce ne seroit que pour recevoir de vos lettres. D'aller à Paris sans permission et sans affaires de conséquence, cela ne seroit pas trop sage, et l'amitié, quelque tendre qu'elle soit, ne sauroit passer pour affaire de conséquence. Je crois que vous aimeriez mieux aller et demeurer en Provence que de faire la moindre chose contre votre devoir; mais je crois que vous souhaiteriez extrêmement que votre devoir s'accordât à demeurer à Paris; et quand je ne devrois pas avoir le plaisir de vous y voir, je ne laisserois pas de souhaiter autant que vous que vous y fussiez toujours.

A MADAME DE SÉVIGNÉ.

Vous avez raison, ma chère cousine, de dire qu'il y a des choses véritables qu'il faut cacher parce qu'elles ne sont pas vraisemblables; comme, par exemple, s'il étoit possible que Mme de Grignan trouvât plus de plaisir à passer sa vie auprès de son mari à la campagne qu'à Paris en son absence; mais le sentiment que je lui mande que je crois qu'elle a sur ce chapitre est fort vraisemblable.

Aussitôt que Mme de Bussy m'eut mandé que notre ami Corbinelli étoit à Paris, je lui écrivis, et je voudrois bien, si Mme de Grignan va en Provence, que vous et lui prissiez, en la conduisant, votre chemin par la Bourgogne. J'irois au-devant de vous jusqu'à Bussy avec la petite Toulongeon et votre nièce de Bussy; de là je vous amènerois à Chaseu, et puis à Montjeu, où j'ai des raisons de vous faire meilleure chère qu'en pas un autre endroit.

------

394. — DE MADAME DE SÉVIGNÉ AU COMTE DE BUSSY RABUTIN ET A MADEMOISELLE DE BUSSY.

Quinze jours après que j'eus écrit cette lettre, je reçus celle-ci de Mme de Sévigné.

A Paris, ce 3ᵉ avril 1675.

Quand mes lettres vont comme des tortues par la tranquille voie du messager, et que vous les trouvez dans une cassette de hardes qui sont d'ordinaire deux ou trois mois en chemin, je ne m'étonne pas que vous ayez envie d'être en colère contre moi : je serois même fort fâchée que vous n'eussiez pas envie de me gronder; mais enfin vous voyez que je n'ai point de tort; et si ma nièce de Sainte-Marie a compté sur le plaisir de nous mettre mal ensemble, elle est bien attrapée, car je crois que nous avons été brouillés ce que nous le serons de notre vie.

Vous avez donc su par mon billet la réponse du Prince sur votre sujet; si pourtant le grand prince, par-dessus tous les autres, approuvoit votre retour, vous pourriez graisser vos bottes; mais le bon et généreux ami que vous avez, le paladin par éminence, le vengeur des torts, l'honneur de la chevalerie, me dit l'autre jour la triste réponse que le Roi avoit faite, et qu'il avoit des raisons invincibles pour ne vous pas accorder votre retour. Ce

mot d'*invincible* nous glace le cœur, nous ne savons
sur qui le faire tomber, nous en trouvâmes trois qui
peuvent fort bien donner sujet à cette expression; nous
causâmes près d'une heure ensemble dans une croisée
de la chambre de la Reine; l'amitié que nous avons pour
vous nous rassembla en un moment, et nous fûmes contents chacun de notre côté des sentiments que nous avions
pour vous.

La maréchale d'Humières est encore de notre bande;
elle parle quand il est à propos, et parle si bien et avec
tant de hardiesse et de raison, qu'elle mériteroit de persuader les gens en votre faveur; mais l'heure n'est pas
venue. Celle du départ de tout le monde approche fort.
On avoit parlé de la paix, et vous savez même le changement des plénipotentiaires; mais en attendant, on va
toujours à la guerre, et les gouverneurs et lieutenants
généraux des provinces, à leurs charges. Toutes ces séparations me touchent sensiblement. Je pense aussi que
Mme de Grignan ne nous quittera pas sans quelque
émotion; elle m'a priée de vous faire mille amitiés pour
elle. Vous avez raison d'être content de son cœur : elle
ne perd pas une occasion de me faire voir l'estime
qu'elle a pour vous; et moi je veux parler de celle
que j'ai pour ma nièce de Bussy. Elle pense comme
vous, et ce qu'elle m'a écrit m'a fait souvenir de vos
manières.

Je vous souhaite, ma très-chère, un très-bon et très-
agréable époux. S'il est assorti à votre mérite, il ne lui
manquera rien.

Comme j'écris ceci, je reçois une lettre par laquelle on
me mande que ce mari est trouvé. Je trouve plaisant que
cette nouvelle soit arrivée justement à cet endroit. Je vous
conjure, mon cher cousin, de m'en écrire le détail. Pour

le nom, il est comme on pourrait le souhaiter, si on le
faisoit faire exprès. Je vous demande un petit mot de la
personne, du bien, de l'établissement, et de ce que vous
donnez présentement à la future.

Ma chère nièce, je prends un extrême intérê*t* à votre
destinée. Ma fille vous fait ses compliments par avance,
et vous embrasse de tout cœur.

Adieu, l'aimable père et l'aimable fille : je suis toute à
vous.

———————

395. — DU COMTE DE BUSSY RABUTIN ET DE MADE-
MOISELLE DE BUSSY A MADAME DE SÉVIGNÉ.

Le lendemain du jour que j'eus reçu cette lettre, j'y fis cette
réponse.

A Chaseu, ce 7ᵉ avril 1675.

DU COMTE DE BUSSY.

Je ne vous avois pas mandé la désagréable réponse du
Roi, que notre paladin m'avoit rendue il y a assez longtemps, parce qu'il m'avoit prié de n'en parler à qui que
ce soit. Vous savez comme il est circonspect sur les choses
qui regardent le maître ; mais puisqu'il vous a dit ce secret, il m'a fait plaisir, et j'aime mieux en parler avec
vous qu'avec toute autre personne.

Il me paroît que vous étendez trop vos soupçons sur le
mot d'*invincible*, je crois qu'ils ne peuvent tomber que sur
une seule personne, et que vous en conviendrez, quand
vous ferez réflexion qu'un grand roi ne peut pas avouer
que rien lui paroisse invincible que l'amour : vous m'entendez bien, Madame. De vous dire maintenant ce qui
m'a mis l'amour sur les bras, je l'ignore, car je ne l'ai
jamais mérité : au contraire ; et je n'en serois pas si surpris si j'avois autant fait contre ce côté-là que contre les
deux autres endroits que vous soupçonnez. Ce sont, à mon

avis, des gens qui ne m'aiment pas, et que vous connoissez
fort, qui m'ont rendu l'amour contraire. Il faut avoir patience; si l'impatience me pouvoit servir de quelque chose,
je n'en manquerois pas.

Je serai bien fâché quand Mme de Grignan vous quittera, parce que vous le serez fort toutes deux. Cependant
il ne faut pas qu'elle se laisse trop aller à son chagrin :
outre que sa santé et sa beauté en pourroient pâtir, elle
passeroit désagréablement sa vie. En quelque lieu qu'elle
et moi soyons, je l'aimerai et je l'estimerai toujours extrêmement.

DE MADEMOISELLE DE BUSSY.

L'époux qu'on me destine, ma chère tante, me paroît
bon et raisonnable; il n'est pas beau, mais il est de belle
taille : je ferai ce que je pourrai pour vous le faire voir
bientôt, afin que vous en jugiez vous-même. Mon père
vous va dire le reste.

DU COMTE DE BUSSY.

L'époux donc est presque aussi grand que moi; il a
plus de trente ans, l'air bon, le visage long, le nez aquilin
et le plus grand du monde, le teint un peu plombé, assez
de la couleur de celui de Saucourt, chose considérable en
un futur. Il a dix mille livres de rente sur la frontière du
Comté et de la Bresse, dans les terres de Cressia, de Coligny, d'Andelot, de Valfin et de Loysia, desquelles il
jouit présentement par la succession de Joachim de Coligny, frère de sa mère. Le comte de Dalet, son père,
remarié, comme vous savez, avec Mlle d'Estaing, jouit
de la terre de Dalet et de celle de Malintras, et, après sa
mort, elles viennent au futur par une donation que son
père et sa mère firent, dans leur contrat de mariage, de
ces deux terres à leur fils aîné : elles valent encore dix
mille livres de rente, et plus. Une de ses tantes vient de

lui faire donation d'une terre de trois mille livres de rente
après sa mort. Son intention est de prendre emploi aussitôt qu'il sera marié, et je ne l'en dissuaderai pas. Sa
maison de Cressia, qui sera sa demeure, est à deux journées de Chaseu et à trois de Bussy. Je donne à ma fille le
bien de sa mère dès à présent, et je ne la fais pas renoncer à ses droits paternels.

DE MADEMOISELLE DE BUSSY.

Je vous rends mille grâces, ma chère tante, et à Madame de Grignan, de la part que vous me témoignez
prendre à mon établissement; vous ne sauriez toutes
deux vous intéresser aux affaires de personne qui vous
aime et qui vous honore plus que je fais.

---

396. — DU COMTE DE BUSSY RABUTIN
A MADAME DE SÉVIGNÉ.

Un mois après que j'eus écrit cette lettre, j'écrivis celle-ci à
Mme de Sévigné.

A Chaseu, ce 30e avril 1675.

Ce n'est pas seulement pour vous témoigner la part
que je prends à l'affliction que vous avez de la mort du
pauvre Chésières que je vous écris, Madame; c'est encore pour m'en plaindre avec vous; je l'ai toujours fort
aimé, mais le dernier voyage que j'ai fait à Paris, où je
passai une journée avec lui, me rafraîchit mon amitié, et
me fait aujourd'hui plus sentir sa perte.

Au reste, Madame, mes amis me mandent que je n'ai
plus d'obstacles pour mon retour à la cour que Monsieur
le Prince, et que la voie infaillible pour le lever est celle
de Monsieur le Duc; ils me proposent pour cela d'en
écrire à M. de Langeron ou à M. de Briord; mais je
crois que vous pourriez traiter cette affaire avec lui plus
habilement que personne, et avec un meilleur prétexte,

étant ce que nous sommes. Je vous supplie donc, Madame, de prendre votre temps, à la première visite qu'il vous rendra, pour lui en parler : je vous fais ma plénipotentiaire, je ne saurois mettre mes intérêts en de meilleures mains.

Mandez-moi des nouvelles du départ de Mme de Grignan ; je voudrois qu'il fût bien reculé, quand je devrois lui déplaire pour ce souhait ; car je sais bien que je me raccommoderois avec elle ; mais vous ne m'avez pas fait réponse si vous passeriez en ce pays-ci en la conduisant. Donnez-m'en avis de bonne heure, je vous supplie ; je vous veux voir toutes deux.

––––––––

397. — DE MADAME DE SÉVIGNÉ, DE CORBINELLI ET DE MADAME DE GRIGNAN AU COMTE DE BUSSY RABUTIN ET A MADEMOISELLE DE BUSSY.

Un mois après que j'eus écrit cette lettre, je reçus celle-ci de Mme de Sévigné.

A Paris, ce 10e mai 1675.

DE MADAME DE SÉVIGNÉ.

Je pense que je suis folle de ne vous avoir pas encore écrit sur le mariage de ma nièce ; mais je suis en vérité comme folle, et c'est la seule bonne raison que j'aie à vous donner. Mon fils s'en va dans trois jours à l'armée, ma fille dans peu d'autres en Provence : il ne faut pas croire qu'avec de telles séparations je puisse conserver ce que j'ai de bon sens. Ayez donc quelque pitié de moi, et croyez qu'au travers de toutes mes tribulations je sens toutes les injustices qu'on vous a faites.

J'approuve extrêmement l'alliance de M. de Coligny : c'est un établissement pour ma nièce, qui me paroît solide ; et pour la peinture du cavalier, j'en suis contente sur votre parole. Je vous fais donc mes compliments à

tous deux, et quasi à tous trois; car je m'imagine qu'à
présent vous n'êtes pas loin les uns des autres.

Je ne vous parle pas de tout ce qui s'est passé ici depuis un mois : il y auroit beaucoup de choses à dire, et
je n'en trouve pas une à écrire.

Nous avons perdu le pauvre Chésières en dix jours de
maladie. J'en ai été fâchée et pour lui et pour moi; car
j'ai trouvé mauvais qu'une grande santé pût être attaquée
et détruite en si peu de temps, sans avoir fait aucun
excès, au moins qui nous ait paru.

Adieu, mon cher cousin; adieu, ma chère nièce.

DE CORBINELLI A BUSSY.

J'espère que je me trouverai le jour des noces avec
vous; je me fie à mon ami le hasard : en tous cas, ce
sera bientôt après. En attendant, je vous dirai qu'il n'y
a pas un de vos serviteurs qui en soit plus content que
moi. Vous savez si je suis sincère.

DE CORBINELLI A MADEMOISELLE DE BUSSY.

Je vous dis la même chose, Mademoiselle ; je souhaite
que vous soyez bientôt Madame, et je ne doute pas que
vous ne mêliez alors l'air de gravité, que cette qualité donne, à celui des Rabutins, qui sait se faire
aimer et respecter également. Mme de Grignan m'arrache la plume.

DE MADAME DE GRIGNAN A BUSSY.

Comme vous n'avez point le malheur de partager le
chagrin de mon départ, je vous l'annonce sans prendre
la précaution de vous envoyer votre confesseur. C'est
donc ici un adieu, Monsieur le Comte; mais un adieu
n'est pas rude quand on n'est pas ensemble, et qu'ainsi
l'on ne se quitte point : c'est seulement avertir ses amis
que l'on change de lieu. Si vous avez besoin de mes ser-

vices et de l'huile de Provence, je vous en ferai votre provision. Mais ce n'est pas tout ce que je veux vous dire, c'est un compliment que je vous veux faire sur le mariage de Mademoiselle votre fille. Je ne sais pas trop comment il s'en faut démêler, et je ne puis que répéter quelqu'un de ceux qu'on vous aura faits, et dont vous vous êtes déjà moqué. Ce sera donc pour une autre fois; et si Dieu vous fait la grâce d'être grand-père au bout de l'an, je serai la première à vous dire mille gentillesses, et à elle aussi. En attendant, je vous embrasse tous deux de tout mon cœur.

———

398. — DU COMTE DE BUSSY RABUTIN ET DE MADEMOISELLE DE BUSSY A MADAME DE SÉVIGNÉ, A CORBINELLI ET A MADAME DE GRIGNAN.

Le même jour que j'eus reçu ces lettres, j'y fis ces réponses, et premièrement à Mme de Sévigné.

A Chaseu, le 10ᵉ mai 1675.

DE BUSSY A MADAME DE SÉVIGNÉ.

Ce n'est pas l'esprit que vous avez perdu, Madame, c'est la mémoire; car vous m'avez déjà écrit sur le mariage de ma fille, mais je suis fort aise que vous l'ayez oublié; cela m'a encore attiré une de vos lettres.

Je ne doute pas que vous ne souffriez étrangement, étant sur le point de vous séparer des personnes que vous aimez le plus, et que vous devez le plus aimer. On vivroit bien plus heureusement si l'on pouvoit faire ce que dit l'opéra :

> N'aimons jamais, ou n'aimons guère :
> Il est dangereux d'aimer tant.

Pour moi j'aime encore mieux le mal que le remède, et je trouve plus doux d'avoir bien de la peine à quitter les gens que j'aime, que de les aimer médiocrement. L'in-

dolence continuelle ne m'accommode pas; je veux des
hauts et bas dans la vie. Vous voyez, Madame, que la
fortune m'a servi à souhait. Cependant il me semble
qu'elle fait durer trop longtemps le méchant état, et qu'elle
sort de son caractère d'inconstance pour me persécuter.
J'ai bien fait de prendre les affaires au pis. Si je les
avois prises à cœur, je serois mort à présent, et je suis
dans une santé à survivre à de plus jeunes et à de plus
heureux que moi. Ce n'est pas, comme vous dites, que
l'exemple de Chésières ne fasse trembler les plus sains,
mais il fait encore plus de peur aux infirmes. A tout
hasard, Madame, portons-nous bien; je vous réponds
que nous irons loin : fiez-vous à ma parole. C'est déjà
beaucoup pour vivre longtemps que de l'espérer fortement. Je ne sais pas si sur les choses qui se sont passées
depuis un mois nous pensons de même, vous et moi;
mais je ne doute point que l'amour ne soit égal à ce qu'il
étoit, et que toute la différence n'aille qu'à plus de mystère, ce qui le fera durer plus longtemps. Voilà tout ce
que j'en puis juger d'aussi loin.

DE MADEMOISELLE DE BUSSY.

Je vous rends mille grâces, ma chère tante, de toutes
les bontés que vous me témoignez.

DE BUSSY A CORBINELLI.

Je vous trouve entre la mère et la fille, Monsieur, et
vous me paroissez là si bien que je ne vous en ôterai pas.
Venez-y, courez-y comme aux noces; vous ne sauriez
aller en aucun lieu du monde où l'on vous aime et où
l'on vous estime davantage.

DE MADEMOISELLE DE BUSSY A CORBINELLI.

Je vous assure, Monsieur, que de tous les compliments qu'on m'a faits, pas un ne m'a été plus agréable

que le vôtre. Au reste, je tâcherai de ne pas perdre cet air des Rabutins, qui vous plaît tant; je voudrois bien m'aller perfectionner là-dessus auprès de ma tante. Venez voir si je profite bien de l'exemple que j'ai ici, il me paroît assez bon à imiter, j'entends au moins pour l'air.

DE BUSSY A MADAME DE GRIGNAN.

Avec tout cela, Madame, vous avez beau dire, c'est un malheur pour moi que vous partiez de Paris. Je suis encore plus près d'y aller qu'en Provence : ainsi vous n'auriez pas trop mal fait quand vous m'auriez annoncé votre départ un peu plus délicatement.

Au reste, Madame, je vous rends mille grâces de vos offres. Je me passerois fort bien de votre huile, et j'aimerois mieux ne manger jamais de salade, que de vous voir aller où vous allez.

Je sais bien, Madame, que vous prenez part, comme font tous mes amis, au mariage de ma fille; et vous devez savoir aussi que je vous en remercie comme font tous les pères des nouvelles mariées. Je serai fort trompé si je ne suis grand-père au bout de l'an. La demoiselle n'a point du tout l'air d'une brehaigne.

———

399. — DE MADAME DE SÉVIGNÉ
AU COMTE DE BUSSY RABUTIN.

Le même jour que j'écrivis toutes ces lettres, je reçus celle-ci de Mme de Sévigné.

A Paris, ce 14ᵉ mai 1675.

Vous êtes le maître du pavé présentement, Monsieur le Comte. Je reçus votre lettre du 30ᵉ avril, le propre jour que Monsieur le Prince et Monsieur le Duc partirent pour Chantilly, et ensuite pour l'armée. Quand ils seroient encore ici, je vous assure qu'il n'y auroit rien à faire pour vous du côté de Monsieur le Duc; je sais

qu'il a parlé sur votre sujet d'une manière qui ne doit
pas donner sitôt la confiance de vouloir tirer de lui une
approbation de votre retour. Servez-vous de leur tolérance; vous ne les trouverez pas sur votre route : que
vous faut-il de plus ? Le paladin vous doit conduire
à l'égard du maître : c'est le principal en toutes manières.

Je vous remercie de tout ce que vous dites d'obligeant
sur la mort du pauvre Chésières : il me semble que je
vous ai déjà écrit là-dessus.

Ma fille ne vous verra point en passant, dont elle est
fort fâchée. Elle s'en va par des voies qui ne laissent aucune liberté de se détourner; elle vous embrasse de tout
son cœur.

Mandez-moi des nouvelles de votre mariage, et si vous
n'avez pas écrit à Mme de Montglas sur la mort de son
mari.

Adieu, Comte, j'ai la tête à l'envers du déplaisir
d'avoir quitté cette pauvre Comtesse; il y a des endroits dans la vie qui sont bien amers, et bien rudes à
passer.

---

400. — DU COMTE DE BUSSY RABUTIN
A MADAME DE SÉVIGNÉ.

Le lendemain du jour que j'eus reçu cette lettre, j'y fis cette
réponse.

A Chaseu, ce 18e mai 1675.

Quand je ne vais point à Paris, ce n'est ni Monsieur
le Prince ni Monsieur le Duc, à l'hôtel de Condé, qui
m'en empêchent; c'est le Roi. Ainsi, Madame, leur absence ne me donne pas plus de liberté, et j'ai pour les
ordres de Sa Majesté autant de respect quand elle est en
Flandre, que si elle étoit au Louvre.

Vous me mandez que Monsieur le Duc parle de moi
encore avec aigreur; il faut donc qu'il soit changé, car

Briord m'écrivit il y a quelque temps que Monsieur le Duc lui avoit commandé de me faire savoir qu'il étoit fâché de l'état où j'étois avec Monsieur son père, et qu'il seroit bien aise qu'il se radoucît pour moi. Quand je veux apaiser Monsieur le Prince, c'est afin d'aplanir tous les chemins, et pour n'avoir rien à me reprocher; et non pas que je croie que mon retour ne tient qu'à lui : vous savez que j'ai d'autres vues, et je vous assure que malgré tous les obstacles je retournerai à la cour. Ce n'est pas qu'au pis aller je m'en souciasse beaucoup, car c'est plus pour faire enrager les gens qui me craignent que je fais des pas de ce côté-là, que pour les avantages que j'en attends. J'irai droit au maître par le paladin, et par d'autres, car j'ai plusieurs chemins, et quand tout cela me manqueroit, le temps, si je vis, ne me manquera pas.

Nous attendons M. de Coligny à tous moments pour transiger.

J'ai écrit à Mme de Montglas sur la mort de son mari.

Je vous plains fort, ma chère cousine, dans la séparation de notre Comtesse.

---

401. — DE MADAME DE SÉVIGNÉ
A MADAME DE GRIGNAN.

A Livry, lundi 27e mai.

Quel jour, ma fille, que celui qui ouvre l'absence ! Comment vous a-t-il paru ? Pour moi, je l'ai senti avec toute l'amertume et toute la douleur que j'avois imaginées, et que j'avois appréhendées depuis si longtemps. Quel moment que celui où nous nous séparâmes ! quel adieu ! et quelle tristesse d'aller chacune de son côté, quand on se trouve si bien ensemble ! Je ne veux point vous en parler davantage, ni célébrer, comme vous dites,

toutes les pensées qui me pressent le cœur : je veux me
représenter votre courage, et tout ce que vous m'avez
dit sur ce sujet, qui fait que je vous admire. Il me parut
pourtant que vous étiez un peu touchée en m'embrassant. Pour moi, je revins à Paris comme vous pouvez
vous l'imaginer. M. de Coulanges se conforma à mon
état. J'allai descendre chez M. le cardinal de Retz, où je
renouvelai tellement toute ma douleur, que je fis prier
M. de la Rochefoucauld, Mme de la Fayette et Mme de
Coulanges, qui vinrent pour me voir, de trouver bon que
je n'eusse point cet honneur : il faut cacher ses foiblesses
devant les forts. Monsieur le Cardinal entra dans les
miennes : la sorte d'amitié qu'il a pour vous le rend fort
sensible à votre départ. Il se fait peindre par un religieux de Saint-Victor; je crois que, malgré Caumartin,
il vous donnera l'original. Il s'en va dans peu de jours.
Son secret est répandu; ses gens sont fondus en larmes.
Je fus avec lui jusqu'à dix heures. Ne blâmez point, mon
enfant, ce que je sentis en rentrant chez moi. Quelle
différence! quelle solitude! quelle tristesse! votre chambre, votre cabinet, votre portrait! ne plus trouver cette
aimable personne! M. de Grignan comprend bien ce que
je veux dire et ce que je sentis. Le lendemain, qui étoit
hier, je me trouvai tout éveillée à cinq heures; j'allai
prendre Corbinelli pour venir ici avec l'abbé. Il y pleut
sans cesse, et je crains fort que vos chemins de Bourgogne ne soient rompus. Nous lisons ici des maximes que
Corbinelli m'explique; il voudroit bien m'apprendre à
gouverner mon cœur; j'aurois beaucoup gagné à mon
voyage, si j'en rapportois cette science. Je m'en retourne
demain; j'avois besoin de ce moment de repos pour remettre un peu ma tête et reprendre une espèce de con-
tenance.

402. — DE MADAME DE SÉVIGNÉ
A MADAME DE GRIGNAN.

A Paris, mercredi 29e mai.

Je vous conjure, ma fille, d'être persuadée que vous
n'avez manqué à rien. Une de vos réflexions pourroit
effacer des crimes, à plus forte raison des choses si lé-
gères, qu'il n'y a que vous et moi qui soyons capables de
les remarquer : croyez que je ne puis conserver d'autres
sentiments pour vous que ceux d'une tendresse qui n'a
point d'égale, et d'un goût si naturel qu'il ne finira qu'a-
vec moi. J'ai tâché d'apprendre à Livry ce qu'il faut faire
pour détourner ces sortes d'idées; toute la difficulté,
c'est qu'il ne s'en présente point à moi qui ne soient sur
votre sujet, et que je ne sais où en prendre d'autres :
ainsi Corbinelli est bien empêché; mais il faut espérer
que le temps les rendra moins amères. Un peu de dévotion et d'amour de Dieu mettroient le calme dans mon
âme; ce n'est qu'à cela seul que vous devez céder. Corbinelli m'a été uniquement bon à Livry; son esprit me
plaît, et son dévouement pour moi est si grand, que je
ne me contraignois sur rien. J'en revins hier, et je descendis encore chez notre cardinal, à qui je trouvai tant
d'amitié pour vous, qu'il me convient par cet endroit-là
plus que les autres, sans compter tous les anciens atta-
chements que j'ai pour lui. Il a mille affaires; il passe la
Pentecôte à Saint-Denis; mais il reviendra ici pour huit
ou dix jours encore. On ne parle aujourd'hui que de sa
retraite, mais chacun selon son humeur, quoique l'admiration soit la seule manière de l'envisager. Mmes de Lavardin, de la Troche et de Villars m'accablent de leurs
billets et de leurs soins; je ne suis point encore en état
de profiter de leurs bontés. Mme de la Fayette est à
Saint-Maur. Mme de Langeron a la tête enflée; on croit

qu'elle mourra. La Reine et Mme de Montespan furent
lundi aux Carmélites de la rue du Bouloi plus de deux
heures en conférence; elles en parurent également con-
tentes; elles étoient venues chacune de leur côté, et s'en
retournèrent le soir à leurs châteaux. Je vous écrivis
avant-hier; je vous adressai la lettre à Lyon, chez Monsieur le Chamarier : je serois bien fâchée que cette lettre
fût perdue; il y en avoit une de notre cardinal dans le
paquet : voici encore un billet de lui. Votre lettre est
très-bonne pour pénétrer le cœur et l'âme. M. de Coulanges sera informé de votre souvenir. Il est vrai qu'il
faut profiter de tous les moments dans les adieux; je serois très-fâchée de n'avoir pas été jusqu'à Fontainebleau :
l'instant de la séparation fut terrible, mais c'eût été encore pis d'ici. Je ne perdrai jamais aucun temps de vous
voir; je ne me reproche rien là-dessus; et pour me raccommoder avec Fontainebleau, j'y veux aller au-devant
de vous. Dieu nous enverra des facilités pour me conserver la vie; ne soyez point inquiète de ma santé : je la
ménage, puisque vous l'aimez. Ne soyez jamais en peine
de ceux qui ont le don des larmes; je prie Dieu que je
ne sente jamais de ces douleurs où les yeux ne soulag-
gent point le cœur : il est vrai qu'il y a des pensées et
des paroles qui sont étranges, mais rien n'est dangereux
quand on pleure. J'ai donné de vos nouvelles à vos amis;
je vous remercie, ma chère Comtesse, de votre aimable
distinction.

Le maréchal de Créquy assiége Dinant. On dit qu'il
y a du désordre à Strasbourg : les uns veulent laisser
passer l'Empereur; les autres veulent tenir leur parole
à M. de Turenne. Je n'ai point de nouvelles des guerriers. On m'a dit que le chevalier de Grignan avoit la
fièvre tierce; vous en apprendrez des nouvelles par lui-
même.

403. — DE MADAME DE SÉVIGNÉ
A MADAME DE GRIGNAN.

A Paris, vendredi, 31e mai.

Je n'ai reçu encore que votre première lettre. Il est vrai, ma fille, qu'elle vaut tout ce qu'on peut valoir. Je ne vois rien depuis votre absence, et je ne trouve personne qui ne m'en fasse souvenir : on m'en parle, et on a pitié de moi ; n'est-ce pas sur ces pensées qu'il faut passer légèrement ? passons donc.

Je fus hier chez Mme de Verneuil, au retour de Saint-Maur, où j'étois allée avec Monsieur le Cardinal. Je trouvai à l'hôtel de Sully Mlle de Lannoi, mariée au petit-fils du vieux comte de Montrevel. La noce s'est faite là ; jamais vous n'avez vu une mariée si drue : elle va droit à son ménage, et dit déjà « mon mari. » Il avoit la fièvre, ce mari, et la devoit avoir le lendemain ; il ne l'eut point. Fieubet dit : « Voilà donc un remède pour la fièvre, mais dites-nous la dose. » Mmes de Castelnau, Louvigny, Sully, Fiesque, vous jugez bien ce que toutes ces belles me purent dire. Mes amies ont trop de soin de moi, j'en suis importunée ; mais je ne perds aucun des moments dont je puis profiter pour voir notre cher cardinal. Voilà des lettres qui vous apprendront l'arrivée de Monsieur le Coadjuteur ; je l'ai vu et embrassé ce matin, il doit ce soir conférer avec Son Éminence et d'Hacqueville, pour savoir la résolution qu'il doit prendre : il a été caché jusqu'ici.

Madame la Duchesse a perdu Mademoiselle d'Enghien ; un de ses fils s'en va mourir encore ; sa mère est malade, Mme de Langeron abîmée sous terre, Monsieur le Prince et Monsieur le Duc à la guerre : elle pleure toutes ces choses, à ce qu'on m'a dit. Je laisse à d'Hacqueville à vous parler de la guerre, et aux Grignans à vous parler

de la maladie du chevalier : s'il revient ici, j'en aurai
soin comme de mon fils. Je compte que vous êtes aujour-
d'hui sur la tranquille Saône : c'est ainsi que devroient
être nos esprits; mais le cœur les débauche sans cesse;
le mien est rempli de ma fille. Je vous ai mandé mon
embarras : c'est de ne pouvoir détourner mon idée de
vous, parce que toutes mes pensées sont de la même
couleur.

A dix heures du soir.

Nous voici tous chez mon abbé. Le Coadjuteur est
aussi content ce soir qu'il étoit embarrassé ce matin :
l'abbé de Grignan a si bien ménagé Monsieur de Paris,
que le Coadjuteur en sera reçu comme un député très-
agréable et très-cher. Le voilà donc ravi : il verra demain Monsieur de Paris, et reprendra le nom de coadjuteur d'Arles, qu'il avoit quitté depuis vingt-quatre
heures, pour se cacher sous celui de l'abbé d'Aiguebelle.
Je ne plains que vous, ma fille, qui n'aurez point sa bonne
compagnie : c'est une perte partout, et surtout en Provence. L'abbé croit que la fièvre du chevalier s'est rendue assez traitable pour le laisser poursuivre son chemin. D'Hacqueville dit que Dimant est rendu. Adieu,
ma très-chère; voici une compagnie où il ne manque
que vous; vous y êtes tendrement aimée, vous n'en sauriez douter.

---

404. — DE MADAME DE SÉVIGNÉ ET DE MADAME
DE COULANGES A MADAME DE GRIGNAN.

A Paris, mercredi 5ᵉ juin.

DE MADAME DE SÉVIGNÉ.

Je n'ai reçu aucune de vos lettres depuis celle de Sens;
et vous savez quelle envie je puis avoir d'apprendre des
nouvelles de votre santé et de votre voyage. Je suis très-

persuadée que vous m'avez écrit : je ne me plains que
des arrangements ou des dérangements de la poste. Selon notre calcul, vous êtes à Grignan, à moins qu'on ne
vous ait retenue les fêtes à Lyon. Enfin, ma fille, je vous
ai suivie partout, et il me semble que le Rhône n'a point
manqué au respect qu'il vous doit. J'ai quitté Livry, ma
chère bonne, pour ne pas perdre un moment de ceux
que je puis avoir pour voir notre cardinal. La tendresse
qu'il a pour vous, et la vieille amitié qu'il a pour moi,
m'attachent très-tendrement à lui : je le vois donc tous
les jours depuis huit heures jusqu'à dix ; il me semble
qu'il est bien aise de m'avoir jusqu'à son coucher : nous
causons sans cesse de vous ; c'est un sujet qui nous mène
bien loin, et qui nous tient uniquement au cœur. Il veut
venir ici ; mais je ne puis plus souffrir cette maison où
vous me manquez. Monsieur le Nonce lui manda hier
qu'il venoit de recevoir un courrier de Rome, et qu'il
étoit cardinal. Le pape a fait une promotion de ses
créatures : c'est ainsi qu'on l'appelle. Les couronnes
sont remises à cinq ou six années d'ici, et par conséquent Monsieur de Marseille. Le nonce dit à *Bonvou-*
loir, qui courut lui faire un compliment, qu'il espéroit
bien que présentement le pape ne reprendroit pas le
chapeau de M. le cardinal de Retz, et qu'il s'en alloit
bien faire ses efforts pour en détourner Sa Sainteté,
quand même elle le voudroit, puisqu'il a l'honneur d'être
son camarade. Voici donc encore un cardinal, le cardinal Spada. Le nôtre s'en va mardi ; je crains ce jour, et
je sens extrêmement cette séparation et cette perte : son
courage augmente à mesure que celui de ses amis diminue.

La duchesse de la Vallière fit hier profession. Mme de
Villars m'avoit promis de m'y mener, et par un malen-
tendu nous crûmes n'avoir point de places. Il n'y avoit
qu'à se présenter, quoique la Reine eût dit qu'elle ne

vouloit pas que la permission fût étendue; tant y a, Dieu
ne le voulut pas : Mme de Villars en a été affligée. Elle
fit donc cette action, cette belle et courageuse personne,
comme toutes les autres de sa vie, d'une manière noble
et charmante. Elle est d'une beauté qui surprit tout le
monde; mais ce qui vous surprendra, c'est que le sermon
de Monsieur de Condom ne fut point aussi divin qu'on
l'espéroit. Le Coadjuteur y étoit. Il vous contera comme
son affaire va bien à l'égard de Monsieur de Paris et
de Monsieur de Saint-Paul; mais il trouve l'ombre de
Monsieur de Toulon et l'esprit de Monsieur de Marseille
partout.

Mme de Coulanges part lundi avec Corbinelli; cela
m'ôte ma compagnie. Vous savez comme Corbinelli m'est
bon, et de quelle sorte il entre dans mes sentiments. Je
suis convaincue de son amitié et de son dévouement pour
moi; je sens son absence; mais, ma bonne, après vous
avoir perdue, que peut-il m'arriver dont je doive me
plaindre? Je ne m'en plains aussi que par rapport à vous,
comme un de ceux avec qui je trouve plus de consolation; car il ne faut pas croire que ceux à qui je n'ose en
parler autant que je voudrois me soient aussi agréables
que ceux qui sont dans mes sentiments. Il me semble
que vous avez peur que je ne sois ridicule, et que je ne
me répande excessivement sur ce sujet : non, non, ma
bonne, ne craignez rien; je sais gouverner ce torrent :
fiez-vous un peu à moi, et me laissez vous aimer jusqu'à
ce que Dieu vous ôte un peu de mon cœur pour s'y mettre : c'est à lui seul que vous céderez cette place. Ma
bonne, savez-vous bien que je me suis trouvée si uniquement occupée et remplie de vous, que mon cœur
n'étant capable d'aucune autre pensée, on m'a défendu
de faire mes dévotions à la Pentecôte? et c'est savoir le
christianisme. Adieu, mon enfant, j'achèverai ma lettre
ce soir.

Je reçois votre lettre de Mâcon, ma très-chère bonne. Je n'en suis pas encore à les pouvoir lire sans que la fontaine joue son jeu : tout est si tendre dans mon cœur, que dès que je touche à la moindre chose, je n'en puis plus. Vous pouvez penser qu'avec cette belle disposition je rencontre souvent des occasions; mais, ma bonne, ne craignez rien pour ma santé : je ne puis jamais oublier cette bouffée de philosophie que vous me vîntes souffler ici la veille de votre départ; j'en profite autant que je puis; mais j'ai une si grande habitude à être foible, que, malgré vos bonnes leçons, je succombe souvent. Vous aurez vu comme ce jour douloureux du départ de Monsieur le Cardinal n'est pas encore arrivé : il le sera quand vous recevrez cette lettre. Il est vrai que cela seul mériteroit d'ouvrir une source; mais comme elle est ouverte pour vous, il ne fera qu'y puiser. Ce sera, en effet, un jour très-douloureux; car je suis attachée à sa personne, à son mérite, à sa conversation, dont je jouis tant que je puis, et à toutes les amitiés qu'il me témoigne. Il est vrai que son âme est d'un ordre si supérieur, qu'il ne falloit pas attendre une fin de lui toute commune, comme des autres hommes. Quand on a pour règle de faire toujours ce qu'il y a de plus grand et de plus héroïque, on place sa retraite en son temps, et l'on laisse pleurer ses amis.

Que vous êtes plaisante, mon enfant, avec votre gazette à la main! Quoi! sitôt, vous en faites vos délices! je croyois que vous attendriez au moins que vous eussiez passé cette chienne de Durance. Le dialogue du Roi et de Monsieur le Prince me paroît plaisant : je crois qu'ici même vous l'auriez pris pour bon. Je reçois une lettre du chevalier, qui se porte bien. Il est à l'armée, et n'a eu que cinq accès de fièvre tierce : c'est une inquiétude de moins; mais sa lettre toute pleine d'amitié est d'un vrai Allemand; car il ne veut point du tout croire ce

qu'on dit d'une retraite du cardinal de Retz : il me prie
de lui dire la vérité; je m'en vais la lui dire. Je ferai
tous vos compliments; je suis fort assurée qu'ils seront
très-bien reçus : chacun se fait un honneur d'être dans
votre souvenir : M. de Coulanges en étoit tout glorieux.
Tous nos amis, nos amies, nos commensaux, me parlent
de vous quand je les rencontre, et me prient de vous
assurer de leur servitude. Le Coadjuteur vous contera
les prospérités de son voyage; mais il ne se vantera pas
d'avoir pensé être étouffé chez Mme de Louvois par vingt
femmes qui se firent un jeu, et qui croyoient chacune
être en droit de l'embrasser. Cela fit une confusion,
une oppression, une suffocation, dont la pensée me fait
étouffer, tout cela soutenu par les tons les plus hauts et
les paroles les plus répétées et les plus affectives qu'on
puisse imaginer. Mme de Coulanges conte fort plaisamment cette scène. Je vous souhaite à Grignan la compagnie que vous nommez. Mon fils se porte bien : il
vous fait mille amitiés. M. de Grignan voudra bien que
je l'embrasse, à présent qu'il n'est pas occupé du tracas
du bateau. Je le vois bien d'ici arracher *sa touffe ébou-*
riffée.

M. de Rochefort assiége Huy; la ville est rendue; le
château résiste un peu. L'autre jour M. de Bagnols
donnoit une fricassée à Mmes d'Heudicourt et de Sanzei
et à Coulanges : c'étoit à la Maison Rouge. Ils entendent
dans la chambre voisine cinq ou six voix éclatantes, des
cris, des discours éveillés, des propositions folles. M. de
Coulanges veut voir qui c'est : il trouve Mme Baillet,
Madaillan, un autre Pourceaugnac, et la belle Angloise,
et Montallais; en même temps, voilà Montallais à genoux, qui prie humblement Coulanges de ne rien dire.
Il a si bien fait que tout Paris le sait, et que Montallais se désespère qu'on sache l'usage qu'elle fait de sa
précieuse Angloise. Ma très-chère bonne, je finis pour

ne vous pas accabler. Hélas! quel changement que de
n'avoir plus de plaisir que de recevoir de vos lettres,
après avoir eu si longtemps celui de vous voir en corps
et en âme! Je ne me reproche pas au moins de ne l'avoir
pas senti.

DE MADAME DE COULANGES.

On ne regrette plus que les gens que l'on hait : je le
sais depuis que vous êtes partie; on ne suit que les gens
que l'on hait : je pars samedi pour marcher sur vos pas,
et je ne serai contente de mon voyage que quand j'aurai
fait quelque trajet sur le Rhône. J'ai été à Saint-Cloud
aujourd'hui; on m'y a parlé de vous, et j'en ai été aise,
car ma haine pour vous ressemble si fort à de l'amitié,
que je m'y méprends toujours. Je suis très-humble servante de M. de Grignan.

---

405. — DE MADAME DE SÉVIGNÉ
A MADAME DE GRIGNAN.

A Paris, vendredi 7e juin.

Enfin, ma fille, me voilà réduite à faire mes délices
de vos lettres : il est vrai qu'elles sont d'un grand prix;
mais quand je songe que c'étoit vous-même que j'avois,
et que j'ai eue quinze mois de suite, je ne puis retourner
sur ce passé sans une grande tendresse et une grande
douleur. Il y a des gens qui m'ont voulu faire croire que
l'excès de· mon amitié vous incommodoit; que cette
grande attention à vouloir découvrir vos volontés, qui
tout naturellement devenoient les miennes, vous faisoit
assurément une grande fadeur et un dégoût. Je ne sais,
ma chère enfant, si cela est vrai : ce que je puis vous
dire, c'est qu'assurément je n'ai pas eu dessein de vous
donner cette sorte de peine. J'ai un peu suivi mon inclination, je l'avoue; et je vous ai vue autant que je l'ai

pu, parce que je n'ai pas eu assez de pouvoir sur moi
pour me retrancher ce plaisir; mais je ne crois point
vous avoir été pesante. Enfin, ma fille, aimez au moins la
confiance que j'ai en vous, et croyez qu'on ne peut jamais
être plus dénuée ni plus touchée que je le suis en votre
absence.

La Providence m'a traitée bien rudement, et je me
trouve fort à plaindre de n'en savoir pas faire mon salut.
Vous me dites des merveilles de la conduite qu'il faut
avoir pour se gouverner dans ces occasions; j'écoute vos
leçons, et je tâche d'en profiter. Je suis dans le train de
mes amies, je vais, je viens; mais quand je puis parler de
vous, je suis contente, et quelques larmes me font un
soulagement nonpareil. Je sais les lieux où je puis me
donner cette liberté; vous jugez bien que, vous ayant
vue partout, il m'est difficile dans ces commencements de
n'être pas sensible à mille choses que je trouve en mon
chemin.

Je vis hier les Villars, dont vous êtes révérée; nous
étions en solitude aux Tuileries; j'avois dîné chez Monsieur le Cardinal, où je trouvai bien mauvais de ne vous
voir pas. J'y causai avec l'abbé de Saint-Mihel, à qui
nous donnons, ce me semble, comme en dépôt, la personne de Son Éminence. Il me parut un fort honnête
homme, un esprit droit et tout plein de raison, qui a de
la passion pour lui, qui le gouvernera même sur sa santé,
et l'empêchera bien de prendre le feu trop chaud sur la
pénitence. Ils partiront mardi, et ce sera encore un jour
douloureux pour moi, quoiqu'il ne puisse être comparé
à celui de Fontainebleau. Songez, ma fille, qu'il y a déjà
quinze jours, et qu'ils vont enfin, de quelque manière
qu'on les passe.

Tous ceux que vous m'avez nommés apprendront votre
souvenir avec bien de la joie; j'en suis mieux reçue. Je
verrai ce soir notre cardinal; il veut bien que je passe

une heure ou deux chez lui les soirs avant qu'il se couche,
et que je profite ainsi du peu de temps qui me reste.
Corbinelli étoit ici quand j'ai reçu votre lettre; il a pris
beaucoup de part au plaisir que vous avez eu de con-
fondre un jésuite : il voudroit bien avoir été le témoin de
votre victoire. Mme de la Troche a été charmée de ce
que vous dites pour elle. Soyez en repos de ma santé,
ma chère enfant; je sais que vous n'entendez pas de raillerie là-dessus. Le chevalier de Grignan est parfaitement
guéri. Je m'en vais envoyer votre lettre chez M. de Turenne. Nos frères sont à Saint-Germain. J'ai envie de
vous envoyer la lettre de la Garde; vous y verrez en gros
la vie qu'on fait à la cour. Le Roi a fait ses dévotions à
la Pentecôte. Mme de Montespan les a faites de son côté;
sa vie est exemplaire; elle est très-occupée de ses ouvriers, et va à Saint-Cloud, où elle joue à l'hoca.

A propos, les cheveux me dressèrent l'autre jour à la
tête, quand le Coadjuteur me dit qu'en allant à Aix il y
avoit trouvé M. de Grignan jouant à l'hoca. Quelle fureur! au nom de Dieu, ne le souffrez point; il faut que
ce soit là une de ces choses que vous devez obtenir, si
l'on vous aime. J'espère que Pauline se porte bien,
puisque vous ne m'en parlez point; aimez-la pour l'a-
mour de son parrain. Mme de Coulanges a si bien gouverné la princesse d'Harcourt, que c'est elle qui vous fait
mille excuses de ne s'être pas trouvée chez elle quand
vous allâtes lui dire adieu : je vous conseille de ne la
point chicaner là-dessus. Ce que vous dites des arbres
qui changent est admirable; la persévérance de ceux de
Provence est triste et ennuyeuse : il vaut mieux reverdir
que d'être toujours vert. Corbinelli dit qu'il n'y a que
Dieu qui doive être immuable; toute autre immutabilité
est une imperfection; il étoit bien en train de discourir
aujourd'hui. Mme de la Troche et le prieur de Livry
étoient ici : il s'est bien diverti à leur prouver tous les

attributs de la divinité. Adieu, ma très-aimable, je vous embrasse; mais quand pourrai-je vous embrasser de plus près? La vie est si courte; ah! voilà sur quoi il ne faut pas s'arrêter. C'est maintenant vos lettres que j'attends avec impatience.

---

406. — DE MADAME DE SÉVIGNÉ
A MADAME DE GRIGNAN.

A Paris, mercredi 12ᵉ juin.

Je fus hier assez heureuse pour m'aller promener avec Son Éminence tête à tête au bois de Vincennes. Il trouva que l'air me seroit bon; il n'étoit pas trop accablé d'affaires : nous fûmes quatre heures ensemble; je crois en avoir bien profité; du moins les chapitres que nous traitâmes n'étoient pas indignes de lui. C'est ma véritable consolation que je perds en le perdant; et c'est moi que je pleure, et vous aussi, quand je considère toute la tendresse qu'il a pour nous. Son départ achève de m'accabler.

Mme de Coulanges partit lundi fort triste, mais fort satisfaite d'avoir Corbinelli. Savez-vous l'affaire de M. de Saint-Vallier? Il étoit amoureux de Mlle de Rouvroi; il a fait signer le contrat de mariage au Roi, pas davantage; il emprunte avec confiance dix mille écus de Mme de Rouvroi sur l'argent qu'elle doit donner; et puis tout d'un coup il lui envoie une promesse de dix mille écus, et s'en va je ne sais où. Le Roi dit sur cela : « Je trouve fort bon qu'il se moque de Mme et de Mlle de Rouvroi; mais de moi, c'est ce que je ne souffrirai pas, et lui ai fait dire, ou qu'il vienne épouser la belle, ou qu'il s'éloigne pour jamais, et qu'il envoie la démission de sa charge, à faute de quoi elle sera taxée. » Et ce procédé est si extrêmement ridicule du côté de Saint-Vallier, qu'on croit que c'est un jeu pour y faire consentir le père.

Le Roi avoit donné à Saint-Vallier un brevet de retenue de cent mille francs et une pension de six mille francs en faveur du mariage. Vous voyez donc que ces brevets si rares se donnent quelquefois.

J'étois hier au soir avec Mme de Sanzei et d'Hacqueville : je vis entrer Vassé ; nous crûmes que c'étoit son esprit, c'étoit son corps très-maléficié. Il est ici *incognito*, et vous fait mille et mille compliments. J'ai regret aux trois semaines que vous pouviez passer avec M. le cardinal de Retz, qui ne part que samedi. J'admire comme jour à jour, et toujours triste, le temps s'est passé depuis votre départ. Vous ai-je mandé que Monsieur le Duc a encore perdu un fils ? Ce sont deux enfants en huit jours.

Je reçois votre lettre de Grignan du 5e ; elle m'ôte l'inquiétude de votre santé. Vous dites une chose bien vraie, et que je sens à merveille, c'est que *les jours qu'on n'attend point de lettres ne sont employés qu'à attendre ceux qu'on en reçoit.* Il y a un certain degré dans l'amitié où l'on sent toutes les mêmes choses ; mais vous souhaitez de vos amis une tranquillité qu'il est bien difficile de vous promettre : vous ne voulez point qu'ils vous servent, qu'ils sollicitent, qu'ils s'intéressent pour vous. Je crois vous l'avoir déjà dit, il n'est pas possible de vous accorder avec eux ; car il se rencontre malheureusement que leur fantaisie, c'est justement de faire toutes ces choses ; mais comme il est plus établi que ce sont nos amis qui nous servent, que de vouloir que ce soient nos seuls ennemis, je crois, ma fille, que vous ne gagnerez pas ce procès-là, et que nous demeurerons en possession de vous témoigner notre amitié toutes les fois que nous le pourrons, comme on l'a toujours observé depuis la création du monde, c'est-à-dire depuis qu'il y a de la tendresse.

Vous m'avez fait plaisir de me parler de mes petits-enfants; je crois que vous vous divertirez à voir débrouiller leur petite raison. Je souhaite fort que vous n'alliez point à Aix; vous serez bien plus en repos à Grignan, et vous y ferez revenir plus tôt M. de Grignan. Obtenez encore cette petite absence de sa tendresse, et tâchez de faire venir Monsieur l'Archevêque passer les chaleurs avec vous : vous n'en serez point incommodés avec le secours de votre bise. J'attends une grande lettre de M. de Grignan : est-il possible qu'il trouve les jours trop courts pour m'écrire? pour moi, je les trouve d'une longueur qui pourroit faire entreprendre et achever un bâtiment, en commençant un peu matin!

Mme de Montespan continue le sien, elle s'amuse fort à ses ouvriers. Monsieur y va fort souvent. Elle va à Saint-Cloud jouer à l'hombre. Il y a des dames qui la vont voir à Clagny. Madame de Fontevrault y doit passer quelques jours; elle venoit dans la joie de voir son père, qu'elle aime; elle pensa mourir de douleur en le voyant en l'état qu'il est, sans pouvoir prononcer une parole, tout assoupi, tout prêt à retomber dans l'état où il a été : cette vue la fait mourir. L'abbé Têtu la gouverne fort; j'admire le soin qu'a la Providence de son amusement : quand l'une s'en va à Lyon, il en revient une autre d'Anjou.

Je ne puis vous nombrer les louanges et les tendresses de Barrillon; je ne sais où vous avez pris qu'il ait été hostile pour vous. Il vient voir votre portrait et parle de vous dignement. Dites-moi un mot qui lui marque que je me suis acquittée.

On dit chez M. Colbert et chez le maréchal de Villeroi que M. de Montecuculi a repassé humblement le Rhin, et que M de Turenne, par un excès de civilité, l'a reconduit, et l'a repassé après lui. La tête tourne à nos pauvres ennemis : la vue de M. de Turenne les renverse. Huy n'est pas encore pris.

Je fais mon paquet chez Monsieur le Cardinal : il a un peu la goutte, j'espère que cela l'arrêtera. Je vous plains de n'avoir pas eu le plaisir de le voir autant qu'il a été ici.

On nous assure que Huy est pris du 5 au 6ᵉ, sans que personne ait été tué. La Reine alla hier faire collation à Trianon ; elle descendit à l'église, puis à Clagny, où elle prit Mme de Montespan dans son carrosse, et la mena à Trianon avec elle.

---

407. — DE MADAME DE SÉVIGNÉ
A MADAME DE GRIGNAN.

A Paris, vendredi 14ᵉ juin.

C'est au lieu d'aller dans votre chambre, ma bonne, que je vous entretiens. Quand je suis assez malheureuse de ne vous avoir plus, ma consolation toute naturelle, c'est de vous écrire, de recevoir de vos lettres, de parler de vous, et de faire quelques pas pour vos affaires. Je passai hier l'après-dînée avec notre cardinal : vous ne sauriez jamais deviner de quoi nous parlons quand nous sommes ensemble. Je recommence toujours à vous dire que vous ne pouvez trop l'aimer, et que je vous trouve heureuse d'avoir renouvelé si solidement toute l'inclination et la tendresse naturelle qu'il avoit déjà pour vous.

Mandez-moi comme vous vous portez de l'air de Grignan, s'il vous a déjà bien dévorée, enfin comme vous êtes, et comme je me dois représenter votre jolie personne. Votre portrait est très-agréable, mais beaucoup moins que vous, sans compter qu'il ne parle point. Pour moi, n'en soyez point en peine, ma règle présentement est d'être déréglée ; je n'en suis point malade. Je dîne tristement ; je suis ici jusqu'à cinq ou six heures ; le soir je vais, quand je n'ai point d'affaires, chez quelqu'une de mes amies; je me promène selon les quartiers; nous voici dans les saluts; je fais tout céder au plaisir d'être avec Monsieur le Cardinal : je ne perds aucune des heures qu'il me peut donner, il m'en donne beaucoup; j'en sentirai mieux son départ et son absence : il n'importe; je ne songe jamais à m'épargner : après vous avoir quittée, je n'ai plus rien à craindre. J'irois un peu à Livry sans lui et vos affaires, mais je mets les choses au rang qu'elles doivent être, et ces deux choses sont bien au-dessus de mes fantaisies.

La Reine fut voir Mme de Montespan à Clagny, le jour que je vous avois dit qu'elle l'avoit prise en passant. Elle monta dans sa chambre, elle y fut une demi-heure; elle alla dans celle de M. du Vexin qui étoit un peu malade, et puis emmena Mme de Montespan à Trianon, comme je vous l'avois mandé. Il y a des dames qui ont été à Clagny; elles trouvèrent la belle si occupée des ouvrages et des enchantements que l'on fait pour elle, que pour moi je me représente Didon qui fait bâtir Carthage : la suite de l'histoire ne se ressemblera pas. M. de la Rochefoucauld m'a fort priée de vous assurer de son service; Mme de la Fayette vous embrasse. Nous craignons bien que vous n'ayez tout du long Madame la Grande-Duchesse. On lui prépare ici une prison à Montmartre, dont elle seroit effrayée, si elle n'espéroit point de la faire changer; c'est à quoi elle sera attrapée : ils sont ravis en Toscane d'en être défaits. Mme de Sully est partie : Paris devient fort désert; je voudrois déjà en être dehors. Je dînai hier avec le Coadjuteur chez Monsieur le Cardinal; je le chargeai de vous faire l'histoire ecclésiastique. Monsieur Joli prêcha à l'ouverture; mais comme il ne se servit que d'une vieille évangile et qu'il ne dit que de vieilles vérités, son sermon parut vieux. Il y auroit de belles choses à dire sur cet article.

La Reine a dîné aujourd'hui aux Carmélites du Bou-

loi, avec Mme de Montespan et Madame de Fontevrault :
vous verrez de quelle manière se tournera cette amitié.
On dit que M. de Turenne reconduit les ennemis quasi
jusque dans leur logis; il est assez avant dans leur pays.
Vous recevrez un si gros paquet de d'Hacqueville, que
c'est se moquer de vouloir vous apprendre quelque chose
aujourd'hui. J'ai le cœur bien pressé de Monsieur le
Cardinal. Ce redoublement d'amitié et de commerce
augmente ma tristesse. Il sort d'ici, et s'en va demain. Je
n'ai point encore reçu vos lettres. Croyez, ma bonne,
qu'il n'est pas possible d'aimer plus que je vous aime : je
ne suis animée que de ce qui a quelque rapport à vous.
Mme de Rochebonne m'a écrit très-tendrement; elle me
conte avec quels sentiments vous reçûtes et vous lûtes
mes lettres à Lyon. Vous êtes donc foible quelquefois
aussi bien que moi, ma très-aimable enfant.

---

408. — DE MADAME DE SÉVIGNÉ
A MADAME DE GRIGNAN.

À Paris, mercredi 19e juin.

Je vous assure, ma très-chère enfant, qu'après l'adieu
que je vous dis à Fontainebleau, auquel rien ne peut être
comparé, je n'en pouvois faire un plus douloureux que
celui que je fis hier à M. le cardinal de Retz, chez M. de
Caumartin, à quatre lieues d'ici. J'y fus lundi dîner; je
le trouvai au milieu de ses trois fidèles amis; leur conte-
nance triste me fit venir les larmes aux yeux; et quand
je vis Son Éminence avec sa fermeté, mais avec sa tendresse et sa bonté pour moi, je ne pus soutenir cette
vue. Après le dîner nous allâmes causer dans les plus
agréables bois du monde; nous y fûmes jusqu'à six
heures dans plusieurs sortes de conversations si bonnes,
si tendres, si aimables, si obligeantes, et pour vous et
pour moi, que j'en suis pénétrée; et je vous redis encore,

mon enfant, que vous ne sauriez trop l'aimer ni l'honorer.

Mme de Caumartin arriva de Paris, et, avec tous les
hommes qui étoient restés au logis, elle vint nous trouver dans ce bois. Je voulus m'en retourner à Paris; ils
m'arrêtèrent, et sans beaucoup de peine : j'ai mal dormi;
le matin, j'ai embrassé notre cher cardinal avec beaucoup de larmes, et sans pouvoir dire un mot aux autres.
Je suis revenue tristement ici, où je ne puis me remettre de cette séparation; elle a trouvé la fontaine assez en
train; mais en vérité elle l'auroit ouverte, quand elle
auroit été fermée. Celle de Madame de Savoie doit ouvrir
tous ses robinets. N'êtes-vous pas bien étonnée de cette
mort du duc de Savoie, si prompte et si peu attendue, à
quarante ans ?

Je suis fâchée que ce que vous mandez sur l'assemblée
du clergé n'ait point été lu; la fidélité de la poste est
quelquefois incommode. Ces prélats donnent quatre millions cinq cent mille livres; c'est une fois plus qu'à l'autre
assemblée : la manière dont on y traite les affaires est
admirable; Monsieur le Coadjuteur vous en rendra
compte. J'ai trouvé fort plaisant ce que vous dites de
Lannoi, et de ce que l'on demande sous le nom d'établissement. Je dirai à Mmes de Villars et de Vins votre
souvenir : c'est à qui sera nommé dans mes lettres.

Il y a bien de petites tranchées en Bretagne; il y a eu
même à Rennes une colique pierreuse. M. de Chaulnes
voulut par sa présence dissiper le peuple; il fut repoussé
chez lui à coups de pierres; il faut avouer que cela est
bien insolent. La petite personne mande à sa sœur
qu'elle voudroit être à Sully, et qu'elle meurt de peur
tous les jours : vous savez bien ce qu'elle cherche en Bretagne.

Monsieur le Duc fait le siége de Limbourg. Monsieur
le Prince est demeuré auprès du Roi; vous pouvez juger

de son horrible inquiétude. Je ne crois pas que mon fils soit à ce siège, non plus qu'à celui de Huy. Il vous embrasse mille fois : j'attends toujours de ses lettres ; mais des vôtres, ma chère enfant, avec une extrême impatience ! Je trouve comme vous, ma bonne, et peut-être plus que vous, qu'il y a loin d'un ordinaire à l'autre : ce temps, qui me fâche quelquefois de courir si vite, s'arrête tout court, comme vous dites ; et enfin nous ne sommes jamais contents. Je ne puis encore m'accoutumer à ne vous point voir, ni trouver, ni rencontrer, ni espérer : je suis accablée de votre absence, et je ne sais point bien détourner mes idées. Notre cardinal vous auroit un peu effacée ; mais vous êtes tellement mêlée dans notre commerce, qu'après y avoir bien regardé, il se trouve que c'est vous qui me le rendez si cher : ainsi je profite mal de votre philosophie ; je suis ravie que vous vous sentiez aussi quelquefois de la foiblesse humaine.

Voilà un trait qui s'est fait brusquement sur le Cardinal : celui qui l'a fait n'est pas son intime ami ; il n'a aucun dessein qu'il le voie, ni que cet écrit coure ; il n'a point prétendu le louer. Il m'a paru bon par toutes ces raisons : je vous l'envoie et vous prie de n'en donner aucune copie. On est si lassé de louanges en face, qu'il y a du ragoût à pouvoir être assuré qu'on n'a pas eu dessein de vous faire plaisir, et que voilà ce qu'on dit, quand on dit la vérité toute nue, toute naïve.

On attend des nouvelles de Limbourg et d'Allemagne, cela tient tout le monde en inquiétude.

Adieu, ma chère fille : votre portrait est aimable, on a envie de l'embrasser, tant il sort bien de la toile : j'admire de quoi je fais mon bonheur présentement.

J'embrasse M. de Grignan et suis à vous, ma bonne, avec cette tendresse que vous ne sauriez croire au point qu'elle est.

PORTRAIT DU CARDINAL DE RETZ.

« Paul de Gondi, cardinal de Retz, a beaucoup d'élévation, d'étendue d'esprit, et plus d'ostentation que de
vraie grandeur de courage. Il a une mémoire extraordinaire, plus de force que de politesse dans ses paroles ;
l'humeur facile, de la docilité et de la foiblesse à souffrir les plaintes et les reproches de ses amis ; peu de
piété, quelques apparences de religion. Il paroît ambi-
tieux sans l'être ; la vanité, et ceux qui l'ont conduit, lui
ont fait entreprendre de grandes choses, presque toutes
opposées à sa profession ; il a suscité les plus grands dés-
ordres de l'État, sans avoir un dessein formé de s'en
prévaloir ; et bien loin de se déclarer ennemi du cardinal
Mazarin pour occuper sa place, il n'a pensé qu'à lui paroître redoutable, et à se flatter de la fausse vanité de
lui être opposé. Il a su néanmoins profiter avec habileté
des malheurs publics pour se faire cardinal. Il a souffert
sa prison avec fermeté, et n'a dû sa liberté qu'à sa hardiesse. La paresse l'a soutenu avec gloire durant plusieurs années dans l'obscurité d'une vie errante et cachée. Il a conservé l'archevêché de Paris contre la
puissance du cardinal Mazarin ; mais après la mort de ce
ministre, il s'en est démis, sans connoître ce qu'il faisoit
et sans prendre cette conjoncture pour ménager les intérêts de ses amis et les siens propres. Il est entré dans
divers conclaves, et sa conduite a toujours augmenté sa
réputation. Sa pente naturelle est l'oisiveté ; il travaille
néanmoins avec activité dans les affaires qui le pressent,
et il se repose avec nonchalance quand elles sont finies.
Il a une grande présence d'esprit, et il sait tellement
tourner à son avantage les occasions que la fortune lui
offre, qu'il semble qu'il les ait prévues et désirées. Il
aime à raconter ; il veut éblouir indifféremment tous

ceux qui l'écoutent par des aventures extraordinaires, et souvent son imagination lui fournit plus que sa mémoire. Il est faux dans la plupart de ses qualités, et ce qui a le plus contribué à sa réputation, est de savoir donner un beau jour à ses défauts. Il est insensible à la haine et à l'amitié, quelques soins qu'il ait pris de paroître occupé de l'une ou de l'autre. Il est incapable d'envie et d'avarice, soit par vertu, soit par inapplication. Il a plus emprunté de ses amis, qu'un particulier ne pouvoit espérer de leur pouvoir rendre ; il a senti de la vanité à trouver tant de crédit et à entreprendre de s'acquitter. Il n'a point de goût ni de délicatesse ; il s'amuse à tout, et ne se plaît à rien ; il évite avec adresse de laisser pénétrer qu'il n'a qu'une légère connoissance de toutes choses. La retraite qu'il vient de faire est la plus éclatante et la plus fausse action de sa vie ; c'est un sacrifice qu'il fait à son orgueil, sous prétexte de dévotion : il quitte la cour, où il ne peut s'attacher, et il s'éloigne du monde qui s'éloigne de lui. »

---

409. — DE MADAME DE SÉVIGNÉ
A MADAME DE GRIGNAN.

A Paris, vendredi au soir, 21e juin.

Je suis si triste, ma chère enfant, de n'avoir point eu de vos nouvelles cette semaine, que je ne sais à qui m'en prendre : du moins sais-je bien que ce n'est pas à vous ; car je suis fort assurée que vous m'avez écrit. Je crains mon voyage de Bretagne, à cause du dérangement que cela fera à notre commerce. J'achève ici vos deux affaires, et puis je m'en irai, par la raison que je veux revenir, et que je ne puis revenir si je ne pars.

Le siége de Limbourg se continue : on tremble en attendant des nouvelles, et du côté de M. de Turenne aussi ; on dit qu'il est à portée de se battre avec ce Montecuculi.

J'espère toujours qu'il n'arrivera rien, parce qu'on attend trop de choses; enfin il faut tout abandonner à la Providence. Mon fils n'est point à Limbourg, mais je ne laisse pas d'y prendre intérêt.

Au reste, ma fille, sachez-moi gré si vous voulez, mais je me fis hier saigner du pied dans la vue de vous plaire; j'ai voulu faire cette provision pour mon voyage, et j'avois aussi le cœur un peu serré de toute la tristesse que j'ai eue depuis deux mois; j'ai cru que cette précaution étoit bonne. J'ai eu tout le jour bien du monde, et je suis si fatiguée d'avoir été au lit, que j'en suis brisée. La plaisanterie, c'étoit d'admirer la mauvaise grâce que j'avois; Mlle de Méri en pâmoit de rire.

Voilà une lettre de mon fils; il mande que le fossé et la demi-lune sont pris à Limbourg; que le mineur est attaché au bastion: qu'il y a eu plusieurs officiers et soldats tués et blessés, et que M. de la Marck a fait des merveilles.

Je suis entièrement à vous, ma très-chère et très-aimable.

----

410. — DE MADAME DE SÉVIGNÉ
A MADAME DE GRIGNAN.

A Paris, mercredi 26e juin.

J'ai reçu deux ordinaires à la fois, ma très-chère Comtesse; je me doutois bien que vous m'aviez écrit: vous êtes d'un commerce admirable, et votre amitié est accompagnée de secours humains qui la rendent délicieuse. Quand les lettres de Provence arrivent, c'est une joie parmi tous ceux qui m'aiment, comme c'est une tristesse quand je suis longtemps sans en avoir. Lire vos lettres et vous écrire, c'est la première affaire de ma vie; tout fait place à ce commerce: aimer comme je vous aime fait trouver frivoles toutes les autres amitiés. Quoique le Coadjuteur méprise tous ces sentiments, je lui ai dit de vos nouvelles ; il a dîné avec moi et l'abbé de Grignan ; nous causâmes fort de vous. Pour ce qui est de vous écrire, soyez assurée que je n'y manque point deux fois la semaine ; et si l'on pouvoit doubler, j'y serois tout aussi ponctuelle, mais ponctuelle par le plaisir que j'y prends, et non point par l'avoir promis.

Mme du Puy-du-Fou m'est venue voir ; j'avois oublié qu'elle étoit veuve, son habillement me parut une mascarade. On doute fort ici du départ de Madame de Toscane : votre guignon le décidera. Il est vrai, ma bonne, que nous sommes bien voisines en comparaison d'Aix et des Rochers ; cet excès d'éloignement me fait plus de peine qu'à vous. Hélas ! nous voilà tous cruellement séparés, comme nous le prévoyions cet hiver avec douleur, lorsque nous étions si près les uns des autres ; voilà ce qu'il y a de plus cruel dans la vie.

Notre cardinal sera demain à Châlons. Il m'a écrit très-tendrement : je vous ai envoyé sa lettre. Pour cette cassolette, dispensez-moi, ma bonne, de retourner misérablement là-dessus. Il n'y a rien de noble à cette vision de générosité. Je crois n'avoir pas l'âme trop intéressée, et j'en ai fait des preuves ; mais il y a des occasions où c'est une rudesse et une ingratitude de refuser. Que manque-t-il à Monsieur le Cardinal pour être en droit de vous faire un tel présent ? A qui voulez-vous qu'il envoie cette bagatelle ? Il a donné sa vaisselle à ses créanciers : s'il y ajoute ce bijou, il en aura bien cent écus ; c'est une curiosité, un souvenir ; c'est de quoi parer un cabinet : on reçoit tout simplement et avec tendresse ces sortes de présents ; et comme il disoit cet hiver, il est au-dessous du magnanime de les refuser ; c'est les estimer trop que d'y faire tant d'attention. En un mot, ma bonne, je ne lui donnerai point ce chagrin. Pouvez-vous comprendre le plaisir qu'il a à vous donner cette légère

marque de son amitié, sans être honteuse de vouloir
grossièrement l'en empêcher? Savez-vous bien, ma
bonne, que l'excès de cette sorte de gloire est un défaut
qui n'est pas estimable? Vous me dites que si je vous
priois de quelque chose, je serois bien aise que vous la
fissiez : je le crois, mais je suis bien assurée que si vous
la désapprouviez, et que vous me dissiez vos sentiments,
comme je vous dis les miens, vous me feriez changer à
l'instant, et je me rendrois sans balancer à votre pensée.
C'est, ma bonne, que j'ai bien de l'estime pour vous ; et
si je tiens ferme dans mon opinion, c'est parce qu'assurément la raison est de mon côté. J'en fais juge qui
vous voudrez; vous n'avez qu'à nommer. En attendant,
je n'en parlerai point, car je croirois vous faire tort. En
tout cas, c'est à M. de Grignan que Monsieur le Cardinal la donne. Je crois qu'elle est partie de Commerci ; je
la remettrai dans le ballot avec votre ouvrage.

Le Coadjuteur a bien ri des camaïeux de peinture que
vous comparez à l'histoire de France en madrigaux. Il a
trouvé aussi fort plaisant tout ce que vous dites de lui et
de l'agent. Vous ne sentez pas l'agrément de vos lettres ;
il n'y a rien qui n'ait un tour surprenant.

Nous avons bien compris votre réponse au capucin :
« Mon père, qu'il fait chaud ! » et nous ne trouvons pas
que de l'humeur dont vous êtes, vous puissiez jamais
aller à confesse. Comment aller parler à cœur ouvert à
des gens inconnus? c'est tout ce que vous pouvez faire
à vos meilleurs amis : nous entendions d'ici votre réponse, et nous eussions eu besoin de vous-même pour
rendre cette conversation plus agréable.

Je vous remercie, ma bonne, de la peine que vous
prenez de vous défendre si bien d'avoir jamais été oppressée de mon amitié. Il n'étoit pas besoin d'une ex-
plication si obligeante ; je crois de votre tendresse pour
moi tout ce que vous pouvez souhaiter que j'en pense ;

cette persuasion fait le bonheur et la félicité de ma vie. Vous expliquez très-bien cette volonté que je ne pouvois deviner, parce que vous ne vouliez rien : je devrois vous connoître; et sur cet article je ferai encore mieux que je n'ai fait, parce qu'il n'y a qu'à s'entendre. Quand mon bonheur vous redonnera à moi, croyez, ma bonne, que vous serez encore plus contente de moi mille fois que vous ne l'êtes : plût à Dieu que nous fussions déjà à portée de voir le jour où nous pourrons nous embrasser !

Vous riez, ma bonne, de la pauvre amitié; vous trouvez qu'on lui fait trop d'honneur de la prendre pour un empêchement à la dévotion : il ne lui appartient pas d'être un obstacle au salut; on ne la considère jamais que par comparaison; mais je crois qu'il suffit qu'elle remplisse tout le cœur pour être condamnée; et quoi que ce puisse être qui nous occupe de cette sorte, c'est plus qu'il n'en faut pour ne pas être en état de communier.

Vous voyez que le syndic m'avoit mise hors de combat : enfin c'est une pitié que d'être si vive; il faut tâcher de calmer et de posséder un peu son âme; je n'en serai pas moins à vous, et j'en serai un peu plus à moi-même. Corbinelli me prioit fort d'entrer dans ce sentiment. Il est vrai que son absence me donne une augmentation de chagrin : il m'aime fort, je l'aime aussi; il m'est bon à tout ce que je veux; mais il faut que je sois dénuée de tout pendant mon voyage de Bretagne; j'ai tant de raisons pour y aller, que je ne puis pas y mettre la moindre incertitude.

Gardez-vous bien de faire raser le petit marquis; j'ai consulté les habiles : c'est le moyen d'ébranler son petit cerveau, de lui faire avoir des fluxions, des maux d'yeux, des petites dents noires ; enfin il n'est point assez fort; faites couper ses cheveux fort courts aux ciseaux, voilà tout ce que vous pouvez faire présentement.

Mlle de Méri désapprouve fort le fiel de bœuf; elle

dit qu'avec l'air de Grignan, c'est pour vous mettre en
poudre. Je suis fort de son avis. Il faudroit au contraire
humecter et vous rafraîchir le teint, et mettre un masque
quand vous allez à l'air. Nous ne laisserons pas de consulter Mme de la Fayette.

Le cuisinier de M. le cardinal de Retz ne le quitte
point, ni son officier. C'est une chose héroïque que les
sentiments de ces gens-là; ils préfèrent l'honneur de ne
le point quitter aux meilleures conditions de la cour : on
ne peut les entendre sans admirer leur affection. Le
pauvre Peau a mieux fait encore, il est mort : il tomba
malade la veille du départ de Son Éminence, et beaucoup de saisissement avec une grosse fièvre l'a emporté
en neuf jours. Je l'ai vu, et quoique je ne puisse entrer
dans cette maison sans douleur, les domestiques qui y
étoient encore m'y faisoient passer pour les admirer.

D'Hacqueville revint hier au soir : je n'ai pu le revoir sans beaucoup d'émotion. Ses trois fidèles amis l'ont
quitté à Jouare : je crains et souhaite de voir les deux
autres. Son Éminence m'a écrit pour me dire encore un
adieu. Je le prie de ne me point ôter l'espérance de le
revoir. Je suis extrêmement touchée de sa retraite : je
vous manderai comme il s'y trouvera. Il nous paroît que
son courage est infini : nous voudrions bien qu'il fût
soutenu d'une grâce victorieuse.

Je dirai à Mme du Plessis vos douceurs : on les
estime si fort, que pendant que vous êtes dans le faubourg, je vous conseille d'aller un peu plus loin. M. de
la Rochefoucauld a la goutte depuis la tête jusqu'aux
pieds. Je me porte fort bien de ma saignée du pied; je
partirai pour la Bretagne quand j'aurai fait vos affaires
ici : je ne pourrois pas vivre en repos. Je suis de votre
avis sur ce que dit *Philomèle :* mais quand on ne sauroit trouver un lieu qui ne fasse souvenir, ou qu'on
porte constamment le souvenir avec soi, on est à plaindre.

Je suis persuadée que Son Éminence ne nous oubliera de longtemps.

Il y a des endroits de vos lettres si aimables et si pleins de tendresse pour moi que je n'ose entreprendre d'y répondre : je ne me vante que de les bien sentir et d'en connoître le prix infini.

Vous m'avez bien représenté Mlle de la Chaire. Je la vois d'ici avec ses vers. Il falloit une religieuse et un aumônier. La sœur de Mme de Coulanges qui n'avoit jamais vu de carrosse ni de rivière ! M. de Coulanges a lu sa part dans ma lettre; il aimeroit mieux paître ses ouailles à Grignan; mais il ne sait de quel côté il tournera. Il n'oubliera pas l'épitaphe. Hélène baise précisément la plante de vos pieds; mais je crains qu'elle ne vous chatouille.

Réponse au 19e *juin.*

Je reçois, ma bonne, votre lettre qui m'apprend la maladie du pauvre petit marquis; j'en suis extrêmement en peine; et pour cette saignée, je ne comprends pas qu'elle puisse faire de bien, avec l'agitation qu'elle donne à un enfant de trois ans. De mon temps, on ne savoit ce que c'étoit que de saigner un enfant. Mme de Sanzei s'est opiniâtrée à ne point faire saigner son fils : elle lui a donné tout simplement de la poudre à vers; il est guéri. Je crains que l'on ne fasse de notre enfant, à force de l'honorer, comme on fait des enfants du Roi et de ceux de Monsieur le Duc. Je n'aurai aucun repos, ma bonne, que je ne sache la suite de cette fièvre. Je vous plains bien, et M. de Grignan; dites-lui l'intérêt tout particulier que je prends à son inquiétude et à la vôtre.

Pour ce que vous me dites de l'avenir touchant Monsieur le Cardinal, il est vrai que je l'ai vu fort possédé de l'envie de vous témoigner en grand volume son amitié, quand il aura payé ses dettes. Ce que je vous ai écrit est pour m'obliger à lui témoigner en votre absence la reconnoissance que j'en ai pour vous ; mais comme il y a deux ans à méditer sur la manière dont vous refuserez ses bienfaits, je pense, ma bonne, qu'il ne faut point prendre des mesures de si loin ; Dieu nous le conserve, et nous fasse la grâce d'être en état en ce temps-là de lui faire entendre vos résolutions ! entre ci et là il est fort inutile de s'en inquiéter ; et pour la cassolette, comme il y a très-longtemps qu'il n'en a parlé, j'aurois cru faire comme dans le Boccace : sous prétexte de la refuser, je l'en aurois fait ressouvenir ; je ne sais point ce qu'il a ordonné là-dessus.

M. de Turenne est très-bien posté ; on ne s'est pas battu, comme l'on disoit : tout le monde se porte bien, et en Flandre et en Allemagne. La petite Mme de Saint-Valleri, si belle et si jolie, a la petite vérole très-cruellement.

J'ai vu Mme du Puy-du-Fou, qui désapprouve la saignée. Mon Dieu, ma bonne, que je suis en peine ! Je vous aime très-tendrement et plus que je ne puis vous dire.

<hr>

411. — DE MADAME DE SÉVIGNÉ
A MADAME DE GRIGNAN.

A Paris, vendredi 28e juin.

Mme de Vins me parut hier fort tendre pour vous, ma fille, c'est-à-dire à sa mode ; mais sa mode est bonne : il ne me parut aucun interligne à tout ce qu'elle disoit.

Il n'y a point de nouvelles. Le bonheur du Roi a fait repasser la Meuse au duc de Lorraine et au prince d'Orange ; M. de Turenne a ses coudées franches : de sorte que nous ne sommes plus pressés d'aucun endroit. Je crois que vous l'êtes un peu de la Toscane ; elle doit être passée présentement.

Je suis ravie que vous aimiez mes lettres : je ne pense point qu'elles soient aussi agréables que vous le dites ; mais il est vrai que pour figées, elles ne le sont pas. Notre bon cardinal est dans sa solitude ; son départ m'a donné de la tristesse et m'a fait souvenir du vôtre. Il y a longtemps que j'ai remarqué nos cruelles séparations aux quatre coins de la terre. Il fait un froid horrible : nous nous chauffons, et vous aussi, ce qui est une bien plus grande merveille. Vous jugez très-bien de *Quantova* : si elle peut ne point reprendre ses vieilles brisées, elle poussera son autorité et sa grandeur au delà des nues ; mais il faudroit qu'elle se mît en état d'être aimée toute l'année sans scrupule. En attendant, sa maison est pleine de toute la cour ; les visites se font alternativement, et la considération est sans bornes. Ne vous mettez point en peine de mon voyage de Bretagne ; vous êtes trop bonne et trop appliquée à ma santé. Je ne veux point de la belle Mousse : l'ennui des autres me pèse plus que le mien. Je n'ai pas le temps d'aller à Livry ; j'expédie vos affaires, dont j'ai fait un vœu. Je dirai toutes vos douceurs à Mme de Villars et à Mme de la Fayette : cette dernière est toujours avec sa petite fièvre. Adieu, ma très-chère enfant ; je suis entièrement à vous.

---

*412. — DE MADAME DE SÉVIGNÉ
AU COMTE DE GUITAUT.

A Paris, 28e juin.

Vous m'avez écrit de Lyon la plus obligeante petite lettre du monde. Pour récompense, je vous assure que j'ai pris un grand intérêt à votre voyage, et que j'ai bien pensé à Mme de Guitaut, et sur la terre et sur le Rhône, et à ses frayeurs, et à son état, et plus encore à la tendresse qui lui a fait entreprendre ce voyage, et au courage qu'elle a eu de l'exécuter. Tout de bon, cela est héroïque, on ne peut trop l'admirer : je crois même qu'on doit s'en tenir là, et lui laisser l'honneur de n'être point imitée. Je souhaite que la suite soit heureuse, et je l'espère; car enfin on accouche partout, et la Providence ne se dérange point.

Vous avez eu Madame de Toscane. Je vous conjure, par votre amitié et par ma servitude d'Époisse, de m'écrire quelquefois un mot dans les grands événements; par exemple trois lignes quand votre chère épouse sera accouchée. Je mérite cette petite distinction par l'intérêt que j'y prends.

Je n'ai pas vécu depuis six semaines. L'adieu de ma fille m'a désolée, et celui du cardinal de Retz m'a achevée. Il y a des circonstances dans ces deux séparations, qui m'ont assommée.

Je laisse à M. d'Hacqueville à vous mander les ponts sur le Mein; pour moi, je vous assure en gros que le Roi sera toujours triomphant partout : son bonheur fait retirer Monsieur de Lorraine et le prince d'Orange; il donne les coudées franches à M. de Turenne, qui étoit un peu oppressé; enfin son étoile suffit à tout.

Adieu, Monsieur; adieu, Madame; je vous honore tous deux très-parfaitement.

M. DE RABUTIN CHANTAL.

Suscription : Pour Monsieur le comte de Guitaut.

---

413. — DE MADAME DE SÉVIGNÉ
A MADAME DE GRIGNAN.

A Paris, mercredi 3e juillet.

Mon Dieu, ma chère fille, que je m'accoutume peu à votre absence! J'ai quelquefois de si cruels moments,

quand je considère comme nous voilà placées, que je ne
puis respirer; et quelque soin que je prenne de détourner
cette idée, elle revient toujours. Je demande pardon à
votre philosophie; mais une fois entre mille, ne soyez
point fâchée que je me donne le soulagement de vous dire
ce que je souffre si souvent sans en rien dire à personne.
Il est vrai que la Bretagne nous va encore éloigner; c'est
une rage : il semble que nous voulions nous aller jeter
chacune dans la mer, et laisser toute la France entre
nous deux. Dieu nous bénisse!

J'ai reçu une lettre il y a deux jours du cardinal de
Retz, qui est à la veille d'entrer dans sa solitude; je crois
qu'elle ne lui ôtera de longtemps l'amitié qu'il a pour
vous. Je suis plus que satisfaite, en mon particulier, de
celle qu'il me témoigne.

Je vous vois user de votre autorité pour faire prendre
médecine à votre fils : je crois que vous faites fort bien.
Ce n'est pas un rôle qui vous convienne mal que celui du
commandement; mais vous êtes heureuse que votre enfant ne vous ait jamais vue avaler une médecine : votre
exemple détruiroit vos raisonnements. Je songe à votre
frère : vous souvient-il comme il vous contrefaisoit? Je
suis ravie que ce petit marquis soit guéri : vous vous ser-
virez du pouvoir que vous avez sur lui pour le conduire;
j'ai bonne opinion de lui de vous aimer. Pour moi, je me
suis fait saigner pour l'amour de vous; je m'en porte
fort bien. Un médecin que j'ai vu chez Mme de la
Fayette m'a priée de ne me point faire purger sitôt : il
me donnera des pilules admirables : c'est le premier
médecin de Madame, qui vaut mieux que tous les autres
premiers médecins.

Mais à propos, vous attendez mon conseil pour aller
voir Madame la Grande-Duchesse à Montélimar. M. de
Grignan vous conseille d'y aller, et vous n'avez point
d'équipage : je ne comprends pas trop bien comme il

l'entend. Mon avis, c'est d'y aller tout doucement à
pied; je devine à peu près le parti que vous aurez pris,
et je l'approuve. On l'attend ici comme une espèce de
Colonne et de Mazarin, pour avoir quitté son mari après
quinze ans de séjour; car pour les autres choses, on
fait honneur à qui il est dû. Sa prison sera rude; mais
elle croit qu'on l'adoucira. Je suis persuadée qu'elle
aimeroit fort cette maison, qui n'est point à louer : ah!
qu'elle n'est point à louer! et que l'autorité et la considération seront poussées loin, si la conduite du retour
est habile! Cela est plaisant, que tous les intérêts de
Quanto et toute sa politique s'accordent avec le christianisme, et que le conseil de ses amis ne soit que la même
chose avec celui de Monsieur de Condom. Vous ne sauriez vous représenter le triomphe où elle est au milieu
de ses ouvriers, qui sont au nombre de douze cents : le
palais d'Apollidon et les jardins d'Armide en sont une
légère description. La femme de son ami solide lui fait
des visites, et toute la famille tour à tour; elle passe nettement devant toutes les duchesses; et celle qu'elle a
placée témoigne tous les jours sa reconnoissance par les
pas qu'elle fait faire.

Vous êtes bonne sur vos lamentations de Bretagne.
Je voudrois avoir Corbinelli; il vous ira voir; je vous le
recommande; et moi j'irai voir ces coquins qui jettent
des pierres dans le jardin du patron. On dit qu'il y a
cinq ou six cents bonnets bleus en basse Bretagne qui
auroient bon besoin d'être pendus pour leur apprendre à parler. La haute Bretagne est sage, et c'est mon
pays.

Mon fils me mande qu'il y a un détachement de dix
mille hommes; il n'en est pas. Monsieur le Prince y est,
Monsieur le Duc; mais on me dit hier qu'il n'y avoit rien
de dangereux, et qu'ils étoient pêle-mêle avec les ennemis, la rivière entre-deux, comme disent les goujats. Je

voudrois avoir des lettres du chevalier à vous envoyer.
On ne dit rien de M. de Turenne, sinon qu'il est posté à
souhait pour ne faire que ce qu'il lui plaira.

Il m'a paru que l'envie d'être approuvé de l'académie
d'Arles vous pourra faire avoir quelques maximes de
M. de la Rochefoucauld. Le portrait vient de lui; et ce
qui me le fit trouver bon, et le montrer au Cardinal, c'est
qu'il n'a jamais été fait pour être vu. C'étoit un secret
que j'ai forcé, par le goût que je trouve à des louanges
en absence, par un homme qui n'est ni intime ami, ni
flatteur. Notre cardinal trouva le même plaisir que moi
à voir que c'étoit ainsi que la vérité forçoit à parler de
lui, quand on ne l'aimoit guère, et qu'on croyoit qu'il
ne le sauroit jamais. Nous apprendrons bientôt comme
il se trouve dans sa retraite : il faut souhaiter que Dieu
s'en mêle; sans cela tout est mauvais.

Nous avons eu un froid étrange; mais j'admire bien
plus le vôtre : il me semble qu'au mois de juin je n'avois
pas froid en Provence. Je vous vois dans une parfaite
solitude; je vous plains moins qu'une autre : je garde
ma pitié pour bien d'autres sujets, et pour moi-même
la première. Je trouve qu'il est commode de connoître
les lieux où sont les gens à qui l'on pense toujours :
ne savoir où les prendre fait une obscurité qui blesse
l'imagination. Votre chambre et votre cabinet me font
mal, et pourtant j'y suis quelquefois toute seule à songer
à vous; c'est que je ne me soucie point de me tant
épargner. Ne faites-vous point rétablir votre terrasse?
Cette ruine me déplaît, et vous ôte votre unique promenade.

Voilà une lettre infinie; mais savez-vous que cela me
plaît de causer avec vous? Tous mes autres commerces
languissent, par la raison que les gros poissons mangent
les petits. J'embrasse le petit marquis; dites-lui qu'il a
encore une autre maman au monde; je crois qu'il ne se

souvient pas de moi. Adieu, ma très-chère et très-aimable
enfant: je suis entièrement à vous.

---

414. — DE MADAME DE SÉVIGNÉ
A MADAME DE GRIGNAN.

A Paris, vendredi 5ᵉ juillet.

Je veux vous entretenir un moment, ma chère fille, de
notre bon cardinal. Voilà une lettre qu'il vous écrit. Conseillez-lui fort de s'occuper et s'amuser à faire écrire son
histoire; tous ses amis l'en pressent beaucoup. Il me
mande qu'il se trouve fort bien dans son désert, qu'il le
regarde sans effroi et qu'il espère que la grâce de Dieu
y soutiendra sa foiblesse. Il me témoigne une extrême
tendresse pour vous, et me prie de ne point partir sans
achever vos affaires. Il se souvient du temps que vous
aviez la fièvre tierce, et qu'il me prioit, pour l'amour de
lui, d'avoir soin de votre santé; je lui réponds sur le
même ton. Il m'assure que les plus affreuses solitudes
ne seroient pas capables en mille ans de lui faire oublier
l'amitié qu'il nous a promise. Il a été reçu à Saint-Mihel
avec des transports de joie: tout le peuple étoit à genoux,
et le recevoit comme une sauvegarde que Dieu leur envoie. Les troupes qui y étoient sont délogées, et les officiers sont venus prendre ses ordres pour s'éloigner et
pour épargner qui il voudra. M. le cardinal de Bonzi
m'a assurée que le pape, sans avoir encore reçu sa lettre,
lui avoit envoyé un bref, pour lui dire qu'il veut et entend qu'il garde son chapeau; que cette dignité ne l'empêchera pas de faire son salut. Le public ajoute qu'il lui
ordonne de ne faire sa retraite qu'à Saint-Denis; mais je
doute de ce dernier, et je vous nomme mon auteur pour
l'autre.

Je suis très-persuadée qu'on ne pense plus à la cassolette. Si j'avois prié qu'on ne l'envoyât point, j'en aurois fait souvenir; j'ai donc mieux fait de n'en point parler.

Il n'y a point de nouvelle importante : on est toujours alerte du côté de M. de Turenne. Il y avoit l'autre jour une Mme Noblet, de l'hôtel de Vitri, qui jouoit à la bassette avec Monsieur; on lui parla de M. de Vitri, qui est très-malade; elle dit à Monsieur : « Hélas! Monsieur, j'ai vu ce matin son visage : il est fait comme un vrai *stratagème.* » Cela est plaisant : que vouloit-elle donc dire? Mme de Richelieu a reçu des lettres du Roi, si excessivement tendres et obligeantes, qu'elle doit être plus que payée de tout ce qu'elle a fait.

Adieu, ma très-chère et très-parfaitement aimée. J'attends demain de vos nouvelles, et je vous embrasse très-tendrement.

---

415. — DE MADAME DE SÉVIGNÉ
A MADAME DE GRIGNAN.

A Paris, mercredi 10ᵉ juillet.

Je suis, je vous assure, au désespoir de l'inquiétude que vous avez eue de ma santé : hélas! ma belle, vous ne pensez à autre chose, et votre raisonnement est fait exprès pour vous donner du chagrin. Vous dites que l'on vous fait un mystère de ma saignée; mais de bonne foi, je ne suis point malade, je n'ai point eu de vapeurs; je plaçai ma saignée brusquement, selon le besoin de mes affaires plutôt que sur celui de ma santé; je me sentoi un peu plus oppressée : je jugeai bien qu'il falloit me saigner avant que de partir, afin de mettre cette saignée par provision dans mes ballots. Monsieur le Cardinal, que j'allois voir tous les jours, étoit parti : je vis cinq ou six jours de repos, et au delà j'entrevis l'affaire de M. de Bellièvre; je voulois m'y donner tout entière, et

à la sollicitation de votre petit procès : cela fit que je
rangeai ma saignée, pour avoir toute ma liberté. Je ne
vous mandai point tout ce détail, parce que cela auroit
eu l'air de faire l'empêchée, et cette discrétion vous a
coûté mille peines. J'en suis désespérée, ma fille ; mais
croyez que je ne vous tromperai jamais, et que suivant
nos maximes de ne nous point épargner, je vous manderai toujours sincèrement comme je suis ; fiez-vous en
moi. Par exemple, on veut encore que je me purge : eh
bien, je le ferai dès que j'aurai du temps ; n'en soyez
donc point effrayée. Un peu d'oppression m'avoit fait
souhaiter plutôt la saignée ; je m'en porte fort bien,
débarrassez-vous de cette inquiétude.

Au reste, ma fille, nous avons gagné notre petit procès de Ventadour ; nous en avons fait les marionnettes
d'un grand ; car nous l'avons sollicité. Les princesses de
Tingry étoient à l'entrée des juges, et moi aussi, et nous
avons été remercier.

C'est dommage que Molière soit mort : il feroit une
très-bonne farce de ce qui se passe à l'hôtel de Bellièvre.
Ils ont refusé quatre cent mille francs de cette charmante
maison, que vingt marchands vouloient acheter, parce
qu'elle donne dans quatre rues, et qu'on y auroit fait
vingt maisons ; mais ils n'ont jamais voulu la vendre,
parce que c'est la maison paternelle, et que les souliers
du vieux chancelier en ont touché le pavé, et qu'ils sont
accoutumés à la paroisse de Saint-Germain l'Auxerrois ;
et sur cette vieille radoterie, ils sont logés pour vingt
mille livres de rente. Que dites-vous de cette manière de
penser ?

Mme de Coulanges a vu la Grande-Duchesse, entre
deux accès de la colique de sa mère : elle dit que cette
princesse est très-changée, et qu'elle sera effacée par
Mme de Guise. Elle lui dit qu'elle vous avoit vue à
Pierrelatte, et qu'elle vous avoit trouvée extrêmement

belle : mandez-moi quelque détail de son voyage; vous êtes cause que je l'irai voir.

Je m'en vais répondre à votre lettre du 3ᵉ. Parlons de notre bon cardinal. Il n'étoit pas encore vrai, quand Mme de Vins vous l'a mandé, que le pape lui eût envoyé un bref; mais il est vrai présentement : c'étoit le cardinal Spada qui en avoit répondu. Le bon pape a fait, ma très-chère, sans comparaison, comme Trivelin : il a fait et donné la réponse avant que d'avoir reçu la lettre. Nous sommes tous ravis, et d'Hacqueville croit que notre cardinal ne fera point d'instance extraordinaire. Il répondra seulement que ce n'est point par avoir cru son salut impossible avec la pourpre, et qu'il verra dans sa lettre les véritables raisons qui l'avoient obligé à vouloir rendre son chapeau; mais que si Sa Sainteté persiste à lui commander de le garder, il est tout disposé à obéir. Ainsi toutes les apparences sont qu'il sera toujours notre très-bon cardinal. Il se porte bien dans sa solitude; il le faut croire, quand il le dit. Il ne m'a point dit adieu pour jamais; au contraire, il m'a donné toute l'espérance du monde de le revoir, et m'a paru même avoir quelque joie non-seulement de m'en donner, mais de conserver pour lui cette petite espérance. Il conservera son équipage de chevaux et de carrosses; car il ne peut plus avoir la modestie d'un pénitent, à cet égard-là, comme dit la princesse d'Harcourt. Il m'écrit souvent de petits billets, qui me sont bien chers. Il me parle toujours de vous : écrivez-lui sur ce chapeau, et conseillez-lui de s'occuper.

On dit que M. de Saint-Vallier a épousé Mlle de Rouvroi; c'étoit un jeu joué que sa disgrâce. La petite Saint-Valleri est hors d'affaire pour sa vie; mais sa beauté est fort incertaine. La prospérité du Coadjuteur ne l'est point du tout : il est parfaitement content, et a raison de

l'être. Pour moi, je crois, comme vous, qu'il l'est encore
plus du séjour de Paris que de l'archevêque de Paris.
Vous avez très-bien fait d'aller voir cette princesse (c'eût
été une férocité que d'y manquer), et vous avez très-bien
fait de demeurer à Grignan, vous y ferez revenir plus tôt
M. de Grignan. Vous y aurez peut-être Mme de Coulanges, Vardes et Corbinelli. Mme de Coulanges mande
que votre haine est très-commode, et qu'elle vous fait
avoir un commerce admirable. Ma fille, ne me remerciez point de tout ce que je fais pour vous et pour Mlle de
Méri; réjouissez-vous plutôt avec moi du plaisir sensible
que j'ai de faire des pas et des choses qui ont rapport à
vous, et qui vous peuvent plaire.

---

416. — DE MADAME DE SÉVIGNÉ
A MADAME DE GRIGNAN.

A Paris, vendredi, 12 juillet.

C'est une des belles chasses qu'il est possible, que celle
que nous faisons après M. de Bellièvre et M. de Mire-
poix. Ils courent, ils se relaissent, ils se forlongent, ils
rusent; mais nous sommes toujours sur la voie; nous
avons le nez bon, et nous les poursuivons toujours. Si
jamais nous les attrapons, comme je l'espère, je vous assure qu'ils seront bien bourrés; et puis je vous promets
encore que suivant le procédé noble des lévriers, nous
les laisserons là pour jamais, et n'y toucherons pas. Mais
pour faire justice à tout le monde, il faut vous dire en
secret que la pauvre Mme du Puy-du-Fou vint hier ici
après dîner, toute tremblante et toute fondue en larmes,
pour nous témoigner la douleur où elle est du procédé
de son frère et de son gendre (elle est opprimée du dernier et se cache de lui, il la tient comme prisonnière), et
pour nous offrir enfin de signer aujourd'hui un acte pour
notre sûreté, autant qu'elle le peut donner; et c'est beau-

coup, car on croit que l'argent lui appartient. Sa conscience, son honneur et l'amitié qu'elle a pour M. de
Grignan, l'ont enfin forcée à faire cette démarche; mais
c'est avec des finesses infinies; on la fait épier. Je vous
manderai la fin de tout ceci : je ne pense pas à quitter
cette affaire : mais comme je vous empêche, sur l'amitié,
d'être le plus grand capitaine du monde, l'abbé m'empêche d'être la personne la plus agitée et la plus occupée
de vos affaires : il m'efface par son activité. Il est vrai
qu'étant jointe à son habileté, il doit battre plus de pays
que moi; il le fait aussi, et dès sept heures du matin il
sort pour consulter les mots et les points et les virgules
de cette transaction. Le *bien Bon* a quelquefois des disputes avec Mlle de Méri; mais savez-vous ce qui les
cause? C'est assurément l'exactitude de l'abbé, beaucoup
plus que l'intérêt; mais quand l'arithmétique est offensée, et que la règle de *deux et deux font quatre* est blessée en quelque chose, le bon abbé est hors de lui : c'est
son humeur, il le faut prendre sur ce pied-là. D'un autre côté, Mlle de Méri a un style tout différent; quand
par esprit ou par raison elle soutient un parti, elle ne
finit plus, elle le pousse; il se sent suffoqué par un torrent de paroles; il se met en colère, et en sort par faire
l'oncle, et dire qu'on se taise : on lui dit qu'il n'a point
de politesse, *politesse* est un nouvel outrage, et tout est
perdu; on ne s'entend plus; il n'est plus question de
l'affaire; ce sont les circonstances qui sont devenues le
principal. En même temps je me mets en campagne, je
vais à l'un, je vais à l'autre, je fais un peu comme le cuisinier de la comédie; mais je finis mieux, car on en rit;
et au bout du compte, que le lendemain Mlle de Méri
retourne au bon abbé, et lui demande son avis bonnement, il lui donnera, il la servira; il est très-bon, et le
bien Bon, je vous en assure; il a ses humeurs : quelqu'un est-il parfait? Je vous réponds toujours d'une

chose, c'est qu'il n'y aura qu'à rire de leurs disputes, tant que j'en serai témoin.

Adieu, ma très-chère enfant, je ne sais point de nouvelles. Notre cardinal se porte très-bien; écrivez-lui, et qu'il ne s'amuse point à ravauder et répliquer à Rome; il faut qu'il obéisse, et qu'il use ses vieilles calottes, comme dit le gros abbé. Il se plaint de votre silence. M. de la Rochefoucauld vous mande que la goutte est si parfaitement revenue, qu'il croit que la pauvreté reviendra aussi; du moins il ne sent point le plaisir d'être riche avec les douleurs qui le font mourir. Je vous embrasse mille fois.

----

417. — DU COMTE DE BUSSY RABUTIN

A MADAME DE SÉVIGNÉ.

Deux mois après que j'eus écrit cette lettre (n° 400, p. 390), j'écrivis celle-ci à Mme de Sévigné.

A Chasen, ce 15e juillet 1675.

Il y a plus de quinze jours que je balance à vous écrire, Madame; mais comme c'est sur un chapitre de tristesse, j'ai de la peine à m'y résoudre : je ne suis pas bon pour les consolations, je n'aime pas même à être consolé. C'est pour le départ de Mme de Grignan et pour la retraite du cardinal de Retz que je vous écris aujourd'hui. Vous savez bien, Madame, en un mot comme en mille, que je suis bien aise de votre joie, et fort fâché de vos chagrins; mais n'en parlons plus, on ne sauroit trop tôt finir cette matière.

Comment vous portez-vous? où êtes-vous? et à quoi vous amusez-vous? En attendant votre réponse, Madame, je vous dirai que je me prépare à faire le mariage de Mlle de Bussy à la fin d'août. Je vous demanderai votre procuration au premier jour, et je vous en enverrai le modèle. Cependant parlons de la guerre. Le Roi ne veut pas revenir sans avoir vu une bataille, et je crois qu'il en aura le plaisir, car le prince d'Orange le veut aussi, et Monsieur le Prince, Dieu sait combien ! Il n'y aura point de combat général, à mon avis, entre M. de Turenne et M. de Montecuculi : l'un ne fera pas une assez fausse démarche devant l'autre pour l'obliger de hasarder une bataille; mais M. de Turenne fera assez s'il empêche le passage du Rhin et la communication de Strasbourg aux Allemands, et je crois qu'il en viendra à bout.

Mandez-moi des nouvelles de la belle Madelonne; je vous assure que je l'aime bien, mais toujours moins que vous.

────────

418. — DE MADAME DE SÉVIGNÉ
A MADAME DE GRIGNAN.

A Paris, vendredi 19e juillet.

Devinez d'où je vous écris, ma fille : c'est de chez M. de Pompone; vous vous en apercevrez par le petit mot que Mme de Vins vous dira ici. J'ai été avec elle, l'abbé Arnauld et d'Hacqueville, voir passer la procession de sainte Geneviève : nous en sommes revenus de très-bonne heure, il n'étoit que deux heures; bien des gens n'en reviendront que ce soir. Savez-vous que c'est une belle chose que cette procession? Tous les différents religieux, tous les prêtres des paroisses, tous les chanoines de Notre-Dame, et Monsieur l'Archevêque pontificalement, qui va à pied, bénissant à droite et à gauche, jusqu'à la métropole; il n'a cependant que la main gauche; et à la droite, c'est l'abbé de Sainte-Geneviève, nu-pieds, précédé de cent cinquante religieux, nu-pieds aussi, avec sa crosse et sa mitre, comme l'Archevêque, et bénissant de même, mais modestement et dévotement, et à jeun, avec un air de pénitence qui fait voir que c'est lui qui va dire la messe dans Notre-Dame. Le parlement

en robes rouges et toutes les compagnies supérieures
suivent cette châsse, qui est brillante de pierreries, portée par vingt hommes habillés de blanc, nu-pieds. On
laisse en otage à Sainte-Geneviève le prévôt des marchands et quatre conseillers, jusqu'à ce que ce précieux
trésor y soit revenu. Vous m'allez demander pourquoi
on a descendu cette châsse : c'étoit pour faire cesser la
pluie, et pour demander le chaud. L'un et l'autre étoient
arrivés au moment qu'on a eu ce dessein, de sorte que,
comme c'est en général pour nous apporter toutes sortes
de biens, je crois que c'est à elle que nous devons le retour du Roi. Il sera ici dimanche; je vous manderai
mercredi tout ce qui se peut mander.

M. de la Trousse mène un détachement de six mille
hommes au maréchal de Créquy, pour aller joindre
M. de Turenne; la Fare et des autres demeurent avec
les gendarmes-Dauphin dans l'armée de Monsieur le
Prince. Voici des dames qui attendent leurs maris au
prorata de leur impatience. L'autre jour, Madame et
Mme de Monaco prirent d'Hacqueville à l'hôtel de Gramont, pour s'en aller courir les rues *incognito*, et se
promener aux Tuileries. Comme Madame n'est point sur
le pied d'être galante, elle se joue parfaitement bien de
sa dignité. On attend à toute heure Madame de Toscane : c'est encore un des biens de la châsse de sainte
Geneviève.

Je vis hier une de vos lettres entre les mains de l'abbé
de Pontcarré : c'est la plus divine lettre du monde; il
n'y a rien qui ne pique et qui ne soit salé; il en a envoyé
une copie à l'Éminence; car l'original est gardé comme
la châsse.

Adieu, ma très-chère et très-parfaitement aimée : vous
êtes si vraie, que je ne rabats rien sur tout ce que vous
me dites de votre tendresse, et vous pouvez juger si j'en
suis touchée.

419. — DE MADAME DE SÉVIGNÉ
A MADAME DE GRIGNAN.

A Paris, mercredi 24e juillet.

Il fait bien chaud aujourd'hui, ma très-chère belle,
et au lieu de m'inquiéter dans mon lit, la fantaisie m'a
pris de me lever, quoiqu'il ne soit que cinq heures du
matin, pour causer un peu avec vous.

Le Roi arriva dimanche matin à Versailles. La Reine,
Mme de Montespan et toutes les dames étoient allées dès
le samedi reprendre tous leurs appartements ordinaires.
Un moment après être arrivé, il alla faire ses visites ordinaires. La seule différence, c'est qu'on joue dans ces
grands appartements que vous connoissez. Il y aura
pourtant quelque air de naïveté que je ne saurai que ce
soir avant que de fermer ma lettre; car dans le voyage
on a pris des manières libres de nommer sans cesse la
belle, et toujours comme d'un temps passé qui compor-
tera quelque espèce de régime pour contenter les criti-
ques. Ce qui fait que je suis si mal instruite de Versailles,
c'est que je revins hier au soir de Pompone, où Mme de
Pompone nous avoit engagés d'aller, d'Hacqueville,
Mme de Vins et moi, avec tant d'empressement, que
nous n'avons pu ni voulu y manquer. Mme de Pompone
n'avoit pas compté sur sa sœur comme sur nous, parce
qu'elle se baigne; mais elle n'eut pas la cruauté de nous
laisser aller sans elle. Nous partîmes lundi au soir.
M. de Pompone, en vérité, fut aise de nous voir et
m'a su un gré nonpareil de cette petite équipée. Vous
avez été célébrée, dans ce peu de temps, avec l'amitié et
toute l'estime imaginables. Je trouvai que la joie faisoit
parler parisien, c'est un effet que vous n'avez peut-être
jamais remarqué; nous avons fort causé. Une de nos
folies a été de souhaiter de découvrir tous les dessous de
cartes de toutes les choses que nous croyons voir et que

nous ne voyons point, tout ce qui se passe dans les familles, où nous trouverions de la haine, de la jalousie, de la rage, du mépris, au lieu de toutes les belles choses qu'on met au-dessus du panier, et qui passent pour des vérités. Je souhaitai un cabinet tout tapissé de dessous de cartes au lieu de tableaux; cette folie nous mena bien loin, et nous divertit fort : nous voulions casser la tête de d'Hacqueville pour en avoir, et nous trouvions plaisant d'imaginer que, de la plupart des choses que nous croyons voir, on nous détromperoit. Vous pensez donc que cela est ainsi dans une maison; vous pensez que l'on s'adore en cet endroit-là; tenez, voyez : on s'y hait jusqu'à la fureur, et ainsi de tout le reste; vous pensez que la cause d'un tel événement est une telle chose : c'est le contraire; en un mot le petit démon qui nous tireroit le rideau nous divertiroit extrêmement. Vous voyez bien, ma très-chère, qu'il faut avoir bien du loisir pour s'amuser à vous dire de telles bagatelles. Voilà ce que c'est que de s'éveiller matin; voilà comme fait Monsieur de Marseille; j'aurois fait aujourd'hui des visites aux flambeaux, si nous étions en hiver.

Vous avez donc toujours votre bise : ah! ma fille, qu'elle est ennuyeuse! Nous avons chaud nous autres; il n'y a plus qu'en Provence où l'on ait froid. Je suis persuadée que notre châsse a fait ce changement; car sans elle nous apercevions comme vous que le procédé du soleil et des saisons étoit changé; et je crois que j'eusse trouvé comme vous que c'étoit la vraie raison qui nous avoit précipité tous ces jours où nous avions tant de regret. Pour moi, mon enfant, j'en sentois une véritable tristesse, comme j'ai senti toute la joie de passer les étés et les hivers avec vous; mais quand on a le déplaisir de voir ce temps passé, et passé pour jamais, cela fait mourir. Il faut mettre à la place de cette pensée l'espérance de se revoir.

J'attends un peu de frais, ma fille, pour me purger, et un peu de paix en Bretagne pour partir. Mme de Lavardin, Mme de la Troche, M. d'Harouys et moi, nous consultons notre voyage, et nous ne voulons pas nous aller jeter dans la fureur qui agite notre province. Elle augmente tous les jours. Ces démons sont venus piller et brûler jusqu'auprès de Fougères : c'est un peu trop près des Rochers. On a recommencé à piller un bureau à Rennes. Mme de Chaulnes est à demi morte des menaces qu'on lui fait tous les jours; on me dit hier qu'elle étoit arrêtée, et que même les plus sages l'ont retenue, et ont mandé à M. de Chaulnes, qui est au Fort-Louis, que si les troupes qu'il a demandées font un pas dans la province, Mme de Chaulnes court risque d'être mise en pièces. Il n'est cependant que trop vrai qu'on doit envoyer des troupes, et on a raison de le faire; car dans l'état où sont les choses, il ne faut pas des remèdes anodins; mais ce ne seroit pas une sagesse de partir avant que de voir ce qui arrivera de cet extrême désordre. On croit que la récolte pourra séparer toute cette belle assemblée; car enfin il faut bien qu'ils ramassent leurs blés. Ils sont six ou sept mille, dont le plus habile n'entend pas un mot de françois. M. Boucherat me contoit l'autre jour qu'un curé avoit reçu devant ses paroissiens une pendule qu'on lui envoyoit *de France* (car c'est ainsi qu'ils disent); ils se mirent tous à crier en leur langage que c'étoit *la Gabelle*, et qu'ils le voyoient fort bien. Le curé habile leur dit sur le même ton : « Point du tout, mes enfants, ce n'est point *la Gabelle;* vous ne vous y connoissez pas; c'est *le Jubilé.* » En même temps les voilà à genoux. Que dites-vous de l'esprit fin de ces Messieurs? Quoi qu'il en soit, il faut un peu voir ce que deviendra ce tourbillon. Ce n'est pas sans déplaisir que je retarde mon voyage : il est placé et rangé comme je le desire; il ne peut être remis dans un autre temps sans me déran-

ger beaucoup de desseins; mais vous savez ma dévotion
pour la Providence; il faut toujours en revenir là, et
vivre au jour la journée. Mes paroles sont sages, comme
vous voyez; mais très-souvent mes pensées ne le sont
pas. Il y a un point, que vous devinez aisément, où je
ne puis me servir de la résignation que je prêche aux
autres.

Mlle d'Eaubonne fut mariée avant-hier. Votre frère
voudroit bien donner son guidon pour être colonel du
régiment de Champagne; M. de Grignan l'a été; mais
toutes nos bonnes têtes ne sont pas trop d'avis d'augmenter la dépense de quinze ou seize mille livres dans
le temps où nous sommes. Il est revenu une grande
quantité de monde avec le Roi : le grand maître,
MM. de Soubise, Termes, Brancas, la Garde, Villars,
le comte de Fiesque. Pour ce dernier, on est tenté de
dire : *di cortesia piu che di guerra amico*; il n'y avoit
pas un mois qu'il étoit arrivé à l'armée : cela vise au
garçon pâtissier. M. de Pompone dit qu'on ne peut jamais souhaiter la bataille de meilleur cœur, ni vouloir
être au premier rang plus résolûment ni de meilleure
grâce que le Roi, lorsqu'on crut qu'on seroit obligé de
la donner à Limbourg. Il nous conta des choses admirables de la manière dont Sa Majesté vivoit avec tout
le monde, et surtout avec Monsieur le Prince et Monsieur le Duc : tous ces détails sont fort agréables à entendre.

Au reste, ma fille, cette cassolette est venue; elle ressemble assez à un *jubilé :* elle pèse plus et est beaucoup
moins belle que nous ne pensions. C'est une antique, qui
s'appelle donc une cassolette; mais rien n'est plus mal
travaillé; cependant c'est une vraie pièce à mettre à Grignan, et nullement à Paris. Notre bon cardinal a fait de
cela comme de sa musique, qu'il loue sans s'y connoître.
Ce qu'il y a à faire, c'est de l'en remercier tout bonne-

ment, et ne lui pas donner la mortification de croire que
l'on n'est pas charmé de son présent. Il ne faut pas
aussi vous figurer que ce présent soit autre chose, selon
lui, qu'une pure bagatelle, dont le refus seroit une très-
grande rudesse. Je m'en vais l'en remercier en attendant
votre lettre. Quand je vous ai proposé de lui conseiller
de s'amuser à écrire son histoire, c'est qu'on m'avoit dit
de le faire aussi, et que tous ses amis ont voulu être soutenus, afin qu'il parût que tous ceux qui l'aimoient
étoient dans le même sentiment. Il se porte très-bien,
je vous en assure; ce n'est plus comme cet hiver : le régime et les viandes simples l'ont entièrement remis. Il
est vrai que Castor et Pollux ont porté la nouvelle de
Rome. Vous dites fort plaisamment tout ce qu'on a dit
ici; mais je n'ai fait que l'entendre redire, sans avoir eu
le malheur de me trouver avec les gens qui raisonnent si
bien. Dieu merci, je ne vois que des gens qui voient son
action dans toute sa beauté, et qui l'aiment comme
nous. D'Hacqueville veut qu'il ne se cloue point à Saint-
Mihel; il lui conseille d'aller à Commerci, et quelquefois à Saint-Denis. Il garde son équipage en faveur de
sa pourpre; je suis persuadée avec joie que sa vie n'est
point finie.

Madame la Grande-Duchesse et Mme de Sainte-
Mesme ont fort parlé ici de votre beauté. Vous aviez
donc ce joli visage que j'aime tant; conservez-le tout le
plus que vous pourrez : vous auriez peine d'en trouver
un pareil. M. de Pompone en est bien persuadé, il ne
s'en peut taire. J'aurois vu cette princesse sans le voyage
de Pompone. Tout le monde la trouve ici comme vous
l'avez représentée. Elle a parlé à Mme de Rarai du mauvais souper qu'elle vous avoit donné à Pierrelatte, mais
plus que tout de votre beauté et de votre bonne grâce.
Elle est d'une tristesse effroyable. Madame de Montmartre alla prendre possession de son corps à Fontai-

nebleau : elle sera dans une affreuse prison. Elle est suf-
foquée par toutes les Guisardes.

Mme de Montlouet a la petite vérole : les regrets de
sa fille sont infinis; la mère est au désespoir aussi de ce
que sa fille ne veut pas la quitter pour aller prendre l'air,
comme on lui ordonne. Pour de l'esprit, je pense qu'elles n'en ont pas du plus fin; mais pour des sentiments,
ma belle, c'est tout comme chez nous, et aussi tendres,
et aussi naturels. Vous me dites des choses si extrêmement bonnes sur votre amitié pour moi, et à quel rang
vous la mettez, qu'en vérité je n'ose entreprendre de
vous dire combien j'en suis touchée, et de joie, et de
tendresse, et de reconnoissance; mais puisque vous
croyez savoir combien je vous aime, vous les comprend-
drez aisément. Le dessous de vos cartes est agréable pour
moi. M. de Pompone disoit, en demeurant d'accord que
rien n'est général : « Il paroît que Mme de Sévigné
aime passionnément Mme de Grignan : savez-vous le
dessous des cartes? voulez-vous que je vous le dise?
C'est qu'elle l'aime passionnément. » Il pourroit y ajouter, à mon éternelle gloire : « et qu'elle en est aimée. »

J'ai le paquet de vos soies; je voudrois bien trouver
quelqu'un qui vous le portât; il est trop petit pour les
voitures, et trop gros pour la poste : je crois que j'en
pourrois dire autant de cette lettre. Adieu, ma très-aimable et très-chère enfant : je ne puis jamais vous trop
aimer; quelques peines qui soient attachées à cette tendresse, celle que vous avez pour moi mériteroit encore
plus, s'il étoit possible.

420. — DE MADAME DE SÉVIGNÉ
A MADAME DE GRIGNAN.

A Paris, vendredi 26e juillet.

Il me semble, ma très-chère, que je ne vous écrirai
aujourd'hui qu'une petite lettre, parce qu'il est fort tard.
Croiriez-vous bien que je viens de l'Opéra avec M. et
Mme de Pompone, l'abbé Arnauld, Mme de Vins, la
bonne Troche, et d'Hacqueville? La fête étoit faite pour
l'abbé Arnauld, qui n'en a pas vu depuis Urbain VIIIe,
qu'il étoit à Rome avec Monsieur d'Angers : il a été fort
content. Je suis chargée des compliments de toute la
loge, mais surtout de M. de Pompone, qui vous prie
bien sérieusement de compter sur son amitié, malgré
votre absence. La poste partiroit si je voulois vous dire
tout ce qu'il dit de vous, et comme vous lui paroissez,
et quelle sorte de mérite il vous trouve. Je l'ai instruit
des décisions de MM. d'Oppède et Marin. Il est bien
persuadé de leurs manières brusques. Tout ce qui me
consolera quand je serai en Bretagne, c'est que Mme de
Vins vous servira dans cette maison; sans cela je vous
avoue que je serois inconsolable de vous priver des
petits offices que je vous pourrois rendre et dans l'Assemblée et ailleurs.

Je vis hier Madame la Grande-Duchesse. Elle me parut
comme vous me l'avez dépeinte : l'ennui me paroît écrit
et gravé sur son visage; elle est très-sage et d'une tristesse qui attendrit, mais je crois qu'elle reprendra ici sa
joie et sa beauté. Elle a fort bien réussi à Versailles; le
Roi l'a trouvée aimable, et lui adoucira sa prison. Sa
beauté n'effraye pas, et l'on se fait une belle âme de la
plaindre et de la louer. Elle fut transportée de Versailles
et des caresses de sa noble famille : elle n'avoit point vu
Monsieur le Dauphin ni Mademoiselle. Comme sa répu-

tation n'a jamais eu ni tour, ni atteinte, on se fera une action de charité de la divertir. Elle me parla fort de vous et de votre beauté; je lui dis, comme de moi, ce que vous me mandez : c'est que vous subsistez encore sur l'air de Paris; elle le croit, et que les airs et les pays chauds donnent la mort. Elle ne se pouvoit taire de vous et du mauvais souper qu'elle vous avoit donné. Elle étoit fort contente de M. de Grignan, et de Rippert qui l'avoit relevée de son carrosse versé. Elle a dans la tête Mme de Céreste, comme la plus folle, la plus hardie, la plus coquette, la plus extravagante personne qu'elle ait jamais vue. Si on lui disoit que Madame la Grande-Duchesse n'a remarqué qu'elle dans la Provence, quelle gloire! et voilà ce que c'est.

J'ai si bien fait que Mme de Monaco est toujours malade : si elle avoit de la santé, il faudroit quitter la partie; sa faveur est délicieuse entre Monsieur et Madame. Je crains que Mme de Langeron ne se console, et si j'ai fait de mon mieux. Vous expliquez et comprenez fort bien le *fantôme*; on le dit présentement pour dire un *stratagème*. Nos voyages sont suspendus, comme je vous ai dit. La cour s'en va à Fontainebleau; c'est Madame qui le veut. Je m'en irai en Bretagne avec M. d'Harouys; nous prendrons notre temps : la Bretagne est plus enflammée que jamais. Mme de Chaulnes n'est pas prisonnière, mais elle ne peut sortir de Rennes. C'est une belle différence! J'ai vu tantôt Monsieur le procureur général comme pour prendre congé de lui. Il est ravi que je suis hors d'affaire. Il voudroit que j'eusse déjà la ratification; je le voudrois bien aussi; j'espère qu'elle viendra avant que je parte, car je ne pars pas sitôt que je pensois : ce seroit une folie.

Quantova est une amie déclarée sans aucun soupçon : l'ami le dit ainsi au curé de la paroisse, qui de son côté dit ce qu'il faut, et fait un très-honnête personnage, et ne laisse aucune vérité étouffée. Mais vous savez l'histoire de la méchante paye, et de n'être pas le plus fort : tout se fait *a viso aperto*, et tout est admis au jeu.

Mlle d'Armagnac est mariée à ce Cadaval; elle est jolie et belle; c'est le chevalier de Lorraine qui l'épouse : elle fait pitié d'aller chercher si loin la consommation. J'enverrai bientôt les airs de l'opéra à M. de Grignan; s'il est auprès de vous, je l'embrasse et le conjure d'avoir quelque sorte d'amitié pour lui et pour vous. Adieu, ma bonne : soyez bien persuadée que je suis à vous, et que je pense à vous sans cesse. Je ne sais si c'est le cardinal de Retz qui m'a priée d'avoir soin de vos affaires; mais je languis quand je ne fais rien pour vos intérêts : sa recommandation fait en moi plus que sa bénédiction. Je vous vois à Grignan, et vous suis pas à pas. Cette peinture vous embarrasse bien : quelle senteur! et quel plaisir de rendre ce château inhabitable! Votre terrasse n'est-elle point raccommodée? voilà ce qui me paroît préférable à tout : c'est votre seule promenade. Mandez-moi toujours extrêmement de vos nouvelles : rien n'est petit, rien n'est indifférent. J'en espère demain matin, je verrai votre Rouillé dès qu'elle sera arrivée. J'ai dîné avec la Garde. Il s'en va vous voir; j'en suis ravie.

---

421. — DE MADAME DE SÉVIGNÉ A MADAME
ET A MONSIEUR DE GRIGNAN.

A Paris, mercredi 31e juillet.

Ce que vous dites du temps est divin, ma chère fille : il est vrai que l'on ne voit personne demeurer au milieu d'un mois, parce qu'on ne sauroit venir à bout de le passer : ce sont des bourbiers d'où l'on sort; mais le bourbier nous arrête, et le temps va. Je suis fort aise que vous soyez paisiblement à Grignan jusques au mois d'octobre : Aix vous eût paru étrange au sortir d'ici. La so-

litude et le repos de Grignan délayent un peu les idées,
vous avez eu bien de la raison. M. de Grignan vous est
présentement une compagnie; votre château en sera
rempli, et votre musique perfectionnée. Il faut pâmer
de rire de ce que vous dites de l'air italien; le mas-
sacre que vos chantres en font, corrigés par vous, est
un martyre pour ce pauvre Vorei, qui fait voir la puni-
tion qu'il mérite. Vous souvient-il du lieu où vous l'avez
entendu, et du joli garçon qui le chantoit, qui vous
donna si promptement dans la vue? Cet endroit-là de
votre lettre est d'une folie charmante. Je prie M. de
Grignan d'apprendre cet air tout entier : qu'il fasse
cet effort pour l'amour de moi; nous le chanterons ensemble.

Je vous ai mandé, ma très-chère, comme nos folies de
Bretagne m'arrêtoient pour quelques jours. M. de Fourbin
doit partir avec six mille hommes pour punir cette province, c'est-à-dire la ruiner. Ils s'en vont par Nantes :
c'est ce qui fait que je prendrai la route du Mans avec
Mme de Lavardin; nous regardons ensemble le temps
que nous devons prendre. M. de Pompone a dit à M. de
Fourbin qu'il avait des terres en Bretagne, et lui a donné
le nom de celles de mon fils. La châsse de sainte Geneviève nous donne ici un temps admirable. La Saint-Géran
est dans le chemin du ciel. La bonne Villars n'a point
reçu votre lettre; c'est une douleur.

Voici une petite histoire qui s'est passée il y a trois
jours. Un pauvre passementier, dans ce faubourg Saint-
Marceau, étoit taxé à dix écus pour un impôt sur les maî-
trises. Il ne les avoit pas : on le presse et represse; il
demande du temps, on lui refuse; on prend son pauvre
lit et sa pauvre écuelle. Quand il se vit en cet état, la
rage s'empara de son cœur; il coupa la gorge à trois enfants qui étoient dans sa chambre; sa femme sauva le
quatrième, et s'enfuit. Le pauvre homme est au Châtelet;

il sera pendu dans un jour ou deux. Il dit que tout son déplaisir, c'est de n'avoir pas tué sa femme et l'enfant qu'elle a sauvé. Songez que cela est vrai comme si vous l'aviez vu, et que depuis le siége de Jérusalem, il ne s'est point vu une telle fureur.

On devoit partir aujourd'hui pour Fontainebleau, où les plaisirs devoient devenir des peines par leur multiplicité. Tout étoit prêt; il arrive un coup de massue qui rabaisse la joie. Le peuple dit que c'est à cause de *Quantova*: l'attachement est toujours extrême; on en fait assez pour fâcher le curé et tout le monde, et peut-être pas assez pour elle; car dans son triomphe extérieur il y a un fond de tristesse. Vous parlez des plaisirs de Versailles; et dans le temps qu'on alloit à Fontainebleau pour s'abîmer dans la joie, voilà M. de Turenne tué; voilà une consternation générale; voilà Monsieur le Prince qui court en Allemagne : voilà la France désolée. Au lieu de voir finir les campagnes, et d'avoir votre frère, on ne sait plus où l'on en est. Voilà le monde dans son triomphe, et des événements surprenants, puisque vous les aimez. Je suis assurée que vous serez bien touchée de celui-ci. Je suis épouvantée de la prédestination de ce M. Desbrosses : peut-on douter de la Providence, et que le canon qui a choisi de loin M. de Turenne entre dix hommes qui étoient autour de lui, ne fût chargé depuis une éternité? Je m'en vais rendre cette histoire tragique à M. de Grignan pour celle de Toulon : plût à Dieu qu'elles fussent égales!

Vous devez écrire à M. le cardinal de Retz; nous lui écrivons tous. Il se porte très-bien, et fait une vie très-religieuse : il va à tous les offices, il mange au réfectoire les jours maigres. Nous lui conseillons d'aller à Commerci. Il sera très-affligé de la mort de M. de Turenne. Écrivez au cardinal de Bouillon; il est inconsolable.

Adieu, ma chère enfant, vous n'êtes que trop recon-

noissante. Vous faites un jeu de dire du mal de votre
âme ; je crois que vous sentez bien qu'il n'y en a pas une
plus belle, ni meilleure. Vous craignez que je ne meure
d'amitié ; je serois honteuse de faire ce tort à l'autre ;
mais laissez-moi vous aimer à ma fantaisie. Vous avez
écrit une lettre admirable à Coulanges : quand le bonheur
m'en fait voir quelqu'une, j'en suis ravie. Tout le monde
se cherche pour parler de M. de Turenne ; on s'attroupe ;
tout étoit hier en pleurs dans les rues ; le commerce de
toute autre chose étoit suspendu.

C'est à vous que je m'adresse, mon cher Comte, pour
vous écrire une des plus fâcheuses pertes qui pût arriver
en France : c'est la mort de M. de Turenne. Si c'est moi
qui vous l'apprends, je suis assurée que vous serez aussi
touché et aussi désolé que nous le sommes ici. Cette nouvelle arriva lundi à Versailles : le Roi en a été affligé,
comme on doit l'être de la perte du plus grand capitaine
et du plus honnête homme du monde ; toute la cour fut
en larmes, et Monsieur de Condom pensa s'évanouir. On
étoit prêt d'aller se divertir à Fontainebleau : tout a été
rompu. Jamais un homme n'a été regretté si sincèrement ;
tout ce quartier où il a logé, et tout Paris, et tout le
peuple étoit dans le trouble et dans l'émotion ; chacun
parloit et s'attroupoit pour regretter ce héros. Je vous
envoie une très-bonne relation de ce qu'il a fait les derniers jours de sa vie. C'est après trois mois d'une conduite
toute miraculeuse, et que les gens du métier ne se lassent
point d'admirer, qu'arrive le dernier jour de sa gloire et
de sa vie. Il avoit le plaisir de voir décamper l'armée
ennemie devant lui ; et le 27e, qui étoit samedi, il alla sur
une petite hauteur pour observer leur marche : il avoit
dessein de donner sur l'arrière-garde, et mandoit au Roi
à midi que dans cette pensée il avoit envoyé dire à Brissac
qu'on fît les prières de quarante heures. Il mande la mort

du jeune d'Hocquincourt, et qu'il enverra un courrier apprendre au Roi la suite de cette entreprise : il cachette sa lettre et l'envoie à deux heures. Il va sur cette petite colline avec huit ou dix personnes : on tire de loin à l'aventure un malheureux coup de canon, qui le coupe par le milieu du corps, et vous pouvez penser les cris et les pleurs de cette armée. Le courrier part à l'instant; il arriva lundi, comme je vous ai dit; de sorte qu'à une heure l'une de l'autre, le Roi eut une lettre de M. de Turenne, et la nouvelle de sa mort. Il est arrivé depuis un gentilhomme de M. de Turenne, qui dit que les armées sont assez près l'une de l'autre; que M. de Lorges commande à la place de son oncle, et que rien ne peut être comparable à la violente affliction de toute cette armée. Le Roi a ordonné en même temps à Monsieur le Duc d'y courir en poste, en attendant Monsieur le Prince, qui doit y aller; mais comme sa santé est assez mauvaise, et que le chemin est long, tout est à craindre dans cet entretemps : c'est une cruelle chose que d'imaginer cette fatigue à Monsieur le Prince; Dieu veuille qu'il en revienne! M. de Luxembourg demeure en Flandre pour y commander en chef : les lieutenants généraux de Monsieur le Prince sont MM. de Duras et de la Feuillade. Le maréchal de Créquy demeure où il est. Dès le lendemain de cette nouvelle, M. de Louvois proposa au Roi de réparer cette perte, et au lieu d'un général en faire huit (c'est y gagner). En même temps on fit huit maréchaux de France, savoir : M. de Rochefort, à qui les autres doivent un remerciement; MM. de Luxembourg, Duras, la Feuillade, d'Estrades, Navailles, Schomberg et Vivonne; en voilà huit bien comptés. Je vous laisse méditer sur cet endroit. Le grand maître étoit au désespoir, on l'a fait duc; mais que lui donne cette dignité? Il a les honneurs du Louvre par sa charge; il ne passera point au parlement à cause des conséquences, et sa femme ne veut de tabouret qu'à Bouillé. Cependant c'est une grâce, et s'il étoit veuf, il pourroit épouser quelque jeune veuve.

Vous savez la haine du comte de Gramont pour Rochefort; je le vis hier, il est enragé; il lui a écrit, et l'a dit au Roi. Voici la lettre :

> Monseigneur,
>
> La faveur l'a pu faire autant que le mérite.

C'est pourquoi je ne vous en dirai pas davantage.

Le Comte DE GRAMONT.

Adieu, Rochefort.

Je crois que vous trouverez ce compliment comme on l'a trouvé ici.

Il y a un almanach que j'ai vu, c'est de Milan; il y a au mois de juillet : *Mort subite d'un grand;* et au mois d'août : *Ah, que vois-je?* On est ici dans des craintes continuelles.

Cependant nos six mille hommes sont partis pour abîmer notre Bretagne; ce sont deux Provençaux qui ont cette commission : c'est Fourbin et Vins. M. de Pompone a recommandé nos pauvres terres. M. de Chaulnes et M. de Lavardin sont au désespoir : voilà ce qui s'appelle des dégoûts. Si jamais vous faites les fous, je ne souhaite pas qu'on vous envoie des Bretons pour vous corriger : admirez combien mon cœur est éloigné de toute vengeance.

Voilà, Monsieur le Comte, tout ce que nous savons jusqu'à l'heure qu'il est. En récompense d'une très-aimable lettre, je vous en écris une qui vous donnera du déplaisir; j'en suis en vérité aussi fâchée que vous. Nous avons passé tout l'hiver à entendre conter les divines perfections de ce héros : jamais un homme n'a été près d'être parfait; et plus on le connoissoit, plus on aimoit, et plus on le regrette.

Adieu, Monsieur et Madame, je vous embrasse mille fois. Je vous plains de n'avoir personne à qui parler de cette grande nouvelle; il est naturel de communiquer tout ce qu'on pense là-dessus. Si vous êtes fâchés, vous êtes comme nous sommes ici

FIN DU DEUXIÈME VOLUME.